电子商务法

主 编 夏 露
参 编 杨爱葵 刘晓坷
李 娟 陈红军

北京理工大学出版社
BEIJING INSTITUTE OF TECHNOLOGY PRESS

内 容 简 介

本书以我国电子商务立法实践为基础,参照国际社会电子商务立法的最新研究成果,阐释了电子商务法的基本知识与发展,主要内容涉及电子商务法概述、电子商务交易主体法律制度、电子合同法律制度、电子签名与电子认证法律制度、互联网广告法律制度、电子银行与电子支付法律制度、电子商务消费者权益与隐私权保护法律制度、电子商务税收法律制度、电子商务知识产权法律制度、电子商务网络安全规范、电子商务纠纷的法律解决等,这些都是经济管理类、法学类专业学生所必须掌握的。另外,本书中还使用大量案例引导读者熟悉电子商务法的应用方法。

本书主要为满足电子商务法课程的教学需要而编写,可供电子商务、法学、贸易、管理、信息技术等专业的本专科学生、研究生作为教材及参考书,还可供经济管理人员、信息技术人员和广大读者阅读。

图书在版编目(CIP)数据

电子商务法 / 夏露主编. --北京:北京理工大学
出版社,2024.2
ISBN 978-7-5763-3557-6

Ⅰ.①电… Ⅱ.①夏… Ⅲ.①电子商务-法规-中国
-高等学校-教材 Ⅳ.①D922.294

中国国家版本馆 CIP 数据核字(2024)第 044802 号

责任编辑:封 雪 　文案编辑:毛慧佳
责任校对:刘亚男 　责任印制:李志强

出版发行 / 北京理工大学出版社有限责任公司
社　　址 / 北京市丰台区四合庄路 6 号
邮　　编 / 100070
电　　话 / (010) 68914026 (教材售后服务热线)
　　　　　　(010) 68944437 (课件资源服务热线)
网　　址 / http://www.bitpress.com.cn

版印次 / 2024 年 2 月第 1 版第 1 次印刷
印　　刷 / 涿州市新华印刷有限公司
开　　本 / 787 mm×1092 mm 　1/16
印　　张 / 19
字　　数 / 443 千字
定　　价 / 95.00 元

党的二十大报告指出："全面依法治国是国家治理的一场深刻革命，关系党执政兴国，关系人民幸福安康，关系党和国家长治久安。必须更好发挥法治固根本、稳预期、利长远的保障作用，在法治轨道上全面建设社会主义现代化国家。"互联网商事交易平台建立，交易形式发生改变，使商事关系产生了一系列新的法律问题。"十四五"是我国发展电子商务的关键时期，若要保证电子商务在这一时期的高速发展，必须确立适合我国电子商务发展的政策和法律法规。在电子商务快速发展的背景下，进一步完善电子商务法律法规对于推动技术研发和商业化应用，以及电子商务在国际竞争中的地位具有战略性和全局性意义。

本书结合我国电子商务立法的现状与发展趋势，吸收国内外电子商务法的最新研究成果、电子商务发展前沿理论，注重与电子商务其他学科的内在逻辑联系，为适应信息技术发展的需要，推进我国经济和社会的信息化进程及电子商务法实践需要而编写。

本书的写作思路清晰、易于理解，在编写体例和章节设置上有如下特点。

第一，以自身特有的内容体系，引导读者拓宽电子商务法视野，帮助本书应用者提升电子商务法理论水平和电子商务实务能力。本书共有十一章，以电子商务基本流程和实践为主线，按照从基础理论到一般规定的顺序，全面阐释了电子商务流程中对于具体商务行为的法律法规等。

第二，本书各章均包括教学目标、引例、主体内容、案例、本章小结和思考题，每章以案例作为引例，调动读者阅读兴趣，引导读者系统了解电子商务法规；章节关键知识点上均有案例解析，将电子商务法律法规与案例结合，突出应用性和操作性，力图避免案例与理论"两层皮"的尴尬情况出现，使教师可以选择使用本书中的案例。

第三，本书以最新立法对电子商务法做出了全新的诠释。这些新规定包括 2017 年 6 月 1 日起施行的《中华人民共和国网络安全法》、2019 年 1 月起生效的《中华人民共和国电子商务法》、2021 年 1 月 1 日起施行的《中华人民共和国民法典》、2021 年 9 月 1 日起施行的《中华人民共和国数据安全法》、2021 年 11 月 1 日起施行的《中华人民共和国个人信息保护法》等。

第四，本书只把电子商务人员最应知晓和掌握的电子商务法律法规篇章列入，力求精练、实用，真正从法学、电子商务学科的角度来撰写，以方便电子商务、法学、贸易、管理、信息技术等经管专业人员使用。

本书由具有多年电子商务法教学经验和学科研究的高校教师编写完成，其对各个章节中的重点、难点有非常清晰地把握。本书的编写，得到中南财经政法大学张德淼教授、中南民族大学潘红祥教授专业指导和教学角度的帮助，在此表示感谢。

本书内容全面、系统又简明扼要，涉及电子商务交易过程的法律问题、电子商务市场法制环境的问题。对于最新的电子商务法律难题和电子商务法律新的进展，特别是解决电子商务法律纠纷的实务给予应有的重视，符合时代特色。

由于编者水平有限，书中难免存在疏漏之处，敬请广大读者批评指正。

夏　露

目录

第一章　电子商务法概述

教学目标

知识目标：系统地认识电子商务活动所涉及法律问题的十个领域，包括我国近年来颁布实施的法律法规和政策制度，以及国外已有的电子商务法律法规与有关国际条约。

能力目标：掌握基本概念、原理，为学习后序各章内容打下基础。

素养目标：了解电子商务的立法背景与意义，培养爱国情怀与文化自信。

引　例

2015年9月9日，滴滴打车更名为滴滴出行。滴滴出行是涵盖出租车、专车、滴滴快车、顺风车、代驾及大巴、货运等多项业务在内的一站式出行平台。

2018年5月6日，21岁的空姐搭乘滴滴顺风车时被害身亡，司机作案后弃车跳河身亡。

2018年8月24日14时，20岁乐清人赵某乘坐滴滴顺风车前往永嘉，向朋友发出"救命"信息后失联。25日4时许，赵某被犯罪人钟某（男，27岁）杀害。

滴滴顺风车引发的舆论风波将其推到了风口浪尖。事发后，滴滴官方宣布，自2018年8月27日0时起，在全国范围内下线顺风车业务，免除事业部总经理、客服副总裁职务。滴滴出行称，顺风车业务下线后，滴滴出行科技有限公司将内部重新评估业务模式及产品逻辑。

2019年9月，《滴滴网约车安全标准》发布。

2021年7月4日，因滴滴出行App存在严重违法违规收集使用个人信息问题，国家互联网信息办公室依据《中华人民共和国网络安全法》相关规定，通知应用商店下架滴滴出行App。7月16日，国家互联网信息办公室等七部门进驻滴滴出行科技有限公司开展网络安全审查。

解析：社交功能应有边界，要"共享"，先"风控"。《中华人民共和国电子商务法》第三十八条第二款规定，对关系消费者生命健康的商品或者服务，电子商务平台经营者对平台内经营者的资质资格未尽到审核义务，或者对消费者未尽到安全保障义务，造成消费者损害的，依法承担相应的责任。即电子商务平台经营者的两大义务：（1）对平台内经营者的资格审查义务；（2）安全保障义务。

案例来源：原创自编

第一节　电子商务法基础

"无规矩不成方圆"，规矩的制定是组织成员行为能够全体一致的前提和基础。党的二十大报告指出："全面依法治国是国家治理的一场深刻革命，关系党执政兴国，关系人民幸福安康，关系党和国家长治久安。必须更好发挥法治固根本、稳预期、利长远的保障作用，在法治轨道上全面建设社会主义现代化国家。"互联网商事交易平台建立，交易形式发生改变，使商事关系产生了一系列新的法律问题，为了保证电子商务有序进行，必须有相应的规则调整。2023年3月7日，全国人大常委会委员长栗战书受十三届全国人大常委会委托，在十四届全国人大一次会议作了《全国人民代表大会常务委员会工作报告》。该报告中提出要围绕促进高质量发展立法，包括制定电子商务法等，从而推动更加公平合理的市场经济法律制度的形成。《电子商务法》是为解决交易平台改变产生的特殊问题而制定的，可以消除传统民商事法律对电子商务的障碍，有别于传统的商事交易制度。

一、电子商务的概念和类型

（一）概念

《电子商务法》第二条第二款规定：本法所称电子商务，是指通过互联网等信息网络销售商品或者提供服务的经营活动，将微商、代购、直播等纳入经营活动。特殊类型的商品和服务不适用《电子商务法》，其中包括金融类产品和服务，利用信息网络提供新闻信息、音视频节目、出版以及文化产品等内容的服务。

本条明示法律适用的空间范围是我国境内，事务范围是电子商务经营活动，即销售网络商品、提供服务。本条还明示了两大类除外情形，即网络金融产品与服务，网络新闻、文化、出版的产品与服务。

20世纪70年代末至80年代初，国际大型企业开始通过计算机传递和处理商业信息。随着计算机网络技术和国际互联网的普及应用，电子信息技术、电子数据交换和电子邮件等电子商务手段被企业广泛采用。进入20世纪90年代后，互联网的商业化和社会化，从根本上改变了传统的产业结构和市场的运作方式，电子商务在全球呈现出快速增长的态势。

电子商务在实践中的广泛应用带动了国际范围内电子商务的理论研究。国际社会对电子商务的定义有多种不同的理解和表述，目前比较具有影响力的是1997年11月，国际商会在世界电子商务会议上提出的相关表述，即电子商务是指对整个贸易活动实现电子化，从涵盖范围上将其定义为交易各方以电子交易方式而不是通过当面交换或直接面谈方式进行的任何形式的商业交易；从技术上将其定义为一种多技术的集合体，包括交换数据（如电子数据交换、电子邮件）、获得数据（共享数据库、电子公告牌）以及自动捕获数据（条形码）等。这一定义被认为做出了"关于电子商务最权威的概念阐述"。欧洲议会给出的对电子商务的定义是：电子商务是通过电子方式进行的商务活动，通过电子方式处理和传递数据，包括文本、声音和图像。美国权威学者瑞维·卡拉科塔和安德鲁·B. 惠斯顿在他们的专著《电子商务的前沿》中提出，电子商务是一种现代商业方法，通过改善产品和服务质量、提高服务传递速度，满足政府组织、厂商和消费者降低成本的需求，这一概念也用于通过计算机网络寻找信息来支持决策上。

1997 年，电子商务在中国兴起，"启蒙者"是 IBM 等 IT 厂商，网络和电子商务技术需要"拉动"企业的商务需求，促进了电子商务的应用与发展。近几年，中国电子商务迅猛发展，2023 年 3 月 2 日，中国互联网络信息中心（CNNIC）发布第 51 次《中国互联网络发展状况统计报告》。该报告显示，截至 2022 年 12 月，我国网民规模达 10.67 亿，较 2021 年 12 月增长 3 549 万，互联网普及率达 75.6%。该报告显示，城镇网民规模为 7.59 亿，农村网民规模为 3.08 亿，50 岁及以上网民群体占比提升至 30.8%。我国线下场景加快拓展，促进相关线上业务进一步发展，形成线下线上互促共融的良好态势，截至 2022 年 12 月，我国在线旅行预订用户规模为 4.23 亿，占网民整体的 39.6%；线上健身用户规模达 3.80 亿，占网民整体的 35.6%。短视频平台持续拓展电商业务，"内容+电商"的各种变现模式已深度影响用户消费习惯，截至 2022 年 12 月，短视频用户规模首次突破 10 亿，用户使用率达 94.8%。

（二）类型

根据电子商务法律关系的客体，即在线交易的标的，电子商务交易可分为三种类型。

1. 有形商品的交易

有形商品指各种有体物，即可以被人们控制和支配，有一定经济价值并以物质形态表现出来的物体，包括原料、辅助材料、半成品、零部件、投资品、固定设备、成品等。有些物体不能被人们所控制或支配，或者即使可被人们控制和支配，但是没有一定的经济价值，不能成为电子商务法律关系的客体，限制流通物或禁止流通物也不能成为电子商务法律关系的客体。电子商务中有形商品的买卖，如同商店、书店、超市一样，先在在网络上达成交易，再经过实体物流完成交易。有载体的信息化产品也属于有形商品的范畴。

2. 数字化商品或信息产品的交易

数字化商品或信息产品不具有物化形态，如软件、游戏、电子书刊等，其是人们创造的、能够带来经济价值的创造性脑力劳动成果。电子商务中数字化商品或信息产品可以直接在网上下载，完成交易。

3. 在线服务

在线服务，是指法律关系的主体为达到一定目的而做出的行为。作为电子商务客体的在线服务，是指向网络用户提供的各种有偿或无偿信息服务，如电子邮箱服务、房屋租赁信息、法律咨询、财经咨询、健康咨询、代订旅馆、机票、远程教育等。

根据电子商务法律关系的主体，电子商务交易分为六种类型。

B2B（Business-to-Business），是指进行电子商务交易的供需双方都是商家，使用互联网的技术或各种商务网络平台，完成商务交易的过程。交易主体就是企业。

B2C(Business-to-Customer)，是指直接面向消费者销售产品和服务的商业零售模式，交易主体是企业与消费者。

C2C(Customer-to-Customer)，是指个人与个人之间，即消费者之间的电子商务。

P2C(Production-to-Consumer)，是指产品从生产企业直接送到消费者手中，中间没有任何的交易环节。P2C 是继 B2B、B2C、C2C 之后的又一个电子商务新概念，在国内叫作生活服务平台。

O2O(Online-To-Offline)，即在线离线或线上到线下，是指将线下的商务机会与互联网结合，让互联网成为线下交易的平台。

C2M(Customer-to-Manufacturer)，是指现代制造业中由用户驱动生产的反向生产模式。C2M 模式基于互联网、大数据、人工智能，以及通过生产线的自动化、定制化、节能化、柔性化，运用庞大的计算机系统随时进行数据交换，按照客户的产品订单要求，设定供应商和生产工序，最终生产出个性化产品的工业化定制模式。

二、电子商务法的概念和特征

(一)概念

电子商务法有广义和狭义两种理解。

(1)广义的电子商务法，是指调整电子商务活动中各种社会关系的法律规范总称。即调整政府、企业和个人以数据电文为交易手段，通过信息网络所产生的，因交易形式所引起的各种商事交易关系，以及与商事交易关系密切相关的社会关系的法律规范的总称。其旨在解决使用数据电文引起的形式问题所产生的社会关系的法律规范，这一定义抓住了电子商务法的实质，也是作为部门法意义上的电子商务法。电子商务法规范由于交易平台改变而产生的特殊法律问题，一般不直接涉及交易内容，即电子商务法不规范交易主体的实体权利和义务。否则，电子商务法直接涉及交易内容，会导致互联网上重建全部交易规则体系，破坏现有法治的统一，而脱离现存的法律制度另构网上法律体系不必要，也是不可能的。

(2)狭义的电子商务法，是指《电子商务法》。2018 年 8 月 31 日，十三届全国人大常委会第五次会议表决通过《电子商务法》，自 2019 年 1 月 1 日起施行。

(二)电子商务法的特征

1. 程式性

电子商务法是交易形式法，不直接涉及交易的具体内容。电子交易的形式，是指电子商务主体所使用的电子通信手段，电子交易内容是交易当事人所享有的利益，表现为一定的权利和义务。电子商务法规范实体法中的程式性规范决定了其必须与相应的规范商事内容的法律相配合，从而可以调整具体的电子商务法律关系。

2. 技术性

电子商务法是以数据电文进行意思表示的法律制度，其中的许多法律规范是直接或间接地由技术规范演变而来的。例如，将公开密钥体系生成的数字签名规定为安全的电子签名，用哈氏函数转换报文摘要作为电子签名技术，关于网络协议的技术标准等，若当事人不遵守上述规则，就不能保证交易的顺利进行。

3. 开放性

电子商务所依存的技术在形式上是多样化的，并且处于不断发展之中，故立法需要以开放的态度对待网络技术手段与信息媒介，将所有有利于电子商务开展的设想吸纳进来。这种开放性表现在为对世界各国、各地区的各种技术网络开放，适应多种技术手段，多种传输媒介的对接与融合。例如，国际组织及世界各国电子商务法的功能等价条款就属于开放性规定，目的是开拓网络资源，促进技术更新。

4. 复合性

电子商务法的复合性是由电子商务交易关系的复杂性和依赖性决定的，电子商务通常需要在第三方的协助下完成。例如，电子商务交易需要网络服务商提供接入服务，认证机构提供数字证书，金融机构提供金融服务，实物交付需要第三方物流机构协助。由于第三方的存在，每笔电子商务交易都以多重法律关系为前提，并要求对交易主体进行多方位的法律调整和多学科知识的应用，而这在传统口头或纸面环境下是不需要的。

三、电子商务法的调整对象和范围

(一)调整对象

调整对象，是指法律所调整的社会关系，即一定社会主体活动的特定社会领域，揭示立法调整的特定社会关系。不同的调整对象是一法区别于另一法的基本标准，是立法的核心。

电子商务法的调整对象是以数据电文(Data message)为交易手段形成的、以交易形式为内容的商事关系，这些商事关系是在广泛采用新型信息技术，并将这些技术应用于商业领域后形成的特殊的社会关系，它交叉存在于虚拟社会与实体社会之间，有别于实体社会中的各种社会关系。电子商务法的调整对象具有以下特点：

(1)以数据电文为交易手段；

(2)调整交易手段改变而引起特殊的社会关系；

(3)不直接以交易标的或主体权利和义务为内容，而以交易的形式为内容。

📖 案 例

2019 年 11 月 11 日，张某通过甲信息公司的团购信息在网上团购了乙酒店"粤菜8 人套餐"，用餐结束后，张某要求乙酒店开具与团购价相同金额的发票，被乙酒店拒绝。张某认为开具发票是乙酒店的法定义务，故起诉请求判令酒店为其开具发票。

问：本案应如何处理？理由是什么？

解析：法院经审理认为，张某与乙酒店之间构成餐饮服务合同，乙酒店作为商品服务的提供者，向来店消费的消费者出具消费发票是其应尽的义务，乙酒店应当向其补开消费发票。开具足额发票，不因为其提供服务的平台媒体的改变而有所区别。《电子商务法》第十四条规定，电子商务经营者销售商品或者提供服务应当依法出具纸质发票或者电子发票等购货凭证或者服务单据。电子发票与纸质发票具有同等法律效力。

案例来源：广州中院发布十大电子商务纠纷典型案例 https://wenku.so.com/d/d7afed5e09af91b820deeed8134cef7e(案例经编者整理、改编)

(二) 调整范围

电子商务法调整网络环境下由商流、电子流、信息流和物流整合而产生的特殊法律现象。电子商务法是商法在网络环境下的分支，主要调整 10 方面的在线商事特殊法律现象。

1. 电子商务交易主体

电子商务交易主体，是指能够从事电子商务活动的交易当事人，包括商事主体，也包括消费者、政府采购人等非商事主体。为减少网络欺诈和违法交易行为，电子商务法对交易主体实行严格的资格审查，主要涉及电子商务交易主体市场准入，如网站设立中的域名登记、资金限制、设备设施、人员条件、程序、申报、年审年检等；在线商店的登记管理；网站与在线商店的变更、注销、年检等。

2. 电子合同

电子合同，是指平等民事主体之间通过电子信息网络，主要是电子邮件和电子数据交换等形式设立、变更、终止财产性民事权利义务关系的协议。电子合同交易的主体具有虚拟性和广泛性，意思表示具有电子化，以及易消失性和易改动性的特点。电子合同的载体、生效的方式、时间和地点都与传统合同不同。传统的以书面合同为基础的相关法律由于难以调整以数据电文为基础的特殊法律问题，需要进行相应的调整，且除了确认数据电文的法律效力外，更需要电子合同在订立和履行中的一些具体特殊规则，如合同的效力、无形信息产品交易等。

3. 电子签名与电子认证

电子签名从技术手段上对签名人身份做出辨认，对签署文件的发件人与发出电子文件所属关系做出确认，电子认证服务提供商 (CA 中心) 负责数字证书的申请、签发、制作、认证和管理，为交易双方提供网上身份认证、数字签名、证书目录查询、电子公证及安全电子邮件等服务。法律确定 CA 中心的法律地位，明确 CA 中心的权限和责任及其他所签发的数字证书的效力。电子签名与电子认证用于调整认证中心、证书用户、国家行政机关与不特定的社会公众在认证过程中所发生的社会关系，包括民商事法律关系和行政法律关系。

4. 互联网广告

互联网广告，是指基于计算机操作的、通过国际互联网络发布和传播的广告。随着互联网的发展及其用户的普及，互联网广告以其传播的即时性和互动性受到广大广告受众的青睐，作为一种成本低、效果好的新兴广告，其价值被越来越多的公司认同。目前，互联网广告中的各环节存在许多不规范的行为，涉及广告主体、广告信息、广告受众等，需要互联网广告法来规范，界定违法行为，完善和实施处罚。

5. 电子支付与电子银行

电子支付，是指从事电子商务交易的当事人，包括消费者、厂商和金融机构。使用安全电子支付手段通过网络进行的货币支付或资金流转。电子银行包含两层含义：一是机构概念，指通过信息网络开办业务的银行；二是业务概念，指银行通过信息网络提供的金融服务，包括传统银行业务和因信息技术应用带来的新兴业务。电子支付与电子银行产生的电子银行与网上交易客户之间、电子银行与网站之间的新型关系，以及由此产生的电子银行的设立、银行对客户信息的认证、交易记录，发证行与支付行、银行与认证机构、银行与交易

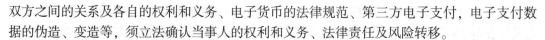

双方之间的关系及各自的权利和义务、电子货币的法律规范、第三方电子支付，电子支付数据的伪造、变造等，须立法确认当事人的权利和义务、法律责任及风险转移。

6. 电子商务知识产权保护

知识产权，是指受法律保护的思想、设计、概念和其他的无形资产的所有权。电子商务改变了知识产权贸易的形式，促使知识产权保护范围和保护程度发生变化。电子商务知识产权保护具有综合性和复杂性的特点，涉及商标、域名、版权、专利权等方面的内容，需要解决网页、数据库、数字化及其著作权的法律保护，技术措施和权利管理信息，互联网上作品的使用及其著作权法律责任、链接和搜索网络音乐及网络广播的法律保护、网络服务提供者的法律责任、域名系统、商标、反不正当竞争等问题。

7. 电子商务消费者权益与隐私权保护

电子商务消费者权益是一个大于传统消费者权益的概念，由于其涉及保障交易安全和隐私权问题。隐私权涉及公民个人住所、身份证号码、工作单位、电话号码、电子邮箱、上网账号、开户银行、银行账号、银行密码等内容，其核心内容是保护个人信息，需要限制电子商务经营者随意收集和使用个人信息的行为，如告知消费者收集信息的目的及可能的用途，所采取的保护手段和方法，泄露他人隐私所应承担的法律责任等。

8. 电子商务税收

电子商务触及了现行税收法律制度和体制。目前，许多国家颁布了电子商务税收法律法规，而一些国际性组织（如经济合作与发展组织）就电子商务税务政策形成了框架协议并确立了一些原则。电子商务涉及的税收问题主要包括是否对电子商务实行税收优惠；如何对电子商务征税。与国际社会电子商务税收原则一致的是，为鼓励电子商务的发展，我国电子商务税收立法，一方面，在税收上给予适度倾斜保护，不增开新税种；另一方面，利用网络技术统一、系统兼容、上网企业硬件设施完好的条件，实现税收征管自动化，降低税收成本。

9. 网络安全

网络安全，是指网络系统的硬件、软件及其系统中的数据受到保护，不因偶然的或者恶意的原因遭受到破坏、更改、泄露。网络安全的本质是网络信息安全，广义上的网络安全涉及网络上信息的保密性、完整性、可用性、真实性和可控性等。网络安全的立法目的是保障系统正常运行，确保网络服务稳定且不中断。

10. 电子商务纠纷的法律解决

电子商务的进行不可避免会产生纠纷，而处理电子商务纠纷最大的难点在于管辖权的确定、纠纷的法律适用、证据的获取与认定等。对纠纷当事人身份的确定、侵权后果及影响范围的确定与普通纠纷有很大的不同。另外，电子商务在线争议解决方式的有效性，也是电子商务纠纷的法律解决面临的问题。

四、电子商务法的性质和地位

（一）电子商务法的性质

1. 公法干预下的私法

电子商务法的调整对象首先是私法上的关系：其一，作为电子商务法主体的自然人、法人和其他组织，都是私法主体；其二，电子商务法所调整的电子商务法律关系，实质上是发生在电子商务活动中的平等主体之间的财产关系，是私法调整对象的必要组成部分；其三，电子商务法规定的权利是主体从事电子商务活动的权利，确保主体权利的实现，是电子商务法作为私法的任务。

同时，电子商务法又是渗透了公法因素的私法领域。电子商务法调整的诸多社会关系，既涉及传统的商法领域，又有新的领域，如电子签名、电子认证等；调整电子商务的法律规范应以私法规范为基础，又有公法规范约束。公法规范主要是指具有行政管理性质的规范，如行政机关审批、登记的规定、认证机构的许可与监管，对违反电子商务法的行政处罚或者民事处理等。

2. 以任意性规范为基础，又有若干强制性规范

电子商务法的立法与司法，以任意性规范为主，为当事人全面表达与实现自己的意愿，预留充分的空间，并提供确实的保障。任意性条款从正面确定权利，鼓励主体意思自治；而强制性条款从反面摧毁传统法律羁绊，使法律适应电子商务的特有特征，从而更好地保障电子商务交易主体意思自治目标的实现。

3. 具有国际性的国内法

电子商务法固有开放性、跨国性，要求全球范围内的电子商务规则协调和基本一致，联合国国际贸易法委员会的《电子商务示范法》为这种协调性奠定了基础。目前，对于电子商务法的基本原则、规则(包括相关制度)，世界各国在很大程度上是协调一致的。

(二) 电子商务法的地位

电子商务法的地位，是指电子商务法在整个法律体系中所处的位置，它应归属于哪一个法律部门，或者是否属于一个独立的法律部门的问题。曾经有人认为电子商务法归属于民法、归属于商法、归属于经济法，也有人认为，电子商务法是一个独立的法律部门的观点。目前，国内学者的观点基本趋同，认为电子商务法基本属于商法的范畴，是商法中的特别法。

本书认为电子商务法是调整互联网环境下的特殊问题的商事法律，是传统商法的补充。

1. 电子商务法是传统民商法的组成部分

电子商务法是以网络为手段的一种商务活动规则。与传统商务活动相比，电子商务适用于传统法律规范和体系。电子商务法是一种复杂的法律体系，涉及的领域既包括传统的民法领域，如著作权法等，又包括新的领域，如数字签名法、数字认证法等，而这些法律规范具有传统商法的性质。

2. 电子商务法调整互联网环境下特殊的商事关系

电子商务法调整因交易手段和交易方式改变而产生的特殊商事关系，并不替代传统商法重新建立一套新的商业运作规则，即电子商务法调整网络环境下产生的，传统法律难以调整的商事关系，如数据电文是否有效、是否归属于某人；电子签名是否有效，是否与交易的性质相适应；认证机构的资格如何，它在证书的颁发与管理中应承担何种责任等。这些规范的主要作用是给电子商务提供交易形式上的"平台"，将传统纸面环境下形成的法律

价值，移植于电子商务中。电子商务实践和国外电子商务立法经验也揭示，电子商务法仅调整互联网环境下特殊的商事关系。例如，《统一电子交易法》中规定，电子记录、电子签名及电子合同的效力、归属、保存等电子商务交易环境下的特殊性问题；《电子商务示范法》和《电子交易法》中规范了电子商务条件下的交易形式。

📖 案 例

2015年3月，在电子商务交易中，甲公司与另一公司因电子合同错误发生纠纷，甲公司欲寻求司法解决，但苦于找不到专门且明确的法律依据，决定不了了之。

问：甲公司的顾虑有无道理？

解析：现行《电子商务法》于2018年8月31日第十三届全国人大常委会第五次会议表决通过，自2019年1月1日起施行。2015年，甲公司的顾虑是我国电子商务各参与方均会考虑的问题。与传统商务活动相比，电子商务首先适用于传统法律规范，而电子商务法只是解决因通信手段或介质、交易手段或环境改变而引起的传统民商法难以解决的问题，重点是调整因交易手段和交易方式改变而产生的特殊商事法律问题。电子商务法是商法在网络环境下的特别法，以传统商法的体系为基础，一旦发生纠纷，可适用相关法律中的具体规定或者适用该法的基本原则，如公平原则、自愿原则、诚信原则等。

案例来源：原创自编

五、电子商务法的立法原则

电子商务法的立法原则是电子商务立法的指导思想，是相关法律的基础和核心，起到统率法律精神的指导作用。《电子商务法》第五条规定："电子商务经营者从事经营活动，应当遵循自愿、平等、公平、诚信的原则，遵守法律和商业道德，公平参与市场竞争，履行消费者权益保护、环境保护、知识产权保护、网络安全与个人信息保护等方面的义务，承担产品和服务质量责任，接受政府和社会的监督。"

（一）自愿、平等、公平、诚信原则

自愿是指民事主体从事民事活动，应当遵循自愿原则，按照自己的意愿设立、变更、终止民事法律关系；平等是指民事主体在民事活动中的法律地位一律平等；公平是指民事主体从事民事活动，应当遵循公平原则，合理确定各方的权利和义务；诚信是指民事主体从事民事活动，应当遵循诚信原则，且恪守承诺。

（二）意思自治原则

电子商务法意思自治原则是指在立法与司法中，以自治原则为指导，赋予当事人按照自己的意愿与对方当事人协商、确定协议、选择交易和履行方式的权利。允许当事人以协议方式订立其间的交易规则，意思自治是交易法的基本属性，为当事人全面表达与实现自己的意愿预留出充分的空间，并提供切实的保障。

（三）保障安全原则

电子商务网络交易安全既是电子商务法承担的最重要任务，又是其基本原则之一。电

子商务立法不像物权法和亲属法那样具有强烈的民族特性，但是也不容忽视，因为电子商务交易涉及社会安全的方方面面，如国家情报、企业利益、个人隐私的安全。例如，电子商务法对承认数据电信效力、确认强化（安全）电子签名的标准、规定认证机构的资格及其职责等都贯穿了安全原则和理念，通过强行主义、公示原则、严格责任、对善意买受人的保护等，立法消除电子商务的不确定性，使电子商务环境安全。

（四）中立原则

中立原则，又称功能性平等原则，是电子商务法上的原则，着重反映商事交易的公平理念。它要求政府或立法机构对电子商务的技术、软件、媒体等采取中立态度，不偏不倚，对纸面方式和电子方式所进行的交易，在法律上给予同等对待，不厚此薄彼。中立原则的实施体现在当事人所依托的开放性、兼容性、国际性的网络与协议而进行的电子商事交易中，表现在技术中立、媒介中立、实施中立和同等保护等方面。

（1）技术中立。技术中立侧重于信息的控制和利用手段，对传统技术和新型技术不厚此薄彼，不出现任何歧视性要求，也要给未来技术应用留有法律空间，不限制应用。

（2）媒介中立。媒介中立是指中立原则在各种通信媒体上的具体体现，侧重于信息依赖的载体，以中立原则对待各种媒介，允许媒介根据技术和市场的发展规律相互融合、相互促进。

（3）实施中立。实施中立是指在电子商务法与其他相关法律的实施上不可偏废，在本国电子商务与跨国电子商务的法律待遇问题上一视同仁。

（4）同等保护。同等保护是指实施中立原则在电子商务交易主体上的延伸，电子商务法对商家与消费者、国内当事人与国外当事人，都做到同等保护。

（五）适度超前原则

网络立法与网络技术密不可分。与"刚性法"相比，电子商务法是给计算机通信技术和电子商务的发展留有法律空间的"柔性规范"。电子商务立法不过分强调或依赖某项技术，而与现有的和将来可能出现的技术手段、技术标准相兼容，以鼓励和发展电子商务为前提。立法适度超前有利于电子商务发展和法律规范制定的协调互动，从而保证法律的连续性和稳定性。

第二节 电子商务法的形成与发展

一、国外电子商务立法概况

许多国际组织、国家和地区都制定了调整电子商务活动的法律规范，也出台了电子商务法律规范文件。目前，全球电子商务进入高速发展的立法时期。

（一）国际社会电子商务早期立法

早期电子商务立法随着信息技术的发展而展开。20世纪80年代，由于计算机技术的应用，西方国家开始大量使用计算机处理数据，由此产生了关于计算机数据的一系列法律问题，1984年，联合国贸易法委员会（UNCITRAL）提交了《自动数据处理的法律问题》，揭开了电子商务国际立法的序幕；1986 年，关贸总协定乌拉圭回合谈判最终制定了《服务贸易总协定》，产生了《电信业附录》。该附录的制定拉开了全球范围内电信市场开放的序幕；1990 年，联合国正式提出 UN/EDIFACT 标准，并被国际标准化组织正式接受为国际标准 ISO9735，早期的电子商务立法法主要围绕电子数据交换(EDI)规则。

1994 年，世界贸易组织(WTO)建立后，开展了信息技术的谈判，并于 1997 年先后达成了三大协议，即《全球基础电信协议》《信息技术协议》(ITA)和《开放全球金融服务市场协议》，这确立了电子商务和信息技术稳步有序开展的基础。其中，《全球基础电信协议》于 1997 年 2 月 15 日达成，它根据《电信业附录》产生，主要内容是要求各成员方向外国企业开放其电信市场，并结束垄断行为；《信息技术协议》于 1997 年 3 月 26 日达成，要求所有成员方自 1997 年 7 月 1 日起至 2000 年 1 月 1 日将主要的信息技术产品关税降为零；《开放全球金融服务市场协议》于 1997 年 12 月 31 日达成，要求成员方对外开放银行、保险、证券和金融信息市场。

(二)国际和区域性组织的全球性电子商务统一规则

由于世界各国的社会制度、政治状况、法律法规、经济发展程度和传统文化背景不同，安全保障体系及相应的技术标准也相应地存在差异。一些国际和区域性组织积极协调并制定电子商务政策，建立全球性电子商务统一规则，它们就是联合国贸易法委员会、经济合作与发展组织(OECD)、国际商会(ICC)、欧洲联盟(EU，以下简称"欧盟")、世界贸易组织等。

1. 联合国国际贸易法委员会的若干文件

1996 年 6 月，联合国国际贸易法委员会通过《电子商务示范法》，它由两大部分组成。第一部分是电子商务法律的总原则，即总则；第二部分是电子商务的特定领域。第一部分是《电子商务示范法》的核心，分为三章十五条。第一章为一般条款，内容包括适用范围、定义、解释、合同协议的改动；第二章是对数据电文的适用法律，内容包括对数据电文的法律承认、书面形式、签字原件、数据电文的可接受性和证据、数据电文的留存；第三章是数据电文的传播，内容包括合同的订立和有效性，当事人各方对数据电文的承认，数据电文的归属确认，收讫、发出和收到的时间、地点。第二部分仅对涉及货物运输中使用的电子商务做出了规定。《电子商务示范法》颁布的主要目的是解决电子商务的三大法律障碍：关于数据电文是否符合书面要求的问题；关于数据电文是否符合签名要求的问题；关于数据电文是否具有证据效力，即原件问题。为解决这些问题，《电子商务示范法》采取功能等同和技术中立原则，分别对数据电文的书面形式、签名和原件问题提出解决方案。《电子商务示范法》对世界范围内的电子商务立法产生了重要影响，为世界各国的电子商务立法提供了法律范本，也有利于国际社会电子商务立法的一致性和协调性。

随后，联合国国际贸易法委员会制定了"电子商务未来工作计划"，重点研究电子签名、认证机构及其相关法律问题，于 2001 年 3 月正式公布了《电子签名示范法》，并于 2002 年 1 月 24 日联合国第 56 次全体会议正式通过。《电子签名示范法》的出台是联合国国际贸易法委员会推动电子商务立法方面的又一重大成果。

2005 年 11 月，联合国大会通过了《国际合同使用电子通信公约》，它是具有法律效力的国际法律文件，共四章二十五条。第一章适用范围，规定了该公约适用和不适用的情形，以及当事人意思自治原则；第二章总则，包括定义、解释、当事人住所地等；第三章关于电子通信在国际合同中的使用，包括对电子通信的法律承认、形式要求、发出和收到电子通信的时间和地点、要约邀请、自动电文系统在合同订立中的使用、合同条款的备查、电子通信中的错误等；第四章最后条款，是对关于签署、批准、接受或认可，以及保留、生效等的规定。颁布该公约的目的是增强国际合同中使用电子通信的法律确定性和商业可预见性。

2. 经济合作与发展组织颁布的政策和宣言

经济合作与发展组织是由北美、欧洲和亚太地区的 29 个国家组成的国际组织。1998 年 10 月，该组织在渥太华召开了名为"一个无国界的世界，发挥全球电子商务的潜力"的以电子商务为主题的部长级会议，形成了一批政策性文件：《OECD 电子商务部长级会议结论》《全球电子商务行动报告》《OECD 国际电子商务行动计划》和《国际组织和地区性组织电子商务活动和计划报告》。这次会议被誉为"全球电子商务发展里程碑"，促进了全球对电子商务的深刻认识，明确了政策在电子商务中的推动作用，有助于进一步协调国际政策。

1999 年 12 月，经济合作与发展组织制定了《电子商务消费者保护准则》，提出了保护消费者的三大原则，即确保消费者网上购物所受到的保护，不低于日常其他购物方式；排除消费者网上交易的不确定性；在不妨碍电子商务发展的前提下，建立和发展网上消费者保护机制。

2000 年 12 月，经济合作与发展组织公布了一项《关于电子商务经营场所所在地的适用解释》，其中规定未来通过网上进行的电子商务，由该公司经营场所实际所在地政府征税。

3. 国际商会的交易规则

国际商会于 1997 年 11 月发布《国际数字化安全商务应用指南》。该指南由一系列在互联网上进行可靠的数字化交易的方针构成，其中包括公开密钥加密的数字签字和可靠的第三方认证等，试图平衡不同法律体系的原则，为电子商务提供指导性政策，并统一电子商务交易术语。之后，其又制定了《电子贸易和结算规则》交易规则。

4. 欧盟电子商务行动方案

1997 年 4 月，欧盟提出《欧盟电子商务行动方案》，强调在欧盟范围内建立一个适用于电子商务的法律与管制框架，管制应该深入商业活动的每一个环节，任何影响电子商务交易的问题都应予以重视，这些问题包括数据安全、隐私、知识产权保护、透明和温和的税收环境。

1998 年 8 月，欧盟颁布《电子签字法律框架指南》和《关于处理个人数据及其自由流动中保护个人的指令》(或称《欧盟隐私保护指令》)。

1999 年 12 月，欧盟颁布《关于建立有关电子签名共同法律框架的指令》；2000 年 6 月颁布《关于电子商务的指令》，这两部法律文件协调与规范电子商务立法的基本内容，构成了欧盟国家电子商务立法的核心和基础。其中，《关于电子商务的指令》更是全面规范了关于开放电子商务的市场、电子交易、电子商务服务提供者的责任等关键问题。

5. 世界贸易组织电子商务规则

1998 年 5 月，世界贸易组织的 132 名成员方签署了《关于电子商务的宣言》，达成至少 1 年内免征互联网上所有贸易活动关税的协议；1998 年 9 月，WTO 总理事会通过了极具影响力的《电子商务工作方案》；1999 年 9 月，又通过《数字签名统一规则草案》，就电子合同实施中的电子签名问题做出了初步规定。

（三）主要国家的电子商务立法

为了解决网络发展带来的法律问题，许多国家在立法上采取措施，对原有法律进行修订和补充，并针对电子商务产生的新问题制定了新的法律。

美国是全球互联网的策源地之一，美国电子商务的发展得益于"信息高速公路"的建设。1997 年 7 月 1 日，克林顿政府颁布《全球电子商务纲要》，其中规定：政府尽可能鼓励民间企业自行建立交易规则，少干预、少限制；政府只在必要时介入，并应着眼于支持与加强可预见性的电子商务实施环境，还须顾及法令的简明性、一致性；政府须认清互联网的特性；政府对电子商务应避免设立不成熟限制；制定相关的电子商务法令，须着眼于便利全球贸易。文件的最后强调了政府各部门在对待电子商务的问题上应采取协同一致、慎重小心、密切配合的政策。美国政府适时采取了一系列措施推动电子商务向更深入、更广泛、更具效率的方向发展，1995 年，美国犹他州制定了世界上第一部《数字签名法》；1998 年，美国政府通过《统一商业法规》（UCC），以加快全国金融的电子化、网络化；1999 年颁布《儿童在线隐私权保护规则》；同年颁布《统一电子商务交易法》；2000 年颁布《消费者金融信息隐私规则》；2003 年颁布《未经请求的色情及行销消息攻击控制法》。

加拿大政府非常重视电子商务的推广与应用，专门成立了电子商务委员会，负责电子商务试点工作的开展、法律框架筹备制定，协调政府与研究机构、用户之间的关系。加拿大电信网络建设的速度相当快，计算机普及率高。1999 年 3 月，加拿大通过了《统一电子商务法》。该法分四部分。第一部分规定基本功能对等规则，明确规则适用于人们以明示或默示的方式同意使用电子文件的任何交易；第二部分对电子商务合同的成立及效力、电子文件收讫的承认、发送和接收电子文件的时间、地点等做出规定；第三部分允许政府根据规则选择使用电子文件；第四部分对货物的运输做出特别规定，允许在许多需要特殊文件形式的领域中使用电子文件。此外，加拿大政府制定的关于电子交易的政策和法律包括以下内容：①密码使用政策。1998 年 10 月，加拿大政府颁布电子商务加密政策，在维护法律和国家安全的前提下，确保网上交易的安全性，允许国内使用任何密码软件，不采取强制解密措施；②保护消费者利益指导纲要。由工商部门负责起草，目的是保护消费者在网上进行商务交易活动时享有的权益；③保护隐私权法案。由联邦工业部提出编号为C-54 立法的提案，旨在保护消费者在网上的个人信息；④电子签名法律纲要。此纲要正式认可了数字化签名和电子文件的合法性。

英国电子商务立法速度快于其他欧盟各国。1998 年 12 月，英国政府提出"到 2002 年，在英国形成世界上最适合电子商务发展环境"的目标。2000 年 6 月，英国政府颁布的《电子通信法案》生效，该法案中包括加密服务提供商、便利化的电子商务和数据存储、对被保护的电子数据的调查、附录四章内容。该法案规定了自愿的许可登记制、电子签名的有效性、电子签名的证据力、取消其他法律对以电子媒介替代纸张的限制。

新加坡是亚洲乃至全世界积极致力于推广电子商务的国家之一。20 世纪 90 年代初，新加坡政府制定了一套详细的法律和技术框架。1998 年，新加坡政府颁布了《1998 电子交易法令》，其中采纳了联合国贸易法委员会《电子商务示范法》的绝大部分条文，但它远比《电子商务示范法》复杂和完备，包括十二部分，即前言、电子记录与签名概述、网络服务供应者的义务、电子合同、安全电子记录与签字、电子签字的效力、与电子签字有关的一般责任、证明机构的责任、签署者的责任、证明机构的管理、政府对电子记录与签字的应用、其他。涉及确认交易中买卖双方的身份，提供能够在网上签署的电子商务合同，核实电子商务文件的发出和收到时间并确认其完整性，收集纯粹电子记录的出处，允许通过网络提供公共领域的服务等内容。

马来西亚是亚洲最早有电子商务法的国家，在20世纪90年代中期就提出建设"信息走廊"的计划，并于1997年制定了《数字签名法》。另外，马来西亚还是东盟电子商务的倡导者，提出了有关东盟电子商务框架的构想。

纵观世界各国的电子商务立法，主要特点是与《电子商务示范法》保持一致，强调了在全球领域的一致性，减少和避免法律冲突；淡化政府对互联网的管制，对电子商务的交易行为尽量减少参与和干涉，为网络提供透明及和谐的法制环境；强调对知识产权和个人隐私权的保护；重视网络信息安全，促进和保护竞争；立法具有灵活性，以适应技术的进步与变革。

二、我国电子商务立法

伴随着中国网购市场的高速发展，电子商务引发的合同问题、知识产权问题、信息安全问题、纳税问题，以及围绕互联网支付、理财发展越来越热的互联网金融问题，变得越来越突出。电子商务立法主要解决出现的信息安全、知识产权保护、虚拟财产保护、支付等问题，提高电商行业准入门槛，维护消费者权益和整个行业的良性发展。

(一)立法思路和立法原则

1. 立法思路

我国电子商务的立法思路是先分别立法，再综合立法。从电子商务产生与发展趋势上，电子商务调整平等主体间的商事关系，范围主要包括合同、知识产权、消费者权益保护、网络安全等。电子商务随着技术一同发展，有一些新的技术手段和交易方式产生。因此，我国先分别立法，在时机成熟时才制定《电子商务法》。

2. 立法原则

《电子商务法》第一条规定，为保障电子商务各方主体的合法权益，规范电子商务行为，维护市场秩序，促进电子商务持续健康发展，制定本法。

《电子商务法》的立法宗旨和立法目的体现在四个方面。

(1)对电子商务各方主体都平等对待，不是特别保护哪一方，这一点与《消费者权益保护法》中公开宣称的"保护消费者的合法权益"明显不同。

(2)使电子商务行为回归法律和道德的框架。

(3)电子商务市场有序运行、依法运行、合乎道德地运行。

(4)电子商务与实体商务一样，长期、健康地运营，逐步解决各种问题。

(二)我国主要电子商务法律法规

1. 法律

1)中华人民共和国刑法

1979年7月1日，第五届全国人民代表大会第二次会议通过《中华人民共和国刑法》

（以下简称《刑法》）；2020年12月26日，第十三届全国人民代表大会常务委员会第二十四次会议通过《中华人民共和国刑法修正案（十一）》，对《刑法》做出修改、补充，自2021年3月1日起施行。修改后的《刑法》增设了计算机犯罪的罪名，包括非法侵入计算机系统罪，非法获取计算机信息系统数据、非法控制计算机信息系统罪，提供侵入非法控制计算机信息系统程序、工具罪，破坏计算机信息系统罪。

2）中华人民共和国产品质量法

1993年2月22日，第七届全国人民代表大会常务委员会第三十次会议通过《中华人民共和国产品质量法》，根据2000年7月8日第九届全国人民代表大会常务委员会第十六次会议《关于修改〈中华人民共和国产品质量法〉的决定》第一次修正，根据2009年8月27日第十一届全国人民代表大会常务委员会第十次会议《关于修改部分法律的决定》第二次修正。2018年12月29日，第十三届全国人民代表大会常务委员会第七次会议通过全国人民代表大会常务委员会关于修改《中华人民共和国产品质量法》等五部法律的决定，第三次修正《中华人民共和国产品质量法》，并自2018年12月29日施行。其旨在加强对产品质量的监督管理，提高产品质量水平，明确产品质量责任，保护消费者的合法权益，维护社会经济秩序。

3）中华人民共和国反不正当竞争法

1993年9月2日，第八届全国人民代表大会常务委员会第三次会议通过《中华人民共和国反不正当竞争法》，根据2017年11月4日第十二届全国人民代表大会常务委员会第三十次会议的修订，根据2019年4月23日第十三届全国人民代表大会常务委员会第十次会议《关于修改〈中华人民共和国建筑法〉等八部法律的决定》修正。该法是为了促进社会主义市场经济健康发展，鼓励和保护公平竞争，制止不正当竞争行为，保护经营者和消费者的合法权益而制定的。

4）中华人民共和国消费者权益保护法

1993年10月31日，第八届全国人民代表大会常务委员会第四次会议通过《中华人民共和国消费者权益保护法》，根据2009年8月27日第十一届全国人民代表大会常务委员会第十次会议《关于修改部分法律的决定》第一次修正，根据2013年10月25日第十二届全国人民代表大会常务委员会第五次会议《关于修改〈中华人民共和国消费者权益保护法〉的决定》进行第二次修正。其是为了保护消费者的合法权益，维护社会经济秩序，促进社会主义市场经济健康发展制定的一部法律。该法调整的对象是为生活消费需要购买、使用商品或者接受服务的消费者和为消费者提供其生产、销售的商品或者提供服务的经营者之间的权利义务。

5）中华人民共和国广告法

1994年10月27日第八届全国人民代表大会常务委员会第十次会议通过《中华人民共和国广告法》，2015年4月24日第十二届全国人民代表大会常务委员会第十四次会议修订。修改后的该法规定，利用互联网发布广告，未显著标明关闭标志，确保一键关闭的，将处五千元以上三万元以下的罚款。明确任何单位或者个人未经当事人同意或者请求，不得向其住宅、交通工具等发送广告，也不得以电子信息方式向其发送广告。在互联网页面以弹出等形式发布的广告，应显著标明关闭标志，确保一键关闭，违者将处五千元以上三万元以下的罚款。明确广告不得含有虚假或者引人误解的内容，不得欺骗、误导消费者。禁止在大众传播媒介或公共场所等发布烟草广告；禁止利用其他商品或服务的广告、公益广告，宣传烟草制品名称、商标等内容。

6）中华人民共和国电子签名法

《中华人民共和国电子签名法》于 2004 年 8 月在第十届全国人民代表大会常务委员会第十一次会议审议上并通过，自 2005 年 4 月 1 日起施行，全文约四千五百字，共五章三十六条，分为总则、数据电文、电子签名与认证、法律责任、附则。该法总则对《电子签名法》的立法目的、适用范围和电子签名、数据电文的概念予以明确定义，此外，给予消费者选择使用或不使用电子签名的权利。数据电文一章规定数据电文的书面形式效力、原件效力、保存要求、证据效力等。电子签名与认证一章明确了安全电子签名的效力、安全电子签名的条件、第三方认证机构的设立条件、行为规范和管理机关。《电子签名法》的出台是我国电子商务立法的里程碑，对保证电子商务交易、促进电子商务发展具有至关重要的作用。

7）中华人民共和国网络安全法

2016 年 11 月 7 日，第十二届全国人民代表大会常务委员会第二十四次会议通过《中华人民共和国网络安全法》，自 2017 年 6 月 1 日起施行。《中华人民共和国网络安全法》是为了保障网络安全，维护网络空间主权和国家安全、社会公共利益，保护公民、法人和其他组织的合法权益，促进经济社会信息化健康发展制定的法规。

8）中华人民共和国电子商务法

《中华人民共和国电子商务法》于 2018 年 8 月 31 日在第十三届全国人民代表大会常务委员会第五次会议上通过，自 2019 年 1 月 1 日起施行，该法包括总则、电子商务经营者、电子商务合同的订立与履行、电子商务争议解决、电子商务促进、法律责任、附则七章内容。

9）中华人民共和国民法典

2020 年 5 月 28 日，十三届全国人大三次会议表决通过《中华人民共和国民法典》，自 2021 年 1 月 1 日起施行。该法典共七编一千二百六十条，各编依次为总则、物权、合同、人格权、婚姻家庭、继承、侵权责任和附则。通篇贯穿以人民为中心的发展思想，着眼满足人民对美好生活的需要，对公民的人身权、财产权、人格权等做出明确详实的规定，并规定侵权责任，明确权利受到削弱、减损、侵害时的请求权和救济权等，体现了对人民权利的充分保障，被誉为"新时代人民权利的宣言书"。

10）中华人民共和国数据安全法

2021 年 6 月 10 日，第十三届全国人民代表大会常务委员会第二十九次会议通过《中华人民共和国数据安全法》，自 2021 年 9 月 1 日起施行。其着力解决数据安全领域突出问题，主要内容包括确立数据分级分类管理以及风险评估、监测预警和应急处置等数据安全管理各项基本制度；明确开展数据活动的组织、个人的数据安全保护义务，落实数据安全保护责任；坚持安全与发展并重，规定支持促进数据安全与发展的措施；建立保障政务数据安全和推动政务数据开放的制度措施。

11）中华人民共和国个人信息保护法

2021 年 8 月 10 日，第十三届全国人民代表大会常务委员会第三十次会议通过《中华人民共和国个人信息保护法》，自 2021 年 11 月 1 日起施行。其是一部保护个人信息的法律条款，涉及法律名称的确立、立法模式问题、立法的意义和重要性、立法现状以及立法依据、法律的适用范围、法律的适用例外及其规定方式、个人信息处理的基本原则、与政府信息公开条例的关系、对政府机关与其他个人信息处理者的不同规制方式及其效果、协调个人信息保护与促进信息自由流动的关系、个人信息保护法在特定行业的适用问题、关于敏感个人信息问题、法律的执行机构、行业自律机制、信息主体权利、跨境信息交流问题、刑事责任问题方面的内容，对个人及行业起到很大的促进作用。

2. 行政法规和部门规章

1) 涉及计算机系统安全方面的立法

我国计算机系统安全立法开始于 20 世纪 80 年代。1981 年，公安部成立计算机安全监察机构，着手制定计算机安全的法律、法规和规章；1986 年 4 月，草拟《中华人民共和国计算机信息系统安全保护条例（征求意见稿）》；1991 年 5 月，国务院第 83 次常委会议通过了《计算机软件保护条例》；1994 年 2 月，国务院令第 147 号发布了《中华人民共和国计算机信息系统安全保护条例》，为保护计算机信息系统的安全，促进计算机的应用和发展，保障经济建设的顺利提供了法律保障。

随着互联网迅速普及，为保障网络信息交流的顺畅，1996 年 2 月，国务院发布了《中华人民共和国计算机信息网络国际联网管理暂行规定》，做出对国际联网实行统筹规划、统一标准、分级管理、促进发展的原则性规定；1997 年 5 月，国务院设立了国际联网的主管部门，增设了经营许可证制度；1997 年 6 月，国务院信息化工作领导小组召开中国互联网络信息中心成立暨《中国互联网络域名注册暂行管理办法》发布大会，宣布中国互联网络信息中心（CNNIC）成立，并发布了《中国互联网络域名注册暂行管理办法》和《中国互联网络域名注册实施细则》；1997 年 12 月，国务院信息化工作领导小组根据《中华人民共和国计算机信息网络国际联网管理暂行规定》，制定了《中华人民共和国计算机信息网络国际联网管理暂行规定实施办法》，详细规定了国际互联网管理的具体办法；同期，信息产业部出台《国际互联网出入信道管理办法》，公安部发布了《计算机信息网络国际联网安全保护管理办法》。

（1）1997 年 12 月 11 日，国务院发布了《计算机信息网络国际联网安全保护管理办法》，自 1997 年 12 月 30 日起施行。中华人民共和国境内的计算机信息网络国际联网安全保护管理，适用本办法。

（2）2000 年 3 月 30 日，公安部通过《计算机病毒防治管理办法》，自 2000 年 4 月 26 日起施行。其旨在加强对计算机病毒的预防和治理，保护计算机信息系统安全，保障计算机的应用与发展。

（3）2021 年 8 月 24 日，国务院颁发《关键信息基础设施安全保护条例》，自 2021 年 9 月 1 日起实施。关键信息基础设施是经济社会运行的神经中枢，是网络安全的重中之重。我国网络安全法律制度建设由来已久，最早可追溯至 1994 年 2 月 18 日国务院颁布的《计算机信息系统安全保护条例》。2020 年年底，中共中央印发了《法治社会建设实施纲要（2020—2025 年）》，提出完善网络安全法配套规定和标准体系，建立健全关键信息基础设施安全保护、数据安全管理和网络安全审查等网络安全管理制度。国务院于 2021 年立法工作计划将条例纳入拟制定修订的行政法规。

2) 涉及网络管理方面的立法

（1）2010 年 5 月，中国人民银行制定《非金融机构支付服务管理办法》。该办法规定：未经中国人民银行批准，任何非金融机构和个人不得从事或变相从事支付业务。

（2）2012 年 12 月 28 日，为了保护网络信息安全，保障公民、法人和其他组织的合法权益，维护国家安全和社会公共利益，全国人民代表大会授权发布《全国人民代表大会常务委员会关于加强网络信息保护的决定》。

（3）2013 年 12 月 5 日，中国人民银行、工业和信息化部、中国银行业监督管理委员会、中国证券监督管理委员会、中国保险监督管理委员会联合印发文件《关于防范比特币风险的通知》。为了避免因比特币等虚拟商品借"虚拟货币"之名过度炒作，损害公众利益和人民币的法定货币地位，该通知要求金融机构、支付机构在日常工作中应当正确使用货币概念，注重加强对社会公众货币知识的教育，将正确认识货币、正确看待虚拟商品和虚拟货币、理性投资、合理控制投资风险、维护自身财产安全等观念纳入金融知识普及活动的内容，引导公众树立正确的货币观念和投资理念。

（4）2017 年 6 月 28 日，国家互联网信息办公室发布《移动互联网应用程序信息服务管理规定》，自 2017 年 8 月 1 日起实施，2022 年 8 月 1 日修改。其旨在加强对 App 信息服务的规范管理，促进行业健康有序发展，保护公民、法人和其他组织的合法权益。

（5）2017 年 8 月 24 日，工业和信息化部令第 43 号颁布《互联网域名管理办法》，自 2017 年 11 月 1 日起施行。其旨在规范互联网域名服务，保护用户合法权益，保障互联网域名系统安全、可靠运行，推动中文域名和国家顶级域名发展和应用，促进中国互联网健康发展。

（6）2017 年 9 月 4 日，中国人民银行、中央网信办、工业和信息化部、工商总局、银监会、证监会、保监会 7 个部委联合发文《关于防范代币发行融资风险的公告》，旨在贯彻落实全国金融工作会议精神，保护投资者合法权益，防范化解金融风险。

（7）2019 年 8 月 23 日，国家互联网信息办公室发布《儿童个人信息网络保护规定》，自 2019 年 10 月 1 日起施行，明确任何组织和个人不得制作、发布、传播侵害儿童个人信息安全的信息。

（8）2021 年 7 月 12 日，工业和信息化部、国家互联网信息办公室、公安部联合印发通知，公布《网络产品安全漏洞管理规定》，自 2021 年 9 月 1 日起施行。《网络产品安全漏洞管理规定》是为了规范网络产品安全漏洞发现、报告、修补、发布等行为，防范网络安全风险，根据《中华人民共和国网络安全法》制定的规定。

（9）2021 年文旅部印发《网络表演经纪机构管理办法》，自 2021 年 9 月起施行。为加强网络文化市场管理，规范网络表演秩序，要求网络表演经纪机构从事演出经纪活动，应当依法取得营业性演出许可证。同时，明确《网络表演经纪机构管理办法》实施前已从事网络表演经纪活动的网络表演经纪机构，可在《网络表演经纪机构管理办法》实施后的 18 个月缓冲期内取得经营资质，缓冲期内无经营资质不视为违反《网络表演经纪机构管理办法》相关规定。鉴于 2022 年全国多地出现散发疫情，结合演出经纪人员资格认定考试情况，经研究决定，将《网络表演经纪机构管理办法》政策缓冲期延长至 2024 年 2 月 29 日。

（10）2022 年 6 月 27 日，国家互联网信息办公室发布《互联网用户账号信息管理规定》，自 2022 年 8 月 1 日起施行。该规定明确账号信息管理的规范，要求互联网信息服务提供者履行账号信息管理主体责任，配备与服务规模相适应的专业人员和技术能力；建立健全并严格落实真实身份信息认证、账号信息核验、信息内容安全、生态治理、应急处置、个人信息保护等管理制度；完善投诉举报受理、甄别、处置、反馈等机制；建立健全互联网用户账号信用管理体系；对违法违规注册、使用账号信息的情形采取相应的处置措施。

3）涉及电子商务交易方面的立法

2009 年 11 月，商务部发布《关于加快流通领域电子商务发展的意见》，旨在提高社会公众对电子商务的认知度和参与度，开拓适宜网上交易的居民消费领域，培育和扩大网上消费群体；培育一批知名度高、实力强、运作规范的专业网络购物企业，建设交易商品丰富、服务内容多样的新型商业网站；加快发展面向消费者的第三方电子商务平台，鼓励中小企业和个人借助电子商务平台开展网上交易。

原国家工商行政管理总局令第 60 号公布《网络交易管理办法》，自 2014 年 3 月 15 日起施行。《网络交易管理办法》是为了规范网络商品交易及有关服务，保护消费者和经营者的合法权益而制定的。《网络交易管理办法》全文包括总则、网络商品经营者和有关服务经营者的义务、网络商品交易及有关服务监督管理、法律责任、附则共五章五十八条。

3. 司法解释

早期，最高人民法院针对电信市场管理、网络著作权纠纷、域名纠纷，发布了三个重要的司法解释：2000 年 4 月，《关于审理扰乱电信市场管理秩序案件具体适用法律若干问题的解释》；2001 年 6 月，《关于审理涉及计算机网络域名民事纠纷案件具体适用法律若干问题的解释》；2006 年 12 月，《关于审理涉及计算机网络著作权纠纷案件具体适用法律若干问题的解释》，为相关纠纷的解决提供了重要的法律依据。

2022 年 2 月 15 日，最高人民法院审判委员会第 1864 次会议通过《关于审理网络消费纠纷案件适用法律若干问题的规定（一）》，自 2022 年 3 月 15 日起施行。该规定主要对网络消费合同权利义务、责任主体认定、直播营销民事责任、外卖餐饮民事责任等方面做出规定，共二十条。

4. 地方性法规、规章

（1）2015 年 8 月，杭州市出台《杭州市智慧经济促进条例》。该条例是全国首部智慧经济立法，成为数字经济立法的雏形，条例共七章五十一条。该条例围绕智慧经济发展，纳入了智慧经济发展规划、基础设施、促进发展、智慧应用推广等内容，同时囊括了新型众创空间发展、大数据产业集聚发展、互联网金融、人工智能等内容，成为立法助力智慧经济发展的先驱。2016 年 10 月 26 日，杭州市第十二届人民代表大会常务委员会第四十次会议审议通过《杭州市跨境电子商务促进条例》，自 2017 年 3 月 1 日起施行。该条例规定："推进跨境电子商务发展，应当坚持先行先试、循序渐进、创新发展、依法规范的原则，建立政府引导、企业主体、行业自律的机制。"2020 年 10 月，《杭州城市大脑赋能城市治理促进条例》出台，是全国首部城市大脑地方性法规，对中枢、数字驾驶舱、应用场景等数字城市治理等作了规定。

（2）2016 年 1 月，贵州省出台《贵州省大数据发展应用促进条例》。该条例全文较为简洁，共六章三十九条，首次提出共享开放、保障安全的原则，在发展应用措施方面，提出设立专项资金、发展基金、金融支持、人才支撑、项目供地、税收优惠、科研支持等措施；在数据管理方面，首次提出建立健全公共数据采集制度、培育数据交易市场、加强社会治理大数据应用等措施；在数据共享开放方面，规定了公共数据率先实现共享、开放，建立"云上贵州"统一大数据平台。

（3）2016 年 6 月，银川市出台《银川市智慧城市建设促进条例》。该条例是全国第一部智慧城市立法在条例中规定建立智慧城市大数据平台，促进智慧政务、智慧民生、智慧产业、智慧城市共同发展，开启了智慧城市立法进程。

（4）2019年4月17日，武汉市《关于推进电子商务与快递物流协同发展的实施意见》正式出台，以不断优化发展环境为主线，以完善基础体系为重点，强化电子商务物流末端服务能力，优化配送通行管理，推动电子商务与快递物流协同发展，为电商与快递物流转型升级和提质增效提供政策法规保障。

（5）2021年2月1日，北京市发改委召开新闻发布会，正式发布《电子商务平台经营者主体责任清单》。持续开展网络市场监管专项行动，依法打击网络违法行为，通过引导企业制定自律公约，积极探索互联网新业态治理创新。

（6）2022年6月1日，《广州市数字经济促进条例》正式实施，该条例强调，数字经济发展应当以数字产业化和产业数字化为核心，推进数字基础设施建设，实现了数据资源价值化，提升了城市治理数字化水平，营造了良好的数字经济发展环境，构建了数字经济全要素发展体系。

（7）2022年11月1日，《深圳经济特区数字经济产业促进条例》正式实施。该条例规定设立数据交易平台，探索开展数据跨境交易、数据资产证券化等交易模式创新。

本章小结

电子商务法，是指调整以电子化交易行为或活动为核心的电子商务主体之间所发生的各种社会关系的法律规范的总称。本书所指电子商务法包括由于交易平台改变而产生的特殊法律规范，不直接涉及交易内容，在概念界定的基础上，确认电子商务法的调整对象、范围、性质和地位，分析国内外电子商务立法现状，阐释电子商务法律关系。本章的主要内容如下：

（1）电子商务法基础。这部分内容涉及电子商务的概念和类型、电子商务法的概念和特征、电子商务法的调整对象和范围、电子商务法的性质和地位、电子商务法的立法原则。

（2）电子商务法的形成与发展。这部分内容涉及国外电子商务立法概况、国内电子商务立法情况。

思考题

1. 简述电子商务的内涵和电子商务法的定义。
2. 应怎样理解电子商务法的程式性、技术性、开放性、复合性特征？
3. 电子商务法在各种法律中的地位如何？
4. 简述国际组织的电子立法状况。
5. 简述电子商务法律关系主体的范围。

第二章　电子商务交易主体法律制度

📦 引　例

　　刘先生在某网站上的一家礼品店的经营者处购买了 3 枝 24K 金玫瑰花。商品介绍：玫瑰花表面采用 24K 金制作，非镀金，假一赔百。收到货后，这先生找人进行专业鉴定后发现玫瑰花"不含金属成分，为塑料制品"。刘先生将卖家诉至法院，他认为该网站的行为构成欺诈。法院认为，只有在网络平台明知销售者利用平台侵犯消费者合法权益并未采取必要措施，或平台不能提供销售者、服务者相关信息，又或者在平台对消费者做出了更有利的承诺的情况下，消费者才能要求网购平台承担赔偿责任，否则只能直接起诉卖家。

　　问：法院的判决是否合法？

　　解析：不合法。本案涉及消费者权益，无论平台对店铺销售商品真实性是否做出承诺，平台都要担责，承担连带责任或相应责任。《电子商务法》第三十八条规定，电子商务平台经营者知道或者应当知道平台内经营者销售的商品或者提供的服务不符合保障人身、财产安全的要求，或者有其他侵害消费者合法权益行为，未采取必要措施的，依法与该平台内经营者承担连带责任。对关系消费者生命健康的商品或者服务，电子商务平台经营者对平台内经营者的资质资格未尽到审核义务，或者由于对消费者未尽到安全保障义务而使消费者权益损害的，应依法承担相应的责任。

案例来源：原创自编

第一节　电子商务主体概述

一、电子商务主体的概念与种类

(一)电子商务主体的概念

电子商务法律关系的主体即电子商务主体，是指参与电子商务法律关系，享有民事权利、承担民事义务的单位或个人。

广义的电子商务主体，指电子商务交易主体，包括电子商务平台经营者、平台内经营者、自建网站经营者、通过其他信息网络销售商品或提供服务的经营者、电子支付服务提供者、快递服务提供者、消费者等。狭义的电子商务主体，指电子商务经营主体，包括通过电商平台、社交平台、直播平台等互联网信息网络销售商品或者提供服务的法人、非法人组织和自然人。

(二)电子商务主体的种类

1. 电子商务经营主体的种类

电子商务经营主体有两种类型：一类是采取电子商务交易手段的传统企业；另一类是为电子商务交易提供基础设施服务和辅助服务的现代互联网服务企业，包括电子商务平台经营者、平台内经营者、自建网站经营者。

2. 电子商务主体的管理部门

电子商务主体的管理部门包括市场监督管理局、工业与信息化部、公安部等，市场监督管理局牵头电子商务平台主体责任经营行为的督导；工业与信息化部负责电子商务物理平台的准入和运营；公安部负责安全问题，打击网络犯罪。

3. 电子商务主体的参与人——服务商

传统交易由买卖双方来完成，任何一笔以网络为平台和交易手段的电子商务都涉及多重法律关系，每一商事活动需要有在线交易服务提供者参与才能完成，属于第三人的范畴，主要包括网络服务提供商、电子认证服务商、在线金融服务商、物流配送机构等。

1)网络服务提供商

网络服务提供商在电子商务中扮演着介绍、促成和组织者的角色，而这一角色决定了交易中心既不是买方，也不是卖方，而是交易的居间人，按照法律的规定、买卖双方委托业务的范围和具体要求开展业务。

2)电子认证服务商

电子认证服务商是对电子签名及签署者的真实性进行验证的具有法律意义的服务机构，是一个或多个用户信任的、具有权威性的组织实体。电子认证服务商对进行网络交易的买卖双方，以及电子商务的交易秩序负责。

3)在线金融服务商

在线金融服务商主要指电子银行，即使用电子工具通过互联网向客户提供电子银行业务的银行。2005年2月，银监会发布的《电子银行业务管理办法》将电子银行分为两类，一是电子银行、电话银行和手机银行；二是其他利用电子服务设备和网络，由客户通过自助服务方式完成金融交易的银行业务，包括自助银行、ATM 机等。从技术的角度来说，电子银行经历了银行计算机初级运用、银行计算机联机管理、电子银行的阶段。

4）物流配送机构

物流配送机构是采用网络化的计算机技术和现代化的硬件设备、软件系统及先进的管理手段，根据用户的订货要求和需求，进行交易实物分类、编码、整理、配货等理货工作，按照约定的时间和地点将确定数量的实物商品传递到用户的服务性机构。

二、电子商务经营者

《电子商务法》第九条规定，本法所称电子商务经营者，是指通过互联网等信息网络从事销售商品或者提供服务的经营活动的自然人、法人和非法人组织。其包括电子商务平台经营者、平台内经营者，以及通过自建网站、其他网络服务销售商品或者提供服务的电子商务经营者。

本条规定电子商务经营者有三类主体：自然人、法人和非法人组织；规定电子商务经营有三种形式：经营平台，平台内经营，自建网站或其他形式；给出了"平台经营者"和"平台内经营者"的法律概念，这对建立电子商务管理体系、治理体系具有重要意义。

平台经营者和自建网站采用许可制；平台内经营者采用实名制。

1. 传统分类

一般网上交易的交易方以普通民事为主体，他们通过电子行为参与民事活动。网上交易的交易方包括卖方和买方，卖方利用互联网出售商品或服务，买方利用互联网购买或获得商品或服务。现行法律制度规定从事商品和服务交易须具备相应资格的，交易方应当符合其规定。电子商务法属于民事特别法，电子商务交易主体是民商事主体，可以分为自然人、法人和合伙三大类。电子商务特殊主体，也可以分为自然人、法人或者合伙。

1）自然人

（1）自然人是指在自然状态下作为民事主体存在的人，其主体资格具有广泛性和平等性。在电子商务主体中，除了法律要求必须由法人来进行的活动外（如只有法人才允许进行电信等通信设施的提供），自然人都可以进行。参与电子商务交易的主体应具有民事权利能力和相应的民事行为能力。

（2）民事权利能力是指国家通过法律赋予的民事主体享有权利和承担义务的地位和资格。享有民事权利能力就可以参加民事活动，享有民事权利，承担民事义务。自然人的民事权利能力始于出生，终于死亡。

（3）民事行为能力是指民事主体能够以自己的行为参加民事活动，享有民事权利，承担民事义务的地位和资格。根据自然人认识问题和判断问题的能力，将自然人分为完全民事行为能力人、限制民事行为能力人与无民事行为能力人。

2）法人

法人是具有民事权利能力和民事行为能力，依法独立享有民事权利和承担民事义务的组织。简而言之，法人是独立承担民事责任的社会组织。通常，法人财力雄厚，拥有专业技术人员，因此可以充任任何一种电子商务特殊主体。法人不仅可以成为接入服务提供者、网络内容提供者，而且可以成为基础设施提供者。而在大多数情况下，在所有的 B2B

电子商务中，法人是作为普通的网络用户出现的。

3）合伙

合伙是指两个或两个以上的人（自然人、法人）为了共同的经济目的，自愿签订合同，共同出资，共同经营，共享收益和共担风险，对外负无限连带责任的联合体。在一个合伙内部，合伙人之间互相对合伙债务承担无限连带责任。现阶段，由于我国对网站管理较为宽松，以合伙形式建立网站的情况比较普遍。以合伙形式建立的网站，往往在发展成熟后才通过法律途径设立法人。

2. 电商的特有主体——接入服务商

三家基础运营商——中国电信、中国移动、中国联通。

（1）中国电信（China Telecom，中国电信集团有限公司）成立于 2000 年 9 月，是中国特大型国有通信企业、上海世博会全球合作伙伴，连续多年入选"世界 500 强企业"，主要经营固定电话、移动通信、卫星通信、互联网接入及应用等综合信息服务。

（2）中国移动（China Mobile Communications Group Co. Ltd，中国移动通信集团有限公司）是按照国家电信体制改革的总体部署，于 2000 年 4 月 20 日成立的中央企业。中国移动全资拥有中国移动（香港）集团有限公司，由其控股的中国移动有限公司在国内 31 个省（自治区、直辖市）和香港设立全资子公司，并在香港和纽约上市。中国移动是一家基于 GSM、TD-SCDMA 和 TD-LTE 制式网络的移动通信运营商。主要经营移动语音、数据、宽带、IP 电话和多媒体业务，并具有计算机互联网国际联网单位经营权和国际出入口经营权。

（3）中国联通（China Unicom，中国联合网络通信集团有限公司）于 2009 年 1 月 6 日在原中国网通和原中国联通的基础上合并组建而成。其在国内 31 个省（自治区、直辖市）和境外多个国家和地区设有分支机构，是中国唯一一家在纽约、香港、上海三地同时上市的电信运营企业。

3. 电子商务经营者（狭义）

狭义上的电子商务经营者包括电子商务平台经营者、平台内经营者和其他电子商务经营者。

（1）电子商务平台经营者。《电子商务法》第九条第二款规定："电子商务平台经营者，是指在电子商务中为交易双方或者多方提供网络经营场所、交易撮合、信息发布等服务，供交易双方或者多方独立开展交易活动的法人或非法人组织。"

（2）平台内经营者。《电子商务法》第九条第三款："本法所称平台内经营者，是指通过电子商务平台销售商品或者提供服务的电子商务经营者。"

（3）其他电子商务经营者。通过自建网站、其他网络服务销售商品或者提供服务的电子商务经营者。

三、电子商务经营者的权利和义务

法律关系的内容，是指法律关系主体间在一定条件下依照法律或约定所享有的权利和承担的义务，是人们利益的获取或付出的状态。电子商务买卖双方与网络服务提供商、电子认证服务商、在线金融服务商、物流配送机构之间都彼此发生业务关系，产生相应的权利和义务，它既是电子商务法律关系的实质和核心，也是联络主体、联系主体与客体之间

的桥梁，直接体现了法律关系主体的要求和利益。

（一）买卖双方的权利和义务

电子商务直接交易主体（即买卖双方）之间的法律关系表现为双方当事人的权利和义务，买卖双方的权利和义务是对等的。卖方的义务就是买方的权利，反之亦然。

1. 卖方的义务

1）按照合同的规定提交标的物及单据

提交标的物和单据是电子商务卖方的一项主要义务，为划清双方的责任，标的物实物交付的时间、地点和方法应当予以明确规定。如果合同中对标的物的交付时间、地点和方法未做明确规定的，应按照有关法律或国际公约的规定办理。

2）对标的物的权利承担担保义务

与传统的买卖交易相同，卖方仍然应当是标的物的所有人或经营管理人，以保证将标的物的所有权或经营管理权转移给买方。承担保障标的物的权利不被第三人追索的义务，以保护买方的权益。如果第三人提出对标的物的权利，并向买方提出收回该物时，卖方有义务证明第三人无权追索，必要时应当参加诉讼，出庭作证。

3）对标的物的质量承担担保

卖方应保证标的物的质量符合规定，卖方交付的标的物的质量应符合国家规定的质量标准或双方约定的质量标准，不存在不符合质量标准的瑕疵，也不存在与互联网广告相悖的情况。卖方在网络上出售有瑕疵的物品时，应当向买方说明。卖方隐瞒标的物的瑕疵，应承担责任。但是，买方明知标的物有瑕疵而购买的，卖方对瑕疵不负责任。

2. 买方的义务

1）按照网络交易规定方式支付价款

由于电子商务的特殊性，网络购买一般没有时间、地点的限制，支付价款通常采用信用卡、智能卡、电子钱包等电子支付方式，与传统的支付方式有区别，支付应按约定的方式进行。

2）按照合同规定的时间、地点和方式接收标的物

由买方自提标的物的，买方应在卖方通知的时间内到预定的地点提取。由卖方代为托运的，买方应按照承运人通知的期限提取。由卖方运送的，买方应做好接收标的物的准备，及时接收标的物。买方迟延接收时，应负迟延责任。

3）对标的物及时验收

买方接收标的物后，应及时进行验收。规定有验收期限的，对表面瑕疵应在规定的期限内提出，当发现标的物的表面瑕疵时，应立即通知卖方，瑕疵由卖方负责。若买方不及时进行验收，事后又提出表面有瑕疵，卖方不负责任。对于隐蔽瑕疵和卖方故意隐瞒的瑕疵，买方发现后，应立即通知卖方，追究卖方的责任。

（二）其他交易参与人的义务

1. 网络服务提供商

网络服务提供商本着诚实、公正、守信用原则，在法律许可的范围内进行活动，执行买卖双方委托，不得弄虚作假，否则必须承担赔偿责任。网络服务提供商业务范围、物品的价格、收费标准等都须遵守国家的规定。

2. 在线金融服务商

在线金融服务商主要是指电子银行，其基本义务是依照客户的指示，准确、及时地完成电子资金划拨。作为发送银行，在整个资金划拨的传送链中，承担着如约执行资金划拨指示的责任，一旦资金划拨失误或失败，发送银行应向客户进行赔付；作为接收银行，妥当地接收所划拨来的资金，如有延误或失误，则应依接收银行自身与客户的合同处理，如果接收银行未能妥当执行资金划拨指示，则应同时对发送银行和受让人负责。

3. 电子认证服务商

电子认证服务商扮演着买卖双方签约、履约的监督管理的角色，买卖双方有义务接受认证中心的监督管理。在网络交易过程中，认证机构是提供身份验证的第三方机构，是由一个或多个用户信任的、具有权威性质的组织实体构成，不仅要对进行网络交易的买卖双方负责，还要对整个电子商务的交易秩序负责。

4. 物流配送机构

物流配送机构通常是第三方物流和物流代理企业，第三方不参与商品供、需方之间的直接交易，而要承担从生产到销售过程中的物流业务，包括商品的包装、储存、运输、配送等一系列服务；物流代理由专业的物流企业受需方企业的委托，并与需方企业签订合同，承担货物由托运方到达收货方的全程物流。可以不进行固定资产投资而采取委托代理的形式，通过与客户签订合同，为客户制定最优化的物流路线，选择最合适的运输工具，并根据客户的需求提供存货管理、生产准备等特殊服务。

第二节　电子商务平台经营者

电子商务平台经营者，又称第三方电子商务交易平台服务商，是指在电子商务中为交易双方或者多方提供网络经营场所、交易撮合、信息发布等服务，供交易双方或者多方独立开展交易活动的法人或者非法人组织。

一、设立条件和程序

依据《电子商务法》《电信条例》等的规定，电子商务平台经营者设立须满足四个条件。

(1)有与从事的业务和规模相适应的硬件设施。

(2)有保障交易正常运营的计算机信息系统和安全环境。

(3)有与交易平台经营规模相适应的管理人员、技术人员和客户服务人员。

(4)符合规定的其他条件。

①市场准入和行政许可：平台经营者应当依法办理登记注册；对于涉及行政许可的，应当取得主管部门的行政许可。

②平台自营与他营的区别：《电子商务法》第三十七条规定，电子商务平台经营者在其平台上开展自营业务的，应当以显著方式区分标记自营业务和平台内经营者开展的业务，不得误导消费者。电子商务平台经营者对其标记为自营的业务依法承担商品销售者或者服务提供者的民事责任。

二、电子商务平台经营者认定原则

(一)主体真实原则

主体真实原则是指参与电子商务各方当事人必须真实存在，而不应是虚拟的或不存在的，法律不承认也不保护虚拟主体。电子商务就其本质，是传统商务活动从线下转移到了线上，它仍然是一种民商事活动，仍然发生在真实的民商事主体之间。因此，传统民商法对主体身份真实性的要求，仍然适用电子商务主体。

(二)主体资格法定原则

主体资格法定原则是指参与民商事法律关系，享有民事权利、承担民事义务的主体应当由法律明文规定。《电子商务法》第十条规定，电子商务经营者应当依法办理市场主体登记。但是，个人销售自产农副产品、家庭手工业产品，个人利用自己的技能从事依法无须取得许可的便民劳务活动和零星小额交易活动，以及依照法律、行政法规不需要进行登记的除外。

对微商、代购、直播等电子商务经营者的管理措施和规范包括必须登记和纳税。

(三)主体公示原则

主体公示原则指电子商务企业必须在互联网上明确其主体真实身份。《电子商务法》第十五条规定，电子商务经营者应当在首页显著位置，持续公示营业执照信息、与其经营业务有关的行政许可信息。

《电子商务法》第十六条规定，电子商务经营者自行终止从事电子商务的，应当提前三十日在首页显著位置持续公示有关信息。

三、电子商务平台经营者义务和责任

(一)基本义务

1. 主动审查

(1)审查当事人的真实身份，如营业执照、经营范围等。

《电子商务法》第九十条规定："电子商务第三方平台应当对申请进入平台销售商品或者提供服务的经营者身份、行政许可等信息进行审查和登记，建立登记档案，并定期核验、更新。"

(2)审查发布信息是否违法，或含有侮辱、诽谤或给社会造成不良影响的字句。

2. 请求中止传播

请求中止传播是指查出不法信息后，或者在接到权利人确有证据的通知时，及时删节、移除阻止侵权信息继续传播。

3. 协助调查

协助调查是指协助权利人或有关机关收集侵权行为证据。

《电子商务法》第二十五条规定："有关主管部门依照法律、行政法规的规定要求电子商务经营者提供有关电子商务数据信息的，电子商务经营者应当提供。"

4. 安全保障

《电子商务法》第三十八条第二款要求电子商务平台违反安全保障义务应承担相应责任。例如，2017年，三名十二岁左右的孩子在骑共享单车时摔倒，导致手臂严重骨折。共享单车企业认为，孩子没有通过平台解锁，偷偷骑走单车，他们不负任何责任，拒绝赔偿。本案共享单车解锁方法过于简单，若前一个使用者完成骑行后，未将密码打乱，导致下一个使用者可直接开锁。尽管一些平台对注册所需身份证进行了十二岁以上的识别，但密码漏洞成为孩子和其他使用者违规开锁的诱因。共享单车上一定要贴有"十二岁以下未成年人禁止使用"的标识；否则，便意味着生产经营者违反安全保障义务和信息披露义务。

📖 案例

微信小程序是一种不需要下载安装即可使用的应用程序。杭州刀豆网络科技有限公司(以下简称"刀豆公司")经许可取得"武志红心理学"课的复制、发行权。2018年7月4日，刀豆公司发现长沙百赞网络科技有限公司(以下简称"百赞公司")运营的三个微信小程序中均有"武志红心理学"收听栏目，"命运""自我的稳定性与灵活度"等音频内容与权利作品相同。

刀豆公司遂以其著作权受到侵害为由提起诉讼，请求百赞公司、腾讯立即停止侵害(百赞公司删除在被诉三个微信小程序上的涉案作品，腾讯立即删除被诉三个微信小程序)，百赞公司、腾讯赔偿刀豆公司经济损失及合理费用5万元。

本案刀豆公司在提起本诉讼案前，未就百赞公司侵权行为向腾讯通知或投诉。一审过程中被诉三个微信小程序已下架。

问： 本案腾讯是否构成帮助侵权，是否担责？

解析： 一审法院审理认为，腾讯不构成帮助侵权，无须担责。基础性网络服务提供者无法审查用户上传内容，对侵权内容的判断识别能力很弱，无法准确删除侵权内容或者切断与侵权内容有关的网络服务。腾讯公司对微信小程序开发者提供的是架构与接入的基础性网络服务，性质与自动接入、自动传输服务类似，其对微信小程序中的内容无法定位删除，故不应承担微信小程序部分内容侵权时整体下架小程序的责任。

杭州互联网法院于2019年2月27日判决：百赞公司于判决生效之日起十日内赔偿刀豆公司经济损失(含合理开支)一万五千元；驳回刀豆公司的其他诉讼请求。刀豆公司不服一审判决，向杭州市中级人民法院提起上诉。杭州市中级人民法院遂于2019年11月5日做出判决：驳回上诉，维持原判。其认为本案中，刀豆公司未向腾讯公司发出侵权通知并要求其采取必要措施，且腾讯公司对百赞公司的被诉侵权行为并非明知，不需要承担帮助侵权的责任。

案例来源：首例涉微信小程序案一审宣判 法律专家解读案件——人民网 http://media.people.com.cn/n1/2019/0307/c40606-30963047.html(案例经编者整理、改编)

(二)涉及消费者权益侵害的责任

对关系消费者生命健康的商品或者服务，电子商务平台经营者对平台内经营者的资质资格未尽到审核义务，或者对消费者未尽到安全保障义务，造成消费者损害的，电商平台应该承担怎样的责任？互联网技术具有中立性，法律未规定电子商务平台经营者承担无过

错责任，因此应在过错责任框架下讨论其责任。

1. 未尽审核和安全保障义务，平台承担相应的责任

《电子商务法》第三十八条第二款规定，对关系消费者生命健康的商品或者服务，电子商务平台经营者对平台内经营者的资质资格未尽到审核义务，或者对消费者未尽到安全保障义务，造成消费者损害，依法承担相应的责任。即不履行的行政处罚：限期改正，可以处五万元以上五十万元以下的罚款；情节严重的，责令停业整顿，并处五十万元以上二百万元以下的罚款。

对于相应责任的理解，有的学者认为是连带责任；有的学者认为应根据具体情况进行分析，有可能是连带责任，也有可能是补充责任。

2. 未采取必要措施，平台承担连带责任

根据《消费者权益保护法》第四十四条第二款、电子商务法第三十条第一款规定，电子商务平台经营者知道或者应当知道平台内经营者销售的商品或者提供的服务不符合保障人身、财产安全的要求，或者有其他侵害消费者合法权益行为，未采取必要措施的，依法与该平台内经营者承担连带责任。电子商务平台经营者知道或者应知有侵害消费者权益的行为，应采取措施将产品或者服务下架，对商家进行处罚或者注销商家，如果其不作为给消费者造成损害，符合侵权的构成要件，应与平台内服务者或者经营者承担连带责任。

(三)涉及知识产权侵权的责任

《电子商务法》第三十八条规定，电商平台经营者在知道或者应当知道的情况下，或者在接到知识产权权利人的侵权通知后，及时采取删除、屏蔽、断开链接、终止交易和服务等必要措施维护权利人权利，否则应当与平台内经营者承担连带责任；并且在平台内经营者实施侵犯知识产权行为时未依法采取必要措施的承担罚款最高至二百万元的行政责任。

明确"红旗原则"与"避风港原则"：

红旗原则，是指如果侵犯信息网络传播权的事实是显而易见的，就像是红旗一样飘扬，网络服务商就不能装作看不见，或以不知道侵权的理由来推脱责任，应采取必要措施并将该通知转送平台内经营者。

避风港原则，是指接到知识产权权利人的侵权通知后，应采取删除、屏蔽、断开连接等必要措施以维护权利人权利。

(四)网络表演(直播)行业中的责任

截至 2020 年年底，国内有网络表演经纪机构近三万家，全部职业主播群体中，75%以上与经纪机构有签约。

2021 年 9 月 2 日，《网络表演经纪机构管理办法》发布，补齐对平台和主播两头强、中间弱的监管短板，明确准入门槛和约束机制，进一步强化源头治理，是文化和旅游部治理网络表演行业"娱乐至上""流量至上"等违背社会主义核心价值观的重要举措之一。

《网络表演经纪机构管理办法》明确网络表演平台、经纪机构、主播三方关系。其中规定：

(1)网络表演经纪机构不得以虚假消费、带头打赏等方式诱导用户消费，不得以打赏排名、虚假宣传等方式炒作网络表演者收入。

(2)考虑经纪人员的管理能力，网络表演经纪人员与所签约网络表演者人数比例原则上不低于1∶100。

(3)对签约的主播的违法违规行为和有关投诉举报信息记录、保存，实施动态管理。

(4)强化行业自律威慑力，对列入失信名单的经纪机构公开谴责、取消行业协会会员资格。

四、涉及 App 信息服务管理

近年来，智能手机广泛普及，移动互联网发展迅速，通过移动端随时随地接入互联网获取网络信息、享受网络应用信息服务，已经成为越来越多的人们的生活方式。据 CNNIC 提供的数据显示，截至 2022 年 6 月，我国手机网民规模为 10.47 亿，网民中使用手机上网的比例达到 99.6%。很多年轻人将 App 开发作为创业的起点，希望以一款应用实现创业梦想，App 更成为广大手机用户享受网上服务的必然选择。但是，在 App 产业迅速发展的同时也乱象频生，泥沙俱下，从群众反映强烈的恶意吸费、消费陷阱，到较为普遍的过度信息采集、盗取或滥用个人信息，乃至传播病毒软件，甚至违法开展信息服务活动、非法经营等，越来越引起社会公众的广泛关注。缺乏对 App 应用各环节主体权利责任的性质界定，不仅使得行政监管无处着力，而且会在缺乏质量保障体系和市场监管机制的环境下对开发者和消费者的权益造成损害。

国家互联网信息办公室出台《移动互联网应用程序信息服务管理规定》自 2017 年 8 月 1 日实施；2022 年 8 月 1 日修改，共二十七条。该规定规范移动互联网应用程序信息服务管理，明确了网民在使用移动互联网信息服务中的合法权益，为构建移动互联网的安全、健康、可持续发展的长效机制提供制度保障，包括信息内容主体责任、真实身份信息认证、分类管理、行业自律、社会监督及行政管理等条款。

(一)概念和特征

1. 概念

其中所称移动互联网应用程序，是指通过预装、下载等方式获取并运行在移动智能终端上、向用户提供信息服务的应用软件。

2. 特征

(1)简洁明了，主体内容干净利索，首次明确了国家互联网信息办公室作为移动应用程序信息服务的主管单位。

(2)侧重维护市场中弱势一方——网民的个人信息与合法权益的保护。这与过去很多互联网领域的规章制度经常规制和约束网民的权益不同，让网民感受到正能量，将为网民着想放在突出的位置。

(3)针对应用程序市场中难点和痛点，如普通网民防不胜防的诱导式安装、过度收集用户信息、过度获取功能权限，甚至可能遭遇的恶意扣费和被盗等安全问题，都给出了明确规定。对于应用程序提供者与应用商店服务提供者也提出了基本的底线和准则，没有增加太多的难度和门槛。

(4)为网民解决经常遭遇问题而投诉无门的尴尬和困境，提高了投诉的便捷性和高效

性，以及处理机制的有效性，是法律法规能否真正见成效的关键所在。

（二）应用程序提供者和应用程序分发平台主体责任

1. 应用程序提供者的主体责任

（1）"后台实名、前台自愿"原则。

（2）收集、使用用户个人信息应当遵循合法、正当、必要的原则。

（3）保障用户在安装或使用过程中的知情权和选择权。

（4）记录用户日志信息，并保存六十日。

2. 应用程序分发平台的主体责任

（1）在业务上线运营三十日内向所在地省、自治区、直辖市互联网信息办公室备案。

（2）对上架的应用程序实施分类管理。

（3）建立健全技术措施，及时发现并防范 App 中存在的违法违规行为。

第三节　平台内经营者

电子商务平台内经营者是与电子商务平台经营者相对应的概念，是指通过电子商务平台销售商品或者提供服务的电子商务经营者。平台内经营者可以是自然人、法人、非法人组织，电子商务平台内经营者销售商品或提供服务的范围，除了法律禁止从事的活动和需要取得行政许可的领域外，原则上不受限制。

一、法律依据

1. 电子商务法

《电子商务法》是政府调整、企业和个人以数据电文为交易手段，通过信息网络所产生的，因交易形式所引起的各种商事交易关系，以及与这种商事交易关系密切相关的社会关系、政府管理关系的法律规范的总称。

2. 平台规则

大型 B2C 网站（电子商务平台经营者）的平台规则，如《淘宝规则》《京东开放平台招商基础资质标准》《苏宁易购平台规则》等，被作为立法参考，其中的部分规则被直接纳入法规。

二、平台内经营者的登记管理

（一）主体注册与税务登记

平台内经营者规制是间接的，不需要办证或备案，即基本原则是采取自愿登记注册原则，不强制注册。可根据申请，依法核准为公司、合伙企业、个人独资企业、个体工商户等主体。

《电子商务法》第十条规定，电子商务经营者应当依法办理市场主体登记。但是，个人销售自产农副产品、家庭手工业产品，个人利用自己的技能从事依法无须取得许可的便民劳务活动和零星小额交易活动，以及依照法律、行政法规不需要进行登记的除外。

(二)实名制

平台服务提供商提出开店申请时，平台经营者会要求平台内经营者实名认证，认证方式主要包括两种。

(1)申请者提供身份证明，企业与个体工商户应提供其营业执照信息，自然人提交身份信息。

(2)对申请者身份认证，网上交易平台提供网上支付功能，申请人开设平台内经营者需要开通网上支付功能，提供此项服务的银行和第三方支付机构要求申请人提供身份信息和与支付功能关联的银行账户信息，并对此两项信息进行验证核实，核实后才取得开设网上店铺的资格。某些大型的第三方支付机构，如支付宝(中国)网络技术有限公司成为众多网上销售平台的支付功能服务商。因此，一旦通过身份认证，相当于拥有互联网身份证，可以在电子商务网站开店、出售商品，同时增加支付宝账户拥有者的信用度。

以淘宝网实名注册为例，应办理电子认证手续：填写个人信息、提交身份证照片、提交银行卡账号。

首先，开通网上银行，之后按以下步骤申请。

1)注册淘宝会员

(1)登录淘宝网，单击页面"免费注册"。

(2)进入注册页面，填写会员名和密码。

(3)输入常用电子邮箱，用于激活会员名。

(4)将校验码添入输入框中，完成淘宝会员注册。

2)申请支付宝实名认证

通过淘宝的支付宝实名认证，即支付宝和店铺与身份挂钩。

(1)注册支付宝账号；

(2)申请支付宝实名认证。

3)商品发布及开店

发布十件商品并保持在线销售状态。

三、平台经营者与平台内经营者的法律关系

平台经营者，是在网络商品交易活动中为交易双方或者多方提供网页空间、虚拟经营场所、交易规则、交易撮合、信息发布等服务，供交易双方或者多方独立开展交易活动的信息网络系统。平台内经营者是指在电子商务平台上注册并开展交易活动的个人、企业或组织，利用电子商务平台提供的交易空间和服务，直接销售商品或者提供服务给消费者。在现实生活中，平台经营者与平台内经营者签订的协议一般称为合作协议。对于关系的界定，有以下四种观点。

(一)合伙关系

平台经营者与平台内经营者是合伙关系。这种看法似乎不能成立。第一，虽然平台经营者提供的虚拟市场是由进入市场的平台内经营者构成，而且平台经营者要与所有这些设立人签订合作协议，但是在这些设立人之间并不存在共同设立交易市场的共同的意思表示。第二，除非平台内经营者标明是平台经营者与设立企业合资举办的；否则，标明是商家专卖或标明设立人的网上店铺应当被认为是设立人独立设立的。一般来讲，平台经营者

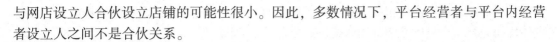

与网店设立人合伙设立店铺的可能性很小。因此,多数情况下,平台经营者与平台内经营者设立人之间不是合伙关系。

(二)租赁关系

平台经营者与平台内经营者的关系类似租赁关系。现实生活中的大多数批发市场、交易中心甚至专业性商厦都是将场地租赁给众多的商家。各个商家独立对外交易,共同构成市场。同时,交易市场也有机构统一管理和对外宣传,形成了既分散独立,又有一定程度统一的市场。另外,在网站交易平台建设过程中,也要吸引众多商家"入住",平台经营者为商家提供一定的硬盘空间以制作平台内经营者的页面,并提供其他配套服务等,因此可称为网络空间的租赁。甚至有学者将平台内经营者比喻为交易市场或商厦的租赁摊位或专柜。在某种意义上,这种观点有一定的道理,因为虚拟市场的交易模式也无非是现实生活模式的"镜像"。但是,由于虚拟世界有其特殊性,很难完全套用现实世界中的某一种法律关系构筑这种新环境下的"合作关系"。相关研究人员认为,这种合作关系中还包含了居间关系和技术服务合同关系等方面的内容。

(三)居间关系

平台经营者与平台内经营者的关系类似居间关系。体现在以下两方面:第一,平台内经营者的商品信息、要约或要约邀请、确认(合同成立等)信息是由网站传递给客户的,客户的订购、支付等信息也是经网站公司传递给平台内经营者的;第二,平台经营者一般要按照平台内经营者营业额收取交易"佣金",这种佣金类似居间人的佣金。

但是,平台经营者提供的信息传递工作,有三点不同于居间人的作用。第一,平台经营者仅仅提供传输手段或通道,主要是单纯的传递作用(最多相当于传达),而没有选择、改变等功能;更准确地说,平台经营者只是给交易双方提供了渠道,而不是信息本身,通过平台经营者这一特殊"舞台"使交易双方建立起直接的联系;第二,平台经营者传递的信息要远远超出居间,在合同标的为电子产品时,通过平台经营者即可以完成寻购、下订单、确认订单、交付(下载文件)、支付价款等全部过程;在标的物为货物时,除交付(物流)不能通过平台经营者实现外,其余也可以通过平台经营者实现;第三,按照营业额收取一定比例的佣金的法律关系并不一定都是居间。

不能笼统地认为所有的平台经营者都与平台内经营者之间存在居间关系。由于居间型平台经营者相比单一性平台经营者,其经营者要承担更多责任,因此要对两种平台经营者进行区分,比如只有当平台经营者在其与网店设立人的合作协议中明确写明其承担居间的相关责任,并在普通的管理费和提成之外为居间行为收取专项费用才能够认定其为网店经营者存在居间关系;同时,这种平台经营者可以被认定为居间型平台经营者。

(四)技术服务合同关系

纯粹的技术服务合同关系是指当事人以技术知识为另一方解决特定的技术问题,一般是委托人提供工作条件,受托人只提供智力劳动或技能的传授。而在平台经营合同中,受托的网站则全面提供设备、程序、硬盘空间等,不仅提供网页制作和维护等技术服务,而且这种服务的提供具有长期性,只要平台内经营者营运,这种服务就得继续。这些特征使得这种技术服务合同具有了合作性因素。实际上,缺少合作或在某些方面的相互配合,平台内经营者和网上交易中心都很难生存下去。双方既有共同商誉和利益的一面,也有各自商誉和利益的一面。这种相互依存、共同发展的合作关系使平台经营者的服务区别于独立主体之间完全基于技术服务合同所提供的服务。

由此可见，单一的描述都无法全面概括平台内经营者与平台经营者之间的关系特征，平台内经营者作为一种新型交易方式中的交易主体，其与平台经营者之间应当是一种复合型的法律关系，其中融合了租赁、居间、技术服务等多种法律关系的特点。也正因为如此，才需要出台专门的法律法规对平台内经营者的相关内容进行规范和管理，以促进平台内经营者及电子商务的健康有序发展。

1. 平台权利

(1)对申请进入平台销售商品或者提供服务的主体身份审查和登记。

(2)约定平台进入和退出、质量安全保障、消费者权益保护等。

(3)建立消费纠纷和解和消费维权自律制度，设立消费者权益保证金。

2. 平台义务

(1)保证平台正常运行。

(2)修改平台协议时应遵循公开、连续、合理原则，并提前七日予以公示并通知。

(3)以显著方式对自营和平台内网店经营区分和标记。

(4)交易记录等其他信息记录备份保存时间从交易完成之日起不少于三年。

案例

2013 年 10 月至 2015 年 6 月，袁某在明知是假冒注册商标商品情况下，仍从某服装市场等地低价购入假冒"耐克""阿迪达斯"注册商标的服装，并通过其经营的多家淘宝店铺销售，销售金额 100 余万元。

2016 年 9 月 4 日，淘宝以袁某恶意售假为由，诉至法院，诉求是：①请求法院判令被告赔偿原告损失 100 万元；②判令被告在淘宝网显著位置刊登赔礼道歉声明，消除被告的恶意售假行为对淘宝声誉造成的影响。

关于此两项诉求，法院判决是：①被告袁某于本判决生效后 10 日内赔偿原告损失 5 万元；②被告袁某于本判决生效后 10 日内在淘宝网上刊登赔礼道歉声明。

问：本案判决的依据?

解析：平台经营者与平台内经营者是技术服务合同关系，本案依据平台与平台内经营者协议，袁某注册成为淘宝用户时，已认可同意《淘宝服务协议》。该协议约定不发布国家禁止销售的或限制销售的商品或服务信息(除非取得合法且足够的许可)，不发布涉嫌侵犯他人知识产权或其他合法权益的商品或服务信息等。本案被告袁某在知晓前述《淘宝服务协议》及《淘宝规则》的前提下售假，有违合同规定。

案例来源：天眼查 https：//susong. tianyancha. com(案例经编者整理、改编)

四、平台内经营者的义务和责任

(一)平台内经营者的义务

1. 提供真实身份审查和登记信息

注册前，先阅读系统使用须知，再单击"新用户注册"按钮，进入注册页。平台内经营者进行用户注册时，先填写基本信息包括姓名、身份证号、身份证生效日期，失效日期，以及手机号码、密码。待基本信息填写完后，阅读《用户协议》，单击"注册"按钮，便可完成平台内经营者用户注册过程。注意，所有信息真实、准确。

2. 接受平台对商品和服务信息的检查监控

网络交易平台经营者应当对平台内经营者及其发布的商品或者服务信息建立检查监控制度，开展自主监测和运用相关部门公布的抽检结果、消费者投诉等信息，加强平台内销售的商品质量管理。鼓励网络交易平台经营者主动向平台住所地县级以上市场监督管理部门报送平台内商品质量检验情况。相应地，平台内经营者应接受平台对商品和服务信息的检查监控。

3. 商品和服务质量安全保障、消费者权益保护

网络交易平台经营者应当建立健全信用评价制度，公示信用评价规则，为消费者提供对平台内销售的商品进行评价的途径；不得删除消费者对其平台内销售的商品或者提供的服务的评价；不得采用误导性展示等方式将好评前置、差评后置，或者没有对不同商品或者服务评价进行显著区分等。相应地，平台内经营者应保障商品质量，保护消费者权益。

（二）平台内经营者的责任

平台内经营者销售的商品或者提供的服务不符合保障人身、财产安全的要求，或者有其他侵害消费者合法权益行为，应承担直接责任。

📖 案　例

蔡某是一名电商平台内经营者，2017年因商品质量与消费者发生纠纷。电商平台介入调处纠纷，根据检测报告认定商品材质与描述不符，冻结店铺保证金并告知蔡某。

蔡某向平台提交与买家司法处理的函件及法院受理通知书，嗣后，平台未中止调处服务，扣划蔡某的保证金向消费者赔付。蔡某将该电商平台诉至法院，要求平台根据平台规则退赔解冻保证金。

法院经审理认为：在蔡某起诉后，平台调处服务应当中止。本案平台公司在蔡某提供法院受案通知书后继续扣划冻结款项，有损蔡某权益，亦有损司法权威。平台未及时中止调处服务，致使蔡某本应处于冻结的钱款被划扣，鉴于货款及赔偿金已支付至交易相对方，故平台应采取补救措施，使用自有资金将等额款项返还至蔡某账户并恢复至冻结状态。平台不服判决，提起上诉。

问： 本案应如何解决？

解析： 平台与平台内经营者是技术服务合同关系，蔡某诉求平台赔偿划扣款项合法。电商平台经营者作为网络平台服务提供商为平台交易各方提供争议调处服务，该服务性质与调解类似，在当事方自愿选择并接受调处服务的前提下，其快速厘清责任、化解纠纷的社会功能应予肯定。但电商平台提供的争议调处服务始终是民间性、自治性，是非官方的亦非终局性的，调处服务本身亦属于司法评价的对象，应对司法机关介入给予充分尊重。

案例来源：杭州互联网法院发布电商案件白皮书及十大电商典型案例 https://www.sohu.com/a/302383820_120054912（案例经编者整理、改编）

第四节　电商网站

网站是互联网中的站点，通常指 Web 服务器。网站在互联网上提供商品的提供商，充当主动传输内容角色。其设立通过购置硬件、购买空间、申请域名、后台数据库、网页制作、备案，以便后期优化完善网站。或者提供虚拟主机，通过租用服务器中的空间满足硬件要求。

一、网站管制

我国《互联网信息服务管理办法》第四条规定，国家对经营性互联网信息服务实行许可制度；对非经营性互联网信息服务实行备案制度。未取得许可或者未履行备案手续的，不得从事互联网信息业务。

(一)经营性行为许可制度

1. 注册登记

在申请办理网站备案登记前应办理登记，领取营业执照。

2. 申领增值电信业务经营许可证

(1)办理"电信与信息服务业务经营许可证"(ICP 许可证)。《电信条例》规定：

①经营者为成立的公司。

②省级范围经营的最低注册资本一百万元，全国经营的最低注册资本一千万元。

③可行性研究报告和相关技术方案。

④有与其经营相适应的资金和专业人员。

⑤有必要的场地和设备。

⑥有为用户提供长期服务的信誉和能力。

⑦最近三年内未发生过重大违法行为。

(2)信息变更的，提前三十日向原审核发证机关(通信管理局)办理变更手续。

(3)在网站主页显著位置标明其经营许可证编号。

3. 申请域名

域名是互联网的电子地址，是用于解决与互联网上 IP 地址相对应的一种方法。

1)域名系统结构

(1)顶级域名。

ISO3166 标准国家代码。

专用顶级域名，即".mil"".edu"与".gov"。

通用顶级域名，即".com"".org"与".net"。

2009 年起，对以 CN、中国、公司、网络为结尾的中文域名支持。可直接在地址栏输入中文域名，即可直达相应网站，如教育部.中国。分隔符中"."与"。"等效。

(2)二级域名。

"类别域名"；"行政区域名"。

（3）三级域名。

2）域名注册程序

（1）查找域名注册服务商。

例如，青岛赛博思网络技术有限公司；安徽朝华互联科技有限公司。

（2）填写域名申请表

填写域名申请材料包括域名注册申请表、本单位介绍信、承办人身份证复印件、本单位依法登记文件的复印件，如营业执照、代理申请的应提交委托证书；以企业名称或商标作为域名的提交相应证书复印件。

（3）缴纳年度运行管理费。

申请人在规定时期内缴纳首年年度运行管理费，获取《域名注册证》。

4. 申请网站名称注册

根据《网站名称注册管理暂行办法》，每个网站最多可以申请三个注册网站名称。

（1）注册网站名称不得含有以下内容和文字：有损于国家、社会公共利益的；可能对公众造成欺骗或者使公众误解的；有害于社会主义道德风尚或者其他不良影响的；其他具有特殊意义的不宜使用的名称。

（2）注册网站名称含有以下内容的，需提交有关证明材料：政党名称、党政军机关名称、群众组织名称、社会团体名称；国际组织名称；驰名商标的文字部分。

5. 接入互联网

1）条件

《中国公用计算机互联网国际联网管理办法》规定，经营性互联网信息服务接入单位应具备如下条件：

（1）依法设立的企业法人和事业法人。

（2）具有相应的计算机信息网络、装备及相应的技术人员和管理人员。

（3）具有健全的安全管理保密制度和技术保护措施。

（4）有业务发展计划及相关技术方案。

（5）有健全的网络与信息安全保障措施。

（6）服务项目属于规定范围，已取得有关主管部门同意的文件。

（7）符合法律和国务院规定的其他条件。

2）程序

（1）主管部门或主管单位审核。

（2）办理互联网接入手续。

目前，经过第四轮通信运营商重组，全国性互联单位剩下三家全业务通信运营商及三家分属不同行业的互联单位。

（1）中国电信：原电信+卫通基础电信业务+联通 CDMA 业务。

（2）中国移动：移动+铁通公网+卫通。

（3）中国联通：联通 GSM 网及其固网业务+网通（电信北方十省+小网通+吉通）。

（4）其他：广电网络、长城宽带、卫星通信。

（5）外资设立，还应适用《外商投资电信企业管理规定》。

3）对出资比例的要求

经营增值电信业务的外商投资电信企业的外方出资比例不得超过 50%。

4）对于注册资本的要求

经营全国的或者跨省、自治区、直辖市范围的增值电信业务的，注册资本最低限额为一千万元；经营省、自治区、直辖市范围内的增值电信业务的，其注册资本最低限额为一百万元。

5）对于外方主要投资者的要求

外方主要投资者应具有良好业绩和运营经验。

6. 网站备案

网站备案是指根据国家法律法规需要网站的所有者向国家有关部门申请的备案，主要有 ICP 备案和公安局备案。ICP 备案通过官方备案网站在线备案（阿里云）或者通过当地电信部门两种方式。公安局备案按照各地公安机关指定的地点和方式进行。

申请文件包括以下几个。

①《经营性网站备案登记申请书》。

②网站所有者的主体资格证书复印件。

③《域名注册证》复印件或其他对所提供域名享有权利的证明材料。

④对网站所有权有合同约定的应当提交相应证明材料。

⑤申请注册网站名称所须提交的相关材料。

（二）非经营性行为备案制

（1）申请人在线提出申请，提交备案登记信息。

（2）在网站主页的显著位置标明其备案编号。

（三）特种行业信息服务审批制

《互联网信息服务管理办法》第五条规定："从事新闻、出版、教育、医疗保健、药品和医疗器械等互联网信息服务，在申请经营许可或者履行备案手续前，应当依法经有关主管部门审核同意。"

（四）特殊信息服务专项备案制——省通信管理局

从事互联网信息服务，拟开办电子公告服务的，应当在申请经营性互联网信息服务许可或者办理非经营性互联网信息服务备案时，按规定提出专项申请或者专项备案。

电子公告服务，是指在互联网上以电子布告牌、电子白板、电子论坛、网络聊天室、留言板等交互形式为上网用户提供信息发布条件的行为。

二、电商网站义务和责任

（一）电商网站义务

1. 服务行为合法

（1）按许可或者备案项目提供服务，非经营性不得从事有偿服务。

（2）公示服务身份。

（3）特殊服务项目应有记录，以备通信管理机关查询。

2. 信息内容合法

《电子商务法》第十三条规定："电子商务经营者销售的商品或者提供的服务应符合保

障人身、财产安全的要求和环境保护要求，不得销售或者提供法律法规禁止交易的商品或者服务。"

《在线信息服务管理办法》第十五条列举了九种不合法信息：违反宪法、危害国家安全、损害国家利益、破坏民族团结、破坏宗教政策、破坏社会秩序、色情暴力、侮辱或者诽谤他人、侵害他人权利。

3. 合同义务

（1）保证信息的合法、真实、有效。

（2）有偿合同与无偿合同区别对待。

有偿合同与无偿合同有以下区别：其一，当事人应尽的注意义务与责任不同。有偿合同的债务人应尽较高的注意义务，有偿合同其责任较重，应对故意和一切过失负责；而无偿合同的债务人则负较轻的注意义务，仅对故意或重大过失负责。其二，对缔约人的要求不同。有偿合同的当事人必须具有完全民事行为能力，否则要经其代理追认；无偿合同当事人可以是无民事行为能力或限制民事行为能力的人。其三，可否撤销不同。若无偿转让给第三人，可请求撤销该无偿行为；若有偿转让给第三人，对债权人造成损害的，只有其转让价值明显不合理且受让人故意，债权人方可撤销该行为。

（3）对消费者的特殊责任。

《电子商务法》第三十七条规定，对关系消费者生命健康的商品或者服务，电商平台经营者对平台内经营者的资质资格未尽到审核义务，或者对消费者未尽到安全保障义务，造成消费者损害的，依法承担相应的责任。《消费者权益保护法》第四十四条第二款规定，网络交易平台提供者明知或者应知销售者或者服务者利用其平台侵害消费者合法权益，未采取必要措施的，依法与该销售者或者服务者承担连带责任。《食品安全法》第一百三十一条第一款规定，网络食品交易第三方平台提供者未对入网食品经营者进行实名登记、审查许可证，或者未履行报告、停止提供网络交易平台服务等义务的……；使消费者的合法权益受到损害的，应当与食品经营者承担连带责任。

（二）责任承担

电商网站由于运营内容是自己的，应对违约、侵权承担直接责任。

第五节　快递物流

快递物流企业是一种企业类型，泛指经营物流相关的运输、仓储、配送等行业的公司，其常扮演着供货商与零售业者之间负责集货、理货、库存、配送等的角色。

一、快递物流服务企业设立

（一）设立条件

申请经营快递物流业务，应当符合《中华人民共和国邮政法》第五十二条的规定，注册快递公司需要的条件具体如下。

（1）符合企业法人条件。

（2）在省、自治区、直辖市范围内经营的，注册资本不低于五十万元，跨省、自治区、直辖市经营的，注册资本不低于一百万元，经营国际快递业务的，注册资本不低于二百万元。

（3）有本办法第七条、第八条、第九条规定的与申请经营的地域范围相适应的服务能力。

（4）有严格的服务质量管理制度，包括服务承诺、服务项目、服务价格、服务地域、赔偿办法、投诉受理办法等，有完备的业务操作规范，包括收寄验视、分拣运输、派送投递、业务查询等制度。

（5）有健全的安全保障制度和措施，包括保障寄递安全、快递服务人员和用户人身安全、用户信息安全的制度，符合国家标准的各项安全措施，开办代收货款业务的，应当以自营方式提供代收货款服务，具备完善的风险控制措施和资金结算系统，并明确与委托方和收件人之间的权利及义务。

（6）法律、行政法规规定的其他条件。

（二）涉及道路运输的相关物流业务的许可证制度

涉及道路运输的相关物流业务的许可证制度包括以下内容。

（1）道路货物运输经营申请表。

（2）负责人身份证明，经办人身份证明及其复印件、所在单位出具明确被委托人姓名和办理具体事项的委托书（复印件1份）。

（3）车辆证件：已购置车辆的，提供车辆有效期内的行驶证、机动车登记证书、综合性能检测合格证明和道路运输车辆燃料消耗量达标车型车辆参数及配置核查表。

（4）重型货车、半挂牵引车、汽车列车、散体物料运输车应提交安装符合道路运输车辆卫星定位系统车载终端技术要求。

（5）聘用或拟聘用驾驶员的驾驶证、从业资格证及其复印件[原件正本（核验）1份，复印件1份]。

（6）运输企业安全生产管理制度文本。

（7）营业执照副本原件及（含个体）复印件。

二、义务

（1）向社会公示服务承诺事项。

（2）物品发生延误、丢失、损毁或短少，加盟方与被加盟方连带赔偿责任。

（3）不得违法揽收国家规定的禁止和限制寄递、运输的物品。

（4）若提供代收货款服务，建立严格现金、安全管理和风险管控制度。

三、责任承担

《电子商务法》第二十条规定，电子商务经营者应按照承诺或者与消费者约定的方式、时限向消费者交付商品或者服务，并承担商品运输中的风险和责任。但是，消费者另行选择快递物流服务提供者的除外。

电子商务卖家指定快递的，运输途中标的物意外毁损灭失的风险由卖家承担（不适用于货交承运人规则）；如果买家指定快递，则运输途中标的物意外毁损灭失的风险由买家承担。

 **案　例**

　　本案原告是买家(杨某)，被告是快递(某速递公司)、卖家(付某)。在运输过程中，某速递公司的工作人员在送货时未验证对方身份信息擅自将货物交由他人签收，导致本案杨某快递丢失，杨某告快递(某速递公司)、卖家(付某)。

　　问：本案由谁担责?

　　解析：本案卖家付某担责。卖家付某尚未完成货物交付义务，构成违约，故对杨某请求付某赔偿的诉讼请求应予以支持。根据电子商务法规定和合同相对性原则，速递公司不在本案中承担赔偿责任。

　　案例来源：八个经典案例解读新增立法(http://www.360doc.com/content/20/0510/11/18334519_911340979.shtml，经编者整理、改编)

 本章小结

　　本章介绍了电子商务主体广义和狭义的概念，分析了电子商务特殊主体网络服务商和网络交易服务提供者，网络服务商包括网络服务提供者(ISP)、网络内容提供者(ICP)，这两者在电子商务交易中分别承担不同的法律责任。在网站和在线商店部分阐述网站基本概念，介绍了网站设立的过程，网站的分类及其法律等级管理制度，以及在线商店的基本概念和其电子商务交易模式，在线商店主体认定原则，我国对在线商店的登记管理制度，在线商店与网络交易平台的关系等。本章主要内容如下：

　　(1)电子商务法主体概述。内容涉及电子商务主体的概念与种类、电子商务经营者、电子商务经营者的权利和义务。

　　(2)电子商务平台经营者。内容涉及设立条件和程序、电子商务平台经营者认定原则、电子商务平台经营者义务和责任、涉及移动互联网应用程序(App)信息服务管理。

　　(3)平台内经营者。其内容涉及法律依据、平台内经营者的登记管理、平台经营者与平台内经营者的法律关系、平台内经营者的义务和责任。

　　(4)电商网站。其内容涉及网站管制、电商网站义务和责任。

　　(5)快递物流。其内容涉及快递物流服务企业设立、义务、责任承担。

 思考题

　　1. 简述电子商务平台经营者的概念及法律责任。

　　2. 简述民事主体真实原则的概念。

　　3. 现如今，网上买菜成为人们新的购物方式，如可溯生活、村村通商城、第九街市、鲜直达等网站将菜市场搬到网上，让农户借助平台销售自产农副产品，据媒体报道，河南农户张某通过蔬菜网站上卖菜，月收入过万，收入提高两倍有余。请问，张某这样的销售自产农副产品的农户是否必须登记注册?

第三章　电子合同法律制度

> 知识目标：系统学习电子合同的订立、效力、履行、违约责任。
> 能力目标：培养综合应用能力，能合理分析电子合同案例。
> 素养目标：启发学生的契约精神与自律原则。

引　例

电商频现"价格乌龙"

2014年3月，联想官方商城及京东商城将原本售价1 888元的联想平板电脑错标成999元。联想官方商城没有取消已经生成的近11万台订单，损失近1亿元。

此类乌龙事件并不少见。2014年5月3日，苏宁易购工作人员手误，将一款原价1 999元的AcerW3平板电脑售价标为499元，虽然第一时间发现并恢复了价格，但短短几分钟内，这款"史上最实惠的平板电脑"仍被卖出1 000余台。苏宁易购由于标错价而损失上百万元。

2014年10月9日，一款原价14 500元的超级平板电脑，因员工操作失误，最后被标价1 450元并在国美网上销售，仅3小时，该款平板电脑售出500余台，损失约600万元。销售商将其中一名消费者诉至法院，海淀法院受理此案。

据查，对于近年来出现的"价格乌龙"事件，大多数商家会直接取消订单，一部分电商会尝试与消费者沟通补偿金额；较少数商家会像苏宁易购与联想官方商城，自掏腰包。

电商平台为何频现价格乌龙？不可否认的是，价格乌龙虽有偶然，可也不排除个别商家为博"眼球效应"，将"偶然"变为"必然"的嫌疑。

简述错价频现折射出的法律问题。

解析："只有当我们向您发出商品出库的电子邮件通知您已将商品发出时，我们和您之间的订购合同才生效。"这样的条款大量出现在各大B2C网站的用户协议中，赋予卖方非常大的自由空间，在理论上，如果卖方不想履行合同，只要不发货就可以实现，而且能以合同不成立为由逃脱责任，对消费者非常不利。反观上述案件，看似消费者胜诉，但实质上法院是认可了上述条款，判决并未从根本上起到保护消费者的积极作用，随着媒体越来越多对电商网站单方撤单案例的报道，相应的争议也愈加尖锐。

案例来源：14 500 元平板电脑标价 1 450 元电商标错价"不认账"状告买家 http://sd.ifeng.com/zbc/detail_2014_10/09/2990776_0.shtm（案例经编者整理、改编）

第一节　电子合同概述

合同，是指平等主体的公民、法人、其他组织之间设立、变更、终止民事权利义务关系的协议。合同由当事人双方或多方达成，依法订立，任何一方不得擅自变更或解除。

一、电子合同的概念与特征

（一）电子合同的概念

电子合同，又称电子商务合同，2020 年 5 月 28 日第十三届全国人民代表大会第三次会议通过的《民法典》第三编第四百六十四条规定："合同是民事主体之间设立、变更、终止民事法律关系的协议。"电子合同是在互联网环境下，当事人为实现一定的目的，通过 EDI、电子邮件、电子格式合同等数据电文方式达成的明确双方权利义务关系的电子协议。2004 年 8 月 28 日第十届全国人民代表大会常务委员会第十一次会议通过的《电子签名法》第二条规定："数据电文是指以电子、光学、磁或者类似手段生成、发送、接收或者储存的信息。"《民法典》列举数据电文除了电子数据交换和电子邮件外，还包括电报、电传、传真三种传统电子形式。

电子合同与其他形式的商务合同一样，都是设立、变更、终止民事权利义务关系的协议。之所以将电子合同的范围限定为财产性民事权利义务关系，是因为电子合同所依托的数据电文有效性范围的限制，《电子签名法》第三条规定："民事活动中的合同或者其他文件、单证等文书，当事人可以约定使用或者不使用电子签名、数据电文。当事人约定使用电子签名、数据电文的文书，不得仅因为其采用电子签名、数据电文的形式而否定其法律效力。前款规定不适用下列文书：涉及婚姻、收养、继承等人身关系的；涉及土地、房屋等不动产权益转让的；涉及停止供水、供热、供气、供电等公用事业服务的；法律、行政法规规定的不适用电子文书的其他情形。"涉及人身关系、不动产转让、公共事业服务等项目，不能采用电子合同方式达成。

根据 1996 年 6 月联合国国际贸易法委员会颁布的《电子商务示范法》，结合民法典中的相关规定，本书将电子合同界定为：电子合同，是指合同双方或多方当事人通过电子信息网络以数据电文方式达成的设立、变更、终止财产性民事权利义务关系的协议。

（二）电子合同的特征

电子合同除了具有合同的共性特征外，还以数据电文为载体，且订立方式、签名方式、履行方式等事项也随之发生变化。与传统的合同相比，电子合同具有独有的特征。

1. 电子合同主体虚拟化、广泛化

传统合同通常要在当事人均在场的情况下，经当事人面对面的商谈和讨价还价达成，并在权利义务确定后由当事人在合同上签名盖章，确认当事人对合同内容的认可，才能产生合同效力。电子合同的签约环境是虚拟的，通过电子邮件、EDI、电子格式合同等达成，电子合同当事人的身份变得难以辨别，当事人的身份和性质不易确定，合同签字、合同内容的确认等借助电子签名、电子认证机制，电子合同主体呈现出虚拟化、广泛化等特征。

2. 电子合同形式电子化、标准化

传统合同在纸面环境下形成合同文本，通过书面文件，经由各方当事人签字或盖章而产生。电子合同通过数据电文方式达成，数据电文是以电子的、光学的或其他类似手段生成的信息。合同内容等信息记录在计算机或磁盘载体中，其修改、流转和储存均通过计算机，甚至在预先设定程序中由计算机自动做出相应的意思表示。合同的订约和履行依赖通行的技术标准，采用标准格式达成，形式上表现为电子化、标准化。

3. 电子合同所依赖的电子数据具有易消失性和易改动性

传统合同在当事人意思表示一致后订立，当事人各执合同文本，合同内容变动可清晰辨识。电子合同信息和数据记录在计算机载体上，不以原始纸张作为记录的凭证，合同内容改动、伪造不易留下痕迹。并且电子数据在网络传输时，可能受到网络故障等物理灾难的威胁，或者遭受计算机病毒、网络黑客等人为攻击，导致合同电子数据被篡改、被截取，发生错误甚至消失。电子合同所依赖的电子数据记录具有易消失性、易改动性和可以作为证据的局限性等特征。

二、电子合同的主要类型

依据电子合同自身的特性，对其做出如下分类。

(一)根据电子合同的标的不同，将电子合同分为信息产品合同和非信息产品合同

标的物为信息产品的合同为信息产品合同；反之，则为非信息产品合同。信息产品，是指可被数字化并通过网络传输的产品。依信息产品是否存在有体载体为标准，信息产品可分为有体信息产品与无体信息产品，前者指数字化信息附着在有体载体之上，无法在网上直接下载交付；后者指不存在有体载体，可直接在线下载，完成交付。

(二)根据电子合同订立的方式不同，将电子合同分为以电子数据交换方式订立的合同、以电子邮件方式订立的合同和电子格式合同

1. 以电子数据交换方式订立的合同

电子数据交换(Electronic Data Interchange，EDI)，根据国际标准化组织(ISO)的定义，EDI是将商务或行政事务按照一个公认的标准，形成结构化的事务处理或文档数据格式，从计算机到计算机的电子传输方法。

相对于传统的合同达成方式，EDI取消了传统的书面贸易文件，代之以电子资料交换。例如，生产企业的EDI系统，通过网络接收订单，系统可以自动检查订单是否符合要求，向订货方发确认报文，通知企业管理系统安排生产，向零配件供应商订购零配件，向

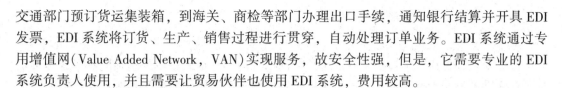

交通部门预订货运集装箱，到海关、商检等部门办理出口手续，通知银行结算并开具 EDI 发票，EDI 系统将订货、生产、销售过程进行贯穿，自动处理订单业务。EDI 系统通过专用增值网(Value Added Network，VAN)实现服务，故安全性强，但是，它需要专业的 EDI 系统负责人使用，并且需要让贸易伙伴也使用 EDI 系统，费用较高。

2. 以电子邮件方式订立的合同

以电子邮件方式订立的合同，是指当事人以网络协议为基础，将合同信息在终端机上输入，包括文件、图片或声音等，通过邮件服务器将其传送到另一端的终端机上，完成意思表示而订立的合同。

较之 EDI 合同，用电子邮件方式订立的合同能更清楚地反映订约双方的意思表示，但是，电子邮件在传输过程中易被截取、修改，故安全性较差。在电子商务中，合同当事人通常使用电子签名来确保传输信息的真实性，在订约过程中均认可的、未使用电子签名的电子邮件信息应依当事人的约定来确认其效力。

3. 电子格式合同

电子格式合同，是由格式合同提供人通过计算机程序预先设定合同条款的全部或一部分，相对人必须单击"同意"按钮才能订立合同。电子格式合同以数据电文的形式存在。

三、电子合同的形式与法律承认

电子合同首先在法律上遇到的是形式上的效力问题，即电子合同是否是书面形式，是否具有纸面文书的证据效力和文书功能等。

(一) 电子合同的形式

合同的形式，是指合同当事人意思表示一致的外在表现形式，是合同内容的载体，有时合同的形式被认为"是形成法律约束力的真正原因"，有广义和狭义之分。广义的合同形式包括合同订立的方式和法律行为的形式，如公证、鉴证、批准、登记等要求。狭义的合同形式，指合同订立的方式。《民法典》第四百六十九条第一款规定："当事人订立合同，可以采用书面形式、口头形式或者其他形式。"

1. 书面形式

书面形式，是指当事人以合同书、信件，或者电报、电传、电子邮件、电子数据交换表现所载内容的形式订立的合同，书面形式有利于保证交易安全，我国法律直接将传统的书面形式扩大到数据电文，《民法典》第四百六十九条第二款和第三款规定："书面形式是合同书、信件、电报、电传、传真等可以有形地表现所载内容的形式。以电子数据交换、电子邮件等方式能够有形地表现所载内容，并可以随时调取查用的数据电文，视为书面形式。"也就是说，不管合同采用什么载体，只要可以有形地表现所载内容，即视为符合法律的要求。《电子签名法》第四条规定："能够有形表现所载内容，并可以随时调取查用的数据电文，视为符合法律法规要求的书面形式。"

2. 口头形式

口头形式，是指当事人只有口头语言为意思表示订立合同，而不用文字表达协议内容的合同形式，其优点在于方便快捷，缺点在于发生合同纠纷时难以取证，不容易分清责任，口头形式适用于即时清结的合同。

3. 其他形式

其他形式，是指除了口头合同与书面合同以外的其他形式，主要包括默示形式和推定形式。在默示形式和推定形式下，当事人不需要用文字或语言明确表示，而是根据一定的行为和特定的情形推定当事人的意思表示。

现代各国对合同形式采用以不要式为原则，一般不加限制，法律仅规定特定种类的合同必须具备书面形式或其他形式，在该情况下，合同的形式是合同生效的要件。《电子签名法》第三条第一款规定："民事活动中的合同或者其他文件、单证等文书，当事人可以约定使用或者不使用电子签名、数据电文。"

（二）法律承认

合同的订立方式符合法律规定是合同在法律上有效的必要条件，电子合同的数据电文形式本身不一定能起到书面文件所能起到的全部作用，世界各国关于电子合同书面形式的界定有不同观点，联合国贸易法委员会在《电子商务示范法》中建议采用功能等同法，这是国际立法实践中流行的做法。功能等同法立足于分析传统的书面要求的目的和作用，是一种将数据电文的效用与纸面形式的功能进行类比的方法，其目的是摆脱传统书面单一媒介产生的僵硬规范的约束，为电子商务创造一个富于弹性、开放的规范体系，以利于多媒体和多元化技术方案的应用。

《电子商务示范法》功能等同法不直接规定电子合同具有与书面合同同等的效力。在承认电子合同有效性时，功能等同法旨在确定能够令电子合同具有与书面合同同等效力的条件。

1. 电子商务示范法的原则性规定

《电子商务示范法》第六条提供了一种客观标准，规定："如法律要求信息须采用书面形式，则假若一项数据电文所含信息可以调取以备日后查用，即满足了该项要求。"即可读可保存，具有耐久性和不可更改性，不管合同采用什么载体，只要可以有形地表现所载内容，就视为符合法律对"书面"的要求。采用"功能等同法"时，只注意了形式要求的等级，以达到书面形式的要求，基本上包括可靠性、可查核性和不可更改性，如"经签署的文书""经签署的原件"或"经认证的法律文件。"

2. 我国对书面形式的扩大解释

我国是一个相对强调合同书面形式的国家，在很多情况下，将书面形式作为合同生效的要件。电子合同如何才能满足书面形式的要求，我国《民法典》第四百六十九条第二款规定："书面形式是合同书、信件、电报、电传、传真等可以有形地表现所载内容的形式。"也就是说，不管合同采用什么载体，只要可以有形地表现所载内容，即视为符合法律对书面的要求；《电子签名法》规定，凡是满足原件、真实性、可保存三个条件的要求，便具有与书面合同同等的法律效力。

1）原件

《电子签名法》第五条规定："符合下列条件的数据电文，视为满足法律法规规定的原件形式要求：能够有效地表现所载内容并可供随时调取查用；能够可靠地保证自最终形成时起，内容保持完整、未被更改。但是，在数据电文上增加背书，以及数据交换、储存和显示过程中发生的形式变化不影响数据电文的完整性。"

2）真实性

《电子签名法》第八条规定：“审查数据电文作为证据的真实性，应当考虑以下因素：生成、储存或者传递数据电文方法的可靠性；保持内容完整性方法的可靠性；用以鉴别发件人方法的可靠性；其他相关因素。”

3）可保存

《电子签名法》第六条规定：“符合下列条件的数据电文，视为满足法律、法规规定的文件保存要求：能够有效地表现所载内容并可供随时调取查用；数据电文的格式与其生成、发送或者接收时的格式相同，或者格式不相同但是能够准确表现原来生成、发送或者接收的内容；能够识别数据电文的发件人、收件人以及发送、接收的时间。”

此外，在可接受性方面，《电子签名法》第三条规定：“当事人约定使用电子签名、数据电文的文书，不得仅因为其采用电子签名、数据电文的形式而否定其法律效力。”第七条规定：“数据电文不得仅因为其是以电子、光学、磁或者类似手段生成、发送、接收或者储存的而被拒绝作为证据使用。”

案　例

2019 年 12 月 27 日，林某与北京某网络公司签订“行业门户”产品及服务合同，约定由网络公司为林某建立“www. zhongxxx. net”（国际文化网）。林某认为网络公司存在如下违约事实：没有为其建立 5G 手机互联网网站；没有在 8 个城市做公交广告；没有给林某 1 000 个会员会籍；点击率没有达到前 10 位；没有协助办理 WAP 经营性许可和备案；没有对林某进行重点扶持。故向法院起诉请求解除合同，全额退款 6 万元。法院审理后查明，合同内容为建立“www. zhongxxx. net”（国际文化网），网络公司已履行该义务。建立 5G 手机互联网网站，是因林某未取得行政许可并备案，导致网页无法通过 WAP 接入互联网；没有做公交广告、没有给林某会员会籍、没有达前 10 位点击率、没有对林某进行“重点扶持”等，双方没有在合同中约定，仅林某口头提出了要求。

问：本案是如何解决的？

答：林某败诉。在本案中，对方当事人已依法履行合同义务，败诉主要原因在于林某没有将双方协商过程中的口头约定通过书面形式表达出来，又没有相应的证据证明其要求已得到对方确认，在对方已履行合同义务的情况下，林某要求解除合同，请求赔偿没有法律依据，得不到支持。

案例来源：广州中院发布十大电子商务纠纷典型案例 http：//www. doczj. com/doc/4b15205790. html（经编者整理、改编）

第二节　电子合同的订立

合同的订立，是指当事人意思表示一致而达成协议的状态。电子合同的特殊性在于订立的主体、过程和形式，也有一些特殊情况和特别规定。

一、电子合同的缔约人

电子合同的缔约人，又称合同当事人，是指依法签订合同并按约定履行义务和行使权利的自然人、法人和其他社会组织。电子合同缔约人是合同权利和义务的享有者和承担者，其有效性直接影响合同的效力与履行。

（一）合同缔约人缔约能力的现行法律规定

《民法典》第四百六十四条规定，"合同是民事主体之间设立、变更、终止民事法律关系的协议。"合同的主体包括民事主体中的自然人、法人和其他组织。

合同是法律行为的一种，其本质含义就是将缔约人的意思表达得真实、一致，否则法律不会保护，而将意思表达得真实、一致，要求行为人具有必须的心智和心理条件。为保护那些心智和心理不成熟的人进行交易时，不因不能真实表示自身的意思而受损失，根据《民法典》第二十四条规定，自然人的民事行为能力有三种：完全民事行为能力、限制民事行为能力和无民事行为能力。《民法典》第一百四十三条规定，具备下列条件的民事法律行为有效：行为人具有相应的民事行为能力；意思表示真实；不违反法律、行政法规的强制性规定，不违背公序良俗。根据以上规定，完全民事行为能力人具有完整的缔约能力；限制民事行为能力人可以缔约，但是只能进行与之年龄、智力相适应的民事活动；无民事行为能力人不具有缔约资格。

（二）电子合同当事人缔约能力的确定

电子合同的当事人在缔约时，与传统合同主体一样，也要求具有相应的民事行为能力。然而，由于电子商务不直面相对人，无法最后确认对方是否有签订合同的能力，也无法确定对方是否就是签约人本人。因此，需要对电子合同的主体采用特定的限制性规则，否则可能引发纠纷而无法履行。但是，也有学者对网络交易中当事人行为能力理论基础提出质疑，建议抛开"民事行为能力理论"。本书中的观点认为，电子商务复杂交易环境中，若不对当事人资格加以限制，则无法确保主体意思表示真实，又鉴于电子交易的特殊性，应区别对待。

1. 自然人的缔约能力

（1）网上购物当事人的缔约能力。

网上购物当事人的缔约能力应适用《民法典》的规定。电子合同缔约当事人不直接面对面，网络使用者没有年龄的限制，或者在有要求的情况下也可能提交虚假个人资料，出现名不副实的情况，若当事人出于对对方当事人或对方资料的合理信赖而与之签订合同，可能会因对方不具备《民法通则》确立的行为能力而产生纠纷。电子商务没有改变民商事活动的本质，民商事活动对交易当事人缔约能力的要求不应改变，否则将无法保证当事人意思表示的真实性，不利于保护合同缔约人的利益。

（2）接受公共信息服务当事人的缔约能力。

接受公共信息服务的当事人可以抛开"行为能力"理论，无论其年龄或精神状态如何均应视为完全民事行为能力人。缔约能力的限制目的是保护交易的安全。在电子商务中，当事人上网浏览、发电子邮件等利用公共信息的行为与当事人接受公共设施服务的行为，无论当事人有无行为能力均能发生效力，不用考虑其行为能力，直接以要约和承诺程序，达成意思表示作为判断电子合同成立和生效的要件。当事人接受服务商公共信息服务产生的合同关系，无行为能力或限制行为能力人应视为完全民事行为能力人。

📖 **案 例**

　　小李十三岁，初中生，他将过年的两千元压岁钱存放在母亲张女士的"支付宝"账户中。小李听同学讲澳洲龙虾，便在淘宝网"澳生鲜"店铺用张女士的"支付宝"购买"澳洲鲜活龙虾"四只，花费五百元，打算在周末与同学野餐时食用。两天后，快递到达，张女士经询问得知是小李购买的，就拒绝收货，小李与母亲发生争吵表示不愿退货事由。张女士要求卖家退货，卖家以龙虾为生鲜商品为由，拒绝张女士的要求。

　　问： 本案责任由谁承担？

　　解析： 责任由张女士承担。《电子商务法》第四十八条规定，电子商务当事人使用自动信息系统订立或者履行合同的行为对使用该系统的当事人具有法律效力。因此，在电子商务中，推定当事人具有相应的民事行为能力。但是有相反证据足以推翻的除外。解读为电子商务合同由使用人承担责任，如果有未成年使用系统，且有证据证明可能导致合同无效，但成年人管理账号不善或者将账号交给未成年人的，仍由成年人承担。行为能力的举证责任在买家。本案中的张女士对账号的管理不到位。

案例来源：原创自编

2. 经营性网站的缔约能力

经营性网站是指所有者为企业，以营利为目的在网络上发布信息、广告、设立电子邮箱、开展商务活动或向他人提供实施上述行为所需互联网空间的经营性组织。

根据 2000 年 9 月公布的《互联网信息服务管理办法》，经营性互联网信息服务实行许可制度，对非经营性互联网信息服务实行备案制度，未取得许可或者未履行备案手续的，不得从事互联网信息服务。该办法采用列举体例规定了经营性与非经营性网站的许可、审批、核准所应提交的文件、审核机关与相关程序，是一种实质审批制度，目的是加强对互联网的管理，从设立源头上进行事前把关。另外，该办法规定了互联网信息服务提供者不得从事制作、复制、发布、传播等九条禁令，以及对违法经营互联网信息服务者的处罚标准。

3. 网上交易服务提供者的缔约能力

服务提供者提供网上交易的相关服务时要具备合法的主体资格(包括遵守国家有关法律规定)；需要办理相关审批和登记注册手续的，应依法办理；需要具备一定物质条件的，包括资金、设备、技术管理人员等，应符合要求的条件。

根据商务部 2007 年 3 月发布的《关于网上交易的指导意见(暂行)》中的规定，服务提供者应提供规范化的网上交易服务，建立和完善各项规章制度，如用户注册制度，平台交易规则，信息披露与审核制度，隐私权与商业秘密保护制度，消费者权益保护制度，广告发布审核制度，交易安全保障与数据备份制度，争议解决机制，不良信息及垃圾邮件举报处理机制等；并且以合理方式向用户公示各项协议、规章制度和其他重要信息。

服务提供者应采取合理措施，保证网上交易平台的正常运行，提供安全、可靠的交易环境和公平、公正、公开的交易服务，维护交易秩序，建立并完善网上交易的信用评价体系和交易风险警示机制。采取合理措施保护用户的注册信息、隐私和商业秘密，并特别注意保存网上交易的各类记录和资料，采取相应的技术手段保证上述资料的完整性、准确性和安全性。监督用户发布的商品信息、公开论坛和用户反馈栏中的信息，依法删除违反国家规定的信息，减少垃圾邮件的传播。按照国家信息安全等级保护制度的有关规定和要求建设、运行、维护网上交易平台系统和辅助服务系统，落实互联网安全保护技术措施，提高网上交易的安全性。

二、电子合同的订立过程

电子合同的订立过程，是指合同当事人各方意思表示趋于一致的过程。当事人双方的协商过程，在法律上指要约和承诺两个阶段。《民法典》第四百七十一条规定，当事人在订立合同时，可以采取要约、承诺方式或者其他方式。电子商务模式下，合同订立的时空扩大，合同关系复杂，以要约承诺制度的有关规定为基础，确立合同成立过程，方便厘清电子合同当事人的权利、义务与责任。

（一）要约

《民法典》第472条对要约的定义为：要约是希望和他人订立合同的意思表示。要约是单方面的意思表示，发出要约的一方称要约人，接受要约的一方称受要约人。

1. 要约的条件

一项有效的要约必须具备以下三个条件。

（1）要约必须是特定人所为的意思表示。

要约可以由任何一方当事人提出，无论自然人还是法人。但是，发出要约的人必须是特定的，即人们能够确定发出要约的主体。一般情况下，要约的相对人（受要约人）也是特定的，即要约向特定人提出。

（2）要约内容应明确、具体、肯定。

要约的内容必须具体确定，包含足以使合同订立的必要条款，如具备价格、数量、质量等基本条款，如果要求内容不完整，就不构成要约。要约内容明确、具体、肯定，保证受要约人确切知道要约的内容，决定是否接受要约，并在要约的订约意愿中表明要约人订立合同的诚意和决心。

（3）要约必须表明经受要约人承诺，即受该意思表示约束。

要约具有缔结合同的目的，当事人发出要约，是为了与对方订立合同，要约人应在其意思表示中将这一意愿表达出来。要约作为表达希望与他人订立合同的一种意思表示，其内容已经包含了一份可以得到履行的合同成立所需具备的基本条件。在此情况下，如果受要约人表示接受此要约，要约人就不得撤销，双方达成了订立合同的意思表示，合同即告成立。

2. 电子合同的要约和要约邀请

要约邀请不同于要约，《民法典》第四百七十三条规定："要约邀请是希望他人向自己发出要约的意思表示。拍卖公告、招标公告、招股说明书、债券募集办法、基金招募说明书、商业广告和宣传、寄送的价目表等为要约邀请。商业广告的内容符合要约规定的，视为要约。"要约邀请又称要约的引诱，是希望他人向自己发出要约的意思表示。区别要约和

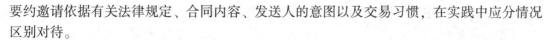

要约邀请依据有关法律规定、合同内容、发送人的意图以及交易习惯，在实践中应分情况区别对待。

（1）访问网页。

网络用户进入商家页面浏览，将商品放入购物车，然后进入支付页面，会看到购物清单，在单击后，商家会有多种付款方式供消费者选择，如在线支付在线下载、在线支付离线交货、离线交货货到付款等。在第一种情况下，如果该商品信息有明确的价格、规格等内容并可直接下载，网页的商品信息构成要约，消费者单击"确定"按钮构成承诺；在第二种情况下，页面上陈列商品的信息为要约邀请，消费者单击购买商品的"确认"按钮是要约，随后出现支付页面是商家的承诺；在第三种情况下，消费者单击购买商品的"确定"按钮是要约，而商家要求消费者付款视为接受要约，有时也以发货行为作为承诺。

（2）网络广告。

网络广告通常为要约邀请，但是符合要约特征，含有确定内容，并表示希望订立合同愿望的网络广告为要约。网络赋予广告发布人充分的信息空间。为了更加吸引顾客，网络广告会有品种、数量、单价、质量标准、交易期间、送货办法等详细信息，有时还附有电子订购单或者合同，内容符合要约条件的，可以视为要约；一些简单的网络广告，如网页横幅广告，如果不包含要约条件的内容，则属于要约邀请。

（3）网络中心交易。

网络中心交易为买卖双方提供交易平台，适用于B2B交易。在线当事人采取即时聊天的方式，在网络中心交易平台提供的空间协商，每完成一项协商，都需要单击"确认"按钮，再继续讨论下一个问题，完毕后，单击"确认"按钮来订立和履行合同。网络中心交易的达成方式类似口头协商，与传统交易中的要约和承诺没什么区别，往往经过多次要约和承诺。

3. 要约的生效

传统商务活动中，合同是当事人各方经过反复谈判而达成的，其法律效力由当事人的直接作为而自然产生。但是，电子合同由计算机完成，文件也由计算机生成，可能产生这样的结果：成立的合同可能并不直接反映一方或双方的真实意思，更有可能的是，由于订立合同的自动化，双方都可能察觉不到发生的错误。数据电文要求具有可接受性，造成上述问题的原因不在电子合同本身，而在于合同生效的时间、地点、形式等。

（1）生效时间。

生效时间是电子合同意思表示生成的必要条件，许多相关问题都以此为基点。《民法典》第一百三十七条采取"到达主义"的原则，规定："以对话方式做出的意思表示，相对人知道其内容时生效。以非对话方式做出的意思表示，到达相对人时生效。以非对话方式做出的采用数据电文形式的意思表示，相对人指定特定系统接收数据电文的，该数据电文进入该特定系统时生效；未指定特定系统的，相对人知道或者应当知道该数据电文进入其系统时生效。当事人对采用数据电文形式的意思表示的生效时间另有约定的，按照其约定。"

关于数据电文的发送时间和收到时间，《电子签名法》第十一条规定："数据电文进入收件人控制之外的某个信息系统的时间，视为该数据电文的发送时间。收件人指定特定信息系统接收数据电文的，该数据电文进入该特定系统的时间视为到达时间；未指定特定系统的，该数据电文进入收件人的任何系统的首次时间，视为该数据电文的接收时间。"

（2）生效地点。

《电子签名法》第十二条对电子合同数据电文的发送地点和接收地点作了详细规定："发件人的主营业地为数据电子的发送地点，收件人的主营业地为数据电文的接收地点。没有主营业地的，其经常居住地为发送或者接收地点。当事人对数据电文的发送地点、接受地点另有约定的，从其约定。"

《民法典》和《电子签名法》中的规定与《电子商务示范法》中规定的精神一致。《电子商务示范法》规定："除非发端人与收件人另有协议，数据电信应以发端人所设立的营业地视为其发出地点，而以收件人所设的营业地视为其收到地点。就本款的目的而言，发端人或收件人有一个以上营业地的，应以基础交易最密切地为准；如没有基础交易，则以主要营业地为准；如发端人或收件人没有营业地的，则以其经常居住地为准。"

4. 数据电文应具有表现力

表现力是指意思表示内容被相对人理解的程度。在线交易中，"收到"除了符合《电子商务示范法》所规定的精神外，还应满足一个前提条件，即发出的信息具有能够被接收计算机处理的形式，也就是说接收计算机具有处理信息并真实完整地再现信息内容的可能性；否则，无法阅读的信息也无法界定为"收到"。

（二）承诺

承诺是受要约人对要约人发出的要约表示完全同意的一种意思表示。

1. 承诺的条件

根据基本原理，承诺的构成有四个要件。

（1）承诺必须由受要约人做出。

一般来说，受要约人是特定的，要约人选择了受要约人，只有受要约人才有资格进行承诺，受要约人也包括其代理人，即由受要约人的代理人做出的承诺，视为受要约人的行为。

（2）承诺必须在一定的期限内到达要约人。

《民法典》第四百八十一条规定："承诺应当在要约确定的期限内到达要约人。"要约没有确定承诺期限的，承诺应当依照下列规定到达：①要约以对话方式做出的，应当即时做出承诺；②要约以非对话方式做出的，承诺应当在合理期限内到达。

（3）承诺的内容必须与要约的内容一致。

承诺是受要约人愿意按照要约的要求，与要约人订立合同的意思表示，是对要约的同意，只有在内容上与要约一致，合同才能成立。这种一致性体现为承诺应当是无条件的，不得限制、扩展或者变更要约的实质内容，否则不构成承诺，而视为是对原要约的拒绝，并做出的新的要约或者称为反要约。

在实践中，只要承诺与要约内在实质内容一致就足以成立一份合同，因此法律不宜要求承诺与要约完全一致，不能有丝毫改变，《民法典》第四百八十八条、第四百八十九条规定，承诺的内容应当与要约的内容一致。受要约人对要约的内容做出实质性变更的，为新要约。有关合同标的、数量、质量、价款或者报酬、履行期限、履行地点和方式、违约责任和解决争议方法等的变更，是对要约内容的实质性变更。承诺对要约的内容做出非实质性变更的，除要约人及时表示反对或者要约表明承诺不得对要约的内容做出任何变更的以外，该承诺有效，合同的内容以承诺的内容为准。

（4）承诺必须表明受要约人决定与要约人订立合同的意图。

正如要约中要表明要约人愿意订立合同的意图一样，如果承诺态度不明确也不构成承诺。例如，受要约人表示"我们愿意考虑你的要约条件"或者"我们对你的产品表示兴趣"等含糊表示，都不构成一项有效承诺。

2. 承诺的做出方式

《民法典》第四百八十条规定："承诺应当以通知的方式做出，但根据交易习惯或者要约表明可以通过行为做出承诺的除外。"

1）通知的方式

承诺应当以通知的方式做出。所谓通知，是指受要约人以语言、文字或其他直接表示意思的方式表示同意要约的意思表示。因为一方面，要约是意思表示；另一方面，缄默或者没有任何行动并没有意思表示，不能视为承诺。

2）例外的情况

承诺应当以通知的方式做出，但有两种情况下例外。一是根据交易习惯，要约人和受要约人进行交易的习惯和当地的习惯中，一方向另一方发出要约；另一方在规定的时间内没有做出意思表示，则视为承诺；二是根据要约的要求，要约人在要约中表示受要约人可以通过行为做出承诺，则受要约人可以不再向要约人发出承诺通知，只做出承诺行为即可。例如，要约人提出希望从受要约人处以某种价格购买冰箱一百台，受要约人同意即可发货，货到付款，受要约人的发货行为即视为是承诺的意思表示。

3. 承诺的生效

承诺生效时合同成立，承诺何时生效是关系合同生效时间的关键。由于承诺的方式不同，承诺生效的时间也不一样。根据《民法典》第四百九十条、第四百九十一条的规定，承诺生效的时间可以分为如下四种情况。

（1）当事人采用合同书形式订立合同的，自当事人均签名、盖章或者按指印时合同成立。在签名、盖章或者按指印之前，当事人一方已经履行主要义务，对方接受时，该合同成立。

（2）法律、行政法规规定或者当事人约定的合同应当采用书面形式订立，当事人未采用书面形式，但是一方已经履行主要义务，而对方接受时，该合同成立。

（3）当事人采用信件、数据电文等形式订立合同且要求签订确认书的，合同在签订确认书时成立。

（4）当事人一方通过互联网等信息网络发布的商品或者服务信息符合要约条件的，对方选择该商品或者服务并提交订单成功时合同成立，但是当事人另有约定的除外。

案　例

　　2020年11月11日，梁先生在某电商平台下的一家健康服务类店铺中用691元购买了两张体检卡。当时，梁先生提供了体检人身份证号及相关信息，店铺承诺安排落实体检服务。第二天，商家来电称不能按原先的价格安排体检，要求梁先生申请退款，如想按之前选择的套餐体检，需要补交1 290元，但可以给梁先生优惠150元，即需要补交1 140元。

> **问**：该案应如何处理？
>
> **解析**：平台内经营者应履行合同义务。《电子商务法》第四十九条规定："电子商务经营者发布的商品或者服务信息符合要约条件的，用户选择该商品或者服务并提交订单成功，合同成立。当事人另有约定的，从其约定。""电子商务经营者不得以格式条款等方式约定消费者支付价款后合同不成立；格式条款等含有该内容的，其内容无效。"本案用户访问电子商务经营者使用自动信息系统发布的商品或信息服务，并与之互动、提交订单，此种系统发布的信息属于有约束力的要约，而相对人发出的订单应视为承诺，因此合同有效。
>
> 案例来源：原创自编

三、意思表示的撤回与撤销

电子合同意思表示的撤回与撤销是一个十分复杂的问题，有人认为数据电文的传输速度极快，撤回与撤销在事实上不可能；也有人主张，法律贵在严密，即使要约能撤销的可能性微乎其微，也不应完全否认已经得到广泛承认的合法权利本身，只要要约人的要约尚未获得承诺，应允许其对要约做出重新安排；还有人认为应视采用的电子通信方式而定。《电子商务示范法》和《交易法令》都对这一问题采取了回避态度。

(一)意思表示的撤回与撤销的含义

意思表示的撤回，是指在意思表示到达对方之前或者到达对方的同时，表意人又向其发出通知以否认前一意思表示效力的行为。在《民法典》中，意思表示的撤回包括要约的撤回和承诺的撤回。资本主义两大法系对要约及承诺的撤回均是认可的，而《民法典》也是明确确立了撤回制度。

意思表示的撤销，是指意思表示到达对方之后，对方做出答复之前，表意人又向其发出通知以否认前一意思表示效力的行为。在《民法典》中，它仅指要约的撤销，承诺不存在撤销，因为承诺根本不存在要求对方给予答复的问题。对于要约的撤销，大多数国家原则上是允许的，但一般还会同时规定有些要约是不可以撤销的。

(二)传统理论

《民法典》对要约及承诺的撤回均是认可的，该法第四百七十五条规定，要约可以撤回。撤回要约的通知应当在要约到达受要约人之前或与要约同时到达受要约人。第四百八十五条规定，承诺可以撤回。撤回承诺的通知应当在承诺到达要约人手中之前或与承诺同时到达要约人手中。

在撤销的问题上，《民法典》第四百七十六条规定，要约可以撤销。撤销要约的通知应当在受约人发出承诺通知之前到达受要约人。但是有下列情形之一的，要约不得撤销：①要约人确定了承诺期限或者其他形式明示要约不可撤销；②受要约人有理由认为要约是不可撤销的，并已经为履行合同做了合理准备工作。

(三)电子合同意思表示的撤回和撤销

电子合同因电子传输的速度很快，在通常情况下，意思表示的撤回在技术上无法达到，即要求撤回的通知在承诺到达要约人之前或与承诺同时到达要约人无法做到。

对于意思表示的撤销，网络环境下，有些是可以实现的。例如，要约人以电子邮件发出一份可撤销的要约，受要约人收到要约后，并没有马上答复做出承诺。此时，要约人可以撤销要约，只要要约人撤销其意思表示的通知在对方答复之前到达对方。但若受要约人使用了自动回应系统，对符合条件的要约自动进行回复，则要约人就无法撤销要约。对于电子合同中意思表示的撤销，应该根据不同的传递方式做出灵活的规定。

四、电子合同的收讫确认

民事活动中，一方是否知悉对方已经实际收到自己所发出的信息，不仅关系到如何据此采取进一步行为，还关系到法律行为的成立、生效及当事人之间的权利义务问题。在开放的互联网上，一方根本无法确认自己发送的信息是否已经被对方实际接收到，而对方也可能无法获悉自己的交易对手是否向自己发送过某一信息，无法采取相应的行为，需要收讫确认。

(一)收讫确认的立法规范

收讫确认，是指接收人收到发达信息时，由其本人或指定的代理人或通过自动交易系统向发送人发出表明其已收到的通知。

1.《电子商务示范法》的规定

《电子商务示范法》对收讫确认的应用以下五项主要原则来确立。

(1)如果发送者与接收者没有商定以某种形式或某种特定方法收讫确认时，则接收者可以通过足以向发送者表明其已经收到该由发送者所发送的信息的任何方式或方法来收讫确认。

(2)如果发送者已经声明信息必须以收到该项确认为条件，则在收到确认之前，信息可视为从未发送。

(3)如果发送者并未声明信息必须以收到该项确认为条件，而且在规定的或商定时间内，或在未规定或未商定时间的情况下，在一段合理时间内，发送者并未收到此项确认时可向接收者发出通知，说明并未收到其收讫确认，并定出必须收到该项确认的合理时间。如果在前述所规定的时间内仍未收到该项确认，则发送者可在通知接收者之后，将信息视为从未发送，或行使其所拥有的其他权利。

(4)如果发送者收到接收者的收讫确认，即可推定有关信息已经由接收者收到，但并不意味着该信息与所收信息相符。

(5)如果收到的收讫确认指出有关信息符合商定或在使用标准中规定的技术要求，即可推出这些要求业已满足。

2.《民法典》和《电子签名法》的规定

在收讫确认问题上，《民法典》第四百七十六条规定，当事人采用信件、数据电文等形式订立合同的，可以在合同成立之前，签订确认书，签订确认书时合同成立。当事人一方通过互联网等信息网络发布的商品或者服务信息符合要约条件的，对方选择该商品或者服务并提交订单成功时合同成立，但是当事人另有约定的除外。

这种规定并不针对一般信息收讫的确认及其效果，仅是针对要约和承诺，尤其是针对承诺及其效果的；对于是否应该签定确认书，完全取决于当事人的要求或约定，法律不作任何强制性要求；法律规定的这种确认书是以传统书面形式作为"确认书"的法定形式，以在线形式或电子形式直接在网络上进行信息收讫确认方式得不到法律的肯定。《电子签名法》第十条对收讫确认有原则性规定："法律法规规定或者当事人约定数据电文需要收讫确认的，应当收讫确认。发件人收到收件人的收讫确认时，数据电文视为已经收到。"根据《电子签名法》的规定，收讫确认的法律效力可以通过当事人约定和法律规定来实现，收讫确认不是合同的必须程序，是否需要由当事人合同约定；如果发件人要求收讫确认的情况，发件人可以在发送数据电文之时或之前提出该要求，也可以通过该数据电文本身提出要求。

纵观《电子商务示范法》和《电子签名法》，收讫确认基本上都是尊重当事人的意思自治，即当事人可以实现约定信息收讫的确认方法；在当事人没有约定时，接收者应该按照发送者的要求进行确认；在当事人没有约定及发送者没有声明确认的方法时，一般规定接收者可以使用任何足以使发送者知悉其已经收到有关信息的方式进行确认。

(二)收讫确认的功能和法律效力

1. 收讫确认的功能

收讫确认只适用于信息交流的双方当事人处于非谋面和非交互性的情况。由于在这些情况下信息的传递需要经过不确定的中间环节，在客观上或理论上存在信息丢失或被他人拦截的情形，对于信息的发出者而言，为了确定自己所发出的信息是否已经被对方收到，因为这事关其能否顺利按照预期实现自己的交易(流)目的及可能享有的权利和将要承担的义务问题。否则，如果没有信息收讫的确认规则，信息的发送者将一直处于被动和无法预期的状态，而将自己的行为完全交由对方(接收者)控制或按照对方的意志行动。为了平衡非谋面和非交互性信息交流的双方当事人对信息交流的预期利益关系，客观上应该要求信息的接收者以适当的方式告知信息的发出者是否已经收到对方的信息。收讫确认的目的在于平衡双方当事人在信息交流过程中的预期利益关系，使双方当事人在可以对自己的行为做出预期的情况下真正实现自己的意思。信息收讫确认的具体功能并不一定是确认所收到的信息与所发出的信息完全一致，对于所收到的信息是否与所发出的信息完全一致，则取决于确认的具体内容是否完全一致。

2. 收讫确认的法律效力

信息收讫确认的法律效力包括两个方面的内容：第一个方面是强制性收讫确认，即法律和行政法规规定数据电文须经收讫确认，这种情形最有可能发生于电子政务活动中，立法者出于某种考虑，要求收讫确认，这种情况下，收讫确认是数据电文产生法律效力的要件；第二个方面是当事人约定数据电文须经收讫确认，在这种情况中，关于信息收讫确认的效力问题，立法一般是按照意思自治原则予以确定，如果约定收讫确认，它仅表明接收人收到电子信息，收讫确认实际上是一个功能性的回执，而非承诺。收讫确认在降低风险的同时，还增加了商业成本。

📖 案 例

　　甲厂为机械产品生产厂家，其设置有计算机订单输入交易系统，客户可通过网络下订单。××年5月19日，乙厂(销售厂商)得知5月20日甲厂的某型号机械产品将从2 280元上涨到2 400元，立即进入甲厂的订单输入交易系统，订购了1 000台该型号机械产品，系统自动回复了订单。几天后，甲厂拒绝履行订单，双方协商未果，乙厂起诉至法院，要求甲厂履行合同。

甲厂辩称，系统回应只是回执，并非清晰的承诺，合同未成立，自己不负履行义务。

问：是否支持乙厂诉讼请求？

解析：是否支持乙厂诉讼请求，取决于对系统回应有定性，若之前是作为功能性回执，则不支持乙厂；若之前是作为下单系统，回应即为承诺，则支持乙厂。

案例来源：原创自编

五、电子合同的缔约过失责任

(一)电子合同缔约过失责任的概念

电子合同缔约过失责任，是指在电子合同订立过程中，因一方当事人违反诚实信用原则，未采取必要安全措施，网络通信出现故障，致使另一方当事人信赖利益或者其他经济利益受到损失，有过错的当事人应当承担的民事赔偿责任。要求当事人因缔约过失承担损害赔偿责任的目的在于保证交易活动的顺利进行，补偿受害方的损失。

缔约过失责任产生于合同订立过程中。电子合同缔约中，由于网络经营者的介入，合同主体间的法律关系变得复杂，又由于通信故障、网络安全等很难归咎过错方，缔约过失责任的认定相对困难。

(二)缔约过失责任的情形

《民法典》第四十二条和第四十三条对缔约过失责任采取列举兼概括的立法规定，一方面列举了缔约过失责任行为的一般情形；另一方面概括了所有违反缔约过失责任行为，即违背诚实信用原则的行为。特定到电子合同，缔约过失责任情形主要有三种：信赖利益落空、未采取必要安全措施和网络通信故障。

1. 信赖利益落空

信赖利益，是指当事人实施某种行为后，使对方产生了信赖，相信其会与自己订立合同，并为订立合同付出了准备。由于一方当事人违背诚实信用原则致使合同不能成立，信赖利益落空，有违诚实信用的当事人在经济上应给予信赖行为人的赔偿。这里的违背诚实信用原则的行为包括假借订立合同，恶意进行磋商；故意隐瞒与订立合同有关的重要事实或者提供虚假情况；泄漏或不正当使用在订立合同过程中知悉的对方商业秘密；其他违背诚实信用原则的行为。

2. 未采取必要安全措施

在电子合同的订立过程中，当事人先把交易信息存储在计算机中，然后用 HTML 文件的形式设置成关键词、图形、声音，再通过网络传送给对方当事人。这些以非文本形式记载的交易信息容易被删除和篡改，缔约当事人有义务采取必要的措施，防止数据电文在传输中被篡改、截取等。如果由于缔约当事人没有采取必要的或事先约定的安全措施，导致合同不能成立，使对方当事人经济利益受到损失，有过错的一方应当承担损害赔偿的责任。

3. 网络通信故障

在电子合同订立的过程中，由于停电致使通信中断，或者计算机系统故障，导致缔约信息丢失，合同不能订立，有过错的一方当事人应给对方造成的损失予以赔偿。

(三)缔约过失责任的赔偿

1. 缔约过失责任的赔偿原则

缔约过失责任，实行全额赔偿原则。法律对信赖利益的保护，旨在使无过错的缔约人因信赖合同成立或履行支出的费用等实际损失得到赔偿、应增加的财产利益损失得到填补，所失去的获利机会损失得到补偿，以保持交易的诚实信用。但该原则应受到可预见规则限制，即除受损害人因身体受到伤害所遭受的损失应予全部赔偿外，其他信赖利益损失的赔偿额应限于缔约过失方可预见的范围内，最高不得超过合同履行时可以预期的平均利润。此外，因一方缔约过失给对方造成损失时，受损失的一方有及时采取措施防止损失扩大的义务，没有及时采取措施致使损失扩大的，无权就扩大的损失要求赔偿，但其为防止损失扩大支出的合理费用，则应由缔约过失方来承担。

2. 缔约过失责任的赔偿范围

缔约过失责任制度的创设为保护当事人的信赖利益，其赔偿范围应该为信赖利益的损失，是当事人因信赖合同有效成立而支付的各种费用。但是，在赔偿范围上，缔约过失责任应该小于合同责任。

履行合同所产生的利益(履行利益)较信赖合同有效成立所带来的利益(信赖利益)大，故缔约过失责任的赔偿范围应以信赖利益为限。其涵盖了订立合同所支出的费用，包括交通费、通信费、考察费、餐饮住宿费等；准备履行或履行合同所支出的费用，如仓储费、运费、保险费等；主张合同无效或可撤销时支出的诉讼费用或其他费用；上述费用的利息损失；丧失与他人签约机会等情形下产生的间接损失等。但当缔约过失行为侵害了对方当事人的人身权或所有权时，有过错的一方当事人的赔偿范围要包括侵害人身权或所有权造成的损失，从而不发生以履行利益为限的问题。司法实践中，应实事求是，受害人有多大损失，有过错的缔约人就应赔偿多大，以维护当事人的合法权益。

第三节　电子合同的效力

电子合同的订立意味着当事人之间就合同内容达成了意思表示一致，而合同能否产生法律效力，是否受法律保护，还需要看合同是否符合法律的要求，即合同是否符合法定的生效要件。

一、数据电文的效力及其归属

电子合同是以数据电文方式达成的合同，数据电文是指以电子、光学、磁或者类似手段生成、发送、接收或者储存的信息。若想确立电子合同的效力，首先要明确数据电文的效力。

（一）数据电文的效力

1.《电子商务示范法》的有关规定

《电子商务示范法》第十一条规定："就合同而言，除非当事人各方另有协议，一项要约以及对要约的承诺均可通过数据电文的手段表示。如使用数据电文来订立合同，则不得仅仅以使用了数据电文为理由而否定该合同的有效性或可执行性。"第 12 条规定："就一项数据电文的发端人和收件人而言，不得仅仅以意旨的声明或其陈述采用数据电文形式为理由而否定其法律效力、有效性或可执行性。"

《电子商务示范法》第九条就数据电文的可接受性和证据价值，做了总结性规定："①在任何法律诉讼中，证据规则的适用在任何方面均不得以下述任何理由否定一项数据电文作为证据的可接受性：仅仅以它是一项数据电文为由；如果它是举证人按合理预期所能获得的最佳证据，以它并不是原件为由；②对于以数据电文为形式的信息，应给予应有的证据力。在评估一项数据电文的证据力时，应考虑到生成、储存或传递该数据电文的办法的可靠性，保持信息完整性的办法的可靠性，用以鉴别发端人的办法，以及任何其他相关因素。"该条确立了数据电文在法律程序中，作为证据的可接受性及其证据价值。

《电子商务示范法》第九条的规定就可接受性而言，在一般的法律程序里，不能仅仅以证据是电子形式为由而否认数据电文的证据可接受性。该条对于采用最佳证据规则的英、美、法国家具有指导意义。一旦将数据电文视为书面文件，根据这些国家的证据规则，只有原件才可作为证据，除非属于法律或法院确定的例外情形。我国不存在严格的证据可采性规则，即使将数据电文视为非原件书面证据，也可以被法律所认可。

《电子商务示范法》第九条(2)对如何评估一项数据电文的证据力提供了指导原则，是第 6 条、第 7 条和第 8 条所确定的条件或规则的重复。实质上，只要按照前面三条确定数据电文具备了纸面文书的功能、符合电子签字和原件标准，那么其当然具有原件性的书面文件的证据效力，即这种数据电文具有直接证据效力。直接证据效力的数据电文应当具备以下条件：①生成、储存或传递该数据电文的办法的可靠性，达到"可以调取以备日后查用"；②信息完整性条件：保持信息完整性的办法的可靠性，达到初次形成时状态；③具有安全的签字或类似鉴别发端人的办法。

实际上，这些条件可以归结为信息处理系统安全技术、数据电文加密签字技术及其类似安全技术的采纳，达到这些条件既需要技术设备，又需要采取符合一定标准的安全标准。因此，数据电文能否作为直接证据，关键在于相应安全技术的采纳，而采纳的前提则是相关标准制定。在这个意义上，《电子商务示范法》尚未解决数据电文作为直接证据的具体规则问题。

2. 我国现行法律规定

《电子签名法》第七条规定："数据电文不得仅因为其是以电子、光学、磁或者类似手段生成、发送、接收或者储存的而被拒绝作为证据使用。"不得以电子形式或不是原件为由拒绝承认数据电文为证据为数据电文效力扫清了第一道障碍，即数据电文具有可采性。

《民法典》将数据电文定义为"可以有形表现所载内容的形式"。

《电子签名法》第三条规定："民事活动中的合同或者其他文件、单证等文书，当事人可以约定使用或者不使用电子签名、数据电文。当事人约定使用电子签名、数据电文的文书，不得仅因为其采用电子签名、数据电文的形式而否定其法律效力。上述规定不适用下列文书：涉及婚姻、收养、继承等人身关系的；涉及土地、房屋等不动产权益转让的；涉及停止供水、供热、供气、供电等公用事业服务的；法律、行政法规规定的不适用电子文书的其他情形。"

《电子签名法》第八条规定："审查数据电文作为证据的真实性，应当考虑以下因素：生成、储存或者传递数据电文方法的可靠性；保持内容完整性方法的可靠性；用以鉴别发件人方法的可靠性；其他相关因素。"

(二)信息效力的归属

1. 信息效力的归属的含义

信息归属，有狭义和广义之分。狭义的信息归属，仅指信息与其发送者之间的发送与被发送关系；换言之，狭义的信息的归属问题，就是信源的确认问题。广义的信息归属不仅包括一般的信息归属——信源的识别问题，还包括信息在传输过程中存在错误发送、重复发送及在传输途中由于自然原因或非发送者、接收者的原因而出现错误所产生的效果或风险归属。这里，信息的归属确认问题仅指信息源的确认问题。

2. 信息效力的归属的规定

《电子商务示范法》和《统一电子交易法》均有信息效力归属的规定，而我国现行法律对此没有做出明确的规定。

(1)《电子商务示范法》的规定。

网络环境下一般信息的归属，《电子商务示范法》做出了示范性规定。根据该法，一条信息如果是由发送人或其代理人、其所有或使用的程序或设备发送的，则应视为发送人的信息。就发送者和接收者之间而言，如果为了确定该信息是否为发送者所发送的，接收者按照发送者事先同意的核对程序或接收人收到来自发送人的代理人或任何有权使用本应由发送人用来鉴定信息确属源自其本人的某种方法，接收者有权将该信息视为发送者的信息，并有权据此推断行事。但上述规则不适用于下列情况：自接收人收到发送人的通知、获悉有关信息并非该发送人的信息时间起，接收人有合理的时间采取相应的行动；或接收人只要适当注意或使用任何商定程序便知道或理应知道该信息并非该发送者所发送的任何时间起。

(2)《统一电子交易法》的规定。

根据《统一电子交易法》规定，电子记录(意思表示)或数字签名是某人行为的结果，则其效力归属于该行为者。其行为可以通过任何包括用以确定电子记录或电子签名是否属于某人的任何安全程序方式予以体现。在根据上述方式进行确认时，应该根据创制、执行，通过记录、签名时的背景、情形，如当事人之间的协议和有关法律规定予以确认。《统一计算机信息交易法》(Uniform Computer Information Transaction Act, UCITA)的规定则更加全面、合理。首先，该法对归属程序的效力极其商业合理性做出了规定，为归属的确定确立了指导原则。然后，该法又具体规定了归属的一般确认方法。其具体内容包括：归属程序的效力包括其商业合理性，由法院决定。法院在做出决定时，应该适用下列规则：① 法定的归属程序对有关交易是有效的。② 其商业合理性和有效性应该根据归属程序的目的、双方约定采纳该程序时的商业环境来确定。③ 归属程序应该使用具有商业合理性的安全设备或方法。该法的具体归属确认方法包括：① 如果一条信息或意思表示为某人或其代理人所发送，则应该被视为该人的所为；否认此种归属的一方应当负证明责任。② 某人的行为可以利用任何方式予以证明，只要这种方式能够具备一项归属程序效力。③ 根据①在确认一条信息或意思表示是否归属于某人时，应该根据双方事先有关使用核对信息归属程序或方法的协议、结合当时的具体情况予以确认。④ 如果双方事先达成了有关归属确认程序或方法的协议，则一方有权按照该约定的程序或方法进行合理的确认，并以此推断行事；如果一方遵守该约定的程序或方法，而另一方没有遵守，且如果其能够遵守就可以检测到其中的更改或错误，则不遵守的一方应该承担由此造成的后果；双方另有协议约定除外。

（3）原则性规定。

在信息归属确认的法律规制问题上，应该坚持意思自治原则、诚实信用原则。所谓意思自治原则，即对于有关信息归属的判断、确认程序、方法、救济措施及其各自相应的后果等问题，应该首先尊重当事人的自由约定，只要不违反法律或社会公共利益，当事人的约定应该优先适用。所谓诚实信用原则，是指在处理信息归属确认的问题上，当事人应该以诚实、善良的心态，承担起合理注意的义务。在具体处理信息归属的确认问题时，根据上述的意思自治和诚实信用原则，当事人应该遵循"来源推定"规则和"显而易见"规则。所谓"来源推定"规则，是指对于一项信息，在没有相反的约定时，凡是以发送者的名义发送或来自发送者的信息系统的信息或是按照双方事先约定的方式发送信息的，则该信息就应该视为来自该发送者或是由该发送者所发送的；即使是他人未经其合法授权而利用其信息系统擅自发送信息的情形也不例外，只要接收者或任何一个正常的诚实之人都可以做出类似来源认定的。所谓"显而易见"规则，是指虽然信息是来自发送者的信息系统，或是按照双方事先约定的方式发送。只要信息的接收者适当或稍微注意或按照双方事先约定的或一般惯用的检测、监测方法、程序等进行检查检测，即可很容易辨别出信息不是来自发送者，则该信息的发送者就可以不受该信息内容的拘束；或者说，该信息即可以被视为根本没有发送过。对于信息的接收者来说，如果其被证明是未尽合理注意义务或违反了"显而易见"规则，就不能主张该信息有效或要求对方接受该信息的约束。

二、点击合同的效力

点击合同，是指由商品和服务的提供人通过计算机程序预先设定合同条款的一部分或全部，以规定其与相对人之间的法律关系，相对人必须单击"同意"按钮后才能订立的合同。网络购物中经常可见单击"我同意"按钮，它是一种网络环境下的格式合同，点击合同的出现改变了传统的订约方式，是对合同自由原则的重大挑战。

（一）点击合同是网络环境下的格式合同

所谓格式合同，是指由一方当事人事先制定，并适用于不特定第三人，第三人不得加以改变的合同。格式条款，又称为标准条款等，依据《民法典》第四百九十六条的规定："是当事人为了重复使用而预先拟定，并在订立合同时未与对方协商的条款。"格式合同的产生和发展是 20 世纪合同法发展的重要标志之一，它的有利于降低交易成本，规范和完善合同内容，预防和减少合同纠纷。

点击合同经历了由格式合同到拆封合同再到点击合同的过程，所谓拆封合同，是指合同提供人将其与不特定的第三人之间权利义务的相关条款，印在标的物包装上，并在合同中声明购物拆包即为接受格式合同，最初用于计算机软件的销售。软件产品容易被盗版和滥用，为保护软件所有人和销售商的利益，将有关限制消费者使用的条款印在产品的包装上，通常表示为"当你打开包装时，表示您已经愿意接受下列授权条件"。拆封合同随着网络发展电子化了，具有附合性、标准化、普遍适用和互动性的特点。

点击合同在电子商务中有广泛的应用空间，并且相对于传统格式合同，点击合同的应用有两个明显的变化，一是应用范围拓展，且不仅限于买卖合同，还包括信息产品的使用许可、申请免费信息服务等；二是点击合同具有部分可选择性。

（二）点击合同有效成立的条件

在电子商务环境下，对商业网站点击合同的规制和对相对人利益的保护是两个不容忽视的问题。点击合同对合同自由原则形成重大的挑战，它能够鼓励交易，降低成本，明确责任，减少风险，创造新的交易模式。但是，其弊端也很明显，它部分限制了合同使用人意思表示自由，比较容易损害相对人的利益。由于格式条款由单方制定，往往不能充分公平地反映交易双方的意志。《民法典》对格式条款问题作了较完备的规定，这些规定虽然是针对传统交易做出的，但是，其原则和精神，如必要警示、不利于条款提供人规则等，在电子合同下同样适用。

1. B2C 交易点击合同应满足的条件

（1）合理提醒消费者注意。

点击合同的提供者必须提醒消费者注意合同的格式条款，提醒消费者注意应达到合理的程度。通常，从文件的表现形式、提醒注意的方式、提醒注意的时间和提醒注意的程度四方面考察。

① 文件的表现形式应使相对人知道它是合同条款。以合同文本表现订立合同内容的表现形式符合要求，页面上的某些规定或提示是以声明、通知等形式发布的，是否成为合同条款应具体分析。该规定或提示如能明确它是合同条款，则可以作为合同。

② 提醒注意的方式应使相对人知道它的存在。对于提醒方式，应以个别提醒和明示提醒为主，语言文字要清晰明白，标志醒目。

③ 提醒注意的时间应在合同订立之前或订立之时做出，即在相对人单击"同意"按钮之前，所有条款均应告知。

④ 提醒注意的程度应当能够引起相对人的注意。能否引起注意应以客观合理性为准，即能使一个具有一般注意能力的自然人产生注意。

（2）保证消费者的审查机会。

作为相对人的消费者是否有审查机会应从以下两点来判断。

① 合同条款能引起相对人注意并允许其审查。所谓允许审查是消费者能看到合同内容并有权做出是否缔约的决定，保证相对人在缔约之前或缔约之时的审查机会。

② 合同提供人应保证相对人有审查的合理时间。确定必经环节，保证消费者有充分

的时间审查。

2. B2B 交易点击合同条款应满足的条件

B2B 交易当事人都是商人，在商业经验和交涉能力等方面相当；在立法政策上，依据一般合同理论即可，而无须给予任一方特殊保护。B2B 交易点击合同通常应满足以下条件：由双方当事人在多次交易中使用；符合行业惯例和商业习惯；初次使用的格式合同，应给予相对人了解的机会。

(三)点击合同格式条款的限制

格式条款在电子商务中被广泛采用，实践中出现一些不公平、不合理的情形，如格式合同提供方有权在任何时候更改或修正本合同条款，修改后的合同条款经通知生效，格式条款中所包含的重要或者免责内容未以强调或者醒目的方式提请相对人注意，甚至要求用户必须事先做出承诺方可知晓内容等。

格式条款要求上，《民法典》第四百九十六条第二款规定："采用格式条款订立合同的，提供格式条款的一方应当遵循公平原则确定当事人之间的权利和义务，并采取合理的方式提示对方注意免除或者减轻其责任等与对方有重大利害关系的条款，按照对方的要求，对该条款予以说明。提供格式条款的一方未履行提示或者说明义务，致使对方没有注意或者理解与其有重大利害关系的条款的，对方可以主张该条款不成为合同的内容。"《民法典》从维护公平、保护弱者出发，从两个方面对格式条款进行了限制。

1. 格式条款应公平地确定当事人之间的权利义务

格式条款是由一方事先拟定的，未能经对方当事人协商，且对方也不能与提供方协商，因此，提供格式条款的一方在拟定格式条款时就应遵行公平原则，公平合理地确定当事人之间的权利义务，而不将义务和责任全部推给对方，将权利全留给自己。《民法典》第四百九十七条规定："格式条款除因具有与其他非格式条款相同的无效原因而无效外，提供格式条款的一方免除其责任、加重对方责任、排除对方主要权利的，该条款无效。"

2. 提请对方注意格式条款的内容并予以说明

由于采用格式条款订立合同时，对方并不能就格式条款提出修改的要求，而只能完全同意或者拒绝，对方往往对格式条款的内容不太清楚或者不理解条款的内容。因此，提供格式合同的一方应当采取合理的方式提请对方注意免除或者限制其责任的条款，在对方要求就该条款内容做出说明的，提供格式条款的一方须予以说明，以便相对人决定是否同意接受该条款。若提供格式条款的一方未以合理的方式提请对方注意，或者虽提请对方注意但未应对方的要求予以说明，则该条款无效。

📖 案 例

2013 年 3 月 24 日，张某在交易平台实名注册为淘宝网用户，2014 年，淘宝网开始向用户收取消费者权益保证金 1 000 元和 30 元/年保险费，并于同年 9 月 18 日发布新的"服务协议"供新老用户确认。该协议对平台内经营者注册程序、网上交易程序、收费标准和方式及违约责任等作了具体约定。

张某确认了"服务协议"，继续使用淘宝网交易平台，截至 2019 年 9 月 24 日，张某欠淘宝网费用5 150元。经催要未果，淘宝网向法院起诉，要求张某支付费用，并承担违约赔偿。张某辩称，"服务协议"是淘宝网单方的，未与其协商，属于无效合同。

问："服务协议"效力如何？

解析："服务协议"具有法律效力。"服务协议"视为是格式合同，所谓格式合同是一方拟定，可供反复使用的合同，张某确认了"服务协议"，继续使用淘宝网交易平台，表明他接受格式合同条款，后来，未支付淘宝网费用是违约行为，应承担违约赔偿责任。

案例来源：原创自编

三、电子自动交易的效力

电子自动交易，也称"电子代理人"，是指当事人通过事先设置的系统，该系统程序能根据需求自动地发出和接收信息，并做出判断以订立合同。自动交易的使用有两种情况：一是当事人双方各自拥有自己的交易系统；二是自动竞价系统，自动竞价系统是当事人双方共同的电子代理人。投币式自动售货机、游戏机等可视为简化的自动信息系统。电子自动交易系统是基于区块链技术开发出来的分布式记账的自动信息系统。

（一）电子自动交易系统的法律性质

电子自动交易系统，是指在电子自动交易中能全部或部分独立地发起某种行为或应对电子记录或履行的计算机程序、电子手段或其他自动化手段。在电子自动交易中，系统在技术上能够保证独立地执行每个当事人的意志，完全或部分独立地进行判断，自动完成交易，不需要当事人干预。然而，竞价系统在实质上不具有自己的意志，它本身是不具有法律人格的主体，不能独立地为意思表示，仅仅是一种能执行人的意思的智能化交易工具，它的行为即是当事人的行为。从性质上来看，电子自动交易系统是交易工具。

《电子商务法》首次规定电子商务合同自动信息系统的法律效力，第四十八条第一款规定："电子商务当事人使用自动信息系统订立或者履行合同的行为对使用该系统的当事人具有法律效力。"

作为一种交易工具，被预告设置了常用的商事意思表示模式，使之能够代替电子被代理人发出或接受要约，具有辅助当事人订立、履行合同的能力，它发送、接收、处理信息实际上就是当事人在发送、接收和处理信息。从以上分析来看，应承认电子代理人订立合同与履行合同的效力。

（二）电子自动交易信息的效力归属

电子代理人是交易工具，一般情况下，数据电文应归属于自动交易程序的设立人。当事人可以在基础合同中约定信息发送方式、鉴别方式和归属。

（1）当事人未按合同约定设置。

当事人未按合同约定的方式设置对其电子自动交易系统设置，所发送的信息不符合合同要求，信息原则上不归属于发送人。此时，接收人有选择接受或拒绝的权利，当接收人选择接收时，便应承担发送人否认信息归属的风险。

（2）没有约定的情况下。

①接收人的自动交易系统即使收到该信息，也可以不接收该信息，但要在收到信息后一段合理的时间内确认。

②接收人明知由谁发送，也可要求发送人确认，否则该信息不属于发送人。

③接收人可按接受信息行事，但如发送人否认，则接收人负有举证责任。

如接收人的自动交易不能识别的，该信息视为没有发送。

（三）电子自动交易系统的要约和承诺

在自动交易系统下的要约和承诺，从表面上看，似乎只有当事人的要约而没有承诺，承诺是由系统完成的，实质上这种要约在理论上称为交叉要约，是当事人双方互为意思表示，当双方意思表示一致或相对应时，就形成一对意思表示。而不限于一方是要约，另一方是承诺，其要约和承诺仍由当事人来执行。

（四）自动信息系统规范

1. 信息透明

《电子商务法》第五十条第一款规定："电子商务经营者应当清晰、全面、明确地告知用户订立合同的步骤、注意事项、下载方法等事项，并保证用户能够便利、完整地阅览和下载。"

《电子商务法》第十七条规定："电子商务经营者应当全面、真实、准确、及时地披露商品或者服务信息，保障消费者的知情权和选择权；电子商务经营者不得以虚构交易、编造用户评价等方式进行虚假或者引人误解的商业宣传，欺骗、误导消费者。"

2. 公平合理

（1）保证用户更正输入错误的权利。《电子商务法》第五十条第二款规定："电子商务经营者应当保证用户在提交订单前可以更正输入性错误。"与《民法典》中的规定一致，即行为人撤回意思表示。

（2）禁止违法不当系统设置。《电子商务法》第十八条规定："经营者根据消费者的兴趣爱好、消费习惯等特征设置自动信息系统向其推销商品或者服务的，应同时向该消费者提供不针对其个人特征的选项，尊重和平等保护消费者的合法权益。"即保障知情权与选择权，禁止"大数据杀熟"。

3. 遵守商业道德

《电子商务法》第四十七条和《民法典》中对于格式条款的规定亦适用于电子商务合同。

案　例

　　某信息公司通过电话邀请刘某参加 3G 网址的营销活动。刘某在营销活动上听专家介绍 3G 网址极具投资前景，有高额回报，便与该信息公司和通信公司在活动地点签订了《中国 3G 网址服务合同》。刘某交纳 96 000 元服务费用后，才发现所谓的 3G 网址是指通信公司在其营运的网址"http://www.3Gxxx.com"上为刘某注册了一个名为

"小家电"的网页，而不是一个独立的网站。因此，刘某起诉请求撤销《中国 3G 网址服务合同》，信息公司、通信公司退还支付的 96 000 元服务费。

问：本案属于什么合同效力？

解析：本案是可变更、可撤销合同。法院经审理认为，刘某作为非 3G 行业的专业人士，其签订合同是基于信息公司宣传"3G 网址"具有唯一性、稀缺性和增值性，但两个公司所提供的服务实际上只能在特定网站输入关键字才能搜索到，并不具有以上特性，两个公司利用"3G 网址"称谓使刘某误以为自己购买的是具有唯一性的网站。刘某的签约行为属于重大误解，依法可请求撤销合同。两个公司作为专业性强的网络服务提供者，未对服务内容进行充分说明，应当承担不利后果。据此判决撤销《中国 3G 网址服务合同》；某信息公司向刘某返还服务费 96 000 元，且对此承担连带清偿责任。

案例来源：广州中院发布十大电子商务纠纷典型案例 https：//wenku. so. com/d/d7afed5e09af91b820deeed8134cef7e(案例经编者整理、改编)

四、网上拍卖的效力

广义上的网上拍卖，是指网络服务商利用会联网通信传输技术，向商品所有者或某些权益所有人提供有偿或无偿使用的互联网技术平台，让商品所有者或某些权益所有人在其平台上独立开展以竞价、议价方式为主的在线交易模式。广义的网上拍卖包括集体议价、逢低买进、反拍卖、一口价、网站接受委托主持拍卖 5 种形式；狭义上的网上拍卖，即法律意义上的网上拍卖，仅指网站接受委托主持拍卖，是唯一符合《拍卖法》要求的拍卖。

(一)拍卖和网上拍卖

1. 拍卖的概念和要求

拍卖，是指以公开竞价的形式，将特定物品或者财产权利转让给最高应价者的买卖方式，一般具有以下几点要求。

(1)拍卖企业具有特殊资质要求。

从事拍卖必须依法设立拍卖企业，其中最重要的是领取公安机关颁发的特种行业许可证。

(2)拍卖必须由具有拍卖资质的拍卖师主持。

拍卖师是具有相应资格，并经拍卖行业协会统一考试取得拍卖师资格的自然人。

(3)拍卖必须签订委托合同。

拍卖企业属于行纪性质，拍卖行为因他人委托而产生，在签订拍卖合同时，委托人应提供身份证明、所有权证明或依法可以拍卖的证明。

(4)拍卖前必须公告。

拍卖公告相当于要约邀请，必须在拍卖前 7 天在媒体上公开。

(5)拍卖必须以公开竞价方式进行。

拍卖由多数人参加，并公开叫价，其基本规则为：①竞卖人一经出价不得撤回；②当有更高应价时，原应价丧失效力；③当新的叫价没有回应时，为最高价；④只有一个竞买

人，则不得进行拍卖。

2. 网上拍卖的概念和种类

广义的网上拍卖，是指一方当事人利用互联网技术，借助互联网平台通过计算机显示屏上不断变换的标价向购买者销售产品的行为。包括以下5种形式。

1）集体议价

集体议价是一种不同于传统拍卖的网络议价类型，多采用C2B的形式进行，并无竞价过程。集体竞价中，页面标明某一商品的现在价格，消费者加入集体议价，只要加入的人数达到规定数目，就可集体以商家事先设定好的低价买入，如加入的人数未达到，消费者就只能以现有价格买进。例如，若页面标明一台计算机的售价为8 000元，当购买人数达10人时，为7 500元，如果购买人不到10人，就按8 000元成交。

2）逢低买进

逢低买进是不同于传统拍卖的一种网络议价形式，买家可以暂不投标加入，而是根据商品的价格曲线，选一个自己认可的价格段。一旦价格降到价格段上，系统会发送通知，告诉买家目前集合人数已达到他所期望的价位并将自动加入购买集体，如果未达到规定数目则不成交。

3）反拍卖

反拍卖又称标价求购，是指消费者提供自己所需的产品、服务需求和价格定位等相关信息，由商家之间以竞争方式决定最终产品、服务供应商，使消费者以最优的性能价格比实现购买。反拍卖中由卖方出价，卖方成为"买方"，其竞争的是向消费者提供服务的机会。

4）一口价

一口价是指在交易前卖家预先确定一个固定的价格，让买家没有讨价还价的余地。交易完成后，买家根据卖家预先设定好的价格进行付款。如果卖家出售数量是大于一的多数商品，则交易将持续到买家以一口价购完全部商品或竞价截止时结束。一般在网上拍卖的实际运用中，一口价的买卖方式既可以单独使用，也可以结合其他类型一起使用。

5）网站接受委托主持拍卖

网站接受当事人的委托主持拍卖，在规定时间内出价最高者成交，受让人选择支付方式并付款，网站提取一定比例的佣金。

3. 网上拍卖与拍卖的区别

表面上看，网上拍卖与传统拍卖只是手段的变化，即利用互联网技术开展业务。然而，网上拍卖与传统拍卖相较有自己的特殊之处，表现为拍卖形式、成交形式和确认形式的不同。

1）拍卖形式不同

传统拍卖由拍卖师主持，竞买者举牌报价，在同一时间只能由一个竞买者报价。而网上拍卖无拍卖师，在同一时间可以有无数人同时报价，该报价即为要约。

2）成交形式不同

传统拍卖由拍卖师落槌成交，而网上拍卖竞买人一旦报价就进入自动交易系统，系统自动公开谁是报价最高者，这一公开即是承诺。

3）确认形式不同

传统拍卖成交后，拍卖人与买受人要签订确认书，网上拍卖一般没有确认书相关手续，由拍卖网站向最高竞买者发出成交通知。

（二）法律意义上的网上拍卖与网上竞卖

在广义的网上拍卖 5 种交易方式中，只有网站接受委托主持拍卖符合拍卖法的规定，称为"法律意义上的网上拍卖"，其他 4 种是借网上拍卖之名，行网上竞价买卖之实的交易形式，称为"网上竞卖"。

1. 法律意义上的网上拍卖

法律意义上的网上拍卖，是指按《拍卖法》设置，由网站接受委托主持，并依法进行运作的拍卖。

（1）网站经营者具有拍卖企业资格。

网站经营者必须是按照《拍卖法》设立的有营业执照的企业，网站经营者在拍卖中处于拍卖人地位，并严格按拍卖规则进行网上拍卖。

（2）网站经营者是拍卖人。

网站为行纪人角色，行纪与委托关系不同，拍卖是接受他人委托的结果，拍卖物品不是网站经营者的；网站是出卖人，以自己名义与购买人订立合同并履行合同；拍卖成交后，有义务接受购买者货款交转交委托人，也有义务将委托人交付其保管的拍卖标的物移交给买受人。

（3）按拍卖规则实施拍卖。

按拍卖规则实施拍卖主要是进行拍卖物品的公示和展示，由专业拍卖师主持网上竞买活动，并按最高价原则确定购买者。

2. 法律意义上的网上竞卖

法律意义上的网上竞卖与法律意义上的网上拍卖一样具有公开竞价机制，但是，网上拍卖具有拍卖的实质特点，而网上竞卖只具有形式特点。

（1）网上竞卖"拍卖人"没有拍卖资质。

具有营业执照的企业以及自然人都可在设立的主页或网络服务商网站上进行网上拍卖。

（2）网上竞卖没有专业拍卖师。

没有专业拍卖师主持，其过程通过计算机程序自动完成。

（3）网上竞卖不要求竞买者同时参加。

网上竞卖不要求竞买者在同一时间在网上参加，而且在没有多数竞买者参加的情况下也可进行，只是价格在计算机显示屏上由低到高的不断变化。

（4）"拍卖品"不具有唯一性。

竞卖的物品在大多数情况下都是竞卖人自己的物品或经销的物品，不具有唯一性，且在很多情况下，它只是一种促销手段。

3. 法律意义上的网上拍卖与网上竞卖的异同

法律意义上的网上拍卖与网上竞卖两者的相同点是物品买卖的价格都通过网上竞价决定，具有公开竞价的特点，它们的区别表现为以下 3 点。

（1）网站经营者的地位和作用不同。

法律意义上的网上拍卖中网站属于行经人，是拍卖人的地位。网站接受拍卖委托、组织拍卖活动，将拍卖标的物交付于因竞买而购得拍卖标的的买受人。这时，买卖没有发生在货物所有人之间，是网站接受委托，以自己的名义进行的。

网上竞卖中网站属于平台服务提供商或卖方，而网站经营者要么为他人提供平台，要么通过公开竞价的方式销售自己的产品。网站为他人物品竞价销售提供平台时，是网络平台提供商。它仅提供网络空间、技术服务，没有介入买卖关系中，只向买卖双方或单方收取费用。如果网站自己开设网上商品交易中心，采取公开竞价销售，网站本身就是竞卖中的卖方。

（2）价格形成机制不同。

法律意义上的网上拍卖由拍卖人确定与出价最高者成交，即由中立的拍卖人决定是否成交，选择出价最高者为买方。

网上竞卖由卖方自行确定买方，卖方可以不选择出价最高者，而与综合条件最佳者成交，也可以随时调整竞价起点或幅度，以适应市场需要。

（3）法律规制的重点不同。

法律意义上的网上拍卖必须遵循《拍卖法》的规定，这意味着经营网站的企业必须具备规定的设立条件，取得特种行业许可证，并且要按《拍卖法》中规定的流程和规则进行网上拍卖活动。利用网络手段进行拍卖相对于现实拍卖有其特殊之处，包括拍卖标的物的监控，拍卖人说明义务的履行，竞买人的控制，拍卖程序及其实施、佣金、成交及确认等。

虽然网上竞价买卖不必遵循《拍卖法》的规定，但它也具有不同于一般买卖的特点，其法律调整应注意这些问题，即网站不必具有拍卖企业的主体资格，整个竞买过程也不必适用《拍卖法》规定的程序，进行规范的必要性主要集中于公开竞价。公开竞价是一套自动处理系统，由销售人设置竞价成交的参数，信赖不特定人参与竞价，在达到系统目标或设置价位时即"成交"。

📖 案　例

韩某在网上浏览一辆帕萨特汽车时发现其起拍价为 10 元，韩某打算参加竞拍，拍卖时间结束时，他以最高出价 116 元成交。网站通过电子邮件方式进行了确认，并给韩某发来电子合同，韩某根据网站提供的电话与卖主联系。卖主是一家卖二手车的汽车经销公司，也收到了网站发来的电子合同。但是该公司认为这是一份无效合同，理由为：第一，该汽车的拍卖底价是 10 万元，而不是 10 元，在网站上显示的 10 元底价是由于其工作人员输入失误造成的；第二，116 元卖价合同显失公平。韩某认为合同有效，理由为：网站给他发来电子确认书；有电子合同、整个交易过程的电子记录。经多次交涉未果，韩某向法院起诉，要求汽车经销公司履行合同。

问：该网上竞拍电子合同是否有效？为什么？

解析：合同无效。由于出现了电子错误，属于内容错误，起拍价为 10 万元的二手车显示 10 元底价。二手车经销公司处于有利于控制错误发生的地位，但没有尽到责任，属于显失公平的合同。

案例来源：https：//wenda. so. com/q/16630275571212772（案例经编者整理、改编）

五、电子错误的生效

错误，是指表意人所表示出来的意思与其真实意思不一致。电子错误，是指数据传输过程中所产生的错误或变异。《民法典》对信息的发送归属、传输过程中出现的错误、重复发送等问题没有直接规定，但是有意思表示真实、重大误解撤销权、合同履行的抗辩权等规定，可以作为解决电子错误的立法依据。

（一）电子错误的定义

《统一计算机信息交易法》将电子错误定义为"电子错误是指没有提供检测并纠正或避免错误的合理方法，消费者在使用一个信息处理系统时产生的电子信息中的错误。"即电子错误是指因计算机信息处理系统不完善而产生的错误。

《民法典》规定，合同有效成立的要件之一是双方当事人意思表示真实，意思表示真实是当事人在意志自由、能够认识自己表示的法律效果的前提下，内心意思与表示行为一致，反之则是不真实的意思表示。不真实的意思表示分为主观原因的不真实和客观原因的不真实。其中，主观原因的不真实主要是因欺诈订立的电子合同，客观原因的不真实是因错误订立的电子合同，错误在我国法律中称为重大误解。

广义上的电子错误包括当事人对网上商家发生误解而向其做出意思表示，也包括计算机信息处理系统产生的错误，即广义电子错误的涵盖内容表示错误和行为表示错误。例如，甲想购买乙网站开发的 A 软件，但是错误地输入欲买乙网站的另一软件 B；消费者参与网上拍卖的竞价低于起价，网站没有在系统内设定价格底线，计算机按部就班地认可买卖成立，系统将货物以低于成本价的价格售出，这些错误是内容表示错误，内容表示错误可依据《民法典》中的一般规定解决。

狭义上的电子错误仅指计算机信息处理系统产生的错误，指行为表示错误，是由于自动信息处理系统而产生的错误。例如，商家规定的交易期已过，而自动交易系统仍与之订约；消费者通过支付网关付款，货款没有到指定的商家而到了其他账户；数据电文的重复传输等，这些都属于行为表示电子错误。

本书认为，电子错误是指由于计算机信息处理系统的原因，数据在传输过程中所产生的错误。即从狭义上界定电子错误，这种错误不包括与传输没有直接关系的其他错误。

（二）电子错误的构成

借鉴《统一计算机信息交易法》，结合《民法典》中的基本理论，电子错误构成应具备以下 3 个条件。

1. 计算机信息处理系统程序设置不完善

产生错误意思表示的原因不在于合同当事人的行为，而是系统本身的程序设计有问题，是电子信息在传输、存储过程中发生的错误。

2. 合同相对人做出了错误的意思表示

由于系统本身程序的失误导致合同相对方当事人做出了错误的意思表示，这种意思表示不真实，有违当事人的意愿。

3. 商家没有提供检测手段纠正或避免错误的发生

商家提供的程序不包括检测错误的合理方法，也没有提供纠正错误或避免错误发生的合理方法。

在实践中可以采取多种技术手段提供检测手段纠正或避免错误发生的机会，如当信息发出后，让对方有机会查看购物栏；在确认支付时跳出购物信息，按照商家提供的合同条款，消费者有选择"下一步"的机会；或者允许相对人在发现错误时及时通知系统拥有人，共同避免由于错误发生损失的扩大。

(三)电子错误的法律调整

合同当事人如何分担电子错误引起的责任,应依网络开放程度的不同分别对待。封闭型的网络环境下,只有用户事先签有协议才能进入,协议中对错误责任应做出规定,当事人可按协议执行。如果协议中没有规定,任何一方的意思表示都是无效的,合同也不成立。开放型的互联网环境下电子合同情况较复杂,这里主要针对开放网络环境下的电子合同。《统一计算机信息交易法》第二百一十四条(a)款对开放型网络环境下电子错误有专门规定,该法界定了电子错误,抗辩权的行使条件,以及电子错误的法律调整,可供我国立法借鉴。

1. 在当事人双方有约定的情形下

如果当事人各方约定使用某种安全程序检测变动或错误,一方遵守,而另一方未遵守,在未遵守方如遵守约定就可以检测到该变动或错误情形下,遵守方可以撤销或变动错误的电子信息所产生的效力,不论合同是否订立或履行。

2. 在当事人双方没有约定的情形下

若一方采用某种程序检测到自己所发出信息有变动或错误,应及时通知另一方,相对方应在合理时间内予以确认。其一,相对方确认,任何一方均可撤销因变动或错误所产生的效力;其二,相对方没有在合理的时间内予以确认,发出方可以撤销因变动或错误所产生的效力;其三,相对方在合理的时间内予以否认,应由发出信息方证明变动或错误的存在,能证明的,可以撤销变动或错误;不能证明的,不能撤销所发出信息的效力。

3. 消费者抗辩权的行使

《统一计算机信息交易法》第二百一十四条规定:"消费者的抗辩权在自动交易中,对于消费者无意接受且由于电子错误产生的电子信息,消费者有条件地享受抗辩权。消费者享有抗辩权基于如下两个条件:①消费者在发现错误的第一时间将错误通知另一方;同时,采取相应的措施保证自己不使用或者可能使用商家提供的服务;②消费者没有开始使用该信息,且没有从该信息中获取任何利益,也没有让任何第三方使用或者享受该信息。"

消费者可以享有对电子错误的抗辩权,撤销错误电子信息所产生的效力,但是需要满足两个条件,即电子代理人未能提供机会避免或纠正错误,或者个人在知道电子信息出现错误时采取如下行为:①消费者及时通知对方,并表示无意受错误信息的约束;②采取合理措施,如将信息拷贝返还给另一方;③未使用,未从信息中获得也未让该信息由他人获得。

4. 合同履行完毕情况下,电子错误合同原则上有效

如果电子错误或变动直至合同履行完毕都没有被当事人双方发现或检测到,在这种情况下,原则上合同应为有效的,除非该错误构成有影响力的错误,动摇了合同成立的基础。在发生错误的情况下,合同或合同中某一条款无效或被撤销的,会产生出相应的法律后果。当合同被认为无效或部分无效时,当事人应返还因错误或变动所带来的利益,不能返还的应予以补偿;当合同被撤销时,应根据责任大小,由一方或分别予以承担责任。

此外,《电子商务指令》原则性地要求服务提供者应该提供有效的和可行的技术方式,使得消费者在下订单之前能够识别和改正已经发生的输入错误,联合国的电子商务小组起

草《由数据电文订立或证明的(国际)合同公约草案初稿》中也做了类似的规定,并且二者都把此规定列为强制性规定。

依据《民法典》第五百零六条中对于抗辩权和可变更可撤销合同的规定,因重大误解而订立的及在订立合同时显失公平的合同,当事人一方可请求变更或者撤销。网上购物不同于现实生活中的购物,后者可以通过目视、触摸、检测、试用等方法详细了解产品的性能、规格、作用,网络购物时很容易产生重大误解的情形,因重大误解而成立的合同中的撤销权归属于误解人。如果由于系统识别导致的电子错误,则错误无论为商家、网站还是消费者系统,均可以合同效力有瑕疵为由,撤销合同,使其无效。

📖 案 例

原告常某与被告许某订立网络暗刷服务合同,由原告向被告提供暗刷流量服务来增加某款游戏的访问量,以提高其游戏用户的排名。因被告未支付服务费,原告起诉。

原告常某诉称,2017 年 9 月 11 日,被告许某通过微信与他联系,就暗刷需求代码、统计链接、结算方式等达成一致。常某和许某约定的价格起初为 0.9 元/千次点击量,按周结算,随后,许某依约进行过 3 次结算。在履行期间,其更换过两次代码和统计链接,结算单价也改为 1.1 元/千次点击量。但在最后一次结算时,根据双方约定的第三方平台统计结果,许某应支付报酬 30 743 元,许某提出大约有 40% 的统计数据掺假,只同意支付自己认可的"真实流量"部分的报酬,从而引发纠纷。

问:本案应如何处理?

解析:本案是无效合同。法院审理后认定,双方当事人的虚假流量交易损害社会公共利益,违反公序良俗,依法判决驳回原告的诉讼请求,并对双方在合同履行过程中的获利将全部予以收缴,其中收缴常某非法获利 16 130 元,收缴许某非法获利 30 743元。

本案作为全国首例定性"暗刷流量"合同效力的案件,其裁判结果引发了社会公众对"暗刷流量"现象的广泛关注,让公众知晓互联网领域技术应用的法律边界,以及合法获取利益和实施不法行为的边界,对治理互联网领域内的乱象有积极的推动作用。

案例来源:全国首例"暗刷流量"案一审当庭宣判 https://www.thepaper.cn/newsDetail_forward_3522688(经编者整理、改编)

第四节　电子合同的履行

合同的履行是合同效力的体现,是当事人订立合同所期望达到的目标。由于电子合同与传统合同的区别在于缔结合同的手段和形式,因此,其履行基本上可以适用《民法典》关于合同履行的规定,仅在信息产品合同履行和信息控制上有特殊规定。

一、电子合同履行的一般规则

合同的履行,是指合同当事人按照合同的约定,全面、适当地完成各自承担的义务,

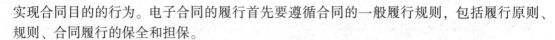

实现合同目的的行为。电子合同的履行首先要遵循合同的一般履行规则，包括履行原则、规则、合同履行的保全和担保。

（一）电子合同履行的基本原则

合同履行的基本原则，是指合同当事人在履行合同过程中所应遵循的基本准则，是统率合同履行的灵魂。电子合同履行的基本原则有以下四条。

1. 全面履行原则

全面履行原则，又称适当履行原则或者正确履行原则，是指当事人按合同约定的主体、标的、数量、价款或报酬等，以适当的履行期限、履行地点和适当的方式全面完成合同义务。《民法典》第五百零九条第一款规定："当事人应当按照约定全面履行自己的义务。"电子合同的标的可以是信息产品，也可以是非信息产品，不管标的是哪一种，均可以要求当事人按照合同标的来履行，全面履行原则是判断合同当事人是否全面履行了合同义务、当事人是否存在违约事实以及是否应承担违约责任的法律准则。

2. 诚实信用原则

诚实信用原则，是指当事人在履行合同义务时，秉承诚实、守信、善意、不滥用权利或者规避义务。《民法典》第五百零九条第二款规定："当事人应当遵循诚实信用原则，根据合同的性质、目的和交易习惯履行通知、协助、保密等义务。"诚实信用原则要求合同当事人在市场活动中讲究信用，恪守诺言，诚实不欺，在不损害他人利益和社会利益的前提下追求自己的利益。在内容上，诚实信用原则实际上是一个抽象的法律概念，内容极富弹性和不确定，有待于特定案件予以具体化，并随着社会的变迁而不断修正价值观和道德标准；在功能上，诚实信用原则兼有法律调节和道德调节的双重功能。《民法典》就是借用诚实信用寻求利益的均衡，促进合同交易，实现当事人交易的社会经济功能的。

3. 协作履行原则

协作履行原则，是指当事人在适当履行自己合同债务的同时，协助对方当事人履行债务的履行原则。合同履行如果只有债务人的给付行为，而没有债权人的受领给付，那么合同内容将无法实现。只有双方当事人在合同履行过程中相互配合、相互协作，合同才会得到适当履行。一般认为，协作履行原则含有以下内容：债务人履行合同债务，债权人应适当受领给付；债务人履行债务时，时常要求债权人创造必要的条件，提供方便；因故不能履行或不能完全履行时，应积极采取措施避免或减少损失，否则应就扩大的损失自负其责；发生合同纠纷时，各自主动承担责任，不得推诿。

4. 鼓励交易原则

鼓励交易原则，是指合同生效后，如果当事人就合同的某些条款没有约定或约定不明时，本着便于交易、利于交易的原则履行。市场经济要求减少国家直接干预，将国家的宏观调控置于市场规划之中，直接赋予各市场主体最大限度的意志自由。鼓励交易原则是贯穿《民法典》始终的重要原则。

📖 案　例

甲公司是国内大型家电零售企业，乙公司是知名空调生产商，甲、乙两公司于2015 年 1 月 5 日达成协议，书面约定双方空调的下单和接单程序：甲公司空调存货不足时，甲公司的计算机系统自动给乙公司下单，乙公司的系统自动接单，无须特定人同意，并根据订单发货，合同自 2015 年 1 月 10 日生效。合同生效后，系统运行一直正常。

2017 年 7 月 1 日，天气骤热，空调热销，甲公司库存的乙公司空调低于正常库存，甲公司的计算机便自动给乙公司下单，订单对货号、数量做了约定，系统显示信息发送成功，通常情况下，乙公司接到单后会立即组织发货，7 月 4 日就能到货，可直到 7 月 15 日，乙公司的货才送到甲公司。

甲公司销售的乙公司空调于 7 月 8 日销售完毕，为了应急，甲公司于 7 月 8 日购进一批其他品牌空调，于是，甲公司拒绝乙公司该批空调，并要求乙公司赔偿因空调缺货而导致的销售额损失。乙公司称 7 月 9 日才接到订单，之后立即组织发货，乙公司没有任何违约行为，不应为此承担责任。

问：(1) 本案争议的合同何时成立？

(2) 甲公司是否有权拒绝乙公司交付的空调？甲公司的损失应由谁承担？

解析：(1) 若不存在电子错误，本案中的合同成立于 2017 年 7 月 1 日；若存在电子错误，合同成立于 7 月 9 日。

(2) 甲公司无权拒绝乙公司交付的空调，甲公司的损失应由自己承担。若不存在电子错误，合同履行有协助原则；诚实信用原则中有通知义务、协作义务，甲公司应向乙公司询问，乙公司经催告仍不履行的情况下，甲公司才可解除合同；存在电子错误的情况下，乙公司发货时间没有问题，甲公司不应拒绝乙公司交付的空调。

案例来源：原创自编

(二) 合同履行的规则

1. 约定不明合同的补缺规则

合同的补缺规则，又称法定补充原则，是指法律规定的，适用主要条款欠缺或合同条款约定不明确，但不影响其效力的合同，以弥补当事人所欠缺或未明确表示的意思。

《民法典》第五百一十条和第五百一十一条规定，合同生效后，当事人就质量、价款或者报酬、履行地点等内容没有约定或者约定不明确的，可以协议补充；不能达成补充协议的，按照合同有关条款或者交易习惯确定。当事人就有关合同内容约定不明确，依照合同有关条款或者交易习惯仍不能确定的，适用下列规定：质量要求不明确的，按照国家标准、行业标准履行；没有国家标准、行业标准的，按照通常标准或者符合合同目的的特定标准履行；价款或者报酬不明确的，按照订立合同时履行地的市场价格履行；依法应当执行政府定价或者政府指导价的，按照规定履行；履行地点不明确的，给付货币的，在接受货币一方所在地履行；交付不动产的，在不动产所在地履行；其他标的，在履行义务一方所在地履行；履行期限不明确的，债务人可以随时履行，债权人也可以随时要求履行，但应当给对方必要的准备时间；履行方式不明确的，按照有利于实现合同目的的方式履行；履行费用负担不明确的，由履行义务一方负担。

2. 合同履行中的价格变动规则

《民法典》第五百一十三条规定："执行政府定价或者政府指导价的，在合同约定的交

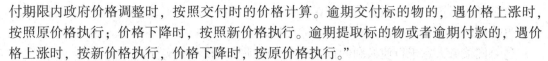

付期限内政府价格调整时，按照交付时的价格计算。逾期交付标的物的，遇价格上涨时，按照原价格执行；价格下降时，按照新价格执行。逾期提取标的物或者逾期付款的，遇价格上涨时，按新价格执行，价格下降时，按原价格执行。"

合同履行中的价格变动规则总的精神是尊重政府定价和政府指导价，在出现违约的情况下，执行对违约者不利的价格，体现惩罚违约方，保护守约方的价值取向。

（三）合同履行的保全

合同履行的保全，是指法律为防止因债务人财产发生不当减少而给债权人的债权实现带来危害，允许债权人对债务人或第三人的行为行使一定的权利以保护债权的制度。《民法典》中规定了合同履行中的 5 种保全措施。

1. 同时履行抗辩权

同时履行抗辩权，是指无先后履行顺序的双务合同债务人在对方未履行或者履行不符合合同约定时，有权拒绝其履行请求。《民法典》第五百二十五条规定："当事人互负债务，没有先后履行顺序的，应当同时履行。一方在对方履行之前有权拒绝其履行要求。一方在对方履行债务不符合约定时，有权拒绝其相应的履行要求。"

同时履行抗辩权的前提是当事人互负债务，没有先后履行顺序，源于公平原则，作用是平衡利益、维护秩序、促进协作。

2. 顺序履行抗辩权

顺序履行抗辩权，是指在双务合同的后履行义务人针对先履行义务人先期违约而成立的抗辩。顺序履行抗辩权目的是保护后履行一方当事人的利益。

顺序履行抗辩权的前提是当事人互负债务，有先后履行顺序。《民法典》第 526 条规定："当事人互负债务，有先后履行顺序，先履行一方未履行的，后履行一方有权拒绝其履行要求。先履行一方履行债务不符合约定的，后履行一方有权拒绝其相应的履行要求。"

3. 不安抗辩权

不安抗辩权，是指双务合同中，先履行的一方有确切证据证明后履行债务当事人在缔约后出现足以影响其对待给付的情形时，可以中止履行合同的权利。不安抗辩权目的是保护先履行一方当事人的利益。

《民法典》第五百二十七条规定："应当先履行债务的当事人，有确切证据证明对方有下列情形之一的，可以中止履行：①经营状况严重恶化；②转移财产、抽逃资金，以逃避债务；③丧失商业信誉；④有丧失或者可能丧失履行债务能力的其他情形。当事人没有确切证据中止履行的，应当承担违约责任。"

4. 代位权

代位权，是指债务人怠于行使其对第三人的到期债权而损害债权人的利益时，债权人为保全自己的债权，可以自己的名义代位行使债务人对第三人的权利。

《民法典》第五百三十五条规定："因债务人怠于行使其到期债权，对债权人造成损害的，债权人可以向人民法院请求以自己的名义代位行使债务人的债权，但该债权专属于债务人自身的除外。代位权的行使范围以债权人的债权为限。债权人行使代位权的必要费用，由债务人负担。"根据该条规定，代位权的行使应具备以下四个条件。

①合同当事人之间必须存在合法的债权债务关系。

②债务人对第三人必须有债权存在，而且该权利在性质上不是专属于债务人的权利。

③合同债务人怠于行使其对第三人的债权。

④合同债务人怠于行使权利的行为危及合同债权人权利的实现。

5. 撤销权

撤销权，是指债权人对债务人所为的危害债务人的行为，请求人民法院予以撤销的权利。

《民法典》第五百三十八条规定："因债务人放弃其到期债权或者无偿转让财产，对债权人造成损害的，债权人可以请求人民法院撤销债务人的行为。债务人以明显不合理的低价转让财产，对债权人造成损害，并且受让人知道该情形的，债权人也可以请求人民法院撤销债务人的行为。撤销权的行使范围以债权人的债权为限。债权人行使撤销权的必要费用，由债务人负担。"

撤销权与代位权不同，不是针对债务人的消极行为行使的权利，而是针对债务人的积极行为行使的权利。撤销权自债权人知道或者应当知道撤销事由之日起一年内行使。自债务人的行为发生之日起五年内没有行使撤销权的，该撤销权消灭。

（四）合同履行的担保

担保是随着商品经济发展而产生的一项民事保证制度。合同担保，是指合同当事人依据法律规定或当事人约定，由债务人或第三人向债权人提供的以确保债权实现和债务履行为目的的措施。《民法典》第二篇第四分编中有担保的基本规定。1995 年 6 月 30 日，第八届人大常委会第十四次会议通过了《中华人民共和国担保法》（以下简称《担保法》），于 1995 年 10 月 1 日起施行。该法确立了担保的五种形式，即保证、抵押、质押、留置和定金。

1. 保证

《担保法》规定："本法所称保证，是指保证人和债权人约定，当债务人不履行债务时，保证人按照约定履行债务或者承担责任的行为。"保证的担保效力是当主债务人不履行合同时，保证人代主债务人履行合同义务。

2. 抵押

抵押，是指债务人或第三人不转移对《担保法》中所列的财产的占有，将该财产作为债权的担保。抵押的特点是不转移抵押财产的所有权，抵押人对财产享有完全的占有、使用、收益权，只是处分权受到限制。债权人为抵押权人，债务人为抵押人。抵押的担保效力是当抵押人不履行合同义务时，抵押权人有权依法以该财产折价或者拍卖、变卖该财产的价款优先受偿，不足部分有追偿的权利。

《民法典》第三百九十九条规定："下列财产不得抵押：①土地所有权；②宅基地、自留地、自留山等集体所有土地的使用权，但是法律规定可以抵押的除外；③学校、幼儿园、医疗机构等为公益目的成立的非营利法人的教育设施、医疗卫生设施和其他公益设施；④所有权、使用权不明或者有争议的财产；⑤依法被查封、扣押、监管的财产；⑥法律、行政法规规定不得抵押的其他财产。"

3. 质押

质押，是指债务人或第三人将特定动产或权利移交债权人占有，作为债权的担保。质

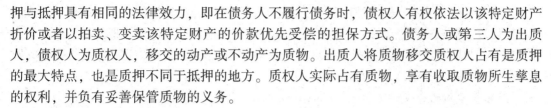

押与抵押具有相同的法律效力，即在债务人不履行债务时，债权人有权依法以该特定财产折价或者以拍卖、变卖该特定财产的价款优先受偿的担保方式。债务人或第三人为出质人，债权人为质权人，移交的动产或不动产为质物。出质人将质物移交质权人占有是质押的最大特点，也是质押不同于抵押的地方。质权人实际占有质物，享有收取质物所生孳息的权利，并负有妥善保管质物的义务。

4. 留置

《担保法》第八十二条规定："留置是指债务人按照合同约定占有债务人的动产，债务人不按照合同约定的期限履行债务的，债权人有权留置该财产，留置权依法产生。"依《担保法》规定的，因保管合同、运输合同、加工承揽合同发生的债权，债务人不履行债务的，债权人享有留置权。

5. 定金

定金，是指为保证合同的履行，在合同未履行前，一方先行给付对方一定数量的货币。给付定金的一方称为定金给付方，接受定金的一方称为定金接受方。《担保法》第89条规定："当事人可以约定一方向对方给付定金作为债权的担保，债务人履行债务后，定金可以抵作价款或者收回。"

二、信息产品合同的履行规则

电子合同的标的可以是信息产品，也可以是非信息产品。对于非信息产品和存在有形载体的信息产品，由于其具有一定的物理载体，其履行方式与传统履行无大的差异，而电子传输的信息产品，由于标的的特殊性，在履行上表现出较多的不同之处。这里的信息产品特指电子传输的信息产品。

(一)信息产品合同履行的时间和地点

《统一计算机信息交易法》第六百零六条第一款(二)规定："副本的电子交付地，是许可人指定或使用的信息处理系统。"其中还规定，电子信息与数据电文的发送、接收时间的确定方式是一致的，即以信息系统作为其参考标准。

信息产品的合同标的是无形信息产品，通过电子传输方式交付的信息产品，如信息许可访问合同、信息许可使用合同等。依据我国现在法律规定，参照美国做法，对信息产品合同的履行时间、地点判断如下。

1. 信息产品合同的履行时间

信息许可访问合同，履行期是许可方允许被许可方访问特定信息的期间，是一个时间段，这种访问一般以访问许可方网站站点、浏览页面来获取信息；信息许可使用合同，有交付和受领的时间点，由双方合同约定。

2. 信息产品合同的履行地点

通过电子传输方式交付标的的信息产品，在双方当事人没有约定或约定不明的情况下，可以是许可方使用的信息处理系统所在地，即许可方的计算机主机设备所在地。

(二)信息产品合同履行中的电子控制

电子合同标的是信息产品时，可能会出现被许可方不按协议行事，侵犯许可方权益的现象。例如,经检验不合格,被许可方要求退货,但实际却把软件保留不予以删除;或者许可期已过,被许可方应删除软件却不予以删除;或者违背许可协议,把软件使用在多个计算机上。为应对这些情况,许多信息产品厂商使用种种技术手段来防止这些情况的发生,产生了产品控制和电子自救措施。

1. 电子控制的含义

电子控制是指电子信息开发商和供应商对信息利用所进行的限制。这种限制是以一定的技术措施来实现的。例如,微软公司在其操作系统和办公系统软件中使用"激活"技术,软件公司惯用的用户认证程序、软件版本使用次数限制、信息访问范围与时间限制等,直接涉及电子信息和电子信息合同当事人的权益。

对于电子信息开发商、供应商能否采取电子自我救助方式维护自身权益,人们存在两种不同的意见。支持者认为国家机关没有精力、技术,且经费有限,不可能有效地制止侵权活动,自我救助不仅合理,而且必要,这种对侵权者的制裁,从道义上站得住脚。反对者认为如此行事,电子自我救助的界线很难把握,可能被滥用,殃及无辜用户或者会破坏系统中他人合法文件。电子自我救助,并不是仅产生于某时某地的特殊案例,而是电子商务中的一个普遍性问题,它是技术供应方与使用方矛盾的必然规律反映,必须做出明确的法律规定,以利于妥善调节双方的利益。

根据我国合同实践,借鉴《统一计算机信息交易法》,行使电子控制权,要求具备3个条件。

(1)有明确的电子自我救助条款。包括被许可人姓名、地址;行使权利的通知;通知的地点、形式,在合同中,被许可人对于电子自我救助条款的许可使用必须单独明确地表示同意。

(2)行使权利前进行通知。

(3)不对公众健康或安全引起伤害。电子控制权的行使不得控制或破坏被许可人其他信息或其他信息处理设备,不得对公众健康或安全引起伤害。

例如,某公司宣称在杀毒软件中设置了"炸弹",如果有人不经该公司许可,私自复制或者使用盗版软件,"炸弹"就会自动爆炸,不仅毁坏杀毒软件,而且将干扰侵权者的计算机操作系统的正常运行。后来的处理结果是,公安部计算机安全委员会发文禁止这种电子自我救助的行为,并依据《计算机信息系统安全条例》,故意输入有害数据,危害计算机系统安全,对上述电子自救行为给予了行政处罚,电子控制权行使不应殃及破坏系统的合法使用人。

2. 电子控制权的法律后果

(1)信息产品的许可方依法正当行使电子控制权,使被许可方不能使用该信息,由此造成的损失,许可人不承担任何责任。

(2)信息产品的许可方依法正当行使电子控制权,但因电子控制发生错误或变动导致被许可方损害的,应承担赔偿责任。

(3)由于许可人不当使用电子控制权导致被许可人或他人受到损害的,应承担赔偿责任。

(三)信息产品履行的验收

信息产品合同履行中的验收,是合同履行中的重要内容,包括检验和接收两个环节。

1. 信息产品的检验

《统一计算机信息交易法》第六百零八条规定，如果需要以副本的交付来履行义务，应适用以下规则：第一，除非法律另有规定，副本的接收方有权在支付或接受前安排合理的时间与地点，以合理的方式，对副本进行检验，以确定是否与合同相符；第二，检验一方应负担检验的费用；第三，当事人确定的检验地点或方法或接收标准，是具有排他性的。然而，地点或方法或接收标准的确定，并不改变合同的一致性，或更改交付的地点、权利或损失风险的转移。如果地点或方法的遵守已经成为可能，检验必须按照本条进行，除非当事人确定的地点或方法是必不可少的条件，条件不成立将使合同无效；第四，当事人的检验权应服从现存的保密义务。

信息产品涉及的范围广，依据我国现有的法律规定与合同实践，借鉴《统一计算机信息交易法》的规定，对信息产品的检验方式根据不同要求应该有所不同，具体有两种情形。

(1)通用信息产品。

由于产品性能定型化，其检验较简单，这种交易属于即时履行的交易，检验方式通常表现为从标志等方面检验是正版即可，即形式检验。《民法典》中规定："买受人收到标的物时应当按合同约定的检验期间进行检验，没有约定检验期间的，应当及时检验。"当然，通用信息产品在检验完毕付款后，也不排除当事人约定产品使用后检验。

(2)特定电子信息产品。

特定电子信息产品主要是非大众市场的信息产品，一般为按接收方要求制作并提供的软件产品，本身不具有包装。接收人检验的仅仅是该许可产品的说明，确定有关规格、版本等，如果交付以付款为前提，那么付款前没有检验的机会，为此，检验期应是在接收人接收信息后的一段合理期限，接收人发现产品质量问题，可在该期限内请求退货等违约赔偿。

2. 信息产品的接收

信息产品的接收，是当事人对合同标的的质量、数量的一种同意的表示。

(1)信息产品接收的一般条件。

《统一计算机信息交易法》第六百零九条和第六百一十条对接收的条件与效力做出了特别规定，其中第六百零九条规定，副本的接收发生于向接收方提供副本之时，①对履行，或对副本以行为方式表示，是符合合同的，或该当事人愿意接受保留副本，尽管不相符；②没有做出有效的拒绝；③将副本或信息混合在一起，使得该方不可能履行拒绝以后的义务；④从副本中获得重大利益且不能退还该利益；⑤其行为与许可方的所有权不一致，但此种行为在许可方决定将其视为一种接受并在合同使用条款的范围批准该行为时才构成接受。

(2)多个副本构成的信息产品的接收。

上述信息产品的接收是指在整体的情况下进行的，如果信息产品分为几次或几个部分交付，情况将不同，《统一计算机信息交易法》中规定："如果协议要求分部分交付，而各部分结合起来才构成信息的整体，每一部分的接收，都以整体接收为条件。"目前，我国法律对此尚无规定，借鉴《统一计算机信息交易法》，只有接收人对整体的接收，才能使各接收有效，而部分的接收，不构成有效的接收。

(四)信息产品合同履行的附随义务

为了使交付的信息产品达到商业适用性，即实现合同标的的有效应用，信息产品交付时往往还会附加一定的义务，如有形产品要提供"产品说明书"，信息产品应将如何控制、如何访问信息资料的方法交给对方，使信息产品受让方能有效支配所接受的信息。这种随附义务是交付方所承担的为完成合同义务所必须履行的，不是出于合同规定的义务。

借鉴《统一计算机信息交易法》第六百零六条第二款的规定："副本的交付要求交付方将一份符合要求的副本置于另一方处置之下并向另一方发出使其能够访问、控制或占有该副本的合理必要的通知；交付必须在合理的时间内进行，并且如果需要，应当交付访问材料以及协议所要求的其他文件，接受交付的一方应准备好适合接受交付的设施。此外，如合同要求交付第三方所持有的副本，但不移动该副本，则交付方应提交协议所要求的访问材料或文件；如交付方被要求，或被授权向另一方发送副本且合同不要求交付方在特定地点交付副本，则应适用在交付以有形介质存在的副本之时，交付方应将副本置于承运人的占有之下，并订立一份根据信息的性质和其他情况为合理的运输合同，运输费由接收方承担，在以电子方式交付副本时，交付方应以根据信息的性质和其他情况为合理的方式传输或使他人传输副本，传输费用也由接收方承担；如交付方需要在特定目的地交付副本，则交付方应在该目的地存放一份复制，并承担运输费或传输费。"

(五)合同终止后被许可方的权利和义务

合同终止由于各种原因引起，履行完毕是最经常和正常的情况，但是，当事人应承担由此产生的法定义务。《民法典》中规定，当合同权利义务履行终止后，当事人应遵循诚实信用原则，根据交易习惯履行通知、协助、保密的义务。此外，电子合同有特殊要求，表现为以下几点。

1. 被许可方的继续使用及限制

被许可方在合同终止时，无权继续行使合同信息。但是，在信息许可使用合同中，尚存在被许可方继续使用的可能。有以下两种情况。

(1)信息被许可方使用后与其他信息混合，退还不可能，或者被许可方因为其他情况使退还没有必要时，应允许被许可方继续使用。但是，这种使用有一定限制。首先，不能超出合同有效的使用目的和范围，如原为个人使用目的的不能转为商业目的；其次，继续使用不享有原合同生效时的其他权利，如享有产品升级维护权；最后，应支付必要的使用费。

(2)许可方违约，被许可方合法解除合同，为减少损失而采取措施。例如，被许可方获得计算机软件的使用权，安装后发现与合同约定不相符，依法解约，被许可方失去软件的使用权，但是，一旦停止会使其系统功能丧失，为避免更大的损失，在使用人安装新的软件前，可以继续使用该软件。这种使用有一定限制，第一，被许可方的继续使用不违反原合同的使用目的和范围；第二，使用时为了避免或减少损失而采取合理措施；第三，不违反许可方在解除合同后的处理办法，或不违反与被许可方达成的协议，如果许可方禁止被许可方使用，则应对禁止使用扩大的损失负责；第四，该使用应基于善意并不能超出必要的时间；第五，继续使用应支付合理的使用费。

2. 被许可协助义务

当合同终止时，被许可方应按约定采取合理措施协助完成有关事项，包括遵循许可方的指示，退还标的及相关材料、文件、记录、复制件或其他有关资料，或者销毁有关复制件等；不得在合同终止后，继续持有信息或复制件，或者采取技术手段非法改变、移除许可方的电子标识中自助控制，以继续使用。

第五节　电子合同的违约责任

违约责任，又称违反合同的民事责任，是指当事人不履行合同义务或者履行义务不符合合同约定时应当承担的不利民事法律后果。违约责任既是违约行为的法律后果，也是合同效力的表现。违约责任为民事责任，具有民事责任的一般属性，即惩罚性和补偿性，其中，惩罚性是法律对违约行为的一种否定性评价，补偿性表现为对受害方所受损害的弥补。

一、电子合同违约责任的归责原则

违约责任的归责原则，是指在追究合同当事人的违约责任中应遵循的基本准则。归责原则直接决定着违约责任的构成要件，当事人的举证责任，以及违约责任的范围。

(一)严格责任原则

严格责任原则，又称无过错责任原则，是指当事人违反合同义务即应承担责任。《民法典》第五百七十七条规定："当事人一方不履行合同义务或者履行合同义务不符合约定的，应当承担继续履行、采取补救措施或者赔偿损失等违约责任。"意味着只要有违约行为就要承担违约责任，在法律无例外规定的情况下，普遍适用于合同领域，只有存在免责事由，当事人才可以免于承担违约责任。

(二)过错责任原则

过错责任原则，是指合同当事人违反合同义务且存在过错时才承担违约责任。这一原则仅在少数合同关系中适用，《民法典》中规定："赠与合同、无偿保管合同、无偿委托合同、保管合同、仓储合同适用于过错责任原则。"

(三)免责范围

这里的免责范围包括不可抗力、法律的特殊规定、债权人的过错和约定的免责条款。所谓不可抗力是当事人主观上无法预料，客观上无法防止的外界强制力量。《民法典》第五百九十条规定："当事人一方因不可抗力不能履行合同的，根据不可抗力的影响，部分或者全部免除责任，但是法律另有规定的除外。因不可抗力不能履行合同的，应当及时通知对方，以减轻可能给对方造成的损失，并应当在合理期限内提供证明。当事人迟延履行后发生不可抗力的，不免除其违约责任。"

在电子合同中，下列行为可以约定为是不可抗力。

1. 文件感染病毒

文件感染病毒的产生原因可能源于恶意攻击，也可能是被意外感染。无论是何种原因，如果许可方采取了合理的保护措施，如对自己的网站安装了符合标准或业界认可的保护设备，有专人定期检查防火墙等安全设备，仍不能避免被攻击，属于不可抗力。

2. 非因自身原因的网络中断

非因自身原因的网络中断的产生原因可能由于物理的线路问题，也可能由于病毒或攻击造成。网络信息传输中断，则无法发送、访问或下载信息，会影响到交易当事人双方利益，产生损失，如果非因当事人自身原因的网络中断，当事人对此无法预见和控制，则属于不可抗力。

3. 非因自身原因的电子错误

非因自身原因的电子错误主要由信息系统原因造成，电子错误是指数据传输过程中所产生的错误或变异，包括传输过程中出现的错误、重复发送，如指定的交易期已过，而自动交易系统自动订约；消费者通过网络电子支付，货款没有到指定的商家；数据电文重复传输等。这些非因自身原因的电子错误，属于不可抗力。

二、电子合同违约救济方式

电子合同遵循《民法典》中规定的基本责任形式，信息产品交易违约导致合同终止，当事人还可采取停止使用、中止访问等措施。

（一）继续履行

继续履行，是指当事人一方不履行合同义务或履行合同义务不符合约定时，另一方当事人可要求其在合同期满后，继续按原合同约定的主要条件来完成合同义务。

信息产品实际履行有其现实意义，一方面，信息产品本身的易复制性使得它不易灭失，继续履行可以让守约方得到所需要的信息；另一方面，信息产品多数具有较高的技术含量，从标的接受到投入需要时间，如果守约方另寻替代品，会耗费时间，对守约方不利，尤其信息访问合同，被许可方目的就是获得信息，实际履行对电子合同双方都有利。

（二）停止使用

停止使用，是指因被许可方的违约行为，许可方在撤销许可或解除合同时，请求对方停止使用并交回有关信息。停止使用可以通过被许可方将占有和使用的复制件、相关资料退还许可方；同时，被许可方不得继续使用；也可通过许可方采用电子自救代替停止信息继续利用。但是，被许可方在信息许可使用过程中已发生改变或与其他信息混合无法分离的无须交还。

（三）继续使用

继续使用，是指合同终止或许可方有违约行为时，被许可人在未撤销合同的情况下可以继续使用合同项下的信息和信息权。继续使用与继续履行的前提不同，继续履行是指由法律强制违约方履行其义务来保护守约方利益，它是违约方的一种责任；而继续使用是从守约方的角度来保护守约方的利益，赋予被许可方可以继续使用信息的救济。

（四）中止访问

中止访问，是指当被许可方有严重违约行为或者协议有特别规定的情形下，许可方中止其获取信息。严重违约情形，如未按合同约定支付使用费等。中止访问是对信息许可访

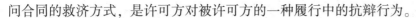

问合同的救济方式，是许可方对被许可方的一种履行中的抗辩行为。

（五）损害赔偿

损害赔偿，是以支付金钱的方式弥补守约方因违约行为所减少的财产或所失去的利益。损害赔偿是最基本的救济方式，其目的是通过金钱给付，使遭受损失的一方当事人能够得到相应的补偿。《民法典》规定："当事人一方不履行合同义务或者履行合同义务不符合约定，给对方造成损失的，在履行义务或者采取补救措施后，对方还有其他损失的，应当赔偿损失。"

1. 赔偿范围

传统合同赔偿范围包括直接损失和间接损失，但超过"合理预见"的除外。电子合同是民商事合同，其赔偿范围也适用《民法典》的规定，但应注意以下两点。

（1）赔偿范围的限制。

针对特殊领域合同，如电子支付合同，应依法限制债务人的赔偿数额；针对基于网络应用产生的一些新型合同，如电子认证服务合同，应分情况判定其责任和赔偿范围。

（2）电子合同的"合理预见"。

损失赔偿额不得超过违反合同一方订立合同时预见到，或者应当预见到的因违反合同可能造成的损失。实践中，应区别不同情况下的"合理预见"。其一，不同合同主体预见度。通常 B2B 交易主体的预见程度较 B2C 中消费者高，经营者对消费者提供商品或者服务有欺诈行为的，依照《消费者权益保护法》规定承担双倍损害赔偿责任；其二，不同方式订立合同的预见度。通常电子邮件、在线洽谈订立的合同较电子自动交易订立的合同预见程度高；其三，不同内容合同的预见度。通常信息许可使用合同比信息访问合同的预见程度高。

2. 损害赔偿的计算

损失赔偿额应当相当于因违约所造成的损失，包括合同履行后可以获得的利益。《民法典》第 584 条规定："当事人一方不履行合同义务或者履行合同义务不符合约定，造成对方损失的，损失赔偿额应当相当于因违约所造成的损失，包括合同履行后可以获得的利益；但是，不得超过违约一方订立合同时预见到或者应当预见到的因违约可能造成的损失。"

案　例

　　本案原告是北京某装饰工程公司，被告是北京某科贸中心。北京某装饰工程公司与北京某科贸中心签订网络服务合同，约定某装饰公司广告要在谷歌首页前十名之内显示，但最终广告一直未能上线。某装饰公司遂起诉科贸中心。

　　法院经审理查明，原告某装饰公司位于北京市朝阳区某村，业务范围是中小型办公室装修，为吸引客户、扩大品牌知名度，某装饰公司决定在网络打广告，遂找到被告某科贸中心。经协商，某科贸公司答应 2016 年 12 月 18 日前将装饰公司广告上线，并且能在谷歌首页前十名内显示，计费时间从上线日开始。双方签订合同，某装饰公司给付网络服务费 1 500 元。之后，某装饰公司的广告一直没有上线，多次打电话催促无果，2017 年 5 月 20 日，某装饰公司起诉科贸中心，要求返还服务费及赔偿损失。

　　被告某科贸中心辩称："不是我们不给上线，而是由于谷歌服务器不稳定，才拖到现在，而且这并未对原告造成经济损失！"

问：本案应如何处理？

解析：房山法院认为，原告与被告签订的网络服务合同有效。被告未按合同约定在谷歌网站首页上为原告登录广告，已构成违约，故原告要求被告退还 1 500 元网络服务费的诉讼请求，法院予以支持。由于不能证明因被告违约给原告造成的实际损失，原告要求赔偿经济损失的请求，法院不予支持。

案例来源：谷歌上打广告对方违约 违约金易得损失难举证-中国法院网 https：//www. chinacourt. org/article/detail/2011/12/id/25. shtml(案例经编者整理、改编)

📖 案 例

××年 8 月 3 日，纳纳购公司在互联网上发布音箱促销广告，商品名称为海尔音箱H97，价格为 0.01 元，并宣称市场价为 500 元。刘某立即下单购买 100 台，显示下单成功后，刘某即通过支付宝转货款 1 元给纳纳购公司。后因纳纳购未向刘某交付货物而产生纠纷，刘某诉至法院，要求纳纳购公司赔偿其损失 9 900 元(按每台 100 元计算99 台的损失)。

法院经审理认为，纳纳购公司发布促销活动信息，信息内容明确具体，并提供下单服务，刘某下单成功并付款，故双方之间的买卖合同关系成立。纳纳购公司在收到刘某的货款后，应依约交付货物，纳纳购公司未交货已构成违约。

问：违约责任的承担上，赔偿标准应如何判定？

解析：违约责任认定上，判决纳纳购公司向刘某支付赔偿款 100 元。网上"秒杀"盛行，是商家的广告促销手段，通过明显低于成本的价格吸引消费者浏览来达到广告宣传效应。基于诚实信用原则和现代契约精神，若双方当事人均已依约履行合同，经营者事后不得以显失公平为由请求撤销合同。

但本案的特殊性在于，"秒杀"的数量不是 1 台，而是 100 台，按常理，合同双方对"秒杀"预期应为购买 1 台音箱，明显不符合一般人对"秒杀"的理解，以极低价格购买 100 台的情形已超出合同当事人的合理预期，不宜对经营者苛以过重的责任。现刘某起诉要求纳纳购公司按每台 100 元的价格赔偿，对刘某的损失按照购买 1 台音箱的索赔数额确定，赔偿 100 元损失符合双方当事人对合同实际履行可得利益的预期，也是基于商业道德定下的金额，是双方都可以接受的结果。本案宣判后，双方当事人均未再上诉。

案例来源：虚假宣传 纳纳购公司"秒杀"网购违约责任 https：//www. zgdjw. com/index. php？c＝article&id＝882

🗂 本章小结

电子商务的核心是交易。围绕着交易活动，电子合同的订立、履行和效力等问题成为商务核心。电子合同是在互联网环境下，当事人为实现一定的目的，通过 EDI、电子邮件、电子格式合同等数据电文方式达成的、明确双方权利义务关系的电子协议。电子合同与传统合同在形式上不同，产生了电子合同的特殊生效，电子合同的履行、救济中的特殊问题，需要确立特殊的电子合同规则。本章的主要内容如下。

（1）电子合同概述。其内容涉及电子合同的概念与特征、电子合同的主要类型、电子合同的形式与法律承认。

（2）电子合同的订立。其内容涉及电子合同的缔约人、电子合同的订立过程、意思表示的撤回与撤销、电子合同的收讫确认、电子合同的缔约过失责任。

（3）电子合同的效力。其内容涉及数据电文的效力及其归属、点击合同的效力、电子自动交易的效力、网上拍卖的效力、电子错误生效。

（4）电子合同的履行。其内容涉及电子合同履行的一般规定、信息产品合同的履行规则。

（5）电子合同的违约责任。其内容涉及电子合同违约责任的归责原则、电子合同违约救济的方式。

思考题

1. 简述电子合同的形式及法律承认。
2. 简述电子合同当事人的缔约能力。
3. 简述电子合同中要约的生效时间和地点。
4. 简述点击合同有效成立的条件。
5. 简述电子错误的法律调整方法。
6. 信息产品合同履行中的电子控制要求有哪些？
7. 简述电子合同中被视为不可抗力的情形。

第四章 电子签名与电子认证法律制度

教学目标

知识目标：系统地学习数据电文、电子签名、电子认证、法律责任。

能力目标：培养综合应用能力，能较好地分析电子签名与电子认证案例。

素养目标：通过搜集和讨论电子商务主体，培养学生的沟通交流能力、团队意识和问题思辨的能力。

引 例

近几年，全国旅游合同纠纷从每年 1 356 件上升到 3 015 件，呈直线上升趋势。2021年 3 月 14 日，A 公司和 B 旅行社业务员崔某签订了一份"旅游者(团)委托接待"电子合同。不久后，双方发生纠纷，A 公司起诉 B 旅行社。庭审中，B 旅行社辩称，其与 A 公司之间不存在合同关系，合同中 B 旅行社的公章系伪造，没有 B 旅行社法人代表或授权签字。

解析：面对 B 旅行社的辩称，A 公司亮出 3 个证据。

(1)A 公司在签署该合同前验证了签约主体身份，B 旅行社有实名 CA 认证。

(2)A 公司收到 B 旅行社加盖公章的"旅游者(团)委托接待"电子合同。

(3)联系人均是崔某，崔某确系 B 旅行社员工，其联系电话也一致。

据此认定，A 公司与 B 旅行社签署合同系双方真实意思表示，合同理应成立并有效。法院采纳了 A 公司的意见。

案例来源：原创自编

第一节　电子签名概述

一、电子签名的产生

传统交易中，为了保证交易安全，一份书面合同或文件一般要由当事人签名或者盖章。《民法典》第490条规定："当事人采用合同书形式订立合同的，自当事人均签名、盖章或者按指纹时合同成立。"传统意义上的签名是指执笔者为了表示对文件、单据负责而亲自写上自己的姓名或画上记号，具有法律意义的行为。

签名主要有三项功能：一是能表明文件的来源，即签名者；二是能表明签名者已确认文件的内容；三是能构成证明签名者对文件内容正确性和完整性负责的证据。经过签名的合同或文件，通过个性化的签名，可以实现对当事人身份的认证。签名本身表明签名者对合同或文件及内容的确认。一般情况下，签名者不可以对附有其签名的合同或文件予以否认；签名行为本身也表明签字者对合同或文件内容的完整性予以确认。因此，也可以说，签名具有确认相对人、防止否认、确认完整性的功能。

此外，经由当事人亲笔签名的书面合同或文件，签名本身和合同或文件的内容依靠纸张而成为一个整体，能够有效地保证内容的完整性，防止改动，因此，被认为是合同或文件的"原件"。基于交易安全的考量，法律对民事活动中的物权凭证、流通票据等一般要求以原件形式出现；从证据法上看，原件具有很强的证明力。

当然，传统签名也存在一定的局限性。第一，必须以书面等有形固体物作为介质；第二，必须由个人亲笔书写，不仅给书写人带来不便，更为大规模的交易带来一定的麻烦；第三，传统签名存在相当大的被假冒的可能性。

由于传统签名的局限性，伴随交易形式、规模、范围、主体等的发展，签名的形式也逐渐发生变化。除了手写签名外，最重要的就是盖章，法人之间签订合同时，一般要加盖单位的印章，盖章和签名具有同样的功能和法律效力。后来，与传统签名、盖章具有同样功能的其他签名形式逐渐得到了法律上的承认。《海上货物运输公约》中就有规定："提单上的签名可以是手书的、传真打印、打孔、盖章、使用符号，或通过任何其他机械的和电子的手段，如果这不与提单签发地国家的法律相违背的话。"《统一商法典》也规定，"签名包括当事人意图鉴别一份书面材料时所使用的任何符号"，其官方评论对此做出了进一步的解释，"将鉴别包括在该定义里，以说明完整的签名是不必要的。相反，鉴别可能是打印的、盖章的，或书写的，还可能仅仅是简签或指模，甚至在某些特定的案件里，可将信笺印刷的字迹作为签名"。可见，随着签名形式的演变，签名概念相应地也越来越抽象和宽泛。

随着EDI及电子商务无纸化贸易的发展，传统签名的局限性越发显现，数据电文赖以存在与传递的无形空间给传统签名带来了新的挑战，交易方式的革新要求签名形式必须进行相应的变革，计算机网络环境下能够达到与传统签名盖章相同功能的新的签名形式即电子签名便产生了。

二、电子签名的定义

关于电子签名，目前没有统一的定义，国际组织、各国立法以及不同学者对此仍存在分歧。由于电子签名相对传统签名而言，首先存在一个技术问题，因此，各种不同的定义之间主要的分歧在于如何界定电子签名所使用的技术范围。相应地，对电子签名概念存在广义和狭义两方面的理解。

(一)广义的电子签名

《电子签名示范法》及许多国家包括我国在内的立法，均从广义的角度对电子签名进行了定义。

《电子签名示范法》第2条规定："电子签名是指在数据电文中，用电子形式所含的或在逻辑上与该数据电文有联系的用于识别签名人的身份和表明签名人认可该数据电文内容的数据。"这一定义从形式和功能两方面对电子签名进行了描述，而不涉及电子签名所运用的技术手段。这是广义电子签名定义的典型代表，许多国家及地区的立法，如《电子签名指令》《国际国内商务电子签名法》《电子签名与认证服务法》《电子交易法案》《电子商务法》等都做出了与之相类似的规定，《电子签名法》也不例外。

《电子签名法》第2条规定："电子签名，是指数据电文中以电子形式所含、所附用于识别签名人身份并表明签名人认可其中内容的数据。"根据此条规定，广义的电子签名包含以下内容。

1. 电子签名是以电子形式存在的数据

与传统的签名形式不同，电子签名以电子形式作为其存在方式，这是电子签名与传统签名在存在形式上本质的不同。

2. 电子签名附着于数据电文

电子签名可以是数据电文的一个组成部分，也可以是数据电文的附属，与数据电文具有某种逻辑关系，能够使数据电文与电子签名相联系。

3. 电子签名要能实现传统签名的基本功能

电子签名必须能够识别签名人身份并表明签名人认可与电子签名相联系的数据电文的内容。可见，广义的电子签名强调的是传统签名功能的实现，除了以电子形式存在这一最基本的技术要求外，忽略其他技术上的要求，它是电子商务技术中立原则在电子签名定义上的反映。因此，从广义上讲，凡是在电子计算机通信中，能够起到证明当事人身份及当事人对文件内容认可的电子技术手段，都是电子签名。本书采用广义的电子签名定义。

(二)狭义的电子签名

狭义的电子签名，是指以一定的电子签名技术为特定手段的签名。与广义的电子签名定义不同，狭义的电子签名限定了签名所使用的技术手段。通常，狭义的电子签名是指就以非对称加密方法产生的数字签名。

狭义的电子签名定义强调的是技术的安全性，相对而言，如果以某种技术进行电子签名是安全的，这种电子签名就应当被赋予法律效力；而其他的电子签名技术的安全性，如果尚未被验证认可，则不应赋予其法律效力。由于目前数字签名被认为是技术成熟、安全可靠、成本适宜、使用普通的电子签名技术，因此，一些国家及地区通过立法直接将数字签名规定为法律上认可的唯一安全的电子签名。例如，《电子传输法例》中明确规定："非对称性密钥加密为法律认可的技术方案。"

此外，《数字签名法》等一些国家和地区采取直接以数字签名法作为其电子签名立法的

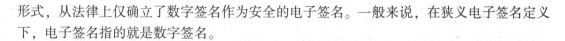

形式，从法律上仅确立了数字签名作为安全的电子签名。一般来说，在狭义电子签名定义下，电子签名指的就是数字签名。

三、电子签名的分类

广义的电子签名包括了各种电子手段在内的电子签名，根据电子签名技术实现方式的不同，可以将电子签名划分为不同的种类。就目前技术发展的现状而言，可以将电子签名主要分为电子化签名、生理特征签名和数字签名。各种电子签名技术具有各自的优势和局限性，目前使用得最为广泛的是数字签名。但是，可以预见，随着技术的不断发展，电子签名的形式也将不断地发展更新。

(一)电子化签名

电子化签名是指对手写签名进行模式识别的签名方法。电子化签名的实现采用签名者传统的手写方式，但需要一定的技术将手写签名转换为电子化签名。在硬件方面，需要一块与计算机相连的手写感应板及电子笔；在软件方面，需要高度精确的模式识别技术、笔迹压缩技术和加密技术等。

签名者签署电子化签名时，首先用电子笔在手写感应板上书写自己的签名，然后感应数据并传送至计算机，由计算机将数据进行加密等处理，并将该签名数据与其所要签署的文件绑定在一起，完成与传统手写签名几乎完全一致的签署行为。对电子化签名进行验证时，需将该签名与留存的签名样式用模式识别的数学计算方法进行比对，以辨认该签名的真伪。

电子化签名的主要优点在于实现方式与传统手写签名方式相类似，符合人们的传统习惯，易于被人们接受。但是，由于每次传统手写签名的差异性，对模式识别技术及比对技术要求很高，现有的模式识别技术还有待进一步提高。

(二)生理特征签名

生理特征签名是一种基于用户指纹、视网膜结构、手掌掌纹、声音纹、全身形体特征以及脸部特征等独一无二的生理特征，通过生物识别技术进行身份识别的签名方法。

生理特征是一个人与他人不同的唯一表征，是可以测量、自动识别和验证的。生理特征签名不需要用户进行相应的签名行为，而是由生物识别系统自动采集、处理，进而完成对用户的身份认证的。以用户指纹作为生理特征的签名为例，签名主要涉及两个过程，即登记过程和识别过程。其中，登记过程包括三个环节：读取指纹图像、提取特征和保存数据。首先，通过指纹读取设备读取人体指纹的图像，对其进行初步的处理；其次，用指纹辨识软件对指纹进行特征提取，建立指纹的特征数据；最后，对这些指纹的特征数据作为模板加以保存。在进行识别的过程中，先对待认证的指纹重复读取指纹图像和提取特征环节，然后将待认证的指纹特征数据与模板中保存的指纹特征数据进行比对，得出两个指纹是否匹配的结果，以确认待认证对象的身份。其他生理特征签名过程与此类似，主要区别在于采集和识别技术上不同。

生理特征签名是现代生物技术与计算机技术的结合，因此，其签名的安全性和可靠性很高，并且可以免去携带、保存、丢失、记忆等其他签名方式的不便。但是，将生理特征转化为电子资料的设备以及技术较为昂贵，使得这种签名方式所需的成本较高。此外，这种确认身份的方式不太人性化，可能会使人产生排斥心理。

(三)数字签名

数字签名,是指基于公钥基础设施运用非对称加密系统和哈希函数变换的电子记录组成的电子签名。

其中,ISO7498-2 标准将数字签名定义为:"附加在数据单元上的一些数据,或是对数据单元所作的密码变换,这种数据和变换允许数据单元的接收者用以确认数据单元来源和数据单元的完整性,并保护数据,防止被人(如接收者)伪造。"这主要是从数字签名实现的功能角度所下的定义。美国电子签名标准(DSS,FIPS186-2)从技术的角度对数字签名作了进一步阐释:"利用一套规则和一个参数对数据计算所得的结果,用此结果能够确认签名者的身份和数据的完整性。"所谓的规则和参数指的是非对称加密系统与哈希函数。数字签名是目前国内外电子商务、电子政务中应用最普遍、技术最成熟、可操作性最强的一种电子签名方法。

数字签名除了具有传统签名的身份识别、防止否认、确认完整性功能外,还具有数据保密等新增功能,数字签名被认为是目前最适用于互联网和广域网上的安全认证,通常有3 种数字签名。

1. Ukey 签署

Ukey 是一款外观上类似 U 盘、用于存储私钥、实现数字签名等运算的密码设备。

2. 一信盾签

一信盾签分为手机盾签及 PC 盾签,其在私钥生成时,在移动端/PC 端设备和服务器端系统中分别生成存储相互独立的私钥段,私钥不会完整出现;在数字签名时,移动端/PC 端设备、服务器端系统使用各自保存的私钥段完成独立的数字签名,并组合生成完整的签名数据,无需任何附加硬件。

3."云证书"和"云印章"

"云证书"和"云印章"本质上是一种"私钥托管技术",把签名私钥托管至平台上,在使用时要通过一系列的实名手段来证明该签名是其本人所为。

四、电子签名的法律效力

尽管电子签名从技术上解决了电子商务环境下的签名方式问题,但电子签名与传统签名仍存在显著的区别,具有签名的非直观性、认证的特殊性、更改的隐蔽性和安全上的脆弱性等特有的技术特征。因此,将电子签名应用到电子商务实践时,仍然遇到了许多难题。首先必须解决的就是电子签名的法律效力问题,这一问题如不能得到明确且及时的回答,法律上的不确定性必将为电子签名的应用带来除技术风险以外的其他风险,进而阻碍其应用与发展。

由于电子签名的技术实现方式并不唯一,其法律效力实际上包含两个问题:第一个问题是电子签名是否与传统签名或盖章具有同等的法律效力;第二个问题是不同技术实现的电子签名是否都具有同等的法律效力。对于第一个问题,目前理论上及各国立法实践已基本达成共识,运用功能等同原则和非歧视原则赋予电子签名与传统签名或盖章同等的法律效力。第一个问题仅笼统地回答了电子签名的法律效力问题,对于第二个问题的认识,则存有很大争议,针对不同电子签名技术的法律效力,目前存在3 种不同的解决方案。

(一)确立电子签名法律效力的基本原则

为了避免电子签名仅仅因为其与传统签名不同的存在方式而被否认其法律效力,在确立电子签名法律效力时,国际组织及各国立法大都运用功能等同和非歧视电子商务法的两大基本原则,确保电子签名与传统签名具有同等的法律效力。

1. 功能等同原则

《电子商务示范法》第 7 条规定:"如法律要求要有一个人签字,则对于一项数据电文而言,若存在如下情况,即满足了该项要求:(a)使用了一种方法,鉴定了该人的身份,并且表明该人认可了数据电文内含的信息;(b)从所有各种情况看来,包括根据任何相关协议,所用方法是可靠的,对生成或传递数据电文的目的来说也是适当的。"这条规定体现了签名的功能等同原则,规定符合法律上签名要求的电子签名要具备两项基本功能:一是能够对签字者进行身份认证;二是能够表明签字者对所签署数据电文内容的认可。换言之,具备这两项基本功能的电子签名,根据功能等同原则,等同传统签名。

另外,一些国家立法在界定电子签名时,定义中直接包含了签名的基本功能,清晰地表明功能等同原则在其电子签名法律效力中的应用。

2. 非歧视原则

《电子商务示范法》第 5 条规定:"不得仅仅以某项信息采用数据电文形式为理由而否定其法律效力、有效性或可执行性。"这一规定同样涵盖了对电子签名的非歧视,不得仅仅以因采用电子签名的形式而否定其法律效力。非歧视原则从另一个角度明确了电子签名的法律效力。

《电子签名法》第 3 条第 2 款规定:"当事人约定使用电子签名、数据电文的文书,不得仅因为其采用电子签名、数据电文的形式而否定其法律效力。"

目前,电子签名的法律效力在世界范围内已经得到认同。

(二)电子签名技术方案的选择

就现有技术而言,目前已有多种可选用的电子签名技术,而且还会不断有新的电子签名技术产生。对于是否接受任何一种技术作为与传统签名具有同等法律效力的电子签名,国际上的立法与实践有三种不同的作法,与之相应,形成了电子签名法 3 种不同的立法模式。

1. 技术特定模式

技术特定模式,是指法律只明确规定采用某种特定技术的电子签名的法律效力,对采用其他技术的电子签名的法律效力未做规定。就目前各国立法实践来看,采用技术特定模式的国家通过法律所明确的某种特定技术大多为数字签名技术,也就是说,仅承认数字签名与传统签名具有同等的法律效力。

技术特定模式的主要优点在于这种立法更加直观,能够非常清楚地让使用者知道哪一种技术是被法律承认为有效的,降低了交易中法律不确定的风险。缺点在于随着技术的发展,一度被认为有效的技术可能不再能够充分保障安全性。此外,确立一种技术的权威性,也使得这种技术更容易遭到攻击,为破坏这项技术提供了更多的可能性。

世界上第一部关于电子签名的立法是《数字签名法》,采用的就是技术特定模式。此外,韩国、德国、意大利、丹麦、马来西亚、印度等国家的电子签名法都采用了技术特定的立法模式,只承认数字签名为合法的电子签名。

2. 技术中立模式

技术中立模式，是指法律规定的只要符合一定的条件，电子签名就具有与传统签名同等的法律效力，而不限制达到规定条件的电子签名应该采用的技术。也就是说，只要符合规定的电子签名技术，均与传统签名具有同等的法律效力。

技术中立模式不规定具体应适用的技术，而只以相同的标准来对待电子交易和传统交易，不使一种技术比其他技术更受优待，也不使一种商业模式优于另一种。因此，这种模式的主要优势在于法律对各种电子签名技术不存在偏好，电子签名技术手段的优劣和应用由市场和用户自己做出选择，有利于新的更安全、更符合电子商务实践的电子签名技术的发展，尽可能地避免法律对某种特定技术做出不当选择的风险。当然，由于立法者只规定了电子签名原则性的标准，可能会由于法律制定过于笼统而缺乏可适用性，造成具体电子签名技术在法律上的不确定性，不利于电子商务的发展。可见，技术中立模式与技术特定模式的优缺点是相对的。

美国、英国、澳大利亚、新西兰等国家的电子签名立法采用了技术中立的电子签名技术选择方案。

3. 折中模式

折中模式，是指法律承认所有安全电子签名都具有与手写签名同等的效力，同时以目前国际上比较公认的成熟技术为基础，推荐一定的安全条件和标准。这种模式在立法中的体现是分别对电子签名和安全电子签名做出规定，任何符合安全电子签名条件的签名技术都具有同样的法律效力，是技术特定与技术中立两种模式的折中。

折中模式力图在技术特定模式与技术中立模式之间寻找一个中间地带，以兼采两种模式之长。与技术特定模式有所区别，折中模式通过定义安全电子签名，扩大了法律肯定的技术范围，只要达到安全电子签名标准的技术均具有法律效力，不仅包括了数字签名，还为其他能够达到安全电子签名标准的新技术预留了法律空间。与技术中立模式相比，折中模式规定了安全电子签名与手写签名具有同等效力，安全电子签名可以理解为满足一定条件的广义的电子签名，折中模式为电子签名技术设定了高于技术中立模式的标准；折中模式在为电子签名技术的发展预留了很大的法律空间的同时，又综合考虑了技术的发展现状，具有现实性和可行性，因此受到广泛的关注和肯定。

《电子签名示范法》中便采纳了这一技术选择方案和立法模式，并积极推行此种模式。目前以《电子签名示范法》作为模板制定本国电子签名法的国家有中国、墨西哥、泰国、越南等。这些国家和地区均采用了技术中立与技术特定的折中模式。此外，《电子商务安全法案》《电子商务法》也都以折中模式确立了电子签名的技术选择方案。

五、电子签名法律效力的推定

（一）归属的推定

归属的推定是指在交易当事人对签署者的身份发生争议时所应采用的规则。《电子签名示范法》对此做出了规定，当确定了电子签名既不是称谓者签署的也不是其代理人所为的行为时，此推定将归于无效。也就是说，当法律要求某一文件需要签字时，除非有足够和充分的证据证明该电子签名不是其本人签署或经他授权的代理人签署的，否则在文件上签名的人即其本人或其代理人。同样，经电子签名的文件从发出到收到未发生变化，即推定文件是完整的，文件是属于发件人的。

《电子签名法》第9条规定："数据电文有下列情形之一的，视为发件人发送：经发件人授权发送的；发件人的信息系统自动发送的；收件人按照发件人认可的方法对数据电文进行验证后结果相符的。"

(二)未经授权使用电子签字的法律责任

未经授权使用分两种情况：一是绝对无权使用，即使用人未经任何授权非法使用且签名所有人没有过错；二是相对无权使用，即使用人虽无权使用但签名所有人也有过错。

1. 绝对无权使用

在该情况下，电子签名的所有人不知情也无法控制，主观上不存在过错，该数据信息不能归于本人，因此，电子签名的所有人无须对签名负责，相对人所受损害由行为人承担。例如，黑客攻击获得密钥使用，或者认证机构内部工作人员非法使用用户的密钥等。

2. 相对无权使用

签名所有者存在疏忽或过错，根据《电子签字示范法》的规定，未经授权的电子签名的使用规定，包含两种责任的可能性和具体的处理结果。

(1)由签名所有者承担。其前提是签名所有者主观上有过错，即没有履行合理的注意义务，保管好自己的密钥，致使他人未经授权也能使用。

(2)由收件人承担。其前提是收件人本身有过错，即他知道或应该知道该签名不是签名所有者的。例如，收件人收到信息后，签名所有人告知其该信息未经授权，并且收件人有合理的时间处理却不处理导致损失的扩大；或者收件人只要履行合理的注意就可知签名是未经授权的，却仍按该信息行事，签字所有者不承担由此产生的损失责任。

📖 **案 例**

甲方为证书用户，乙方为信赖人，丙方为认证机构。现乙方持有甲方证书可以确认甲方身份的真实性。甲方怀疑自己密钥泄露，遂向丙方提出撤销证书申请，丙方受理并尽快发出撤销通知，但乙方在此前已做出交易行为，并因而遭受损失。

问：双方各应该如何承担责任，理由是什么？

解析：由证书用户甲方承担责任。电子签名人负有真实陈述、妥善保管、密钥失密后及时通知的义务。本案使用人无权使用，但签名所有人存在过错，责任由签名所有人承担。《电子签名法》对电子签名效力归属做了正面规定，第9条规定："数据电文有下列情形之一的，视为发件人发送：经发件人授权发送的；发件人信息系统自动发送的；收件人按照发件人认可方法对数据电文进行验证后结果相符的。"对未经授权使用电子签字的法律责任分为绝对无权使用和相对无权使用，本案属于相对无权使用。

案例来源：原创自编

六、数字签名基本原理

尽管目前存在多种电子签名技术，以及多种电子签名技术选择方案，法律上对数字签名技术以外的签名也尽可能减少障碍，但数字签名仍然是目前最主要的、应用最广泛的电子签名技术。

(一)数字签名基础技术

数字签名是经由非对称加密系统和哈希函数变换的电子记录组成的电子签名。非对称加密技术和哈希函数是理解数字签名技术原理的最基本的两个术语。

1. 非对称加密技术

数字签名是以电子形式存在的数据，容易被伪造且不易被发现，为保护其数据的安全，需要利用加密技术对数据进行加密。因此，使用加密技术是数字签名的一个主要特征，数字签名是通过加密技术生成和确认的。

加密，是通过加密算法将数据转换为局外人不可读取的形式，加密后的数据成为完全随机产生的没有任何意义的字符串，以达到保密的效果。加密前的原文被称为明文，加密后的信息被称为暗文或密文。通过加密算法的运算将明文转换成暗文，加密算法由一些公式、法则或程序构成。加密算法中的可变参数称为密钥，密钥是一个很长的、看似随机的数字，以比特(bit)为单位，密钥的长度决定了加密性的强度，目前普遍使用的密钥长度大多在 128 bit 以上。通常，加密算法是公开的，而密钥则是非公开的。根据加密和解密时是否使用同一密钥，可将加密术分为对称加密和非对称加密。

对称加密技术，也称私钥加密技术，是发送方使用一个密钥对数据进行加密，然后将加密后的密文发送至接收方，接收方使用同一个密钥对密文进行解密，得到数据原文的加密方法，如图 3-1 所示。由于发送方和接收方在加密和解密过程中使用算法的是同一密钥，因此这种加密措施被称为对称加密。在对称加密中，由于不同密钥加密后的密文是不同的，也只有同一密钥才能对同一数据原文生成的密文解密，密钥仅为接收双方掌握并保存，所以又被称为私钥加密。对称加密技术中，加密算法是公开的，其中被广泛使用的有 DES 和 IDEA 等，解密算法为加密算法的逆算法。对称加密技术是应用较早的加密术，技术成熟，主要优点在于算法公开、计算量小、加密速度快、加密效率高。但对称加密技术本身也存在重大缺陷，一方面，由于加密和解密使用的是同一密钥，如发生发送方拒绝认可其所发送的信息或接收方私自篡改所接收的信息时，则无从认定；涉及多方传递信息时，情况就更为复杂；另一方面，基于安全性的需要，每对用户每次传递加密信息时，都需要使用其他人不知道的唯一密钥，这会使发送方和接收方各自拥有的密钥数量呈几何级数增长，密钥管理成为用户很大的负担。因此，对称加密技术无法满足签名的功能要求，不适用于数字签名的加密。

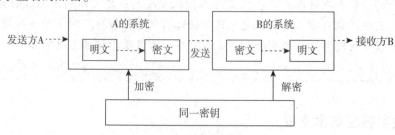

图 3-1　对称加密流程

　　为了克服对称加密技术的缺陷，非对称加密技术产生了。非对称加密技术，也称公钥加密技术，发送方用一个密钥对数据原文加密后，将密文发送给接收方，接收方用另一个密钥将密文解密成数据原文，如图3-2所示。由于加密和解密分别使用不同的密钥，所以称之为非对称加密。与对称加密技术中加密和解密使用同一密钥不同，非对称加密技术需要一对密钥，这两个密钥是运用适当的算法得到的两组相互匹配的数字串，称为密钥对。其中一个作为私人密钥，采用私密的安全介质保密存储起来，不对任何外人泄露，简称为"私钥"；另一个作为公开密钥，可公开发表，用数字证书的方式发布在称为"网上黄页"的目录服务器上，简称为"公钥"。两个密钥必须配套使用，用一把密钥对信息进行加密后必须用另一把进行解密。密钥对的用法有两种：一种是用公钥加密，用私钥解密，当发件方向收件方通信时，发件方用收件方的公钥对原文进行加密，收件方收到发件方的密文后，用自己的私钥进行解密，这种方法用于通信；另一种是用私钥加密，用公钥解密，发件方向收件方签发文件时，发件方用自己的私钥加密文件传递给收件方，收件方收到密文后，用发件方的公钥进行解密，这种方法用于签名。与对称加密技术相比，非对称加密的安全性显然更高，但运行速度相对较慢。

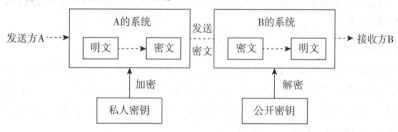

图3-2　非对称加密流程

2. 哈希函数

　　哈希函数（HASH Function），又称散列函数、杂凑函数或单向函数等，指的是一种算法，它将各种不同长度的信息转换成固定长度但较短的信息串（称为哈希值），即对原文作数字摘要。

　　运用哈希函数，不同的信息字串将产生不同的哈希值，因此，对原文的任何改变，都不可避免地产生不同的哈希值。这一特点使得发件方和收件方可以分别用同一方法计算生成的两个哈希值进行对比，以核对其完整性，为信息传输的完整性和未被篡改提供了一个有效的技术解决方法。此外，哈希函数具有不可逆性或单向性，即根据已知的哈希值无法反向推导出变换前的原信息；通过哈希函数对原信息字串进行压缩产生的哈希值，加密解密的速度远远快于对原文进行加密解密。

（二）数字签名技术实现过程

　　数字签名的技术实现过程，是将非对称加密技术和哈希函数相结合，生成和验证数字签名的过程。

　　数字签名的生成过程如下。首先，用户生成或得到独特的加密密钥对；然后，发件人用安全的哈希函数对原始数据信息进行运算，得到信息摘要；最后，发件人使用私钥对信息摘要进行加密，形成发送方的数字签名。可见，数字签名就是经过加密的信息摘要。

数字签名生成后，由发件人将数字签名作为数据信息的附件与数据信息一起发送给接收方。接收方收到后，对数字签名进行验证。首先，将接收到的数据信息用同样的哈希函数计算出新的信息摘要；然后，用发送方的公钥对接收到的数字签名进行解密，得到发送方生成的信息摘要原文；最后，将两个信息摘要进行比较，如果完全相同，接收方就能确认该数字签名是发送方的。

通过数字签名的运用，可以实现手写签名的主要功能。由于发件人是以私钥产生的电子签名，经收件人验证后，可以确认电子文件的来源；而私钥是由发件人控制的，验证后的数字签名可以达到不可否认的目的；通过验证，确认收到的电子文件在传输中没有被篡改，保证了数据的完整性。

(三)数字签名的运行环境

为了验证数字签名，接收方必须取得签署者的公共密钥，并且保证其与签署者的私人密钥相匹配。即便如此，这一密钥对并不天然地与任何人相联系，它只是两组数字而已。因此，真正实现数字签名的功能，需要一套专门的体系，能够可靠地将密钥对与某个特定的人或实体联系起来。

1. 公钥基础设施

所谓公钥基础设施(Public Key Infrastructure，PKI)，就是指通过使用公开密钥技术和数字证书来确保系统安全并负责验证数字证书持有者身份的一种体系。数字签名解决的身份确定，仅限于文件是由与公钥匹配的私钥拥有人所发送的，至于此人在物理世界的真实身份，还需要通过 PKI 技术进一步确认。

公钥基础设施技术采用证书管理公钥，通过第三方的可信任机构即认证中心把用户的公钥和用户的其他标识信息捆绑在一起，在互联网上验证用户的身份，其核心是数字证书和认证机构。目前，通用的办法是采用建立在 PKI 基础之上的数字证书，通过把要传输的数字信息进行加密和签名，保证信息传输的机密性、真实性、完整性和不可否认性，从而保证信息的安全传输。

PKI 的基础技术包括加密、数字签名、数据完整性机制、数字信封、双重数字签名等。一个典型、完整、有效的 PKI 应用系统至少应具有以下部分：公钥密码证书管理；黑名单的发布和管理；密钥的备份和恢复；自动更新密钥；自动管理历史密钥；支持交叉认证。

2. 认证机构

所谓认证机构(Certificate Authority，CA)，是指采用公开密钥基础架构技术，专门提供网络身份认证服务，负责签发和管理数字证书，且具有权威性和公正性的第三方信任机构。

认证机构作为 PKI 的核心部分，实现了 PKI 中一些很重要的功能，具体包括证书发放、证书更新、证书撤销和证书验证。CA 的核心功能就是发放和管理数字证书，具体如下：接收验证最终用户数字证书的申请；确定是否接受最终用户数字证书的申请以及证书的审批；向申请者颁发、拒绝颁发数字证书；接收、处理最终用户的数字证书更新请求；接收最终用户数字证书的查询、撤销；产生和发布证书废止列表；数字证书的归档；密钥归档；历史数据归档。

第二节 国内外电子商务签名立法

电子签名法律制度是电子商务法律制度中最重要的组成部分之一，受到了世界范围内的广泛关注，自 1995 年美国犹他州颁布世界上第一部《数字签名法》以来，已经有 30 多个国家、地区和国际组织先后制定了电子签名法或以确立电子签名的法律地位为主要内容的电子商务法。

尽管对电子签名的法律效力问题存在技术特定、技术中立与技术折中三种不同的立法模式，但综合来看，电子签名法具有这样两个显著的特点。其一是电子签名法所涉及的技术问题复杂，但法律问题却相对简单。电子签名所涉及的技术问题比较复杂，但这些技术问题本身并不属于法律要解决的问题。电子签名法所要解决的法律问题相对比较简单，因为商务活动的绝大多数法律问题在传统法律中已经解决，电子签名法只需解决因商务活动信息载体的变化所涉及的法律问题，而这些问题大多只需采用"功能等同"的办法做出相应规定即可。其二是电子签名法具有很强的国际统一趋势。电子商务的全球性要求电子签名法律制度应该尽可能是国际统一的，目前联合国有关机构为统一各国的电子签名法律制度作了大量工作，颁布了示范法供各国立法参照，目前许多国家的主要规定在大体上是一致的。

一、联合国国际贸易法委员会的《电子签名示范法》

（一）起草背景

1.《数字签名统一规则》的酝酿

1996 年，联合国国际贸易法委员会的《电子商务示范法》在其第 7 条原则性地规定了电子签名的功能等同标准。为使这一规定更具实际可行性，贸易法委员会在 1996 年第二十九届会议上决定将数字签名和认证机构问题列入其议程，并要求电子商务工作组审查拟订这些题目的示范法的适宜性和可行性。

1997 年 2 月贸易法委员会（以下简称"贸法委"）电子商务工作组第三十一届会议工作组秘书长作了《电子商务问题今后工作的规划：数字签名、认证机构和相关法律问题》的报告，认为缺少关于数字签名和其他电子签名的法律制度会对通过电子方式进行的经济交易造成障碍。各国考虑采取的做法和可能采取的解决办法各不相同，使这个专题成为适合贸法委加以统一的对象，肯定了贸法委立法的必要性。这次工作就立法所采取的技术选择模式进行了讨论，最后达成初步的一致意见，工作组准备拟订的统一规则不应阻止采用任何可以提供一个"适当可靠方法"的技术，以作为符合《电子商务示范法》第 7 条规定的代替亲手签名或其他纸质签名的手段。但为了便于进行审议，工作组决定以数字签名问题为其初步工作重点，酌情从较广泛的角度，审议与其他电子签名技术有关的问题。因此，初步将其命名为《数字签名统一规则》。此外，工作组在这次会议上就数字签名中应当审议的法律问题和可能的条款也进行了初步的讨论。

2.《电子签名统一规则》的起草

在 1998 年 1 月召开的电子商务工作组第 32 届会议上，工作组决定用《电子签名统一规则》代替《数字签名统一规则》，这标志着技术折中立法模式得到了工作组明确的接受和采纳。工作组进一步明确了《电子签名统一规则》起草的目的，即通过建立一种安全框架，并提供同等法律效力的书面电文和数据电文，促进有效利用数据通信。这次会议上制定了四章 19 条的 1998 年草案框架。1998 年 6 月工作组正式推出了《电子签名统一规则》草案，其后于 1999 年 2 月、1999 年 9 月、2000 年 2 月在工作组第 34 届、第 35 届、第 36 届会议上进一步对草案进行了修改和完善。第 36 届会议决定将以前草案中的"强化电子签名"条款删除，原因是强调强化电子签名，可能会影响其他电子签名方法的使用和发展，这样进一步明确了避免陷入技术特定立法模式的态度。

3.《电子签名示范法》的通过

2000 年 9 月，电子商务工作组第 37 届会议决定将《电子签名统一规则》修改为《电子签名示范法》并附加了指南。此后，经过 2001 年 3 月第 38 届会议进行最后修改与审定，这部示范法草案终于制定完成，共 12 条。2002 年 1 月 24 日，联合国第 56 次全体会议正式通过《电子签名示范法》，使之成为继联合国国际贸易法委员会《电子商务示范法》后又一部重要的示范法。

(二) 基本原则

1. 平等对待签名技术

根据《电子签名示范法》第 3 条和第 5 条的规定，只要该方法满足了《电子签名示范法》第 6 条的要求或者各国国内法的规定，除了当事人协议外，其他规定都不得用于排除、限制或者取消一种生成电子签名方法的法律效力。虽然《电子签名示范法》意识到数字签名是一项特别普及的技术，仍然遵守了不偏重任何技术的原则，采用了折中的技术选择方案。平等对待签名技术这一原则，贯穿于整部示范法；而且，从《电子签名示范法》的起草过程中名称的变更到强化电子签名的删除等，也能清晰地看到立法者坚持平等对待签名技术的立法思路。

2. 保持国际协调性

《电子签名示范法》第 4 条规定："在对示范法做出解释时，应考虑到其国际渊源以及促进其统一适用和遵守诚信的必要性。"《电子签名示范法》如果被作为本国立法颁布，就具有了本国特性，但在解释时应考虑其国际渊源，以确保所有颁布国在示范法解释上的统一性。

实际上，保持国际协调性也是制定《电子签名示范法》的目的。示范法颁布指南指出，各国对电子签名可能采取不同的立法处理方式，这就要求有统一的立法规则，对这种本质上的国际现象制定基本规则。在这方面，法律上的协调一致和技术上的通用性是一项适当的目标。

3. 尊重当事人意愿

《电子签名示范法》第 5 条规定："示范法的规定可经由协议加以删减或改变其效力，除非根据适用法律，该协议无效或不产生效力。当事人可以通过约定自主选择电子签名的使用、方案及权利义务等，是意思自治原则在电子签名法中的体现。但不允许当事人就强制性规范如与公共政策有关的规范等做出任意删减。"

4. 不歧视外国电子签名

《电子签名示范法》第12条是关于"对外国证书和电子签名的承认"的规定，在确定某一证书或某一电子签名是否具有法律效力或在多大程度上具有法律效力时，不应考虑签发证书或制作或使用电子签名的地理位置，以及签发人或签名人营业地的地理位置，而应取决于其技术的可靠性。也就是说，来源地本身绝对不应成为外国证书或电子签名是否具有法律效力或法律效力的程度的考虑因素，在颁布国境外签发的证书或制作、使用的电子签名，具有实质上同等可靠性的，在该颁布国境内具有与在该颁布国境内签发的证书或制作、使用的电子签名同样的法律效力。

(三)主要规定

1. 适用范围

《电子签名示范法》第1条规定："本规则适用于商务活动过程中电子签名的使用，这里的'商务'应作广义理解，包括契约型或非契约型 的一切商务性质的关系所引起的种种事项。"同时，贸易法委员会建议意欲扩大本规则适用范围的国家采用排除式立法技术，使其能够适用于包括商务领域以外使用的电子签名。

由于在起草示范法时并未特别考虑在保护消费者方面可能产生的问题，因此，保护消费者的法律可优先于《电子签名示范法》的规定。

2. 电子签名的基本要求

《电子签名示范法》第6条规定了符合签名要求的标准，目的在于确保可靠的电子签名与手写签名具有同样的法律效力。符合标准的电子签名应当满足以下条件：①凡法律规定要求有一人的签字时，如果根据各种情况，包括根据任何有关协议，使用电子签名既适合生成或传送数据电文所要达到的目的，而且同样可靠，则对于该数据电文而言，即满足了该项签名要求。②无论①所述要求是否作为一项义务，或者法律只规定了无签字的后果，①均适用。③就满足①所述要求而言，符合下列条件的电子签名视作可靠的电子签名：签字制作数据在其使用的范围内与签字人而不是还与其他任何人相关联；签字制作数据在签字时处于签字人而不是还处于其他任何人的控制之中；凡在签字后对电子签字的任何更改均可被觉察；如果签字的法律要求目的是对签字涉及的信息的完整性提供保证，凡在签字后对该信息的任何更改均可被觉察。

3. 电子签名地位的预先确定

电子商务当事人在使用电子签名技术时而不是将争端提交法院时，需要有确定性和可预见性，这就要求在规定符合签名要求的标准以外，应该有对可靠性和安全性的技术特性进行评估的方法。《电子签名示范法》第7条规定："颁布国可指定任何主管个人、公共或私人机关或机构，依据与公认的国际标准相一致的标准，对哪些电子签名满足《电子签名示范法》第6条规定的做出决定。"

4. 签名者、认证服务提供者及信赖方的义务

根据《电子签名示范法》第8条的规定，签名者未履行下述义务应承担相应的损害赔偿责任。

①合理的注意义务。签名者应采取合理的谨慎措施，避免他人未经授权使用其签名制

作数据;②及时的通知义务。签名者在知悉签名制作数据已经或很可能已经失密的情况下,应当及时通知认证服务提供者、信赖方及其他相关方;③准确性和完整性的担保义务。在使用证书支持电子签字时,签名者应采取合理的谨慎措施,保证在证书的整个有效期内或需要列入证书内容的所有实质性表述均精确无误和完整无缺。

《电子签名示范法》第9条规定了认证服务提供者的5项义务:①勤勉义务。认证服务提供者应当按照其关于自身政策和行为的表述行事;②证书的准确性和完整性担保义务。认证服务提供者应采取合理的谨慎措施,保证在证书的整个有效期内或需要列入证书内容的所有实质性表述均精确无误和完整无缺;③确认义务。认证服务提供者必须提供合理可及的手段,使信赖方从证书或其他方面能够确认下列内容:认证服务提供者的身份;证书中所指明的签名者在签发证书时拥有对签名制作数据的控制;在证书签发之时或之前签名制作数据有效;鉴别签名者的方法;签名制作数据或证书的可能用途或使用金额上的任何限制;签名制作数据有效且未发生失密;认证服务提供者规定的责任范围或程序上的任何限制、是否存在保障签名者履行及时通知义务的途径、是否开设及时的撤销服务等;④承诺服务的提供义务。认证服务提供者如开设前述的及时通知途径及撤销服务,应确保途径的有效性及相关服务的提供;⑤保障义务。认证服务提供者应使用可信赖的系统、程序和人力资源,保障其所提供服务的品质。

《电子签名示范法》第11条规定了信赖方也应履行合理的注意义务,即一方面,采取合理的步骤确认签名的可靠性;另一方面,在电子签名有证书证明的情况下,采取合理的步骤,确认证书是否合理有效、是否被中止或者被撤销,并遵守对证书的任何限制。

二、美国电子签名法律

美国是最早对电子签名进行立法的国家,美国的电子签名法律制度包括州法和联邦法两个层面。对于电子签名不同的技术选择模式或立法模式的探讨与实践是从州法开始的。美国各州电子商务发展的不均衡,法律传统、商业习惯以及社会观念等方面的差异,导致了各州的电子签名立法具有多样性的特点。1995年犹他州的《数字签名法》仅确立数字签名具有法律效力的电子签名,1995年加利福尼亚州的《统一电子交易法》规定了符合电子签名要求的具体标准,1996年佛罗里达州的《电子签名法》概括地承认任何意图确认符合书面或签名要求的电子符号的有效性,1997年伊利诺伊州《电子商务安全法案》规定并确认了不限于数字签名的强化电子签名的法律效力。目前世界公认的电子签名的三种立法模式正是在此基础上形成的。

面对各州不同立法模式的差异,美国统一州法全国委员会从1997年起着手制定《统一电子交易法》,并于1999年7月30日通过,供各州采纳。截至目前,除乔治亚州、伊利诺伊州、纽约州和华盛顿州这四个州以外,其他46个州以及华盛顿特区均采纳了UETA。作为技术中立型立法,UETA旨在消除电子签名和电子记录在使用过程中的法律障碍。UETA规定一个记录或签名的效力,或其可执行性,不得仅因其电子形式而被否认,合同的效力或可执行性,不得仅因合同使用了电子记录便被否认;如果某一法律要求记录为书面形式或要求有签名,则电子记录或电子签名即满足了该法的要求。事实上,UETA的确起到了统一州法的效果。

在UETA的基础上,美国国会于2000年通过了《国际与跨州商务电子签名法》。E-SIGN采取了技术中立的立法模式,规定了非常广泛的电子签名定义,确认了电子签名、合同或其他记录不得仅因为其采用电子形式，而否定其法律效力、有效性或可执行性；并以联邦立法的形式重申了电子记录或电子签名与其相应的书面记录和手写签名具有同等的法律效力，有效地消除了各州对于书面记录和签名要求的不一致性。除此之外，E-SIGN 在消费者权益的保护上做出了规定，如果法律要求关于交易的资讯应以书面提供给消费者或使消费者可得时，如欲以电子文件取代书面必须经过消费者的同意，并且此同意也应以电子方式做出。

值得注意的是，在 E-SIGN 与州法的关系上，明确的是 E-SIGN 优先于数字签名法律的适用；如果一州采纳了 UETA 的官方文本，则州法优先于 E-SIGN，由于 UETA 没有关于消费者保护的条款，这种情况下 E-SIGN 中消费者保护条款的效力问题尚不明确；对于没有采纳 E-SIGN 作为州法或采用数字签名模式的州，E-SIGN 在何种程度上优先于这些法律也是不明确的。

三、欧盟电子签名法律

与美国各州电子签名立法的多样性类似，欧盟各成员国的电子签名法律也不统一，如德国和意大利属技术特定型，而英国则采用技术中立型立法。为协调欧盟各成员国之间的电子签名法律，1999 年 11 月，欧盟制定了《欧盟关于建立电子签名共同法律框架的指令》。该指令包括说明、正文以及 4 个附件，正文包含 15 条规定。

指令采取了折中立法模式，对电子签名做出了宽泛的定义，原则上允许一切形式的电子签名；同时，根据不同技术带来安全性的差别，将电子签名区分为基本电子签名和高级电子签名，前者适用于低水平交易，后者适用于需要较高安全水平的交易，在法律上区别对待。4 个附件分别对合格证书的要求、签发合格证书的认证服务提供者的要求、可靠签名生成设备的要求、建议认证可靠签名做出了详细的规定。

指令在电子认证服务提供者的管理上采取了放宽入门标准、鼓励先进的政策。指令禁止各成员国设立许可限制，但成员国可以引入或者维持一个自愿认证体系，由认证服务提供者自行选择是否申请认证。该认证体系必须做到客观、透明、合理以及非歧视性。另外，欧盟指令要求成员国设立相应的监督体系，对有权颁发政府认可的合格电子签名证书的电子签名服务机构实行监督。

尽管指令规定认证服务提供者不需要申请获得有关主管部门的许可，但必须证明其有能力提供认证服务，并且拥有及时的和安全的目录，在必要时有能力立即撤销已经发出的电子签名；同时，认证服务提供者必须在发出证书之前检验其客户的身份，保存与合格的证书有关的一切信息，便于在发生由电子签名引起的损害时追究责任。

指令的一个主要目标是保护在线商务中使用电子签名的消费者，从而要求认证服务提供者承担主要的义务，要求服务提供者对他们签发的认证证书内容的准确性和有效性负责，这一义务标准在所有电子签名法律中是最高的；同时，认证服务提供者还有义务证明自己无过错，否则就要承担对自己不利的法律后果。

四、《电子签名法》

(一)《电子签名法》的制定过程

随着电子商务在我国的迅猛发展，相关法律问题越来越突出并受到了广泛关注。鉴于电子商务立法的复杂性，出台一部全面的电子商务法的条件还不成熟，在电子商务立法上，借鉴其他国家立法的经验，我国采取了先从局部即电子签名领域进行立法的策略。

2002年，国务院信息办委托有关单位起草《中华人民共和国电子签章条例》。由于当时要求尽快出台有关法律、法规的呼声比较高，而立法程序比较复杂，因此最初的定位是行政法规，并争取列入十届人大的立法规划，在条例颁布并执行两三年后再提交人大立法。

2002年10月，国务院信息办将《中华人民共和国电子签章条例》提交国务院法制办审查，国务院法制办认为还是应该上升到法律。

2003年4月，根据国务院立法工作计划，国务院法制办会同产业部、国务院信息化办公室开始着手电子签名法起草工作。考虑到电子签名法的专业性、技术性很强，起草过程中，多次组织专家论证会，广泛听取电子商务法专家、民商法专家、电子商务专家的意见，并多次进行调查研究，听取有关公司、企业的意见。起草中还对《电子商务示范法》和《电子签名示范法》《电子商务指令》《电子签名指令》《统一电子交易法》《国际和跨州商务电子签名法》，以及新加坡、日本、韩国等国家的有关立法进行了比较研究，尤其是《电子签名示范法》，更是成为《电子签名法》的模板。相关部门在广泛征求各方面意见并研究借鉴国际有关立法的基础上，经反复研究论证，形成了《中华人民共和国电子签名法（草案）》。

2004年4月2日，第十届全国人大常委会第八次会议首次对《中华人民共和国电子签名法（草案）》进行了审议，中间又经过两次修改和审议，最终于2004年8月28日，第十届全国人大常委会第十一次会议通过了《电子签名法》，自2005年4月1日起施行。

（二）《电子签名法》的意义

《电子签名法》被视为我国首部真正意义上的信息化法律，其中不仅规范了电子签名、数据电文、认证机构等相关法律问题，填补了法律空白，而且标志着我国法律体系正式迈入网络时代，对我国电子商务发展及电子商务法制建设具有重要意义。

1. 确立电子签名的法律效力，扫清网络交易行为的障碍

《电子签名法》界定了数据电文和电子签名等重要概念，明确了数据电文和电子签名的法律效力，并对数据电文的发送和接受地点的认定、电子签名与认证、法律责任等进行了规定；此外，其还规定不得仅以其是数据电文为理由，拒绝将其作为证据使用，并具体阐明了司法机构在审查数据电文真实性时所依据的标准，从而在法律上清楚地肯定了数据电文的证明效力。法律上的确定性，有利于建立电子商务交易各方从事电子商务的信心，从而为电子商务的发展扫清法律障碍。

2. 规范网上行为，保障交易各方的合法权益

《电子签名法》通过确立电子签名的法律效力和签名规则，设立电子认证服务市场准入制度，加强对电子认证服务业的监管，规定电子签名安全保障制度等，来规范各方当事人在电子签名活动中的行为，确立其行为准则，并规定违反法定义务和约定义务的当事人要承担相应的法律责任，以达到平等保护各方当事人合法权益的目的。

3. 为互联网从单纯的媒体时代过渡到全面应用时代奠定基础

作为一种新兴的媒体，互联网的力量已经为世人所共知。但实际上，网络的数据传输和信息交换作用远不只限于媒体领域。完善的法律制度是互联网走向全面应用时代的基

础，而完善的电子签名制度又是其中重要的环节。电子签名获得法律效力，意味着互联网上用户的身份确定成为可能。使用电子签名业务的用户将不再对与其交流信息的对方一无所知，在这个基础上，网络才有可能真正跃出媒体之外，充分运用到政务、商业、科学研究、日常生活等诸多方面，从而使"虚拟空间"真正全面地与现实世界接轨。

4. 为电子商务、电子政务的发展拓展了空间

《电子签名法》坚持技术中立原则，采取折中的立法模式，没有具体指定必须确立哪一种电子签名技术，而只是对可靠的电子签名及其认证机构所需达到的条件做出要求，为电子签名技术的发展预留了法律上的空间。此外，该法在确保与我国法律体制相容的前提下，总的原则与国际规则相适应，为我国电子商务的发展提供了较宽广的空间。

(三)《电子签名法》的适用范围

1. 一般规定

《电子签名法》第 3 条第 1 款规定："民事活动中的合同或者其他文件、单证等文书，当事人可以约定使用或者不使用电子签名、数据电文。"

根据这一条款，我国《电子签名法》适用于民事活动。但需要注意的是，电子签名、数据电文的使用并不仅限于民事活动，还会用于电子政务活动和其他社会活动。《电子签名法》第 35 条规定："国务院或者国务院规定的部门可以依据本法制定政务活动和其他社会活动中使用电子签名、数据电文的具体办法。"

当事人在民事活动中可以约定使用或者不使用电子签名、数据电文。一方面，这是意思自治原则在电子签名活动中的体现。意思自治是民事法律中的一项基本原则，通过电子形式进行的民事活动，本质上与一般的民事交易活动没有区别，同样应当遵循意思自治原则；另一方面，也是基于电子签名应用现状的考虑。鉴于电子签名的推广需要一个过程，《电子签名法》没有规定在民事活动中的合同或者其他文件、单证等文书中必须使用电子签名，而是规定当事人可以约定使用或者约定不使用电子签名、数据电文。

2. 排除性规定

电子交易是一种新兴的交易方式，电子签名、数据电文并未在社会活动中获得广泛应用，因而广大民众的认知度不高。同时，电子签名、数据电文的应用需要借助一定的技术手段，物质条件也会限制一部分民众使用这种交易方式，再加上基于交易安全因素的考虑，《电子签名法》第 3 条第 3 款采用排除法排除了下列几种情况下电子签名、数据电文的使用：①涉及婚姻、收养、继承等人身关系的；②涉及土地、房屋等不动产权益转让的；③涉及停止供水、供热、供气、供电等公用事业服务的；④法律、行政法规规定的不适用电子签名、数据电文的其他情形。

📖 案 例

美佳小区物业为方便小区业主交流和反馈日常问题，建立了"美佳是我家，快乐交流乐大家"QQ 群，该群由小区物业建立，成员包括物业企业人员和全体业主。2022年 9 月 10 日，正值中秋佳节，小区业主菲菲与家人团聚准备午饭时，发现小区停水了。于是，菲菲向小区物业咨询为何突然停水，物业回应说停水检修，且停水通知已于 3 天前在业主 QQ 群里发布。

问：业主 QQ 群发布停水通知的法律效力如何？

解析：不具有法律效力。《电子签名法》第 3 条第 3 款采用排除法排除下列几种情况下电子签名、数据电文的使用。①涉及婚姻、收养、继承等人身关系的；②涉及土地、房屋等不动产权益转让的；③涉及停止供水、供热、供气、供电等公用事业服务的；④法律、行政法规规定的不适用电子文书的其他情形。本案属地不适用数据电文、电子签名的情形，因此，在业主 QQ 群发布停水通知不具有法律效力。

案例来源：http://www.doc88.com/p-5327789273029.html（案例经编者整理、改编）

（四）我国《电子签名法》的主要内容

《电子签名法》全文约 4 500 字，共 5 章 36 条，分为总则、数据电文、电子签名与认证、法律责任、附则。其主要规定了以下几方面内容。

1. 确立电子签名的法律效力

《电子签名法》从两个方面确立了电子签名的法律效力，一是通过立法确认电子签名的合法性和有效性。《电子签名法》第 3 条第 2 款明确规定，当事人约定使用电子签名、数据电文的文书，不得仅因为其采用电子签名、数据电文的形式而否定其法律效力。二是明确满足什么条件的电子签名才是合法的，有效的。在技术选择方案的 3 种模式中，我国立法选择了折中模式。在众多的电子签名方法和手段中，并不是所有的都是安全有效的，只有满足一定条件的电子签名，才能具有与手写签名或者盖章同等的效力。第 14 条规定，可靠的电子签名与手写签名或者盖章具有同等的法律效力。第 13 条规定了可靠的电子签名应同时符合下列条件：①电子签名制作数据用于电子签名时，属于电子签名人专有；②签署时电子签名制作数据仅由电子签名人控制；③签署后对电子签名的任何改动能够被发现；④签署后对数据电文内容和形式的任何改动能够被发现。此外，法律允许当事人选择使用符合其约定的可靠条件的电子签名。

案 例

陈龙是一名在校电子商务专业大三学生，在学习了专业知识后，他认为网上创业前景可观。经过一番考察了解，他决定代理一款投资少的产品，厂家给陈龙签的合同是用 QQ 传过来的 Word 版，合同上注明代理费为 2 000 元，他用自己的签名电子版粘贴在合同文档中，然后用 QQ 传回去，厂家打印成纸面文档盖章之后，给陈龙邮寄回。可是，陈龙合同中的代理费用变成了 20 000 元，这让他十分担忧，虽然粘贴签名时合同内容与现在不同，但眼前合同有自己的签名。

问：这样的签名有效吗？

解析：本案中的签名属于无效签名。《电子签名法》第 13 条规定："电子签名符合下列条件的，视为可靠的电子签名：①电子签名制作数据用于电子签名时，属于电子签名人专有；②签署时电子签名制作数据仅由电子签名人控制；③签署后对电子签名的任何改动能够被发现；④签署后对数据电文内容和形式的任何改动能够被发现；当事人也可以选择符合其约定的可靠条件的电子签名。"本案不满足安全电子签名的要求。

　　案例来源：基于校园电子商务环境下大学生创业案例探析 https://www.docin.com/p-1458272927.html（案例经编者整理、改编）

　　2. 对数据电文作相关规定

　　数据电文，也称为电子信息、电子通信、电子数据、电子记录、电子文件等。根据《电子签名法》第2条的规定，数据电文是指以电子、光学、磁或者类似手段生成、发送、接收或者储存的信息。这一概念包含两层含义：一是数据电文使用的是电子、光、磁手段或者其他具有类似功能的手段；二是数据电文的实质是各种形式的信息。因此，简而言之，数据电文就是电子形式的文件。由于现行的民商事法律关系是基于以书面文件进行商务活动而形成的，使电子文件在很多情况下难以适用，《电子签名法》从数据电文的法律效力、证据地位、发送人、发送时间和地点的确定标准几个方面做出了规定，明确了电子文件与书面文件具有同等效力，使现行的民商事法律同样适用于电子文件。

　　(1) 数据电文的法律效力。

　　对于数据电文的法律效力采取的是非歧视原则，当事人约定使用数据电文的文书，不得仅因为其采用数据电文的形式而否定其法律效力。明确了数据电文的法律效力，依然需要对数据电文使用中的具体问题做出规定。由于我国很多法律对于法律文件有书面形式、原件形式、文件保存的要求，如对保证合同、仲裁协议等法律要求采取书面形式，对书证、物证诉讼法要求提交原件的，以及审计或税收部门对文件保存的要求等，仅规定数据电文的法律效力是不够的。因此，《电子签名法》对数据电文符合法律法规要求的书面形式、原件形式以及文件保存要求的条件做出了进一步规定。

　　《电子签名法》第4条规定："能够有形地表现所载内容，并可以随时调取查用的数据电文，视为符合法律法规要求的书面形式。"这一规定运用了功能等同法，"能够有形地表现所载内容"强调的是以计算机数据形式存储的信息应当具有可读性或可理解性，"可以随时调取查用"强调的是信息的稳定性和可存储性。

　　《电子签名法》第5条规定："满足法律法规规定的原件形式的数据电文，应当符合下列条件：能够有效地表现所载内容并可供随时调取查用；能够可靠地保证自最终形成时起，内容保持完整、未被更改。"但是，在数据电文上增加背书以及数据交换、储存和显示过程中发生的形式变化不影响数据电文的完整性。

　　《电子签名法》第6条规定："符合下列条件的数据电文，视为满足法律、法规规定的文件保存要求：能够有效地表现所载内容并可供随时调取查用；数据电文的格式与其生成、发送或者接收时的格式相同，或者格式不相同但是能够准确表现原来生成、发送或者接收的内容；能够识别数据电文的发件人、收件人以及发送、接收的时间。"

　　(2) 数据电文的证据地位。

　　《电子签名法》第7条同样采用非歧视原则赋予数据电文作为证据的合法性，数据电文不得仅因为其是以电子、光学、磁或者类似手段生成、发送、接收或者储存的而被拒绝作为证据使用。第8条规定了数据电文真实性的验证方法，审查数据电文作为证据的真实性，应当考虑以下因素：生成、储存或者传递数据电文方法的可靠性；保持内容完整性方法的可靠性；用以鉴别发件人方法的可靠性；其他相关因素。

（3）数据电文的发送人、发送时间和发送地点的确定标准。

《电子签名法》第 9 条规定："数据电文有下列情形之一的，视为发件人发送：经发件人授权发送的；发件人的信息系统自动发送的；收件人按照发件人认可的方法对数据电文进行验证后结果相符的。当事人对前款规定的事项另有约定的，从其约定。"

《电子签名法》第 11 条规定了数据电文发送时间的确定。数据电文进入发件人控制之外的某个信息系统的时间，视为该数据电文的发送时间。收件人指定特定系统接收数据电文的，数据电文进入该特定系统的时间，视为该数据电文的接收时间；未指定特定系统的，数据电文进入收件人的任何系统的首次时间，视为该数据电文的接收时间。当事人对数据电文的发送时间、接收时间另有约定的，从其约定。

《电子签名法》第 12 条规定了数据电文发送地点的确定。发件人的主营业地为数据电文的发送地点，收件人的主营业地为数据电文的接收地点。没有主营业地的，其经常居住地为发送或者接收地点。当事人对数据电文的发送地点、接收地点另有约定的，从其约定。

3. 设立电子认证服务市场准入制度

考虑到认证机构的可靠与否，为了防止不具备条件的人擅自提供认证服务，《电子签名法》对电子认证服务设立了市场准入制度。从事电子认证服务，应当向国务院信息产业主管部门提出申请，并符合法律规定的相应条件。此外，为防止认证机构擅自停止经营，造成证书失败，使电子签名人和交易对方遭受损失，《电子签名法》还规定了认证机构暂停、终止认证服务的业务承担制度。

4. 规定电子签名安全保障制度

《电子签名法》通过明确有关各方在电子签名活动中的权利、义务，以及相应的法律责任，以确保电子签名的安全。

在电子签名活动中，电子签名人应履行两方面的义务：一是保管和通知义务。《电子签名法》第 15 条规定："电子签名人应当妥善保管电子签名制作数据。电子签名人知悉电子签名制作数据已经失密或者可能已经失密时，应当及时告知有关各方，并终止使用该电子签名制作数据。二是信息提供义务。"第 20 条规定："电子签名人向电子认证服务提供者申请电子签名认证证书，应当提供真实、完整和准确的信息。"

电子签名人违反上述义务，给其他人造成损害的，应当承担相应的民事赔偿责任。《电子签名法》第 27 条规定："电子签名人知悉电子签名制作数据已经失密或者可能已经失密未及时告知有关各方、并终止使用电子签名制作数据，未向电子认证服务提供者提供真实、完整和准确的信息，或者有其他过错，给电子签名依赖方、电子认证服务提供者造成损失的，提供者承担赔偿责任。"

电子认证服务提供者的义务有三个：一是制定并遵守电子认证业务规则的义务。电子认证业务规则应当包括责任范围、作业操作规范、信息安全保障措施等事项。由于电子认证服务是专业性很强的活动，由电子认证服务提供者制定有关业务规则是合理的，但电子认证服务提供者应当制定、公布符合国家有关规定的电子认证业务规则，并向国务院信息产业主管部门备案。二是对认证信息的审查和担保义务。电子认证服务提供者收到电子签名认证证书申请后，应当对申请人的身份进行查验，并对有关材料进行审查；电子认证服务提供者签发的电子签名认证证书应当准确无误，并应当载明相关内容。电子认证服务提供者应当保证电子签名认证证书内容在有效期内完整、准确，并保证电子签名依赖方能够证实或者了解电子签名认证证书所载内容及其他有关事项。三是信息保存义务。电子认证服务提供者应当妥善保存与认证相关的信息，信息保存期限至少为电子签名认证证书失效后五年。

电子认证服务提供者不遵守认证业务规则、未妥善保存与认证相关的信息，或者有其他违法行为的，由国务院信息产业主管部门责令限期改正；逾期未改正的，吊销电子认证许可证书，其直接负责的主管人员和其他直接责任人员十年内不得从事电子认证服务。吊销电子认证许可证书的，应当予以公告并通知市场监督管理部门。

电子认证服务提供者违反信息的审查和担保义务，给电子签名人或电子签名依赖方造成损害的，承担过错推定责任。电子签名人或者电子签名依赖方因依据电子认证服务提供者提供的电子签名认证服务从事民事活动遭受损失，电子认证服务提供者不能证明自己无过错的，提供者承担赔偿责任。

《电子签名法》第30条规定："电子认证服务提供者暂停或者终止电子认证服务，未在暂停或者终止服务六十日前向国务院信息产业主管部门报告的，由国务院信息产业主管部门对其直接负责的主管人员处一万元以上五万元以下的罚款。"

5. 其他法律责任

《电子签名法》中还规定其他相关主体的法律责任具体如下。

《电子签名法》第32条规定，伪造、冒用、盗用他人的电子签名，构成犯罪的，依法追究刑事责任；给他人造成损失的，依法承担民事责任。

《电子签名法》第33条规定，依照本法负责电子认证服务业监督管理工作的部门的工作人员，不依法履行行政许可、监督管理职责的，依法给予行政处分；构成犯罪的，依法追究刑事责任。

📖 案　例

　　甲和乙是交易双方，甲方持有乙方所发认证证书获取密钥并获取乙方文本内容，认为内容基本合意，但觉得价格略高，遂进入乙方文本将原有价格改动后签字加密并发回。乙方看到甲方签字遂履行合同，但后发现甲方交付货款与自己所报不符，经查才发现甲方对价格做了改动，乙方拿出文件原稿要求甲方按约履行。

　　问：该事件应怎样处理？为什么？

　　解析：该事件不应认可为有效电子签名，乙方履行属于重大误解，视为可撤销合同。满足以下条件的电子签名才视为可靠的电子签名：①电子签名制作数据用于电子签名时，属于电子签名人专有；②签署时电子签名制作数据仅由电子签名人控制；③签署后对电子签名的任何改动能够被发现；④签署后对数据电文内容和形式的任何改动能够被发现；当事人也可以选择符合其约定的可靠条件的电子签名。

　　案例来源：电子商务法案例分析——找法网 https：//china.findlaw.cn/ask/question_19873978.html（案例经编者整理、改编）

第三节　电子认证概述

认证是指权威的、中立的、没有直接利害关系的第三人或机构，对当事人提出的包括文件、身份、物品及其产地、品质等，具有法律意义的事实与资格，经审查属实后做出的证明。电子认证是特定的机构，对电子签名及其签署者的真实性进行验证的具有法律意义的服务。

一、电子认证的界定及性质

(一) 电子认证的界定

从词义上讲，"认"是指"认知、分辨"，"证"是指"证明、作证"。认证一词的含义广泛，在不同词语搭配中有不同的含义，如传统生活中的签名认证、身份证认证、公证认证、网络空间的口令认证、电子签名认证、司法审判中对证据的认定，虽然都属于认证的一种模式，但其含义不尽相同，其不同点在于认证主体和认证对象的不同。一般来说，认证是指权威的、中立的、没有直接利害关系的第三人或机构，对当事人提出的包括文件、身份、物品及其产地、品质等具有法律意义的事实与资格，经审查属实后做出的证明。

电子认证，作为认证的一种模式，是指为配合电子签名的使用，以电子认证服务提供商为中心，由其依照法律规定审验电子签名使用人的身份、资格等属性，确保电子签名与签名使用人之间唯一对应的具有法律意义的服务。电子认证是一种特殊的服务，这种服务按照我国原信息产业部颁布的《电子认证服务管理办法》第2条规定："电子认证是指为电子签名相关各方提供真实性、可靠性验证的公众服务活动。"

(二) 电子认证与电子签名

在网络安全体系中，电子认证是识别网络通信双方身份认可的重要技术。它与电子签名一样，都是电子商务活动中的安全保障机制。电子签名可以依赖很多技术来实现，有些电子签名可能并不需要认证，如一些以生物识别技术生成的电子签名，其直接依据签名人的生理特征就可以辨别电子签名的真伪。目前，各国电子商务或者电子签名立法中确认的需要的电子签名一般是指数字签名。数字签名是从技术手段上对签名人身份做出辨认并对签署文件的发件人与其发出的电子文件所属关系做出确认的方式。但如何解决、如何判定公共密钥的确定性，以及私人密钥持有者否认签发文件的可能性等问题，则是数字签名技术本身无法解决的问题。电子认证是加密与认证的综合运用，其最终目的就是在电子商务交易的当事人之间发生纠纷的情况下，提供有效的认证解决方法。换言之，这里面有一个解决私人密钥持有人信用度的问题。这里面包括两种可能性：一是密钥持有人主观恶意，即有意识否认自己做出的行为；二是客观原因，即发生密钥丢失、被窃或被解密情况，使发件人或收件人很难解释归责问题。

在传统的签字(盖章)使用中，为了防止签字(盖章)方提供伪造虚假或被篡改的签字(盖章)或者防止发送人以各种理由否认该签字(盖章)为其本人所为，一些国家或地区采取通过具有权威性公信力的授权机关对某印章提前做出备案，并可提供验证证明的方式，防止抵赖或伪造等情形发生。在电子交易过程，同样需要一个具有权威性公信力的第三者

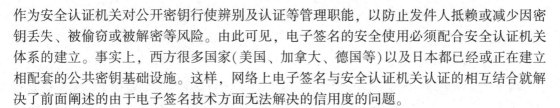

作为安全认证机关对公开密钥行使辨别及认证等管理职能，以防止发件人抵赖或减少因密钥丢失、被偷窃或被解密等风险。由此可见，电子签名的安全使用必须配合安全认证机关体系的建立。事实上，西方很多国家(美国、加拿大、德国等)以及日本都已经或正在建立相配套的公共密钥基础设施。这样，网络上电子签名与安全认证机关认证的相互结合就解决了前面阐述的由于电子签名技术方面无法解决的信用度的问题。

(三)电子认证的性质

电子认证是作为第三方的数字签名认证机构通过给从事交易活动的各方主体颁发数字证书、提供证书验证服务等手段来保证交易过程中各方主体电子签名的真实性和可靠性。据此可以判断，电子认证是一种信用服务。这是因为提供电子认证的认证机构并不向在线当事人出售任何有形商品，也不提供资金或劳动力资源，它所提供的服务成果，只是一种无形的信息，包括交易相对人的身份、公共密钥、信用状况等情报。

(四)电子认证的技术实现

电子认证的具体操作程序为：发件人在做电子签名前，签署者必须将他的公共密钥送到一个经合法注册，具有从事电子认证服务许可证的第三方(即 CA 认证中心)登记并由该认证中心签发电子印鉴证明。接下来，发件人将电子签名文件同电子印鉴证明一并发送给对方，收件方经由电子印鉴佐证及电子签名的验证，即可确信电子签名文件的真实性和可信性。由此可见，在电子文件环境中，CA 认证中心扮演的角色与上述传统书面文件签字(盖章)环境中的第三者(如公证机关)的角色有异曲同工之妙。CA 认证中心起到的是行使具有权威性公证的第三人的作用。而经 CA 认证机关颁发的电子印鉴证明就是证明两者之间的对应关系的一个电子资料，该资料指明及确认使用者名称及其公共密钥。使用者从公开地方取得证明后，只要查验证明书内容确实是由 CA 认证机关所发，即可推断证明书内的公开密钥确实为该证明书内相对应的使用者本人所拥有。因此，该公共密钥持有人无法否认与之相对应的该密钥为他所有，进而亦无法否认经该密钥所验证通过的电子签名不为他所签署。

二、电子认证的功能

电子认证功能集中表现在以下两个方面。

(一)担保功能

通过发放认证证书，认证机构对所有合理信赖证书内信息的人承担一定的担保义务，即签名人的身份；用以识别签名者的方法；在签发证书时，签名生成数据是由证书所列签名人控制；在签发证书之时签名生成数据有效；证书的效力状况等。通过中立的认证机构的信用服务，一方当事人可以相信与其进行交易的另一方当事人是真实可靠的交易人。

(二)预防功能

1. 防止欺诈功能

在开放型电子商务环境下，交易各方可能是跨越国境，互不见面的当事人，其间不仅缺少封闭型社区交易群体的道德约束力，而且发生欺诈事件后的救济方法也非常有限，即便有救济的可能，其成本也往往要超过损失本身。认证机构通过向其用户提供可靠的在线证书状态查询，满足用户实时证书验证的要求，解决可能被欺骗的问题。

2. 防止否认功能

电子认证的最终目的是在电子商务交易的当事人之间发生纠纷的情况下，提供有效的认证解决方法。其机理在于诚实信用原则的渗透：按照此原则，在电子商务活动中，信息发送人难以否认电子认证程序与规则，而信息接受人（包括电子商务消费者）不能否认其已经接收到信息，规则为交易当事人提供预防性的保护，避免一方当事人试图抵赖曾发送或收到某一数据信息而欺骗另一方当事人的行为发生。

三、电子认证的分类

电子认证可以有效地解决计算机网络系统面临的多方面的信息安全问题，是目前最为有效的信息安全解决方案，电子认证依据不同的分类标准而不同。

（一）按照认证功能和对象的不同划分

按照认证的功能和对象的不同，电子认证可以分为站点认证、电子意思表示认证、身份认证、电信源的认证。

（1）站点认证，即在正式传递数据电文之间，应首先认证通信是否在一定的站点之间进行，此过程通过验证加密的数据功能能否成功地在两个站点间进行传送来实现。

（2）电子意思表示认证，即必须保证该数据电文是由确定的发出方传送给确定的接受方，并且其内容未被篡改或发生错误，可按确定的次序接收。

（3）身份认证。其目的在于识别合法用户和非法用户，阻止非法用户访问系统。用于身份认证的方法大致可分为四类：验证其知道什么；验证其拥有什么；验证其生理特征；验证其下意识动作特征。

（4）电信源的认证。其目的在于预防非法的信息存取和信息在传输过程中被非法窃取，确保只有合法用户才能看到数据，防止信息泄密事件发生。

（二）按照认证主体的不同划分

按照认证主体的不同，电子认证可分为双方认证和第三方认证。

（1）双方认证，又称相互认证。一般在封闭型的网络通信中实行。此时通信各方相互了解，认证比较容易。

（2）第三方认证，即由交易当事人之外的、双方共同接受的、可信赖的第三方所进行的认证。它一般在开放性的网络通信或大规模的封闭型网络通信中使用。

（三）按照电子签名认证所使用的技术不同划分

按照电子签名认证所使用的技术不同，电子认证可分为消息认证和身份认证。

（1）消息认证，所谓"消息认证"又称为"完整性校验"，在 OSI 安全模型中称为"封装"，在银行业称为"消息认证"，其内容包括证实消息的信源和信宿；查验消息内容是否遭到篡改；获知消息的序号和时间性。消息认证不一定是实时的，如存储系统或电子邮件系统就不要求实时认证。

（2）身份认证，所谓"身份认证"，是指用来验证通信用户或终端个人身份的安全服

务，即获得对谁或对什么事信任的一种方法。身份认证可分为三种：自然人掌握的某种信息，如口令、账户等；自然人的个人持有物(Token，也称令牌)，如图章、磁卡、智能卡等；自然人的个人特征，如指纹、掌纹、声波纹、视网膜、基因、笔迹等。

四、电子认证的法律效力

(一)电子认证法律效力的内容

1. 确认电子签名的真实性和有效性

经过电子认证的电子签名，认证申请人可以相信其真实性和有效性。认证申请人发现该电子签名是不真实的，在法律规定的条件下可以要求认证机构赔偿损失。

2. 电子认证不具有公信力

必须说明的是，经过电子认证的电子签名，认证申请人可以相信其真实性和有效性，但其他人不一定相信其真实性和有效性。

3. 电子认证具有证明力

电子签名经过电子认证后，一旦当事人之间发生纠纷，认证机构颁发的认证证书可以作为证据使用。

(二)电子认证效力的实现

电子认证的效力一般通过两种途径得到保障。

1. 通过立法的形式加以确认

通过法律授权政府机关主管部门制定相应规则，从而最终达到保障电子认证的效力具有法律上的依据与保障。美国很多州都采取此种方式，主要是表现在以下几个方面：以直接的立法形式明示直接承认可被接受的技术方案标准；授权政府主管部门制定相应规则，如享有颁发、或吊销 CA 认证机构从事电子认证业务许可的权力；同时，对违规违法经营操作的 CA 认证机构具有行政处罚权；制定明确的设立及管理 CA 认证机构的条件及程序。与此同时，在监管 CA 认证机构层面上，政府主管部门还设置所有合法登记、注册经营电子认证业务的 CA 认证机构的资料库供客户查询。如美国犹他州法律规定，主管机构在其设置的公共密钥凭证资料库中，专门开辟一个存有所有登记注册 CA 认证机构详尽档案数据库。其中除了一般公司信息(如公司名称、住址及电话及被授权的营业范围)外，还包括目前使用的核发认证凭证的机构有无违规经营遭到处罚的记录等信息。

2. 采取当事人之间通过协议方式来确认电子认证的效力

在这种情形下，法律只规定原则性条文，如确认电子签名与书面签名的同等效力性，至于当事人之间如何选择技术方案，以及由谁来做"第三者"，即电子认证人，则由当事人之间协议确定。在此情形下，银行、ISP 公司等均可扮演电子认证机构的角色。但相对第一种形式，电子认证的效力就相对薄弱。特别是发生纠纷的情况下，以及如何对抗第三人等，法院如何判定合同效力及责任归属问题，就无专门法律规定。

第四节　电子认证法律规定

一、电子认证机构

（一）电子认证机构的定义

凡是能颁发认证证书的机构，都可称为认证机构。电子商务中的认证机构一词来源于英文的"Certification Authority"，又被称为"认证中心""验证机构""认证证书管理中心"等，专指电子商务中对用户的电子签名颁发数字证书的机构，是受一个或多个用户信任，提供用户身份验证的第三方机构。联合国国际贸易法委员会在其《统一电子签名规则（草案1999年2月稿）》定义中规定："认证机构，是指任何人或实体，在其营业中从事以数字签名为目的，而颁发与加密密钥相关的身份证书。"新加坡在《电子交易法》第2条规定："认证机构是指颁发数字证书的人或组织。"

认证工作是提供一种信息服务，因此，《电子签名法》将认证机构界定为电子认证服务提供者。我国《电子认证服务管理办法》第2条对电子认证服务提供者界定为："是指为电子签名人和电子签名依赖方提供电子认证服务的第三方机构（以下称为'电子认证服务机构'）。"

电子认证机构作为电子商务中承担安全电子交易认证服务、签发数字证书，并能确认用户身份的服务机构，其存在是开放性电子商务活动得以健康发展的重要保障。它是PKI的核心执行机构，是PKI的主要组成部分。电子认证机构的组成主要有证书签发服务器，负责证书的签发和管理，包括证书归档、撤消和更新等；密钥管理中心，用硬件加密机产生公/私密钥对，CA私钥不出卡，提供CA认证证书的签发服务；目录服务器负责证书和证书撤消列表（CRL）的发布和查询服务。CA是一个层次结构，分为三级，第一级是根CA（Root CA），负责总政策；第二级是政策CA（PCA），负责制定具体认证策略；第三级为操作CA（OCA），是证书签发、发布和管理的机构。

（二）认证机构的种类

从认证机构的结构角度来看，认证机构可以分为单层次的爪状结构、多层次的树状结构和网状结构三种。

单层次的爪状结构中只存在一个最高级的认证机构（称为根认机构）和若干从属的认证机构，所有从属的认证机构颁发的认证证书都由最高级的认证机构加以再认证。多层次的树状结构有一个认证机构作为最高级的认证机构，下有若干从属的认证机构作为高级认证机构，而每个高级的认证机构下有若干从属的认证机构，如此反复，一直延伸至最基层的认证机构。在这些机构中，认证申请人如果对某个认证机构颁发的认证证书的效力有疑问，可以向上一级的认证机构继续提出认证申请，要求对该认证证书的真实性和有效性予以认证，而最高级的认证机构由其自身保证所颁发的认证证书的真实性。网状结构存在若干认证机构，彼此之间相互独立，没有隶属关系。在这种结构中，一个认证机构的认证证书由另一个认证机构加以认证，认证申请人可以不断地向其他认证机构提出再认证申请，直到认证申请人相信某认证机构的再认证的真实性和有效性。

(三)电子认证机构的服务内容

电子认证机构的主要功能是接受注册要求，处理和批准请求以及颁发和管理数字证书，保管公共密钥，应有关当事人的申请进行身份认证。根据《电子认证服务管理办法》第17条的规定，电子认证服务机构应当保证提供下列服务：①制作、签发、管理电子签名认证证书；②确认签发的电子签名认证证书的真实性；③提供电子签名认证证书目录信息查询服务；④提供电子签名认证证书状态信息查询服务。

二、认证机构的设立、职权和相关法律关系

认证机构在《电子签名法》中称为认证服务提供者，是指从事颁发为电子签名的目的而使用的与加密密钥相关的证书的机构。

认证机构为保障电子交易活动顺利进行而设定，主要解决电子商务活动中交易参与各方身份的认定，维护交易活动的安全。2000年6月29日，中国第一家认证服务提供者——中国金融认证中心(CFCA)正式挂牌，这标志着中国正式开始CA认证。2002年8月，中国国家信息安全测评认证中心正式授予CFCA"国家信息安全认证系统安全证书"。在商业领域，中国电信CA、市场监督管理部门、税务部门、外贸部门也都积累了丰富的信用信息资料。目前，我国电子商务CA认证中心的建设欠规范，出现了大量行业性的认证中心，如中国电信认证中心(CTCA)、中国邮政认证中心(CPCA)、经济贸易委员会认证中心，也有区域性的，如上海、海南、大连等地的CA机构，而在电子商务发达的美国，目前也只有三家大型的认证机构，因此目前国内局面有待规范。

(一)认证机构的设立

国际上对认证机构的设立有三种管理模式：一是强制性许可制度，认证机构必须通过许可才能开展业务，如日本、德国；二是非强制性许可制度，可经许可也可不经，不经许可的认证机构没有政策优惠，但仍可以运营，如新加坡；三是行业自律，完全依市场调节，如美国。

1. 条件

为了防止不具备资格的机构擅自提供认证服务，保证电子认证的权威性，《电子签名法》第17条规定："提供电子认证服务，应该具备下列条件：①具有与提供电子认证服务相适用的专业技术人员和管理人员；②具有与提供电子认证服务相适用的资金和经营场所；③具有符合国家安全标准的技术和设备；④具有国家密码管理同意使用加密的证明文件；⑤法律法规规定的其他条件。"

其中，专业技术人员和管理人员应具有财产能力和从事信用服务的素质和资格，具有品行良好和相应的业务水平。《电子认证服务管理办法》第5条规定："从事电子认证服务的专业技术人员、运营管理人员、安全管理及客户服务人员不少于30人。"

资金和经营场所方面，《电子认证服务管理办法》第5条规定："注册资金不低于人民币三千万元"。认证机构财产方面还应向有关部门缴纳一定金额的风险保证金或参加一定数额的责任保险。经营场所方面要求"具有固定的经营场所和满足电子认证服务要求的物理环境"。

技术和设备安全标准要求国内统一性和国际协调性，最大限度地消除因地区、行业、

国家不同而产生的认证差异结果。

其他条件指认证机构内外部管理，包括健全内部管理章程，符合外部审计监督要求等。

2. 提交材料

提交材料应与设立条件一致，《电子认证服务管理办法》第 6 条规定："申请电子认证服务许可的，应当向信息产业部提交下列材料：①书面申请；②专业技术人员和管理人员证明；③资金和经营证明；④国家有关认证检测机构出具的技术设备、物理环境符合国家安全标准的凭证；⑤国家密码管理机构同意使用密码的证明文件。"

3. 程序

《电子签名法》第18 条的规定："从事电子认证服务，应当向国务院信息产业主管部门提出申请，并提交符合本法第 17 条规定条件的相关材料。国务院信息产业主管部门接到申请后依法审查，征求国务院商务主管部门等有关部门的意见后，自接到申请之日起四十五日内做出许可或者不予许可的决定。予以许可的，颁发电子认证许可证书；不予以许可的，应当书面通知申请人并告知理由。申请人应当持电子认证许可证书依法向市场监督管理部门办理企业登记手续。取得认证资格的电子认证服务提供者，应当按照国务院信息产业主管部门的规定在互联网上公布其名称、许可证号等信息。"根据这一规定，电子认证机构设立的程序有以下 3 点：①提出申请；②领取电子认证许可证；③办理工商登记。

(二)认证机构的职权

认证机构的职权主要表现在它对用户电子签名认证证书的管理上。电子签名认证证书是指可证实电子签名人与电子签名制作数据有联系的数据电文或者其他电子记录。

1. 发放证书

认证服务提供者在收到申请后，应申请人的请求，经审查符合条件的，予以发放证书。《电子签名法》第20 条规定："电子签名人向电子认证服务提供者申请电子签名认证证书，应当提供真实、完整和准确的信息。电子认证服务提供者收到电子签名认证证书申请后，应当对申请人的身份进行查验，并对有关材料进行审查。"第 21 条规定了电子签名认证证书上应包括的内容为电子认证服务提供者名称、证书持有人名称、证书序列号、证书有效期、证书持有人的电子签名验证数据、电子认证服务提供者的电子签名和其他。

2. 中止证书

认证服务提供者已经发生或可能发生的影响认证安全的紧急事件，应采取措施暂时阻止证书的使用。中止证书是应用户请求，或者根据有关法律文件，又或者是证书机构发现发放的证书可能存在三种虚假情况下做出，其他情况下不得自行中止证书。认证服务提供者中止证书的同时，应当在信息公告栏和可查询处予以公告，并通知有关当事人。中止证书不能超过规定的时间。

3. 撤销证书

认证机构在用户的主体资格或行为不符合认证机构规定时，应当终止证书的效力。撤销证书可以是基于当事人的请示或法律文件的规定，也可以是认证机构的决定，因此，撤

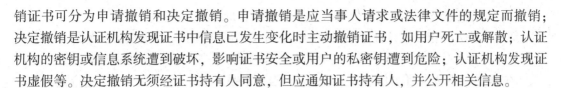

销证书可分为申请撤销和决定撤销。申请撤销是应当事人请求或法律文件的规定而撤销；决定撤销是认证机构发现证书中信息已发生变化时主动撤销证书，如用户死亡或解散；认证机构的密钥或信息系统遭到破坏，影响证书安全或用户的私密钥遭到危险；认证机构发现证书虚假等。决定撤销无须经证书持有人同意，但应通知证书持有人，并公开相关信息。

4. 保存证书

认证机构在证书有效期满或撤销后，应当将证书保存五年并允许查询。《电子签名法》第 24 条规定："电子认证服务提供者应当妥善保存与认证相关的信息，信息保存期限至少为电子签名认证证书失效后五年。"

（三）法律责任

认证机构在认证过程中存在经营风险，如技术应用过失致使记录丢失、没有严格审查致使证书内容虚假、没有经过合理的管理证书行为，遭受外部人员攻击等，给签名所有人或者依赖人造成损失，认证服务提供者应承担相应法律后果。

1. 归责原则

《电子签名法》第 28 条规定："电子签名人或者电子签名依赖方因依据电子认证服务提供者提供的电子签名认证服务从事民事活动遭受损失，电子认证服务提供者不能证明自己无过错的，承担赔偿责任。"对认证机构采取过错推定归责原则。认证是一个高风险的行业，认证机构在审查当事人真实身份时应尽合理的注意，无过错的不应承担责任。在下列三种典型情况下，认证机构应承担责任：①电子认证服务提供者不遵守认证业务规则；②未妥善保存与认证相关信息；③其他违法行为。

2. 认证服务提供者赔偿范围限制

认证服务提供者只就其违约或失职行为所造成的直接损失承担赔偿责任。在确定赔偿问题时，不依据《民法典》的规定。因为认证机构是开展电子商务活动的基础设施和公用事业机构，证书用户众多，如果一旦发生赔偿，认证机构很可能无法正常运营。因此，认证服务提供者只能就其违约或失职行为所造成的直接损失承担赔偿责任，对于当事人丧失利润或机会的损失、精神上的损失不予赔偿。

（四）电子认证各方法律关系

电子认证的当事人包括认证服务提供者（认证机构）、证书持有人和证书依赖人。电子签名的可信赖性是由多方面因素决定的，与签署方、证书服务提供方、依赖方都存在必然的关系，认证机构是其中一个重要的机构。认证机构是电子商务中一个重要的独立的第三方主体，权利义务仅以合同约定不足以明确认证机构在电子商务中的地位和责任，也不利于交易的安全和秩序，因此，必须以法律加以界定。

1. 认证各方关系

（1）认证服务提供者与电子签名人是合同关系。

当事人的合同关系表现在认证证书上。证书本身虽然不是合同，但它是合同存在的证明。认证服务提供者与电子签名人在合同关系中地位平等。合同的标的是认证服务提供者的服务行为。

（2）认证服务提供者与证书依赖人是基于法律上的信赖。

证书依赖人是指依赖认证证书所载的信息真实从而与证书持有人进行交易的人。它与认证服务提供者是利益信赖关系，这种关系的基础源于法律的规定，而非当事人的约定。

（3）电子签名人与证书依赖人关系是基础合同关系。

2．认证机构的义务

认证机构运行的好坏关系到电子商务发展的成败，为保障电子商务的安全，结合国际上电子商务立法先例，认证机构一般需承担以下义务。

1）信息披露义务

认证服务提供者应向社会公开其从业资格、重要的业务记录，以接受监督和获得协作。披露内容包括认证机构根证书说明；用户的公钥；作废证书名单；认证业务说明；认证服务提供者登记时应公开的有关记录；其他影响证书安全性能和认证机构服务能力的事实。《电子签名法》第23条规定："电子认证服务提供者拟暂停或终止电子认证服务的，应当在暂停或者终止服务九十日前，就业务承接及其他事项通知有关各方；电子认证服务提供者被吊销电子认证许可证的，其业务承接事项的处理按照国务院信息主管部门的规定执行。"

2）业务说明义务

《电子签名法》第19条规定："电子认证服务提供者应当制定、公布符合国家有关规定的电子认证业务规则，并向国务院信息产业主管部门备案。电子认证业务规则应当包括责任范围、作业操作规范、信息安全保障措施等事项。"该法律要求认证机构公开其工作流程和为用户提供的服务和服务内容，证书机构在说明中应注意行业政策和习惯，并遵守其说明，保证陈述的准确性和完整性，说明义务包括责任范围、作业操作规范、信息安全保障措施和其他事项。

3）保险义务

认证服务是一个高风险的行业，既面临内部人员操作错误甚至恶意操作等机构运营带来的风险，又必须提防外部攻击，技术的飞速进步也会致使机构业务发生重大变化，而且一旦发生风险往往超出认证服务提供者本身的控制。因此，为了减少认证机构的风险和稳定交易秩序，有必要施以认证机构参加责任保险。认证机构可在下列责任范围投保：外部进攻者对被保险人用户的数字证书业务系统的攻击造成用户交易账户资金的损失；病毒入侵造成用户交易账户资金的损失；火灾、水管爆裂造成用户交易账户资金的损失；被保险用户数字证书丢失，报失后，他人利用其数字证书进行交易造成用户交易账户资金的损失。

4）保密义务

除非是有关国家机关的正式要求，否则认证服务提供者不得对外披露下列信息：证书用户在申请数字证书时向认证服务提供者披露的身份信息及有关信息；证书用户的私人密钥。

5）担保义务

向证书持有人和证书信赖人担保证书所述信息真实的义务。《电子商务法》第22条规定："电子认证服务提供者应当保证电子签名认证证书内容在有效期限内完整、准确，并保证电子签名依赖方能够证实或者了解电子签名认证证书所载内容及其有关事项。"

6）举证义务

用户在使用证书时发生纠纷，认证机构可以根据交易双方或其中的一方的要求，为其

提供举证服务。

3. 电子签名人的义务

《电子签名法》第 34 条第 1 款规定："电子签名人是指持有电子签名制作数据并以本人身份或者以其所代表的人的名义实施电子签名的人。"其义务为有以下三方面。

1) 真实告知义务

电子签名人应真实告知，如果因用户违反真实陈述义务给认证机构造成损害的，应予弥补。其一，申请时如实告知证明信息的义务。申请人为个人的，应依法如实提供有关身份信息的证明；申请人为法人或其他组织时应提供公司或组织的名称、地址、法定代表人或主要负责人的姓名和地址、联系方式、有关执照或登记证等；其二，证书持有期间履行及时通知的义务。电子签名人在密钥可能为非授权人知道或存在危害证书安全的情况下，应立即通知认证机构。

2) 妥善保管义务

电子签名人在证书有效期间应尽合理的注意义务，保管其私人密钥，防止任何未经授权的第三人知晓《电子签名法》第 27 条规定："电子签名人知悉电子签名制作数据已经失密或者可能已经失密未及时告知有关各方、并终止使用电子签名制作数据，未向电子认证服务提供者提供真实、完整和准确的信息，或者有其他过错，给电子签名依赖方、电子认证服务者造成损失的，承担赔偿责任。"

(3) 私钥失密后及时通知义务

私钥失密后及时通知所有按其合理预计可能受证书影响的人以及认证机构，向认证机构申请中止或撤销证书。

4. 依赖方的义务

《电子签名法》第 34 条第 2 款规定电子签名依赖方，是指基于对电子签名认证证书或者电子签名的信赖从事有关活动的人，包括：①采取合理步骤确认签名的真实性。②在电子签名有证书证明的情况下，采取合理步骤确认证书是否合法有效、被中止签名或被撤销。③遵守任何有关证书的限制。依赖方不能草率行事，认证机构对证书信赖人的责任范围，集中表现在认证机构的担保义务上：认证机构对证书的疏漏和虚假陈述承担责任；认证机构对未按其认证业务说明的要求或程序进行操作承担责任。如果依赖方未能履行确认要求，且经过合理的查证未发现签名或证书是无效的，则依赖方不能推卸对该签名或证书的接受。

三、交叉认证的法律解决

无论国内还是国际，认证机构都是各自为政，其认证标准和效力不能互通。不同认证机构产生不同的用户群体，形成各自不同的封闭性的信任环境，这称为认证的域。持有由不同认证机构认证证书的当事人进行交易，要突破域，彼此就会产生交叉认证，交叉认证既存在国内不同机构之间，也存在于国际的认证机构中。

交叉认证是指两个认证机构安全的交换密钥信息，相互有效地承认各自签发的证书的过程，它是第三方信任的扩展形式。

(一) 交叉认证的法律问题

不同认证体系在证书等级、系统案例性、业务规范、采用的关键技术、机构运营过失等方面存在判别，所以在赔偿金额、方式、取证等方面会有所不同，并可能产生纠纷。目前，国内对于交叉认证的建设模式看法不一，有以下三方面内容。

1. 根认证

有人主张建立一个国家级的根认证机构，对其他认证机构发放的证书进行认证。

2. 认证担保

有人主张通过认证机构之间相互订立担保合同方式来实现认证担保。

3. 认证交互中心

有人主张建立国内一定地区和范围内的 CA 认证交互中心。目前，该方式在我国已经有成立，在协调关系、统一标准、转换格式、确定责任方面起到了较大的作用。比较典型的是上海、北京、天津地区联手建立的"中国协卡认证体系"；广东、海南、湖北等省协作组成的"网证通"CA 联盟，以及中国金融认证中心(CFCA)。

（二）对外国认证证书的承认

国际对外国认证机构和认证证书的承认主要有以下三种。

(1)通过国际条约或双边条约来处理。凡加入条约或约定的国家，均可承认对方国家认证机构在本国颁发的证书的效力。

(2)行政审核方式。即符合本国规定的认证政策和可信性条件的境外认证机构，在获得境内行政部门的许可后，可在境内开展认证活动。其颁发的认证证书与境内机构颁发的证书具有同等效力。

(3)认证担保方式。在没有双边协定和国际条约的情况下，境外认证机构可以通过寻求境内认证机构提供担保，由后者承担前者在国内发放证书所产生的风险。

案 例

电子邮件问世早期带给人们很多乐趣，乐趣之一是可以联系到之前无法联系或者很难联系到的人。1994 年，记者约翰·西布鲁克在《纽约人》上发表了一篇文章，题目为"来自比尔·盖茨的邮件"。两人互不相识，文章由西布鲁克和比尔·盖茨两人互相发送的一系列电子邮件组成。一天，学院会计系收到一封电子邮件广告，邮件表明发送方为比尔·盖茨本人，并附有经美国认证机关认证的公钥信息。该邮件称，因新的操作软件即将发布，原有系列财务软件以原价格的一半出售。学院会计系对该批财务软件很感兴趣，但对发件人表示质疑。

问：对发件人的质疑应如何解释？

解析：采用行政审核方式来认证。我国《电子签名法》第 26 条对外国证书的承认问题做了具体的规定："经国务院信息产业主管部门根据有关协议或者对等原则核准后，中华人民共和国境外的电子认证服务提供者在境外签发的电子签名认证证书与依照本法规定的电子认证服务提供者签发的电子签名认证证书具有同等的法律效力。"即我国承认前两种交叉认证的效力。

案例来源：原创自编

本章小结

　　电子签名，是指数据电文中以电子形式所含、所附用于识别签名人身份并表明签名人认可其中内容的数据。电子认证，是指为配合电子签名的使用，以电子认证服务提供商为中心，由其依照法律规定审验电子签名使用人的身份、资格等属性，确保电子签名与签名使用人之间唯一对应的具有法律意义的服务。本章详述数字签名的基本原理，数字签名技术的实现过程，并介绍了国内外电子签名的法律制度，电子认证法律制度及相关法律问题。本章主要内容如下。

　　（1）电子商务法基础。其内容涉及电子商务的内涵、电子商务法的概念和特征、电子商务法的调整对象和范围、电子商务法的性质和地位、电子商务法的立法原则。

　　（2）电子商务法立法概况。其内容涉及国外电子商务立法概况、我国电子商务立法现状。

　　（3）电子商务法律关系。其内容涉及主体、客体、内容。

思考题

　　1. 简述电子签名的概念和法律效力的确定原则。

　　2. 简述数字签名的实现过程。

　　3. 电子签名、电子认证的区别和联系。

　　4. 电子认证的法律效力。

　　5. 电子认证机构的特点。

　　6. 简述《电子签名法》的主要内容及意义。

　　7. 试列举电子认证法律关系的种类，并分析每种法律关系的主体，以及它们各自享有的权利和承担的义务，还有由于没有履行相应义务而应承担的法律责任。

第五章 互联网广告法律制度

教学目标

知识目标：系统地学习网络广告原则、对网络广告的规制、网络广告的管辖权。

能力目标：培养综合应用能力，能较好地分析网络广告案例。

素养目标：关注学生人文素养的培育和职业素养的形成，实现学生正确的情感认同和价值观塑造。

引 例

引例一：2016 年 5 月 1 日，一篇微信文章刷爆朋友圈，文章中称大学生魏某在 2 年前体检出滑膜肉瘤晚期，通过百度搜索到北京某武警医院，医药费花费将近 20 万元后，仍不治身亡。

魏某，1994 年出生于陕西咸阳，西安电子科技大学 2012 级学生，成绩优异。2014 年 4 月，魏某被查出得了滑膜肉瘤。2014 年 5 月 20 日至 2014 年 8 月 15 日，连做 4 次化疗，25 次放疗。2014 年 9 月至 2015 年年底，魏某先后在北京某武警医院进行了 4 次生物免疫疗法的治疗。2016 年 4 月 12 日上午 8 时 17 分，魏某在咸阳家中去世，终年 22 岁。

2016 年 5 月 2 日，国家网信办会同国家工商总局、国家卫计委成立联合调查组进驻百度公司，对魏某事件及互联网企业依法经营事项进行调查并依法处理。

案例来源：百度全面回应"魏某事件"：竞价排名不光看价格 http：//huiyang.07551.com.cn/25/75.html（案例经编者整理、改编）

引例二：广告成为互联网违法"重灾区"，应从重从严查处严重违法的互联网广告案件，曝光典型案例，推进互联网广告违法行为行政处罚信息 100%公示，保障风清气正。

2018 年，上海市场监管部门共查处各类广告违法案件 5 060 件，罚没收款总计 1.16 亿元，其中互联网广告案件数量和罚没款额分别为 4 383 件及 8 271 万元，占广告案件总量的比例分别为 87% 和 71%。

案例来源：工商总局：整治虚假违法互联网广告 推进违法处罚信息 100% 央广网http://news.cnr.cn/native/gd/20180212/t20180212_524133978.shtm（案例经编者整理、改编）

第一节　互联网广告与互联网广告法概述

一、互联网广告的概念、形式和特点

当代社会，人们已深深领略到信息革命第二次浪潮的冲击。以互联网为代表的现代信息网络应用范围从单纯的通信、教育和信息查询向更具效益的商业领域扩张。伴随着电子商务的产生和发展，互联网广告迅速崛起并得到极大发展，互联网被誉为继"报刊""广播""电视"三大传播媒体之后的第四大传播媒体。

（一）互联网广告的概念

"广告"一词的本义为诱导、注意和广而告之。1894 年，美国现代广告之父Albertlasker 认为，广告是"印刷形态的推销手段"，强调广告是推销，有劝服的意思。目前影响最大的美国营销协会的广告定义为：有可确认的广告主，对其观念、商品或服务所做之任何方式付款的非人员性的陈述与推广。归根到底，广告是一种有效的信息传播活动，本质是为产品或服务所做的销售信息。互联网广告，是广告的一种，可以从技术层面和法律层面理解。

在技术层面上，互联网广告是指以数字代码为载体，采用先进的电子多媒体技术设计制作，通过互联网广泛传播，具有良好的交互功能的广告形式。由于互联网把计算机与最新的通信、数码技术结合起来，使各种信息在传播范围、传播速度、通信容量及信息交互方法等方面都取得了前所未有的突破。

在法律层面上，互联网广告从狭义和广义上界定。2016 年 7 月 4 日，原国家工商行政管理总局颁布《互联网广告管理暂行办法》第 3 条规定："互联网广告，是指通过网站、网页、互联网应用程序等媒介，以文字、图片、音频、视频或者其他形式，直接或者间接地推销商品或者服务的商业广告。"该办法所界定的互联网广告属于狭义的定义，仅仅将以文字、图片、音频、视频等形式发布的广告归于互联网广告。广义的互联网广告依据 1995年 2 月 1 日施行，2015 年 4 月 24 日修订，2015 年 9 月 1 日生效的《广告法》第 2 条第 2 款的规定："本法所称广告，是指商品经营者或者服务提供者承担费用，通过一定媒介和形式直接或者间接地介绍自己所推销的商品或者所提供的服务的商业广告。"凡是通过互联网发布的广告均是互联网广告。

（二）互联网广告的表现形式

互联网广告的表现形式多样，而且处在发展中。目前，国内外网站页面中常见的互联网广告表现形式主要有以下几种。

1. 网幅广告（包含 Banner、Button、通栏、竖边、巨幅等）

网幅广告是以 GIF、JPG 等格式建立的图像文件，定位在网页中，大多用来表现广告内容，同时还可使用 Java 等语言使其产生交互性，用 Shockwave 等插件工具增强表现力。横幅广告是最早的互联网广告形式。网幅广告分为三类，即静态、动态和交互式。

静态：静态的网幅广告就是在网页上显示一幅固定的图片，它是早年互联网广告常用的一种方式。它的优点是制作简单，并且被所有的网站所接受；其缺点是在众多采用新技术制作的网幅广告中，显得呆板和枯燥。

动态：动态的网幅广告拥有会运动的元素，或移动或闪烁。它们通常采用 GIF89 的格式，把一连串图像连贯起来形成动画。大多数动态网幅广告由 2~20 帧画面组成，通过不同的画面，传递给浏览者更多的信息，也可以通过动画的运用加深浏览者的印象，它们的点击率普遍比静态高。而且，这种广告在制作上相对来说并不复杂，尺寸也比较小，通常在 15 k 以下，它是目前最主要的互联网广告形式。

交互式：交互式的网幅广告的形式多种多样，如游戏、插播式、回答问题、下拉菜单、填写表格等，这类广告需要更加直接的交互，比单纯点击包含更多的内容。

2. 文本链接广告

文本链接广告以关键词文字作为广告，只要点击就可以进入相应的广告页面。这是一种对浏览者干扰最少，却具有良好效果的互联网广告形式。目前互联网广告界在寻找新的宽带广告形式，有时最小带宽、最简单的文本链接广告形式效果最好。

3. 电子邮件广告

电子邮件广告是把广告性的文字放置在新闻邮件或经许可的电子邮件中，或者设置 URL，链接到广告主公司主页或提供产品或服务的特定页面中的一种广告形式。电子邮件广告具有针对性强、费用低廉的特点，且广告内容不受限制，特别是其针对性强，面向具体人或企业发送特定的广告，是其他网上广告方式所不及。

4. 插播式广告(弹出式广告)

全球网络经济资讯网将插播式广告定义为"在等待网页下载的空当期出现，以另开一个浏览视窗的形式的网络广告"。它是在用户请求登录网页时，强制插入一个广告页面或弹出广告窗口。插播式广告有各种尺寸，有全屏的也有小窗口的，从静态的到全部动态的都有，而且互动的程度也不同。插播式广告的出现没有任何征兆，弹出让用户看到，用户可以通过关闭窗口拒绝广告。

5. 其他新型广告

除上述四种最常见的互联网广告外，通常网络上还有赞助式广告、互动游戏式广告、下载软件广告、按钮式广告等其他形式的互联网广告。

企业可根据自身要求及商品的特征选择不同的互联网广告发布渠道，包括主页形式、网络内容服务商(ICP)、专类销售网、企业名录、免费的电子邮件服务、黄页形式、网络报纸或网络杂志、新闻组等。

(三)互联网广告的特点

互联网广告性质上与传统广告没有差别，但是，由于发布和传播宣传的"媒体"不同，其具有一些新特点。

1. 传播开放性

互联网广告不受时空限制，传播范围极其广泛，通过互联网络 24 小时不间断地把广

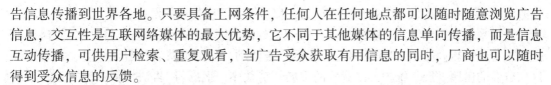

告信息传播到世界各地。只要具备上网条件，任何人在任何地点都可以随时随意浏览广告信息，交互性是互联网络媒体的最大优势，它不同于其他媒体的信息单向传播，而是信息互动传播，可供用户检索、重复观看，当广告受众获取有用信息的同时，厂商也可以随时得到受众信息的反馈。

2. 受众统计精确

广告主能通过互联网即时衡量广告的效果，通过监视广告的浏览量、点击率等指标，或者通过权威的访客流量统计系统，精确统计出广告受众数，以及受众查阅广告时间和地域分布。因此，较其他类型广告，互联网广告使广告主能够更好地跟踪广告受众的反应，及时了解用户和潜在用户的情况，广告行为收益也能准确计量，有助于商家正确评估广告效果，制定广告投放策略。

3. 形式多样性

互联网广告是利用先进的数字技术制作和表示的，以动态或表态的图形、图标、文字、动画、多媒体等丰富的数字信息展现在用户面前，具有强烈的视觉感受，可以引起浏览者的注意。随着网络技术的发展，互联网广告在表现形式上日趋成熟多样，追求个性化、互动性以及趣味性。

4. 媒体投放进程短

广告主在传统媒体上进行市场推广要经过三个阶段：市场开发期、市场巩固期和市场维持期。在这三个阶段中，厂商首先要获取注意力，创立品牌知名度，在消费者获得品牌的初步信息后，推广更为详细的产品信息，然后建立和消费者之间较为牢固的联系。而互联网将这三个阶段合并在一次广告投放中实现：消费者看到互联网广告，点击后获得详细信息，并填写用户资料或直接参与广告市场活动，甚至同步产生网上购物行为。

二、互联网广告法

与互联网广告的蓬勃发展形成鲜明对比，相关法律法规明显滞后。目前，我国没有专门针对互联网广告的基本法律，现有规范互联网广告的规则零星地存在于一些行政法规、部门规章中，立法层次低。

(一)广告法的概念

广义上的广告法，是指调整广告活动过程中所发生的各种社会关系的法律规范的总称，泛指规范广告的各种法律法规，包括广告专门法，如《广告法》《广告管理条例》，也包括广告相关基本法，如《行政许可法》《反不正当竞争法》《消费者权益保护法》《产品质量法》《标准化法》等，还包括规范网络行为的法律、行政法规和地方规章。

狭义上的广告法，是指《广告法》。

(二)互联网广告立法

互联网广告属于广告范畴，相对于传统媒体上的广告，只是传播信息的载体发生改变，它仍然是传统广告法所应规范的广告对象。因此，互联网广告应在传统法律框架下，遵守《广告法》《广告管理条例》《产品质量法》《反不正当竞争法》等法律，针对网络运行特征，还须遵守网络管理相关立法。

《广告法》是我国第一部全面规范广告内容及广告活动的法律，是我国广告法制体系的核心和基石，规范了市场中各种广告行为，促进了我国广告业的发展。

近年来，我国相继颁布和修改了广告规范的法规，适用于互联网广告，主要有《互联网广告管理暂行办法》，其是为规范互联网广告活动，保护消费者的合法权益，促进互联网广告业的健康发展，维护公平竞争的市场经济秩序，根据《广告法》等法律法规制定的，自2016年9月1日起施行。

此外，规范互联网广告行为的法律依据还有《计算机信息网络国际联网安全保护管理办法》（1997年12月）、《互联网信息服务管理办法》（2000年9月）、《互联网上网服务经营场所管理条例》（2000年）、《互联网电子公告服务管理办法》（2000年10月）、《互联网上网服务营业场所管理条例》（2002年11月）、《非经营性互联网信息服务备案管理办法》《互联网医疗卫生信息服务管理办法》《互联网药品信息服务管理暂行规定》和《电信条例》等，这些法律法规对规范互联网广告均起到一定作用，属于广义上的广告法范畴。

北京、浙江等地的工商管理部门制定有适用于本地区互联网广告管理的规范性文件，主要有2000年5月，北京市工商行政管理局颁布《关于对互联网广告经营资格进行规范的通告》《关于对互联网广告经营资格进行规范的通告》；2000年9月，上海市工商行政管理局颁布《上海市营业执照副本（网络版）管理试行办法》；2001年4月，北京市工商行政管理局颁布《北京市互联网广告管理暂行办法》。

第二节　互联网广告的相关法律规定

一、广告法的基本原则和一般准则

（一）广告法的基本原则

广告法的立法原则，是指在广告立法、执法活动中坚持和体现的原则，它概括体现广告法律关系内在的统一性和统率全部广告法律、法规的若干基本观念，贯穿整个广告法，反映广告法的本质和要求。广告法的基本原则可以用以指导互联网广告实践，规范互联网广告行为，帮助广告活动主体知悉广告的标准、要求，判断行为合法性及相应责任承担，遵循基本原则，依法开展互联网广告活动，互联网广告中强调广告法基本原则尤其重要。

1. 真实、合法原则

《广告法》第3条规定："广告应当真实、合法，符合社会主义精神文明建设的要求。"

《广告法》的立法目的是规范广告活动，促进广告业的健康发展，保护消费者的合法权益，维护社会经济秩序，发挥广告在社会主义市场经济中的积极作用。真实、合法是《广告法》的首要立法原则，互联网信息服务提供者发布互联网广告，必须遵守《广告法》和其他有关法律法规和规章的规定。

2. 保护消费者合法权益原则

《广告法》第4条规定："广告不得含有虚假内容，不得欺骗和误导消费者。"

《广告法》规定，广告应当具有可识别性，能够使消费者辨明其为广告。大众传播媒介不得以新闻报道的形式发布广告。通过大众传播媒介发布的广告应当有广告标记，与其他非广告信息相区别，不得使消费者产生误解。《广告法》第38条规定："发布虚假广告，欺骗和误导消费者，使购买商品或者接受服务的消费者的合法权益受到损害的，由广告主依法承担责任；广告经营者、广告发布者明知或者应知广告虚假设计、制作、发布的，应承担连带责任。广告经营者、发布者不能提供广告主的真实名称、地址的，应承担全部民事责任。"

3. 守法、公平、诚实信用原则

《广告法》第5条规定："广告主、广告经营者、广告发布者从事广告活动，应当遵守法律、行政法规，遵循公平、诚实信用原则。"

广告主体的广告行为必须合法，广告不得贬低其他生产经营者的商品或服务，经营者也不得利用广告或其他方式，对商品的质量、制作成分、性能、用途、生产者、有效期限、产地等做引人误解的虚假宣传。广告主、广告经营者、广告发布者通过签订合同的方式约定各方权利和义务关系，要本着诚实信用进行广告行为。

（二）广告法的一般准则

《广告法》中的广告准则中规定广告内容应当有利于人民的身心健康，促进商品和服务质量的提高，保护消费者的合法权益，遵守社会公德和职业道德，维护国家的尊严和利益，具体规定如下。

1. 广告中不得有的情形

（1）广告中不得有如下内容。

使用中华人民共和国国旗、国徽、国歌；使用国家机关和国家机关工作人员的名义；使用国家级、最高级、最佳等用语；妨碍社会安定和危害人身、财产安全，损害社会公共利益；妨碍社会公共秩序和违背社会良好风尚；含有淫秽、迷信、恐怖、暴力、丑恶的内容；含有民族、种族、宗教、性别歧视的内容；妨碍环境和自然资源保护；法律法规规定禁止的其他情形。

（2）广告不得损害未成年人和残疾人的身心健康。

（3）广告不得贬低其他生产经营者的商品或者服务。

（4）大众传播媒介不得以新闻报道形式发布广告，通过大众传播媒介发布的广告，不得使消费者产生误解。

（5）未取得专利权的，不得在广告中谎称取得专利权，禁止使用未授予专利权的专利申请和已经终止、撤销、无效的专利做广告。

📖 **案　例**

　　2016年12月初，上海部分法院发现，有律师利用百度竞价排名，把自己和法院关联在一起，例如，使用百度搜索"普陀法院"，显示的第一条结果是"普陀法院某律师"，并附上手机号码和"胜诉率高！"字样，最右边用灰色字体标注"广告"。

　　问：该行为属于什么性质？

　　解析：该行为不合法。广告中不能出现政府机关普陀法院，虽然标明了广告，但是不合法。

　　案例来源：上海有律师这样用百度竞价排名 https://www.thepaper.cn/newsDetail_forward_1579551（案例经编者整理、改编）

2. 广告中应做必要的标注

（1）广告应当具有可识别性，能够使消费者辨明其为广告，通过大众传播媒介发布的广告应当有广告标记，与其他非广告信息相区别。

（2）广告对商品的性能、产地、用途、质量、价格、生产者、有效期限允诺或者对服务的内容、形式、质量、价格允诺有表示的，应当清楚、明白。

（3）广告表明推销商品、提供服务附带赠送礼品的，应当标明赠送的品种和数量。

（4）广告使用数据、统计资料、调查结果、文摘、引用语，应当真实、准确，并标明出处。

（5）广告中涉及专利产品或者专利方法的，应当标明专利号和专利种类。

3. 药品、医疗器械广告中不得有的内容

《广告法》第14条规定："药品、医疗器械广告不得有下列内容：①含有不科学的表示功效的断言或者保证的；②说明治愈率或者有效率的；③与其他药品、医疗器械的功效和安全性比较的；④利用医药科研单位、学术机构、医疗机构或者专家、医生、患者的名义和形象作证明的；⑤法律、行政法规规定禁止的其他内容。"

4. 农药广告中不得有的内容

《广告法》第17条规定："农药广告不得有下列内容：①使用无毒、无害等表明安全性的绝对化断言的；②含有不科学的表示功效的断言或者保证的；③含有违反农药安全使用规程的文字、语言或者画面的；④法律、行政法规规定禁止的其他内容。"

5. 不得设置户外广告的情形

《广告法》第32条规定："有下列情形之一的，不得设置户外广告：①利用交通安全设施、交通标志的；②影响市政公共设施、交通安全设施、交通标志使用的；③妨碍生产或者人民生活，损害市容市貌的；④国家机关、文物保护单位和名胜风景点的建筑控制地带；⑤当地县级以上地方人民政府禁止设置户外广告的区域。"

二、对互联网广告主体的规制

《广告法》对广告活动主体条件做的原则性规定，同样适用于互联网广告主体。针对互联网广告特殊性，2000年5月，国家市场监督管理局发布《关于开展互联网广告经营登记试点的通知》，2004年11月发布《广告经营许可证管理办法》。另外，还有若干地方性规章，以"经营许可制"方式对互联网广告经营者、发布者进行了资格限制。

（一）广告活动主体的界定

《广告法》将广告主体划分为广告主、广告经营者和广告发布者，它们是广告行为的主体。

《广告法》第2条规定："本法所称的广告主是指推销商品或者提供服务，自行或者委托他人设计、制作、发布广告的法人、其他经济组织或个人。本法所称的广告经营者是指委托提供广告设计、制作、代理服务的法人、其他经济组织或个人。本法所称的广告发布者是指为广告主或广告主委托的广告经营者发布广告的法人或者其他经济组织。"

广告主、广告经营者和广告发布者在广告活动中应当依法订立书面合同，明确各方的权利和义务。传统广告市场，广告主、广告经营者和广告发布者基本相互独立、相互分

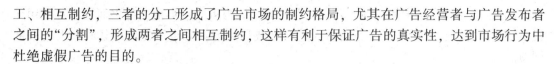

工、相互制约，三者的分工形成了广告市场的制约格局，尤其在广告经营者与广告发布者之间的"分割"，形成两者之间相互制约，这样有利于保证广告的真实性，达到市场行为中杜绝虚假广告的目的。

（二）广告主体的市场准入

1.《广告经营许可证》是广告主体市场准入的核心

《广告法》第26条规定："从事广告经营和发布必须具有合法的经营资格，领取'广告经营许可证'，并按国家规定，建立健全广告业务承接登记、审核、档案管理制度。广播电台、电视台、报刊出版单位的广告业务，应当由其专门从事广告业务的部门办理，并依法办理兼营广告的登记。"《广告经营许可证管理办法》第2条规定："从事广告业务的单位，应依照本办法的规定向广告监督管理机关申请，领取《广告经营许可证》后，方可从事相应的广告经营活动。"

《广告经营许可证》是广告经营单位从事广告经营活动的合法凭证，分为正本、副本，正本、副本具有同样法律效力。《广告经营许可证》上载明证号、广告经营单位(机构)名称、经营场所、法定代表人(负责人)、广告经营范围、发证机关、发证日期等项目。

2. 申领广告经营许可证的条件

《广告经营许可证管理办法》第7条规定："申请《广告经营许可证》应当具备以下条件：①具有直接发布广告的媒介或手段；②设有专门的广告经营机构；③有广告经营设备和经营场所；④有广告专业人员和熟悉广告法规的广告审查员。"

3. 申领广告经营许可证的程序

《广告经营许可证管理办法》第8条规定，申请《广告经营许可证》，应按下列程序办理：由申请者向所在地有管辖权的县级以上广告监督管理机关呈报的申请材料，包括《广告经营登记申请表》和广告媒介证明。广播电台、电视台、报纸、期刊等法律、法规规定经批准方可经营的媒介，应当提交有关批准文件、广告经营设备清单、经营场所证明、广告经营机构负责人及广告审查员证明文件、单位法人登记证明。

广告监督管理机关自受理之日起二十日内，做出是否予以批准的决定。对于批准的申请者，颁发《广告经营许可证》；不予批准的，要书面说明理由。

广告经营单位应当在广告监督管理机关核准的广告经营范围内开展经营活动，未申请变更并经广告监督管理机关批准，不得改变广告的经营范围。

（三）广告主体的行为规范

1. 广告主

(1)广告主自行或者委托他人设计、制作、发布广告的，所推销的商品或者所提供的服务应当符合广告主的经营范围，具有或者提供真实、合法、有效的下列证明文件：营业执照以及其他生产、经营资格的证明文件；质量检验机构对广告中有关商品质量内容出具的证明文件；确认广告内容真实性的其他证明文件。发布广告需要经有关行政主管部门审查的，还应当提供有关批准文件。

(2)广告主委托设计、制作、发布广告，应当委托具有合法经营资格的广告经营者、广告发布者。

（3）广告主在广告中使用他人名义或形象的，应当事先取得他人的书面同意；使用无民事行为能力人、限制民事行为能力人的名义或形象的，应当事先取得其监护人的书面同意。

2. 广告经营者、广告发布者

（1）资格认定。

从事广告经营的，应当具有必要的专业技术人员、制作设备，并依法办理公司或者广告经营登记，方可从事广告活动。广播电台、电视台、报刊出版单位的广告业务，应当由其专门从事广告业务的机构办理，并依法办理兼营广告的登记。

（2）广告内容核实。

广告经营者、广告发布者依据有关法律、行政法规查验有关证明文件，核实广告内容。对内容不实或者证明文件不全的广告，广告经营者不得提供设计、制作、代理服务，广告发布者不得发布；对法律、行政法规规定禁止生产、销售的商品或者提供的服务，以及禁止发布广告的商品或者服务，不得设计、制作、发布广告。

（3）健全广告业务制度。

其一，管理制度。《广告法》第28条规定："广告经营者、广告发布者按照国家有关规定，建立健全广告业务的承接登记、审核、档案管理制度。"

其二，收费制度。《广告法》第29条规定："广告收费应当合理、公开，收费标准和收费办法应当向物价和市场监督管理部门备案。广告经营者、广告发布者应当公布其收费标准和收费办法。"

其三，统计制度。《广告法》第30条规定："广告发布者向广告主、广告经营者提供的媒介覆盖率、收视率、发行量等资料应当真实。"

3. 广告代言人

广告代言人在广告的传播过程中扮演着重要的信息来源角色，并且根据其所具有的说服力对消费者产生影响。广告代言人分为名人或明星、专家、典型消费者三种类型。其中，名人或明星说服力的来源主要是依赖吸引力；专家说服力的来源主要是依赖专业性；典型消费者说服力的来源主要是依赖相似与可靠度。

《未成年人节目管理规定》自2019年4月30日起施行，对未成年人节目的广告内容、时长等做出了明确规定，其中强调：未成年人广播电视节目每小时播放广告不得超过12分钟。

（四）对互联网广告主体的特别规定

在互联网广告主体问题上，国家工商行政管理局2000年5月发出《关于开展互联网广告经营登记试点的通知》，为支持互联网广告业的发展，在规范互联网广告市场主体资格上，选择北京、上海、广州三地选取了二十七家主要网站作为互联网广告的试点单位，为它们配发广告专用发票。通过试点，规范互联网广告的经营活动，探索互联网广告监管方式。随之，在上海、北京选择了一批知名度较高的网络公司，如新浪、中华网等进行互联网广告经营登记试点。

北京、上海出台了地方性互联网广告规范和管理办法。下面以2000年5月北京市工商行政管理局发布的《关于对互联网广告经营资格进行规范的通告》和2001年4月发布的

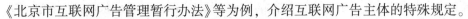

《北京市互联网广告管理暂行办法》等为例，介绍互联网广告主体的特殊规定。

1.《关于对互联网广告经营资格进行规范的通告》的规定

为规范互联网广告经营行为，促进互联网广告健康发展，针对互联网广告的现状，北京市市场监督管理局发布了《关于对互联网广告经营资格进行规范的通告》，其中对北京市互联网广告经营者的经营资格做出如下规定。

（1）互联网广告是指在北京市辖区内依法领取营业执照的从事网络信息服务的经营主体（以下简称网络经济组织），利用因特网从事的以盈利为目的的广告活动。

（2）已经办理《广告经营许可证》的广告专营企业可从事互联网广告的设计、制作、代理业务，也可在自办网站上开展广告发布业务。

（3）各类合法网络经济组织可以作为一种媒体在互联网上发布由广告专营企业代理的广告，但在发布广告前应向市场监督管理机关申请办理媒体发布广告的有关手续。

（4）网络经济组织在具备相应资质条件的情况下，也可直接承办各类广告。网络经济组织承接广告业务的，应向工商行政管理机关申请办理企业登记事项的变更，增加广告经营范围，并办理《广告经营许可证》，取得互联网广告经营资格。

2.《北京市互联网广告管理暂行办法》的规定

《北京市互联网广告管理暂行办法》第5条规定："本市行政区域内经营性互联网信息服务提供者为他人设计、制作、发布互联网广告的应当到北京市工商行政管理局申请办理广告经营登记，取得《广告经营许可证》后到原注册登记机关办理企业法人经营范围的变更登记。非经营性互联网信息服务提供者不得为他人设计、制作、发布互联网广告。在网站发布自己的商品和服务的广告，其广告所推销商品或提供服务应当符合本企业经营范围。"

《北京市互联网广告管理暂行办法》第6条规定："经营性互联网信息服务提供者申请办理互联网广告经营登记，应当符合下列条件：①企业法人营业执照具有从事互联网信息服务的经营范围；②在北京市市场监督管理局指定的网站（HD315）备案；③具有相应的广告经营管理机构和取得从业资格的广告经营管理人员及广告审查人员；④具有相应的互联网广告设计、制作及管理技术和设备。"

《北京市互联网广告管理暂行办法》第7条规定："符合上述条件，申请办理互联网广告经营许可证，应提交下列证明文件：在HD315.gov.cn网站上办理备案登记后，贴有备案标识的网站首页打印件；广告经营资格申请登记表（一式两份）；营业执照复印件（加盖发照机关备案章）；网站域名的注册证明（有效复印件）；广告管理制度（承接、登记、审查、档案、财务）及广告监测措施；《广告专业岗位资格培训证书》2份（有效复印件）；《广告审查员证》2份（有效复印件）；广告价目表。对文件齐备、符合规定的，北京市市场监督管理局自受理之日起七个工作日内核发《广告经营许可证》。"

《北京市互联网广告管理暂行办法》第8条规定："已取得《广告经营许可证》的广告经营单位和发布单位经营互联网广告的，应根据上述规定办理备案登记和网站域名的注册登记。取得互联网广告经营资格的互联网信息服务提供者，应当在其网站备案栏中注明《广告经营许可证》号码。"

3.《关于对利用电子邮件发送商业信息的行为进行规范的通告》的规定

2000年5月，北京市市场监督管理局发布通知，对利用电子邮件发送商业信息的行为进行了规范。《关于对利用电子邮件发送商业信息的行为进行规范的通告》要求互联网使用者利用电子邮件发送商业信息应本着诚实信用的原则，不得违反有关法律规定，不得侵害消费者和其他经营者的合法权益。互联网使用者利用电子邮件发送商业信息，应遵循以下规范：①未经收件人同意不得的擅自发送；②不得利用电子邮件进行虚假宣传；③不得利用电子邮件诋毁他人商业信誉；④利用电子邮件发送商业广告，广告内容不得违反《广告法》的有关规定。

对违反上述规定的网络使用者，市场监督管理部门将支持被侵权的收件人请求，并依据有关部门法律法规对违规责任人予以处罚。

4.《上海市营业执照副本(网络版)管理试行办法》的规定

2000年9月，上海市工商行政管理局发布的《上海市营业执照副本(网络版)管理试行办法》，是全国首部通过发放营业执照副本(网络版)来监管网上经营行为的地方性管理办法。2004年3月，上海市工商局在对营业执照电子数字证书进行技术改造，正式向从事网络交易的企业和个体工商户颁发营业执照电子副本。

《上海市营业执照副本(网络版)管理试行办法》规定，营业执照副本(网络版)，是指由工商行政管理部门颁发的，营业执照的电子数字证书，是在互联网上确认经营主体资格的证明件，在上海市登记注册、利用互联网从事经营活动的企业和个体工商户，申请使用营业执照副本(网络版)，依照该办法。这里的利用互联网从事经营活动的企业和个体工商户包括互联网广告经营商和广告发布商。

营业执照副本(网络版)记载营业执照正本中的主要登记事项和以下事项：①自营网站的域名或者委托上传交易信息的网站的域名；②前项中有关网站的IP地址；③已取得的可以从事相关商品及服务的许可证及其有效期；④营业执照副本(网络版)的有效期。

凡有独立域名，并在互联网上设立网站从事经营活动的企业和个体工商户，应当在网站主页显著位置公示指定的营业执照副本(网络版)专用标识。凡接受委托，在自己的网站上为他人提供交易平台，上传交易信息的企业，应当在网站内设置公示委托人营业执照副本(网络版)标识的网页，并在网站主页醒目处设置链接窗口。

三、对互联网广告内容的规制

规范广告内容的法律、行政法规有《广告法》《广告管理条例》《产品质量法》《反不正当竞争法》《广告经营许可证管理办法》等。此外，北京、上海等地市场监督管理局颁布的地方性法规在互联网广告内容上做了有别于传统广告的特别规定。

(一)特殊商品的广告要求

现行广告法结合我国广告管理的现实做法和实际需要，借鉴国际惯例。在《广告法》《消费者权益保护法》《产品质量法》等法律中，对特殊商品广告的特殊要求做出了细化规定，并发布《药品广告审查发布标准》《医疗广告管理办法》等对药品、医疗器械、农药、化妆品、食品、烟酒等涉及人体健康以及人身、财产安全的商品广告的特殊要求作了规定。

1. 审查制度

《广告法》第34条规定："利用广播、电影、电视、报纸、期刊，以及其他发布药品、医疗器械、农药、兽药等商品的广告和法律、法规规定应当进行审查的其他广告，必须在发布前依照有关法律、行政法规由有关行政主管部门对广告内容进行审查，未经审查不得发布。"

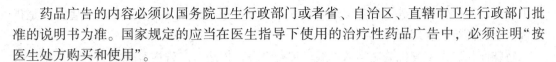

药品广告的内容必须以国务院卫生行政部门或者省、自治区、直辖市卫生行政部门批准的说明书为准。国家规定的应当在医生指导下使用的治疗性药品广告中，必须注明"按医生处方购买和使用"。

2. 许可证制度

《广告法》第19条规定："食品、酒类、化妆品广告的内容必须符合卫生许可的事项，并不得使用医疗用语或者易与药品混淆的用语。"

3. 限制性制度

《广告法》中规定："禁止利用广播、影视、报刊发布烟草广告。禁止在各类等候室、影剧院、会议厅堂、体育比赛场馆等公共场所设置烟草广告。烟草广告中必须标明'吸烟有害健康'的忠告语。忠告语必须清晰、易于辨认，所占面积不得少于全部广告面积的10%。烟草广告中不得有下列情形：①吸烟形象；②未成年人形象；③鼓励、怂恿吸烟的；④表示吸烟有利人体健康、解除疲劳、缓解精神紧张的；⑤其他违反国家广告管理规定的。烟草经营者利用广播、电视、电影、报纸、期刊发布广告时，不得出现烟草制品名称、商标、包装、装潢。出现的企业名称和烟草商标名称相同时，不得以特殊设计的办法突出企业名称。"

《烟草广告管理暂行办法》中规定："烟草广告中'不得有未成年人形象'等。"

4. 禁止性制度

《广告法》第16条规定："麻醉药品、精神药品、毒性药品、放射性药品等特殊药品，不得做广告。"

（二）对互联网广告内容的特别规制

北京市行政管理管理局发布的《北京市互联网广告管理暂行办法》，明确列出在网络中禁止发布的广告内容，是我国目前互联网广告规定中最全面的一部地方性法规。

《北京市互联网广告管理暂行办法》第13条规定："互联网信息服务提供者不得在网站上发布下列商品或服务的广告：①烟草；②性生活用品；③法律、法规规定生产、销售的商品或者提供的服务，以及禁止发布广告的商品或者服务。"

《北京市互联网广告管理暂行办法》第14条规定："互联网信息服务提供者在网站上发布药品、医疗器械、农药、兽药、医疗等商品的广告，以及法律、法规规定应当进行审查的其他广告，必须在发布前取得有关行政主管部门的审查批准文件，并严格按照审查批准文件的内容发布广告；审查批准文号应当列为广告内容同时发布。"

《北京市互联网广告管理暂行办法》第15条规定："互联网信息服务提供者在网站上发布出国留学咨询、社会办学、经营性文艺演出、专利技术、职业中介等广告，应当按照有关法律、法规、规定取得相关证明文件并按照出证的内容发布广告。"

《北京市互联网广告管理暂行办法》第16条规定："互联网信息服务提供者应当将发布的广告与其他信息相区别，不得以新闻报道形式发布广告。"

（三）对特殊商品广告的审查

《广告法》确定了特殊商品广告审查制度，《广告法》第34条规定："利用广播、电影、电视、报纸、期刊以及其他媒体发布药品、医疗器械、农药、兽药等商品的广告和法律、行政法规规定应当进行审查的其他广告，必须在发布前依照有关法律、行政法规由有关行政主管部门对广告内容进行审查，未经审查，不得发布。"这里所指有关行政主管部门是指县级以上工商行政管理部门。

特殊商品广告审查机关应当认真履行审查义务，依法对广告内容进行审查，传统广告审查分为中央、省、市、县四级。在电子商务环境下，地理区域、地域国界都变得模糊而没有意义。广告的发布不仅可以超越一般的地域，而且已经超越国界，传统的行政区划确定办法不可行，审查制度和查验工作很难发挥作用，存在确定审查管辖机关的问题。特殊商品互联网广告的发布主体可能是商品生产者也可能是商品经销者；生产者必然有实体生产企业，而经销者可能有实体企业，也可能没有，只是在线企业。特殊商品广告审查存在广告主体住所地或经营地确认问题。以我国现行法律为基础，参照国际社会做法，确定特殊商品广告审查机关的基本原则为：①商品生产者作为审查申请人时以特殊商品的生产者的住所地或经营地确定；②当审查申请人不是特殊商品的生产者时，以申请人的住所地或经营地确定；③住所地或经营地无法确定的，为其提供网络联线服务的服务商的服务器所在地视为住所地或经营地。

（四）互联网广告特别规定

1. 互联网广告隐含的法律问题

互联网广告独有的先进性、互动性、投放精确性、跨地域性，使互联网广告在实际运作中面临一些新的法律问题。典型的违法广告有如下类型。

（1）网络虚假广告。

网络虚假广告，是指互联网广告发布者以谋取非法利益为目的，以欺骗的方式进行的使广告受众产生错误认识的互联网广告宣传。

相关调查表明，互联网用户认为，互联网广告最大的劣势是可信度过低，虚假广告多。虚假广告有对产品内容不实和引人误解宣传两种：内容不实是指广告主、经营者对商品或服务的内容、形式、质量、价格、制作工艺、生产原料、效果等相关信息的交代不符合事实；引人误解宣传是指广告主、经营者对商品或服务的内容、形式、质量、价格、制作工艺、生产原料、效果等相关信息的说明，足以造成消费者对商品的不真实判断，影响用户的理性购买行为。网站经营者利用广告夸大产品、服务的功效，推销假冒伪劣产品，贬低竞争对手，产生信息不对称，欺骗和误导消费者，不仅包括对产品的内容不实和引人误解宣传，还包括对网站本身的不当宣传。从严格意义上讲，网站只是商业活动、服务的媒体或手段，而不是产品服务内容本身，但是对网站本身的夸大宣传同样会使信息不对称，足以让用户误解，也就构成了网络环境下的虚假广告。

📖 案 例

> 原告珂兰公司和被告卓美公司分处京沪两地，同为珠宝饰品经营者，却一向"井水不犯河水"。热播剧《夏家三千金》播出，让两家经营珠宝首饰同行对簿公堂。
>
> 电视剧导演在阴差阳错中将北京珂兰公司享有著作权的吊坠放进上海卓美公司首饰盒中。在《夏家三千金》第2集第24分钟处，为给女友庆生，剧中人物皓天与母亲到珠宝店选购首饰，镜头里显示卓美公司克徕帝珠宝"CRD"标识；皓天将首饰送给女

友，首饰盒上有明显的"CRD"标识；打开首饰盒后，项链吊坠却是珂兰公司设计的"天使之翼"。有网友发帖称，为女友购买吊坠的款式与《夏家三千金》中一样，于是向女友吹嘘。细心的女友发现吊坠与首饰盒张冠李戴，向男友表示质疑。此事后来传到珂兰公司。

2011年11月24日，珂兰公司将电视剧摄制方上海辛迪加公司及卓美公司诉之法院。上海市浦东区法院经审理后认为，在电视剧《夏家三千金》拍摄时，卓美公司免费提供场地，辛迪加公司免费为其宣传，双方形成事实广告合作关系，已构成对卓美公司品牌的宣传。

问：该案属于行为性质？应如何解决？

解析：两被告对于虚假广告行为，应连带赔偿。本案中的珂兰公司与卓美公司同为珠宝首饰产品的经营者，存在竞争关系。辛迪加公司明知或应知项链吊坠与卓美公司无关，却将其与有着明显品牌标识的首饰盒一并使用，导致引人误解的后果；卓美公司对宣传内容及可能产生的宣传后果未尽到合理注意义务，两被告应当赔偿损失及合理费用。据此，法院一审判决两被告赔偿珂兰公司经济损失及合理费用2.7万余元，互负连带责任。

案例来源：谁折断了珂兰的天使之翼——我国首例电视剧植入式广告虚假宣传案法律评析 https://www.maxlaw.cn/p-szsbssls-com/artview/785426093856（经编者整理、改编）

📖 案　例

某市市监局的执法人员巡查时发现，A公司在阿里巴巴网站上宣传自己：公司注册资本金5 000万元，已通过ISO9001质量管理体系认证，公司员工人数为100~200人，年营业额为2 000万~5 000万元，产品销往北美、南美、西欧、东欧、东亚、中东等国家或地区。

经执法人员调查核实：A公司实有注册资本50万元，从未取得ISO9001质量管理体系认证，公司员工人数10人，年营业额仅有200万元左右，公司无进出口经营权，根本未对外出口过产品。据此，市监局决定对该案件立案查处。

问：该案应如何认定？

解析：第一种意见认为：是引人误解的虚假宣传行为。A公司为扩大影响力，提高社会知名度，故意夸大自身登记注册信息和商品信息，使广大经营者和消费者误以为A公司实力雄厚，社会知名度很高，进而获得更多的市场交易机会，扰乱了正常的市场公平竞争秩序，损害了其他经营者的合法权益。应依据《反不正当竞争法》第24条责令A公司立即停止违法行为，并可根据情节处以1万元以上20万元以下的罚款。

第二种意见认为：是虚假广告的违法行为。A公司在网络广告中宣传的注册资本、员工人数、营业额等内容不真实，含有虚假的内容，严重误导经营者和消费者，属于《广告法》和《广告管理条例》规定中的利用广告弄虚作假、欺骗用户和消费者的违法行为，应法责令其在相应范围内发布更正广告、并视情节予以通报批评、处以违法所得 3 倍以下罚款，但最高不超过 3 万元；没有违法所得的，处以 1 万元以下罚款或处以广告费 1 倍以上 5 倍以下罚款。

案例来源：某公司虚假广告一案的案例分析 https：//www.hongjibp.com/laws-61150.html（案例经编者整理、改编）

（2）网络骚扰广告。

网络骚扰广告，指强迫广告和垃圾广告。其中，强迫广告是指在用户下载或浏览过程中出现强制插播广告，用户无法拒收甚至根本无法退出；垃圾广告是指利用邮件发送未经请求的商业、色情及其他内容。

典型的强迫性广告是"在线巨型广告"，这种广告的视觉冲击力强，通常占据整个计算机屏幕近 14% 的面积，并且具有动画效果，持续 3~5 秒，此时段内用户不能关闭，也不能进行任何其他操作。垃圾广告以电子邮件的方式发送，隐藏发件人身份、地址、标题等信息或者含有虚假的信息源、发件人、路由器等信息，垃圾广告给用户和商家带来重负，浪费网络资源，迫使邮件服务商投入大量资金来治理邮件垃圾。

（3）点击欺诈广告。

搜索引擎广告是目前普遍流行的一种广告形式，由于广告费与点击率之间的紧密关系，在利益的驱使下，网络企业可能采用点击欺诈的方式骗取客户广告费。

搜索引擎广告商普遍采取竞价排名经营模式下，它们在搜索结果中将付费网站的信息排名靠前，或者用其他不合理的方式使用户难以分辨自然搜索结果与付费广告的区别，信息混杂出现在搜索结果中，其中包含不公正的付费排名信息，会对用户产生误导。搜索引擎广告商对排名变动没有明确的公开条款，也不会有任何通知，用户找不到与搜索引擎的沟通渠道。高垄断搜索引擎和关键词广告投放平台远不能将搜索用户群体充分发掘，尤其目前的竞价排名付费制，对搜索结果排名的公正性，以及搜索结果内容的真实性等方面都会产生影响。

（4）网络诱饵广告。

网络诱饵广告，是指经营者对实际上不能进行交易的行为做广告，或者对商品的数量、日期有显著限制，而在广告中不予明示，以此引诱顾客前来购买，并鼓动用户购买其广告商品之外的商品。

网络上常见网络经营商用诱饵广告来引诱用户。例如，广告商利用人们发财致富的心理，在广告中声称寻求加工合作，小投入可以带来大回报。除以致富信息为诱饵外，互联网上还常见医疗、药品、保健品、旅游、装修、电信、婚介、化妆品等诱饵广告。网络诱饵广告模式下，商家的实际目的不在于销售广告中的商品或者服务，而只是希望借此机会将顾客引诱到他的商店或网站，然后通过各种手段，说服顾客买其他商品或服务，或者利用某些顾客的善良心态，软硬兼施，迫使顾客购买他本来并不想购买的其他商品或服务。诱饵广告的本质是欺骗用户，是一种网上欺诈行为。

📖 案 例

贾某看到某贸易公司网络广告，宣称投资开办服饰折扣店，"用最省钱的投资方式，开最赚钱的服装店"。2018 年 12 月 18 日，贾某与某贸易公司签订"总经销商合同"。贾某依约交纳品牌运营费 5 万元后，向某贸易公司订货累计 6.2 万元，但收到的货物质量低劣，无法销售，货品堆积于家中。贾某起诉要求解除合同，退还货款并赔偿损失。

问：本案属于什么性质？应如何处理？

解析：本案是网络诱饵广告，法院经审理认为，某贸易公司在其网络宣传及合同内均对货物质量做出承诺，而在实际履行合同过程中，某贸易公司所交货物质量低劣，无法销售，后又拒绝贾某退货请求，据此，法院判决解除"总经销商合同"；某贸易公司返还贾某品牌运营费 5 万元、货款 6.2 万元，并赔偿贾某经济损失 51 752 元。本案贾某的诉讼请求大部分得到支持的原因在于，合同中有具体的违约责任约定，据此确定赔偿标准。

案例来源：广州中院发布十大电子商务纠纷典型案例 https：//wenku. so. com/d/d7afed5e09af91b820deeed8134cef7e(案例经编者整理、改编)

（5）网络隐性广告。

网络隐性广告，是指互联网上非以广告形式但包含广告内容，客观上起着广告作用的广告。广告商将广告客观信息与促销信息混为一体，将广告做得不像广告，让用户在没有任何戒备的情况下悄然接受。

网络传播的特点是互联网广告形式的淡化和信息的广告泛化，互联网具有全面信息的性质，广告与信息传播往往界定不清，许多传播的信息在一定程度上已经广告化。互联网中，由于用户对具有明显强制特性的广告有较强的抵触情绪，广告商在制作互联网广告时纷纷淡化广告色彩，常见的网络隐性广告主要有在网络新闻发布的广告、在 BBS 上发布的广告、在联合品牌网站发布的广告。《广告法》第 13 条规定："广告应当具有可识别性，能够使消费者辨明其为广告，大众传播媒介不得以新闻报道形式发布广告。通过大众传播媒介发布的广告应当有广告标记，与其他非广告信息相区别，不得使消费者产生误解。"隐性广告隐藏了广告的可识别性，是规避法律的行为，属于违规性广告。

2. 互联网广告规制

1）互联网广告应当具有可识别性

《互联网广告管理暂行办法》第 7 条规定："互联网广告应具有可识别性，显著标明'广告'，使消费者能够辨明其为广告；付费搜索广告应当与自然搜索结果明显区分。"

2）互联网广告的禁止性规定

（1）不得影响用户正常使用网络。

《广告法》第 44 条规定："利用互联网发布、发送广告，不得影响用户正常使用网络；在互联网页面以弹出等形式发布的广告，应当显著标明关闭标志，确保一键关闭。"

（2）不得发送未经允许的垃圾邮件。

《互联网广告管理暂行办法》第 8 条规定："不得以欺骗方式诱使用户点击广告内容。未经允许，不得在用户发送的电子邮件中附加广告或者广告链接。"

（3）不得阻扰正当互联网广告。

《互联网广告管理暂行办法》第 16 条第 1 款和第 2 款规定："互联网广告不得对他人正当经营的广告采取拦截、过滤、覆盖、快进等限制措施；利用网络通路、网络设备、应用程序等破坏正常广告数据传输，篡改或者遮挡他人正当经营的广告。"

（4）不得谋取不正当利益。

《互联网广告管理暂行办法》第16条第3款规定："不得利用虚假的统计数据、传播效果或者互联网媒介价值，诱导错误报价，谋取不正当利益或者损害他人利益。"

第三节　互联网广告的监管

一、互联网广告的监管机构及职能

《互联网广告管理暂行办法》第18条规定："对互联网广告违法行为实施行政处罚，由广告发布者所在地工商行政管理部门管辖。广告发布者所在地工商行政管理部门管辖异地广告主、广告经营者有困难的，可以将广告主、广告经营者的违法情况移交广告主、广告经营者所在地工商行政管理部门处理。广告主所在地、广告经营者所在地工商行政管理部门先行发现违法线索或者收到投诉、举报的，也可以进行管辖。对广告主自行发布的违法广告实施行政处罚，由广告主所在地工商行政管理部门管辖。"

县级以上市场监督管理部门是广告的监管机关，主要职能可分为以下三方面。

（一）广告经营主体的市场准入审查和颁证

《广告经营许可证管理办法》中规定："从事广告业务的单位，应依照本办法的规定向广告监督管理机关申请，领取'广告经营许可证'。市场监督管理机构负责广告经营主体的市场准入审查和颁证。"《广告经营许可证管理办法》第6条规定："国家市场监督管理总局主管'广告经营许可证'的监督管理工作。各级广告监督管理机关，分级负责所辖区域内'广告经营许可证'发证、变更、注销及日常监督管理工作。"

（二）广告业务活动的监督检查

《广告经营许可证管理办法》第19条规定："广告监督管理机关应当加强日常监督检查，并定期对辖区内取得'广告经营许可证'的广告经营单位进行广告经营资格检查。广告经营资格检查的具体时间和内容，由省级以上广告监督管理机关确定。"并且广告收费应当合理、公开，收费标准和收费办法应向物价和市场监督管理部门备案。

（三）广告发布活动的日常监测

广告监测是广告监督管理工作的基本内容，也是及时发现和制止虚假违法广告的前提。为此，国家市场监督管理局下发《关于规范广告监测工作的通知》，要求各地市场监督管理局对监测中发现的违法广告，及时依法查处；内容不当的需要进一步证实其真实性，可能引起误导的广告应采取书面形式，通知当事人提供证明材料或者根据具体情况要求其停止发布，修改广告内容；对于违法问题较多的商品和服务广告以及发布违法广告问题严重的广告主，重点跟踪监测。

为了便于各地广告监测资料的汇总、交流及分析处理，国家市场监督管理局专门设计了标准化广告监测工作流程，并研制开发了广告监测信息管理系统软件，各地市场监督管理部门分级监测，形成监测工作的整体功能与作用。目前，我国互联网广告监管呈现由无序趋于有序的状态，由于互联网广告的特殊性，仍然面临许多新的问题。

案 例

2017年6月7日，被告汝南县工商行政管理局对市场进行检查时，发现汝南县闫氏副食品有限公司南关量贩销售河北养元智汇饮品股份有限公司（委托河南华冠养元饮料有限公司）生产的养元六个核桃精品型植物蛋白饮料核桃乳及养生智汇核桃乳，在外包装上使用了"六个核桃《最强大脑》栏目第四季独家冠名"引证的广告用语，汝南县工商行政管理局认为，该用语不准确且未标明出处及使用期限，于2017年10月30日开出汝工商处字（2017）431号行政处罚决定书，责令当事人停止发布广告，并对河北养元智汇饮品股份有限公司罚款69 000元。

一审法院认为，本案争议的焦点有两点：一是原告生产销售包装上标有"六个核桃《最强大脑》栏目第四季独家冠名"字样是否是广告行为；二是被告汝南县工商行政管理局对河北养元智汇饮品股份有限公司做出处罚是否有管辖权。

问：对本案争议的焦点应如何理解？

解析：是广告行为，汝南县工商行政管理局有管辖权。《广告法》第2条第1款规定："在中华人民共和国境内，商品经营者或者服务提供者通过一定媒介和形式直接或者间接地介绍自己所推销的商品或者服务的商业广告活动，适用本法。"原告河北养元智汇饮品股份有限公司生产销售包装上标有"六个核桃《最强大脑》栏目第四季独家冠名"字样，该字样并非该类商品国家标准要求必须标注的，而是生产厂家用来宣传、介绍产品的一种形式，符合商业广告特征，属于广告行为，应接受广告法的调整。

汝南县工商行政管理局有管辖权，河北养元智汇饮品股份有限公司产品销售到汝南县，包装物在汝南县，商品包装物又是载体，其在生产包装上进行商业广告的发布地在汝南县。

案例来源：汝南县工商行政管理局、河北养元智汇饮品股份有限公司工商行政管理（工商）二审行政判决书 https：//susong.tianyancha.com/fd6dfdafd1f111e8a8b47cd30ae00894（案例经编者整理、改编）

二、互联网广告的监管体系

互联网广告本身数量庞大，现有广告法对互联网广告新问题欠缺规定，广告监管按照《广告法》统一实施不可行，需要多层面确立互联网广告市场监管体系。

（一）互联网广告管理立法

立法将互联网广告纳入法律的控制范围内，使互联网广告进一步规范化和法制化，立法是解决互联网广告面临的若干法律问题的刚性手段。目前有三种不同观点：一是政府对互联网广告不加过多的干预，而任其自然发展；二是继续沿用现有广告法律规范，扩大适用范围，将互联网广告纳入其中；三是制定专门适用于互联网广告的新的广告法律规范。由于互联网广告有别于其他形式的广告，只有通过专门法律规范，才能有针对性地、准确地管理好，主要应从对运营商的监管和对消费者的维权入手，健全我国现行法律、法规，如《广告法》《反不正当竞争法》《消费者权益保护法》《产品质量法》等，以及网络服务提供商（Internet Service Provider，ISP）运行规则。

（二）业界规章与行业自律

确立互联网广告行业自律规则，让业界规章在互联网广告法正式出台前起到规范作用，以业界规章和行业自律引导企业实施自我管理和自我监督。

业界规章的作用不仅表现在应急层面，还在补充法律以及管理机关如何实施宏观调控等方面发挥着重要作用。依托互联网广告协会要求参加协会的广告主、广告经营者、广告发布者自觉遵守互联网广告的监管法规，科学地运用竞争手段，杜绝不正当竞争行为，一旦发生纠纷，迅速进行协调，广告行业自律是避免互联网广告纠纷的有效手段。

（三）政府管理与行政执法

行业自律不可能从根本上杜绝违法广告的出现，为了更好地对互联网广告加以调整，政府职能部门应发挥宏观调控职能，加强对互联网广告的行政管理。政府管理重在明确各互联网广告监管机关监管职能，并赋予政府部门行政权力。从便利对互联网广告监管的角度出发，面对众多互联网广告，要求管理机关全部审批不现实，但对于法律法规规定的特殊商品，如烟草、酒类、化妆品、药品等的互联网广告，有必要适用广告发布前的行政审查制度。考虑由信息产业部门、市场监督管理部门以及消费者权益保护组织等多部门协同努力，共同做好对互联网广告的监督管理。

（四）舆论监督与用户参与

在广告法制不健全、管理不规范的情况下，发挥舆论作用，提高用户的鉴别能力和自身防御能力，引导用户参与互联网广告的监管，是减少非法互联网广告所必须的。动员用户对互联网广告实行监督，让用户学会辨别互联网广告发布主体是否合格，广告宣传中涉及的产品是否是合法产品等，并建立相应举报制度、监督制度、网上购物保护制度等，当用户发现虚假广告时，鼓励举报。重视舆论监督，让互联网广告的监管深入人心，提高用户广告监督意识，加强用户的主动防范，才能真正净化互联网广告环境，规范互联网广告市场秩序。

（五）国际协作与联动监管

随着互联网络的全面普及和全球信息化进程的加快，对互联网广告的管理不是一国的内部问题。世界各国应加强与其他国家的交流与合作，互通互助，共同为全球互联网广告的发展创造良好的运行环境。例如，可以通过制定全球性保护政策、签定互联网广告保护国际公约，进行国际协作来实施互联网广告的全球监管。

三、互联网广告追责

追究责任是互联网广告监督最直接与有效的手段。《广告法》《消费者权益保护法》《反不正当竞争法》《民法通则》等法律规定，广告违法行为人对违法行为承担相应民事责任。

（一）广告责任的承担

广告不得贬低其他生产经营者的商品或服务，经营者不得利用广告或其他方式，对商品的质量、制作成分、性能、用途、生产者、有效期限、产地等作引人误解的虚假宣传，不得利用广告进行不正当竞争行为。发布虚假广告，欺骗和误导消费者，使消费者的合法权益受到损害的，依法承担责任。《广告法》第 38 条规定："违反本法规定，发布虚假广告，欺骗和误导消费者，使购买商品或者接受服务的消费者的合法权益受到损害的，由广告主依法承担民事责任；广告经营者、广告发布者明知或者应知广告虚假仍设计、制作、发布的，应当依法承担连带责任。广告经营者、广告发布者不能提供广告主的真实名称、地址的，应当承担全部民事责任。社会团体或者其他组织，在虚假广告中向消费者推荐商品或者服务，使消费者的合法权益受到损害的，应当依法承担连带责任。"

《消费者权益保护法》第 39 条规定："消费者因经营者利用虚假广告提供商品或者服务，其合法权益受到损害的，可以向经营者要求赔偿。广告的经营者发布虚假广告的，消费者可以请求行政主管部门予以惩处。广告的经营者不得提供经营者的真实名称、地址的，应当承担赔偿责任。"

(二)网站经营者在广告发布中的责任

互联网广告主体界限和定位相对模糊，甚至出现主体重叠，广告传统三分法的主体责任承担的规定在网络环境下不适用，必要时应采用互联网广告商身份确定的方式来划分互联网广告主体责任。

1. 网站经营者兼具三个角色的责任

网站经营者为自己的产品或服务在自己的网站上进行广告宣传，网站经营者集广告主、广告经营者、广告发布者于一身，在这种情形下，对于虚假广告引起的侵权责任承担的认定比较简单，均由网站经营者承担。

2. 兼具广告经营者和广告发布者的网站经营者的责任

如果作为网络服务商，网站介入了广告的设计、制作和发布，那么，网站就是互联网广告的经营者和发布者，实质是网络内容提供商(ICP)，在兼具广告经营者和发布者的情形下，网站经营者承担类似于 ICP 在信息传播中的责任，要对制作和发布的广告内容的真实性、合法性负责。

3. 广告发布者身份的网站经营者的责任

网络中介服务提供商(ISP)原则上对于互联网广告的虚假、侵权、违法不承担责任。但是，如果存在明知、因重大过失而没有发现或被告知虚假、侵权和违法而不采取删除措施的行为，则要承担相应的责任。其中有两个问题：第一，ISP 有无主动审核监督的义务，可否规定在应知广告内容虚假或违法时承担责任；第二，当受害人有证据证明侵权行为的客观存在，而网站在接到通知后仍不采取措施时，网站是否应承担不作为的连带责任。

依据网络内容提供商、网络中介服务提供商归责理论，如果互联网广告中存在明显侵权和违法内容时，ISP 应承担责任。工商、司法等机关通告网站经营者互联网广告虚假或违法，网站应当立即删除或停止措施，举报证据的，也应采取相应措施，即网站负有形式审查，以及及时删除侵权和违法广告信息的义务。

(三)广告链接违法的归责

互联网广告自身的行业特点决定了它与电视和报纸等媒体不同，互联网广告本身没有违反广告法，但是它链接的站点却可能存在问题，这样的情况应有妥善的处理方法。

互联网以链接为主要属性，相互链接是"资源共享"的手段，如果苛求被链接内容的合法性、正当性，势必扼杀互联网的活力和利用率，对互联网造成致命打击。基于严格的链接责任，不利于互联网的发展，也不利于人们对互联网的利用，在追究因链接而产生的广告侵权责任时，应采取宽容态度，这种宽容体现在违法或侵权认定上，适用过错责任原则。

本章小结

技术层面上，互联网广告，是指以数字代码为载体，采用先进的电子多媒体技术设计制作，通过互联网广泛传播，具有良好的交互功能的广告形式。法律层面上，狭义的互联网广告，是指互联网信息服务提供者通过因特网在网站或网页上以旗帜、按钮、文字链接、电子邮件等形式发布的广告。广义的互联网广告，是指利用互联网发布的各种广告。随着电子商务的普遍应用，互联网广告得到快速发展，但其在实际运作中存在诸多法律问题难以解决，影响到互联网广告的健康发展，也不利于保护众多消费者的合法权益。本章主要内容如下。

（1）互联网广告与互联网广告法概述。其内容涉及互联网广告的概念、形式和特点、互联网广告法。

（2）互联网广告的相关法律规定。其内容涉及广告法的基本原则和一般准则、对互联网广告主体的规制、对互联网广告内容的规制、互联网广告中典型违法现象及立法保护。

（3）互联网广告的监管。其内容涉及互联网广告的监管机构及职能、互联网广告的监管体系、互联网广告追责。

思考题

1. 什么是互联网广告？如何理解其技术定义和法律定义？
2. 简述互联网广告的特点。
3. 互联网广告面临哪些法律问题？应采取哪些方法应对？
4. 简述我国互联网广告管理中存在的问题并分析其产生原因。
5. 如何解决互联网广告监管不力的问题？

第六章 电子银行与电子支付法律制度

教学目标

知识目标：系统地学习电子支付服务组织、电子支付工具、电子支付的法律关系和法律责任、第三方支付的法律规制。

能力目标：培养综合应用能力，能较好地分析电子支付案例。

素养目标：明确电子支付实体双方的法律责任及义务，形成正确的金钱观，树立良好的消费观。

引 例

引例一：许某来到天河区黄浦大道某银行的 ATM 机取款，取走 100 元后，银行卡账户里只被扣了 1 元，许某先后取款 17.5 万元。

此案经广州市中级人民法院审理后判定，被告许某以非法侵占为目的，采用秘密手段盗窃金融机构资金，且数额特别巨大，行为已构成盗窃罪，遂判处无期徒刑，剥夺政治权利终身，并处没收个人全部财产。广东省高级人民法院发回重审，再审后，以盗窃罪判处 5 年徒刑，没收赃款，并处以 2 万元罚金。

案例来源：许某 ATM 机取款案 https://max.book118.com/html/2018/0120/149684545.shtm（案例经编者整理、改编）

引例二：某女士到工商银行某支行营业部，称接到网上银行发来的登录提醒短信，随后自己账户少了 5 万元。同时，她又接到自称某购物网站"客服"的电话。"客服"表示，该女士在某购物网站上通过网银购买了 5 万元的商品，要再次与她确认购买意愿，若不需要，就提供支付验证码，可以退回购物款。

银行网点工作人员判断，该女士的网银账户下的"保证金账户"里有一笔资金，一旦向对方提供支付验证码，就会被转走。不法分子先窃取客户网银登录密码，将客户资金转移到其保证金账户中，接着给客户打电话，以各种名义索要支付验证码来骗取资金。

141

案例来源：破解网银诈骗案的案例 https：//wenku. so. com/d/334774ca2cdb9deeebb468d4aa5cb431(案例经编者整理、改编)

引例三：支付宝在××年8月1—8日推出第一个"无现金城市周"，微信也开启第三年的"8.8"无现金日活动，由此引起监管者的注意。引述央行内部人士称，蚂蚁金服等合作创建无现金城市等活动，其中一些宣传主题和做法干扰到人民币流通，社会反响较大，造成了公众误解。

一系列对第三方网络支付业务市场的行动，表面的含义是如何防范第三方网络支付市场野蛮生长带来的风险。更重要的可能是这些商业机构对数据的垄断，让公共信息变成私人机构牟取暴利的工具，对市场及产业的影响会更大。这是当前央行对第三方网络支付业务市场推出一系列的政策根本所在。央行发布《中国区域金融运行报告》，探索将互联网金融业务纳入宏观审慎管理框架；央行下发《关于将非银行支付机构网络支付由直连模式迁移至网联平台处理的通知》，要求支付机构受理的涉及银行账户的网络支付业务全部通过网络平台处理。

案例来源："无现金城市周" https：//www. china1baogao. com/news/20170802/9880239. htm(案例经编者整理、改编)

第一节　电子银行及其法律规范

电子商务的发展必然要求银行电子化，要求电子银行开展与商务活动一体化的支付安排，电子银行成为电子商务的重要环节。1995年10月18日，全球第一家电子银行——安全第一电子银行(Security First Network Bank，SFNB)在美国诞生。短短10年，电子银行发展遍布全球各地。我国电子银行是由原有商业银行开设电子服务窗口，在商业银行业务基础之上发展而来的。

一、电子银行概述

(一)电子银行的概念

电子银行，又称为虚拟银行，是指使用电子工具通过互联网向客户提供电子银行业务的银行。电子银行是金融创新与科技创新相结合的产物。2005年2月6日，《电子银行业务管理办法》发布，其将电子银行分为两类，一是网上银行、电话银行和手机银行；二是其他利用电子服务设备和网络，由客户通过自助服务方式完成金融交易的银行业务，包括自助银行、ATM机等。

(二)电子银行业务内容

《电子银行业务管理办法》第2条规定："电子银行业务，是指商业银行等银行业金融机构利用面向社会公众开放的通信通道或开放型公众网络，以及银行为特定自助服务设施或客户建立的专用网络，向客户提供的银行服务。"

电子银行业务内容包括利用计算机和互联网开展的银行业务(网上银行业务)，利用电话等声信设备和电信网络开展的银行业务(电话银行业务)，利用移动电话和无线网络开展

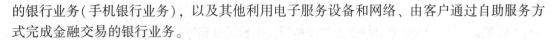

的银行业务(手机银行业务)，以及其他利用电子服务设备和网络、由客户通过自助服务方式完成金融交易的银行业务。

(三)电子银行的模式

电子银行设立有两种方式，一种是全新设立的电子银行，又被称为虚拟网络银行或纯网络银行。这类电子银行，一般只有一个具体的办公场所，没有具体的分支机构、营业柜台、营业人员，无实体营业网点的依托，大部分业务要通过网上银行办理，主要是靠业务外包及银行联盟实现。另一种是传统银行网络化，电子银行由传统银行发展而来，即在传统银行的基础上，运用互联网来开展传统银行业务的在线银行或分支型网络银行。这类银行是传统银行的业务分支，是传统银行利用互联网开设的银行分站，它的地域比原来的更加宽广。目前全球范围内的电子银行主要是分支型网络银行，这类银行的比例占电子银行的95%。我国目前没有纯网络银行，全部为分支型网络银行。

1998年2月，我国招商银行率先推出电子银行"一网通"，成为中国电子银行业务的市场导引者；1998年6月，中国银行在国内开通了电子银行服务；1999年8月，建设银行启动了电子银行，接着各大银行都陆续推出电子银行，开通了网上支付、网上自助转账和网上缴费等业务，在我国实现了在线金融服务。

二、电子银行的市场准入

网络金融降低了市场进入成本，削弱了现有商业银行所享有的竞争优势，加大了竞争所能达到的广度和深度。这种相对公平的竞争可能会吸引非银行金融机构和高科技公司分享这片市场，从而提供多种金融产品和服务。对于在线银行而言，由于其是从传统银行发展而来的，不存在机构准入的问题，市场准入一般是针对虚拟银行和跨境电子银行而言的。

2003年5月31日，《金融许可证管理办法》发布；同年5月29日，《中国银行业监督管理委员会关于调整市场准入管理方式和程序的决定》发布；2005年2月6日，《电子银行业务管理办法》发布，对我国电子银行设立的条件、程序、变更和终止均做出了规定。

目前，我国分支型的网上银行的市场准入管理，主要采用的是审批管理方式，在审批标准上把握"严制度，宽标准；严风险防范，宽业务审批；严跨境业务，宽国内业务"等原则。

(一)申请电子银行业务的条件

《电子银行业务管理办法》第9条规定，金融机构开办电子银行业务，应当具备下列条件。

(1)金融机构的经营活动正常，建立了较为完善的风险管理体系和内部控制制度，在申请开办电子银行业务的前一年内，金融机构的主要信息管理系统和业务处理系统没有发生过重大事故。

(2)制定了电子银行业务的总体发展战略、发展规划和电子银行安全策略，建立了电子银行业务风险管理的组织体系和制度体系。

(3)按照电子银行业务发展规划和安全策略，建立了电子银行业务运营的基础设施和系统，并对相关设施和系统进行了必要的安全检测和业务测试。

(4)对电子银行业务风险管理情况和业务运营设施与系统等，进行了符合监管要求的安全评估。

(5)建立了明确的电子银行业务管理部门，配备了合格的管理人员和技术人员。

(6)中国银保监会要求的其他条件。

《电子银行业务管理办法》第 10 条规定："金融机构开办以互联网为媒介的网上银行业务、手机银行业务等电子银行业务，除应具备第 9 条中所列条件外，还应具备以下条件。

(1)电子银行基础设施设备能够保障电子银行的正常运行。

(2)电子银行系统具备必要的业务处理能力，能够满足客户适时业务处理的需要。

(3)建立了有效的外部攻击侦测机制。

(4)中资银行业金融机构的电子银行业务运营系统和业务处理服务器设置在中华人民共和国境内。

(5)外资金融机构的电子银行业务运营系统和业务处理服务器可以设置在中华人民共和国境内或境外。设置在境外时，应在中华人民共和国境内设置可以记录和保存业务交易数据的设施设备，能够满足金融监管部门现场检查的要求，在出现法律纠纷时，能够满足中国司法机构调查取证的要求。"

《电子银行业务管理办法》第 11 条规定："外资金融机构开办电子银行业务，除应具备第 9 条、第 10 条所列条件外，还应当按照法律法规的有关规定，在中华人民共和国境内设有营业性机构，其所在国家(地区)监管当局具备对电子银行业务进行监管的法律框架和监管能力。"

(二)申请电子银行业务的批准

银保监会对金融机构开办电子银行业务，实行"一级监管"原则，即各类银行机构在中华人民共和国境内开展电子银行业务，应在开办前向银保监会提出申请。

《电子银行业务管理办法》第 12 条规定："金融机构申请开办电子银行业务，根据电子银行业务的不同类型，分别适用审批制和报告制。"

(1)利用互联网等开放性网络或无线网络开办的电子银行业务，包括网上银行、手机银行和利用掌上计算机等个人数据辅助设备开办的电子银行业务，适用审批制。

(2)利用境内或地区性电信网络、有线网络等开办的电子银行业务，适用报告制。

(3)利用银行为特定自助服务设施或与客户建立的专用网络开办的电子银行业务，法律法规和行政规章另有规定的遵照其规定，没有规定的适用报告制。

金融机构申请开办需要审批的电子银行业务之前，应先就拟申请的业务与中国银保监会进行沟通，说明拟申请的电子银行业务系统和基础设施设计、建设方案，以及基本业务运营模式等，并根据沟通情况，对有关方案进行调整。

金融机构申请开办电子银行业务时，可以在一个申请报告中同时申请不同类型的电子银行业务，但在申请中应注明所申请的电子银行业务类型。金融机构开办电子银行业务后，与其特定客户建立直接网络连接提供相关服务，属于电子银行日常服务，不属于开办电子银行业务申请的类型。

(三)电子银行业务的增加或变更

金融机构根据业务发展需要，可以增加或变更电子银行业务类型，适用审批制或报告制。

《电子银行业务管理办法》第 22 条规定："金融机构增加或者变更以下电子银行业务类

型，适用审批制。

（1）有关法律法规和行政规章规定需要审批但金融机构尚未申请批准，并准备利用电子银行开办的。

（2）金融机构将已获批准的业务应用于电子银行时，需要与证券业、保险业相关机构进行直接实时数据交换才能实施的。

（3）金融机构之间通过互联电子银行平台联合开展的。

（4）提供跨境电子银行服务的。

其他电子银行业务类型适用报告制，金融机构增加或变更时不需要申请，但应在开办该业务类型前1个月内，将有关材料报送中国银保监会或其派出机构。"

（四）电子银行业务的终止

与传统银行不同，网上银行的市场退出，不仅涉及存贷款等金融资产的损失或转移，而且多年积累的客户交易资料、消费信息、个人理财方式、定制资讯等，还面临重新整理、分类和转移的命运。

《电子银行业务管理办法》第28条规定："已开办电子银行业务的金融机构按计划决定终止全部电子银行服务或部分类型的电子银行服务时，应提前3个月就终止电子银行服务的原因及相关问题处置方案等，报告中国银保监会，并同时予以公告。金融机构按计划决定停办部分电子银行业务类型时，应于停办该业务前1个月内向中国银保监会报告，并予以公告。金融机构终止电子银行服务或停办部分业务类型，必须采取有效的措施保护客户的合法权益，并针对可能出现的问题制定有效的处置方案。"

金融机构终止电子银行服务或停办部分业务类型后，需要重新开办电子银行业务或者重新开展已停办的业务类型时，应按照相关规定重新申请或办理。

三、电子银行的业务管理

（一）数据交换与转移管理

电子银行业务的数据交换与转移，是指金融机构根据业务发展和管理的需要，利用电子银行平台与外部组织或机构相互交换电子银行业务信息和数据，或者将有关电子银行业务数据转移至外部组织或机构的活动。

1. 金融机构间业务数据交换与转移

金融机构根据业务发展需要，可以与其他开展电子银行业务的金融机构建立电子银行系统数据交换机制，实现电子银行业务平台的直接连接，进行境内实时信息交换和跨行资金转移。

《电子银行业务管理办法》第56条规定："建立电子银行业务数据交换机制的金融机构，或者电子银行平台实现相互连接的金融机构，应当建立联合风险管理委员会，负责协调跨行间的业务风险管理与控制。"

所有参加数据交换或电子银行平台连接的金融机构都应参加联合风险管理委员会，共同制定并遵守联合风险管理委员会的规章制度和工作规程。联合风险管理委员会的规章制度、工作规程、会议纪要和有关决议等，应抄报中国银保监会。

2. 与非银行业金融机构间业务数据交换与转移

金融机构可以为电子商务经营者提供网上支付平台。在为电子商务提供网上支付平台时，金融机构应严格审查合作对象，签订书面合作协议，建立有效监督机制，防范不法机构或人员利用电子银行支付平台从事违法资金转移或其他非法活动。

《电子银行业务管理办法》第58条规定，金融机构在确保电子银行业务数据安全并被恰当使用的情况下，可以向非金融机构转移部分电子银行业务数据。具体规定如下。

（1）金融机构由于业务外包、系统测试（调试）、数据恢复与救援等为维护电子银行正常安全运营的需要而向非金融机构转移电子银行业务数据的，应当事先签订书面保密合同，并指派专人负责监督有关数据的使用、保管、传递和销毁。

（2）金融机构由于业务拓展、业务合作等需要向非金融机构转移电子银行业务数据的，除应签订书面保密合同和指定专人监督外，还应建立对数据接收方的定期检查制度，一旦发现数据接收方不当使用、保管或传递电子银行业务数据，应立即停止相关数据转移，并应采取必要的措施预防电子银行客户的合法权益受到损害，法律法规另有规定的除外。

（3）金融机构不得向无业务往来的非金融机构转移电子银行业务数据，不得出售电子银行业务数据，不得损害客户权益利用电子银行业务数据谋取利益。

金融机构向非银行业金融机构交换或转移部分电子银行业务数据时，签订数据交换（转移）用途与范围明确、管理职责清晰的书面协议，并明确各方的数据保密责任。未经电子银行业务数据转出机构的允许，数据接收机构不得将有关电子银行业务数据向第三方转移。

（二）业务外包管理

《电子银行业务管理办法》第62条规定："电子银行业务外包，是指金融机构将电子银行部分系统的开发、建设，电子银行业务的部分服务与技术支持，电子银行系统的维护等专业化程度较高的业务工作，委托给外部专业机构承担的活动。"

1. 业务外包报告制

金融机构在进行电子银行业务外包时，应经过金融机构董事会或者法人代表批准，并应在业务外包实施前向中国银保监会报告。

2. 业务外包的安全管理

（1）安全策略。

金融机构对电子银行业务处理系统、授权管理系统、数据备份系统的总体设计开发，以及其他涉及机密数据管理与传递环节的系统进行外包时，应充分认识外包服务供应商对电子银行业务风险控制的影响，根据实际需要，合理确定外包的原则和范围，认真分析和评估业务外包存在的潜在风险，建立健全有关规章制度，制定相应的风险防范措施，将防范措施纳入总体安全策略之中。

（2）合同管理。

金融机构在选择电子银行业务外包服务供应商时，应充分审查、评估外包服务供应商的经营状况、财务状况和实际风险控制与责任承担能力，进行必要的尽职调查。在与外包服务供应商签订书面合的同时，也应在合同中明确规定外包服务供应商的保密义务、保密责任。

（3）风险评估和应急。

金融机构应建立完整的业务外包风险评估与监测程序，审慎管理业务外包产生的风险。电子银行业务外包风险的管理应当符合金融机构的风险管理标准，并应当建立针对电子银行业务外包风险的应急计划。金融机构应当与外包服务供应商建立有效的联络、沟通和信息交流机制，并应当制定在意外情况下能够实现外包服务供应商顺利变更，保证外包服务不间断的应急预案。

（三）跨境业务活动管理

电子银行的跨境业务活动，是指开办电子银行业务的金融机构利用境内的电子银行系统，向境外居民或企业提供的电子银行服务活动。金融机构的境内客户在境外使用电子银行服务，不属于跨境业务活动。金融机构向客户提供跨境电子银行服务，要签订相关服务协议。

1. 境外金融审批

《电子银行业务管理办法》第72条规定，金融机构提供跨境电子银行服务，除应遵守中国法律、法规和外汇管理政策等规定外，还应遵守境外居民所在国家（地区）的法律规定。

境外电子银行监管部门对跨境电子银行业务要求审批的，金融机构在提供跨境业务活动之前，应获得境外电子银行监管部门的批准。

2. 境内文件资料递交

《电子银行业务管理办法》第73条规定，金融机构开展跨境电子银行业务，除应向中国银保监会申请外，还应当向中国银保监会提供以下文件资料。

（1）跨境电子银行服务的国家（地区），以及该国（地区）对电子银行业务管理的法律规定。

（2）跨境电子银行服务的主要对象及服务内容。

（3）未来三年跨境电子银行业务发展规模、客户规模的分析预测。

（4）跨境电子银行业务法律与合规性分析。

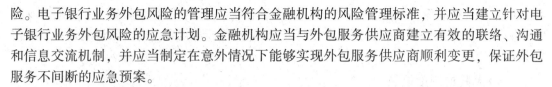 **案　例**

> 2018年，某市新成立一家城市信用合作社A，成立之初即开展两笔业务，一是购买政府债券500万元；二是向该市新客隆超市投资100万元。
>
> **问：**（1）城市信用合作社A注册资本最低限额是多少？
>
> （2）城市信用合作社A的两笔业务属于商业银行的何种业务？是否符合规定？
>
> **解析：**（1）城市信用合作社注册资本最低限额1亿元。
>
> （2）城市信用合作社A的两笔业务都是资产业务，但第二笔业务不合法，商业银行不可以向非自有不动产投资，可以贷款。
>
> 案例来源：原创自编

四、电子银行的法律风险控制

相对传统银行需要考虑的风险，电子银行业务面临更大的风险，其风险主要源自两个方面：一是非系统风险，如发行的电子货币的信用危机、消费者财产损失或透支；二是系统风险,如系统故障、系统遭受外来攻击、依靠和欺诈等。根据《商业银行法》《电子支付指引》《电子银行业务管理办法》《电子银行安全评估指引》等规定,电子银行应建立风险控制措施。

(一)风险的制度控制

《电子银行业务管理办法》第31条规定:"金融机构应当将电子银行业务风险管理纳入本机构风险管理的总体框架之中,并应根据电子银行业务的运营特点,建立健全电子银行风险管理体系和电子银行安全、稳健运营的内部控制体系。"

金融机构针对传统业务风险制定的审慎性风险管理原则和措施等,同样适用于电子银行业务,但金融机构应根据电子银行业务环境和运行方式的变化,对原有风险管理制度、规则和程序进行必要的和适当的修正。

金融机构的电子银行风险管理体系和内部控制体系应当具有清晰的管理架构、完善的规章制度和严格的内部授权控制机制,能够对电子银行业务面临的战略风险、运营风险、法律风险、声誉风险、信用风险、市场风险等实施有效的识别、评估、监测和控制。

(二)风险的设施设备控制

《电子银行业务管理办法》第37条规定:"金融机构应当保障电子银行运营设施设备,以及安全控制设施设备的安全,对电子银行的重要设施设备和数据应采取适当的保护措施。"具体要求如下。

(1)有形场所的物理安全控制,必须符合国家有关法律法规和安全标准的要求,对尚没有统一安全标准的有形场所的安全控制,金融机构应确保其制定的安全制度有效地覆盖可能面临的主要风险。

(2)以开放型网络为媒介的电子银行系统,应合理设置和使用防火墙、防病毒软件等安全产品与技术,确保电子银行有足够的反攻击能力、防病毒能力和入侵防护能力。

(3)对重要设施设备的接触、检查、维修和应急处理,应有明确的权限界定、责任划分和操作流程,并建立日志文件管理制度,如实记录并妥善保管相关记录。

(4)对重要技术参数,应严格控制接触权限,建立相应的技术参数调整与变更机制,并保证在更换关键人员后,能够有效防止有关技术参数的泄漏。

(5)对电子银行管理的关键岗位和关键人员,应实行轮岗和强制性休假制度,建立严格的内部监督管理制度。

(三)其他风险控制

1. 风险责任控制

银行与客户间属于金融服务法律关系。《电子支付指引》第9条规定:"银行应认真审核客户申请办理电子支付业务的基本资料,并以书面或电子方式与客户签订协议。"

《电子银行业务管理办法》第39条规定:"金融机构应当与客户签订电子银行服务协议或合同,明确双方的权利与义务。"

在电子银行服务协议中,金融机构应向客户充分揭示利用电子银行进行交易可能面临的风险,金融机构已经采取的风险控制措施和客户应采取的风险控制措施,以及相关风险的责任承担。

《电子支付指引》第13条规定:"银行与客户签订的电子支付协议应包括以下内容:客

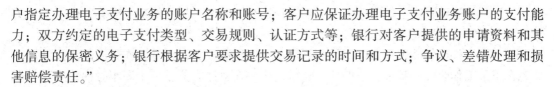

户指定办理电子支付业务的账户名称和账号；客户应保证办理电子支付业务账户的支付能力；双方约定的电子支付类型、交易规则、认证方式等；银行对客户提供的申请资料和其他信息的保密义务；银行根据客户要求提供交易记录的时间和方式；争议、差错处理和损害赔偿责任。"

2. 数据安全控制

《电子银行业务管理办法》第38条规定："金融机构应采用适当的加密技术和措施，保证电子交易数据传输的安全性与保密性，以及所传输交易数据的完整性、真实性和不可否认性。"

金融机构采用的数据加密技术应符合国家有关规定，并根据电子银行业务的安全性需要和科技信息技术的发展，定期检查和评估所使用的加密技术和算法的强度，对加密方式进行适时调整。

3. 风险技术控制

银行为客户办理电子支付业务，应根据客户性质、电子支付类型、支付金额等，与客户约定适当的认证方式，如密码、密钥、数字证书、电子签名等。

《电子银行业务管理办法》第40条规定："金融机构应采取适当的措施和采用适当的技术，识别与验证使用电子银行服务客户的真实、有效身份，并应依照与客户签订的有关协议对客户作业权限、资金转移或交易限额等实施有效管理。"

《电子支付指引》第34条规定："银行采用数字证书或电子签名方式进行客户身份认证和交易授权的，提倡由合法的第三方认证机构提供认证服务。如果客户因依据该认证服务进行交易遭受损失，认证服务机构不能证明自己无过错，应依法承担相应责任。"

《电子银行业务管理办法》第41条规定："金融机构应当建立相应的机制，搜索、监测和处理假冒或有意设置类似于金融机构的网站、电话、短信号码等信息骗取客户资料的活动。"

金融机构发现假冒电子银行的非法活动后，应向公安部门报案，并向中国银保监会报告。同时，金融机构应及时在其网站、电话语音提示系统或短信平台上，提醒客户注意。"

4. 安全评估

安全评估，是指金融机构在开展电子银行业务过程中，对电子银行的安全策略、内控制度、风险管理、系统安全、客户保护等方面进行的安全测试和管控能力的考察与评价。

《电子银行业务管理办法》第77条规定："金融机构应定期对电子银行业务发展与管理情况进行自我评估，并应每年编制《电子银行年度评估报告》。"

《电子支付指引》第3条规定："开展电子银行业务的金融机构，应根据其电子银行发展和管理的需要，至少每两年对电子银行进行一次全面的安全评估。"其第4条规定："金融机构可以利用外部专业化的评估机构对电子银行进行安全评估，也可以利用内部独立于电子银行业务运营和管理部门的评估部门对电子银行进行安全评估。"

金融机构的电子银行安全评估接受中国银行业监督管理委员会的监督指导。

5. 应急性处理

(1)业务变动公告。

《电子银行业务管理办法》第30条规定，金融机构因电子银行系统升级、调试等原因，需要按计划暂时停止电子银行服务的，应选择适当的时间，尽可能减少对客户的影响，并至少提前三天在其网站上予以公告。

受突发事件或偶然因素影响非计划暂停电子银行服务，在正常工作时间内超过四小时或者在正常工作时间外超过八小时的，金融机构应在暂停服务后二十四小时内将有关情况报告中国银保监会，并应在事故处理基本结束后三日内，将事故原因、影响、补救措施及处理情况等，报告中国银保监会。

（2）重大事故报告。

《电子银行业务管理办法》第80条规定："金融机构应当建立电子银行业务重大安全事故和风险事件的报告制度，并保持与监管部门的经常性沟通。"

对于电子银行系统被恶意攻破并已出现客户或银行损失的，电子银行被病毒感染并导致机密资料外泄的，以及可能会引发其他金融机构电子银行系统风险的事件，金融机构应在事件发生后四十八小时内向中国银保监会报告。

五、电子银行的法律责任

（一）安全隐患及违规操作的法律责任

《电子银行业务管理办法》第89条规定："金融机构在提供电子银行服务时，因电子银行系统存在安全隐患、金融机构内部违规操作和其他非客户原因等造成损失的，金融机构应当承担相应责任。"

因客户有意泄漏交易密码，或者未按照服务协议尽到应尽的安全防范与保密义务造成损失的，金融机构可以根据服务协议的约定免于承担相应责任，但法律法规另有规定的除外。

（二）擅自开办与变更业务的法律责任

《电子银行业务管理办法》第90条规定："金融机构未经批准擅自开办电子银行业务，或者未经批准增加或变更需要审批的电子银行业务类型，造成客户损失的，金融机构应承担全部责任。法律法规明确规定应由客户承担的责任除外。"

（三）协助处理义务的法律责任

《电子银行业务管理办法》第91条规定："金融机构已经按照有关法律、法规和行政规章的要求，尽到了电子银行风险管理和安全管理的相应职责，但因其他金融机构或者其他金融机构的外包服务商失职等原因，造成客户损失的，由其他金融机构承担相应责任，但提供电子银行服务的金融机构有义务协助其客户处理有关事宜。"

（四）轻微安全隐患处理的法律责任

《电子银行业务管理办法》第92条规定："金融机构开展电子银行业务违反审慎经营规则但尚不构成违法违规，并导致电子银行系统存在较大安全隐患的，中国银保监会将责令限期改正；逾期未改正，或者其安全隐患在短时间难以解决的，中国银保监会可以区别情形，采取下列措施：①暂停批准增加新的电子银行业务类型；②责令金融机构限制发展新的电子银行客户；③责令调整电子银行管理部门负责人。"

第二节　电子货币的法律规范

电子商务的出现使网上支付越来越受到人们的重视；同时，计算机技术在金融领域内的应用，也使银行业务和货币的形式逐步演变。基于网上银行的电子货币随之应运而生。

电子货币是适应人类进入数字时代的需要而出现的一种新兴的电子化货币，是货币史上的一次重大变革。这种货币从形式上而言，早已与钱币无关，是一种通过计算机，运用网络载体进行金融交易的货币。它是计算机介入货币流通领域后产生的、利用银行的电子存款系统和各种电子清算系统来记录和转移资金、完成价值存储和支付清算的系统。

一、电子货币的基本含义

电子货币作为一种新型支付工具，对于它的定义，国内外目前尚未统一。

在欧盟范围内，电子货币的概念被做出了一个法律上的定义。在 1998 年欧洲央行发布的《电子货币报告》中，电子货币被宽泛地定义为："电子化存储于技术设备中的货币价值，可以广泛地用于向除了发行者之外的其他方支付；并且，电子货币作为一种无记名的预付工具在交易中不需要与银行账户相关联。"2002 年，欧洲议会与理事会发布的《电子货币指令》将电子货币的法律概念定义为："对发行者的债权所代表的货币价值，并满足：①存储于电子设备中；②作为支付方式能够被除了发行者之外的其他方所接受。"《电子货币指令》于 2004 年起被欧盟国家转译为各国的法律并实施。

较为权威的是 1998 年巴塞尔委员会给出的定义：电子货币是指在零售支付机制中，通过销售终端、各类电子设备和公共网络，以"储值"产品或预付机制进行支付的货币。所谓"储值"，是指保存在物理介质（硬件或介质）中可用来支付的价值，如智能卡、多功能信用卡等。这种介质被称为"电子钱包"，它与我们经常使用的普通钱包类似，当其存储的价值被使用后，可以通过特定设备向其追储价值。而"预付支付机制"是指存在于特定软件或网络中的一组可以传输并可用于支付的电子数据，通常被称为"数字现金"，由一组组的二进制数据（位流）和数字签名组成，持有人只需输入电子货币编码、密码和金额，就可以直接在网络上使用。

虽然现在世界各国推行和研制的电子货币千差万别，但其基本形态大致上是类似的，即电子货币的使用者以一定的现金或存款从发行者处兑换并获得代表相同金额的数据，并以可读写的电子信息方式储存起来，当使用者需要清偿债务时，可以通过某些电子化媒介或方法将该电子数据直接转移给支付对象，此种电子数据便可称为电子货币。

二、电子货币的种类

就现阶段而言，大多数电子货币是以既有的实体货币（现金或存款）为基础存在的具备"价值尺度"和"价值保存"职能，且电子货币与实体货币之间能按 1∶1 交换这一前提条件而成立的。而作为支付手段，大多数电子货币又不能脱离现金或存款，是用电子化方法传递、转移，以清偿债权债务实现结算。因此，电子货币现阶段的职能及其对支付产生的影响，实际上是电子货币与现金和存款之间的关系。

目前，我国流行的电子货币主要有四种类型。

1. 储值卡型电子货币

一般以磁卡或 IC 卡形式出现，其发行主体除了商业银行之外，还有电信部门（普通电话卡 IC 电话卡）、IC 企业（上网卡）、商业零售企业（各类消费卡）、政府机关（内部消费 IC 卡）和学校（校园 IC 卡）等。发行主体在预收客户资金后，发行等值储值卡，使储值卡成为独立于银行存款之外新的"存款账户"。同时，储值卡在客户消费时以扣减方式支付费用，也就相当于存款账户支付货币。储值卡中的存款目前尚未在中央银行征存准备金之列，因此，储值卡可使现金和活期储蓄需求减少。

2. 信用卡应用型电子货币

这种电子货币指商业银行、信用卡公司等发行主体发行的贷记卡或准贷记卡；可在发行主体规定的信用额度内贷款消费，之后于规定时间还款。信用卡贷款市场规模持续扩大，可以扩大消费信贷规模，从而影响货币供给量。

3. 存款利用型电子货币

该类电子货币主要有借记卡、电子支票等，用于对银行存款以电子化方式支取现金、转账结算、划拨资金。该类电子化支付方法的普及使用能减少消费者往返于银行的费用，致使现金需求余额减少，并可以加快货币的流通速度。

4. 现金模拟型电子货币

这类电子货币主要有两种：一种是基于互联网环境使用的即将代表货币价值的二进制数据保管在微机终端硬盘内的电子现金；另一种是将货币价值保存在 IC 卡内并可脱离银行支付系统流通的电子钱包。该类电子货币具备现金的匿名性、可用于个人之间的支付并可多次转手等特性，其是以代替实体现金为目的而开发的。该类电子货币的扩大使用，能影响到通货的发行机制、减少中央银行的铸币税收入、缩减中央银行的资产负债规模等。

三、电子货币的法律问题

1. 电子货币的性质

对于电子货币是否构成货币的问题，学术界目前尚有争论。一般认为，应当视具体情况进行个案处理。对于储值卡、信用卡类的初级电子货币，只能视为查询和转移银行存款的电子工具或者是对现存货币进行支付的电子化工具，并不能真正构成货币的一种。而类似计算机现金的现金模拟型电子货币，则是初步具备了流通货币的特征。但是，要真正成为流通货币的一种，现金模拟型电子货币还应当满足以下条件：被广泛地视为一种价值尺度和交换中介，而不是仅作为一种商品；必须是不依赖银行或发行机构信用的用于清偿债务的最终手段，接受给付的一方不需要保有追索权；自由流通，具有完全的可兑换性；本身能够成为价值的保存手段，而不需要通过收集、清算、结算来实现其价值；是完全的不特定物，支付具有匿名性。

电子货币的价值均是以既有的现金、存款为前提的，是其发行者将既有货币的价值电子化的产物。持有电子货币仅意味着持有者具有以其持有的电子货币向发行者兑换等价值现金或存款的权利；其次，根据货币法定的原则，电子货币要真正成为通货的一种，还需经一国立法的明示认可。所以，电子货币可被认为是以既有货币为基础的二次货币，又不

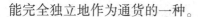

能完全独立地作为通货的一种。

2. 电子货币的发行主体

各国目前在电子货币的发行主体问题上并无统一的解决方案，而是根据具体国情而定。

美国和欧洲在发行电子货币的机构这一问题上持有不同立场：美国联邦储备委员会认为由非银行金融机构来发行电子货币应是允许的，因为非银行会由于开发及行销电子货币的高成本而使它们必须开发具有安全性的产品。美国并不认为非银行机构会对银行造成威胁，因为它们认为银行有良好的声誉，所以消费者较倾向信赖由主要的当地银行所发行的电子货币而不会信赖一家新成立的非银行机构所发行的电子货币。

欧洲货币机构工作小组则认为只有由主管机构所监管的信贷机构才可发行电子货币。例如，欧洲货币基金组织（EMI）于1994年5月公开发表的欧共体结算系统业务部提交的《关于预付卡的报告书》中指出，电子钱包发行者收取的资金应视为银行存款，原则上只允许金融机构发行电子钱包。欧盟成员德国在对"信用制度法"的修正案中规定，所有电子货币的发行均只能由银行开办。

对于信用卡，我国自1996年4月1日起实行的《信用卡业务管理办法》中规定信用卡的发行者仅限于商业银行，对于信用卡之外的其他电子货币种类，我国尚无法律规定。

就我国国情而言，发行电子货币的主体为中国人民银行或者中国人民银行委托的金融机构是比较可行的办法。其理由有两点：第一，有助于政府对电子货币进行监控并根据电子货币研究和实践的发展及时调整其货币政策，并同时保证了支付系统的可靠性；第二，由于由中央银行发行的电子货币在信用和可最终兑付性上比较可靠，对消费者而言就更容易接受并积极参与，从而推动电子货币的普及与发展。

3. 电子货币的安全性

1）安全性的含义

安全性是指电子货币在流通过程中对风险的排斥性。电子货币应该有一套防止复制的系统。电子货币的安全性，不是依靠普通的防伪技术，而是通过用户密码、软硬件加密解密系统及路由器等网络设备的安全保护功能来实现的。但问题是各种病毒层出不穷（欺骗或盗取商业敏感或财务信息），盗版软件屡禁不止，系统设计上/或安装上的漏洞导致使用其他用户的账户进行交易，来去无踪的黑客使服务性网站崩溃，没有多少人会对这些安全技术感到放心。为了保证电子商务发展的安全性，电子货币所使用的安全性技术应受到政府的管制。但是，政府的管制应该有一定尺度，以避免对技术发展造成障碍。

2）安全性的监管

根据欧美国家的经验，安全性的监管通常有两种监管方式：其一，在中央政府有关部门（如中央银行或者财政部货币总署）建立一个有关电子货币的专门工作小组；其二，现有的监管机构根据电子货币的发展状况，修改不适用于数字和网络经济时代的原有规则，同时制定一些新的监管规则和标准。我国目前对电子货币的监管是以原有监管机构的监管为主，不建立新的监管机构，监管的重心在于为电子货币系统提供一个安全的环境。

银保监会作为中国银行业监管的主体，在电子货币问题上，其监管的职能重心应该在电子货币的发行资格的认定、电子货币流通过程中安全支付标准的审查和监督、电子货币流通规则的制定、电子货币风险系统风险的控制和消费者保护等方面。为保证电子货币发行保持必要的流动性和安全性，应向所有的电子货币发行人提出储备要求和充足资本要求，建立电子货币统计和信息披露制度、现场和非现场检查制度及信息安全审核制度等，建立安全保证体系。

第三节　电子支付及其立法

随着电子商务的飞速发展，作为电子商务重要支持手段的电子支付成为大家所关注的问题。电子支付的内涵除了支付本身外，还包括电子银行、电子货币、电子资金转账和第三方支付等内容。电子支付是传统支付形式的电子化，在交易过程中用虚拟的财产替代现有现金的一种模式，通过电子信息化的手段实现交易中的价值交换。电子支付的出现，使人们突破了时间和空间的限制可以自由地进行电子商务交易。

一、电子支付的定义与种类

(一)电子支付的概念和特征

电子支付，是指从事电子商务交易的当事人，包括消费者、厂商和金融机构，通过信息网络，使用安全的信息传输手段，采用数字化方式进行的货币支付或资金流转。

电子支付方式的出现要早于互联网，银行进行电子支付的5种形式分别代表着电子支付发展的5个不同阶段。第一阶段是银行间采用安全的专用网络进行电子资金转账(EFT)，即利用通信网络进行账户交易信息的电子传输，办理结算；第二阶段是银行计算机与其他机构计算机之间资金的结算，如代发工资，代交水费、电费、煤气费、电话费等业务；第三阶段是利用网络终端向用户提供各项银行服务，如用户在自动柜员机(ATM)上进行取、存款操作等；第四阶段是利用银行销售点终端(POS)向用户提供自动扣款服务，这是现阶段电子支付的主要方式；第五阶段是最新发展阶段，电子支付可随时随地通过互联网络进行直接转账结算，这一阶段的电子支付称为网上支付。

与传统的支付方式相比，电子支付具有以下特征。

(1)电子支付是采用先进的技术通过数字流转来完成信息传输的，其各种支付方式都是采用数字化的方式进行款项支付的；而传统的支付方式则是通过现金的流转、票据的转让及银行的汇兑等物理实体是流转来完成款项支付的。

(2)电子支付的工作环境是基于一个开放的系统平台(即互联网)之中；而传统支付则是在较为封闭的系统中运作。

(3)电子支付使用的是最先进的通信手段，如互联网；而传统支付使用的则是传统的通信媒介。电子支付对软、硬件设施的要求很高，一般要求有联网的计算机、相关的软件及其他一些配套设施；而传统支付则没有这么高的要求。

(4)电子支付具有方便、快捷、高效、经济的优势。用户只要拥有一台上网的计算机，便可足不出户，在很短的时间内完成整个支付过程。而支付的费用仅相当于传统支付的几十分之一，甚至几百分之一。

(二)电子支付的种类

电子支付是以网络和信息化为基础进行资金的储存支付和流通，集储蓄信贷现金和非现金结算等多种功能为一体，通过银行专用网络应用于生产交换分配和消费领域，从而实现支付功能。根据不同标准，电子支付可以划分为不同类型。

（1）根据电子支付指令的发起方式，电子支付分为网上支付、电话支付、移动支付、销售点终端交易、自动柜员机交易和其他电子支付。

①网上支付是电子支付的一种形式。从广义上讲，网上支付是以互联网为基础，利用银行所支持的某种数字金融工具，发生在购买者和销售者之间的金融交换，而实现从买者到金融机构、商家之间的在线货币支付、现金流转、资金清算、查询统计等过程，由此为电子商务服务和其他服务提供金融支持。

②电话支付是电子支付的一种线下实现形式，是指消费者使用电话（固定电话、手机、小灵通）或其他类似电话的终端设备，通过银行系统就能从个人银行账户里直接完成付款的方式。

③移动支付是使用移动设备通过无线方式完成支付行为的一种新型的支付方式。移动支付所使用的移动终端可以是手机等。

（2）根据服务对象的不同和支付金额的大小，电子支付分为大额（生产型）电子支付和小额（消费型）电子支付。

①大额电子支付又称批发电子资金支付，主要应用于商家对商家的交易支付中，系统维护双方利益，通过网上支付系统完成支付。

②小额电子支付又称零售电子资金支付，服务对象主要是广大的个人消费者、从事商品和服务的工商企业，这类交易活动的特点是交易发生频繁，但交易金额相对较小，支付方式上一般采用现金、支票、银行卡交易及网上支付。

（3）根据电子支付的手段，电子支付分为电子银行在线支付、第三方转账支付、电话银行支付、IP账号支付等。

①电子银行在线支付又称银行电子资金划拨，是网上流行的支付方式，基本的流程为：用户通过网站提供的接口，将购买物品的费用直接转入商家的对应银行的账户，在成功转入银行账户后，将确认信息通过电子邮件或者电话的方式与商家取得联系，确认信息正确后，商家将用户购买的商品发送给用户。电子银行在线支付一般没有担保。

②第三方转账支付是目前主流的电子支付方式，模式基本为：买家和卖家在同一个平台上，买家通过平台在各个银行的接口，将购买货物的货款转账到平台的账户上，平台程序在受到银行到款通知后，将信息发送给卖家，卖家在受到平台发送的确认信息后，按照卖家的地址发货，买家确认货物后，发送信息给平台，平台再将买家的货款转入卖家的账户。此种支付方式建立有较完善的担保机制。

③电话银行支付是以168等服务类声讯信息台为平台，通过拨打声讯电话选择购买的产品类型，费用在拨打电话的同时扣除，此类方式没有第三方担保，也没有办法取消交易，安全系数较低。

④IP账号支付基本上只有电信运营商采用，收费方式将支付费用与网民上网费用捆绑。

（4）依据支付系统处理划拨的类型，电子支付分为借记划拨与贷记划拨。

由收款人发动银行程序的资金划拨，称为借记划拨；由付款人发动的银行程序的资金划拨，称为贷记划拨。在大额电子资金划拨中，发动银行程序的是付款人，它向银行发出支付命令，指示银行借记自己的账户并贷记收款人的账户。大额电子资金划拨系统采用的都是贷记划拨支付方式，但小额电子的资金划拨采用贷记划拨的支付方式。

(5)依据支付系统的封闭性程度，分为互联网环境下的电子支付和非互联网环境下的电子支付。

前者包括网上银行和电子货币，后者则包括自动柜员机、销售终端 POS 等。

二、电子支付法的概念与特征

电子支付法是一部系统法，涉及电子银行组织法、电子银行业务管理法、电子资金转移法、电子清算和结算法等，也包括电子签名法、电子证据法、电子合同法、消费者权益保护法、隐私权保护法、反洗钱法等内容。

(一)电子支付法的概念

广义上的电子支付法是指调整中央银行、商业银行和其他经济主体以电子方式进行债权债务的清算和资金转账结算过程中发生的各种社会关系的法律规范的总称。

狭义上的电子支付法是指电子支付法基本法，我国目前没有电子支付统一基本法，2005 年 10 月 26 日，中国人民银行发布《电子支付指引》，可以将其视为规范电子支付最全面的指导性行政法规。此外，2005 年 11 月 10 日，中国银行业监督管理委员会发布的《电子银行业务管理办法》和《电子银行安全评估指引》，对规范电子支付组织，防范金融风险，维护银行和客户在电子支付中的合法权益起着重要作用。

(二)电子支付法的特征

电子支付法以调整银行和客户之间的关系为主线，引导和规范互联网上发生的，银行为客户提供的电子支付业务。相对于调整传统支付方式法律，电子支付法具有以下法律特征。

1. 技术性

在支付系统法中，电子支付法中许多法律规范都是直接或间接地由技术规范演变而来的。例如，电子支付运用公开密钥体系生成的数字签名，规范为安全的电子签名，这就将有关公开密钥的技术规范转化成了法律要求；电子支付法对数据电文的有效性、电子签名的应用、电子认证的推广等都提出了明确的要求。法律中技术的应用对当事人之间的支付形式，权利的形式和义务的履行，有极其重要的影响。

2. 复杂性

电子支付参与主体众多，包括银行、客户、商家、第三方支付平台、系统开发商、网络运营服务商、认证服务提供机构等，各个参与者之间都会发生各种各样的复杂的支付关系，在这些复杂的关系中，银行与客户之间的关系是这类电子支付赖以存在的基础和前提。另外，电子支付本身具有高技术性，电子支付活动中支付工具和支付方式复杂，主体在经济交往中的一般性支付需求千差万别，且与人们日常生活息息相关，社会影响广泛。以调整银行和客户之间的关系为主线，明确各方权利义务，全面理顺复杂的支付关系是电子支付法的重点。

3. 发展性

目前，我国电子支付业务处于创新发展时期，为给电子支付业务的创新和发展创造较为宽松的制度环境，促进电子支付效率的提高，保障电子支付安全。国家发布了数个电子

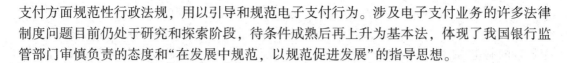

支付方面规范性行政法规，用以引导和规范电子支付行为。涉及电子支付业务的许多法律制度问题目前仍处于研究和探索阶段，待条件成熟后再上升为基本法，体现了我国银行监管部门审慎负责的态度和"在发展中规范，以规范促进发展"的指导思想。

三、电子支付立法概况

近年来，电子支付发展非常迅速，新兴的电子支付工具不断出现，电子支付交易量不断提高，逐步成为我国零售支付体系的重要组成部分。但电子支付过程中出现的问题也越来越多，交易的有效性与安全性成为交易各方十分关注的问题。因此，电子商务的蓬勃发展迫切要求就电子支付活动建立稳定、完善的法律环境，以保障电子交易活动的顺利进行。

(一)国外立法概况

国际社会，电子支付的特点决定了它的法律渊源非常广泛，制定法、判例、自律组织清算规则、银行实务惯例，共同构成了规范电子支付的"法群"。

美国电子支付立法较早，也比较成熟。1978 年，美国颁布了世界上首部电子支付方面的法律《电子资金划拨法》，该法调整小额消费者电子资金划拨问题，强调保护消费者权益，与之相配套，美国联邦储备系统理事会颁布 E 条例、D 条例、Z 条例是小额电子资金划拨的补充法。1989 年，美国颁布《统一商法典》，其中第 4A 编与《电子资金划拨法》相衔接，主要调整大额商业性电子资金划拨问题。1968 年，美国的《真实信贷法》和相应的 Z 条例将信用卡和提款卡(ATM 卡)分开调整，主要调整与信用卡有关的交易。此外，美国联邦储备银行发布了电子支付的操作规范以及民间清算机构，如美国自动清算协会的章程和运作规章等。

英国有多部自律组织清算规则，如《票据交换所自动收付系统清算规则》《银行业惯例守则》《CHAPS 清算规则》等。另外，其还包括银行实务惯例，如 1992 年由英国银行家协会等民间团体共同公布《银行业惯例守则》。

1992 年，为推动各国之间电子支付的广泛应用，联合国贸易法委员会制定了《国际资金支付示范法》；1993 年，参照《统一商法典》中的相关规定，联合国制定并发布了《国际贷记划拨示范法》，是调整大额电子支付法律系统的法律，为各国立法提供借鉴。

欧洲中央银行提出了建立电子货币系统的基本要求，即严格管理、可靠明确的法律保障、技术安全保障、有效防范洗钱等金融犯罪活动、货币统计报告、电子货币可回购性。

(二)我国立法概况

虽然目前我国的电子支付立法不够完善，但是我国各级政府在电子支付方面已经做了多方面的努力和具体工作。

1. 电子支付金融卡流通方面

1997 年 12 月，中国人民银行公布了《中国金融 IC 卡卡片规范》和《中国金融 IC 卡应用规范》；1998 年年初，国家金卡工程协调领导小组根据国务院 22 号文件发布《关于加强 IC 卡生产和应用管理有关问题的通知》，要求制定 IC 卡生产、应用的技术标准和规范，以及加强 IC 卡的管理、清理整顿 IC 卡市场、提高 IC 卡芯片的自主设计和开发能力等。根据该通知的要求，《全国 IC 卡应用发展规划》《IC 卡管理条例》《集成电路卡注册管理办法》《IC 卡通用技术规范》等相继出台，为各种电子支付系统的规范化和兼容化提供了契机。1998 年 9 月，中国人民银行公布与金融 IC 卡规范相配合的 POS 设备的规范，三个标准的制定为国内金融卡跨行跨地区通用、设备共享及与国际接轨提供了强有力的支持，为智能卡在金融业的大规模使用提供了安全性、兼容性的保障。自 1999 年 1 月 26 日，中国人民银行颁布了《银行卡业务管理办法》，对银行信用卡、借记卡等做出规范。

2. 电子支付的网络安全保护方面

我国制定的基本法律和部门规章包括国务院 1994 年 2 月 18 日颁布实施《中华人民共和国计算机信息系统安全保护条例》，于 1998 年 2 月 1 日对该规定进行修订并于 1998 年 2 月 13 日对该规定的实施办法；1997 年 12 月 16 日公安部发布的《计算机信息网络国际联网安全保护管理办法》；1998 年 8 月 31 日公安部与中国人民银行联合发布《金融机构计算机信息系统安全保护工作暂行规定》；2017 年修正的《刑法》第 196 条确定了信用卡诈骗罪、金融凭证诈骗罪，第 285 条至第 287 条规定了侵入计算机系统犯罪。

国家新闻出版署在 2000 年颁布的《出版物发行管理暂行规定》，明确了对网上书店经营行为的规范，2000 年 3 月 28 日，北京市工商局印发了《北京市工商行政管理局网上经营行为登记备案的通告》，中国证监会于 2000 年 4 月 14 日颁布了《网上证券委托暂行管理办法》。

2005 年被称为我国的电子支付元年，电子支付的立法进程呈现加快趋势。2004 年的 8 月 28 日，全国人大常委会审议通过《中华人民共和国电子签名法》，该法自 2005 年 4 月 1 日起施行；2005 年 4 月 18 日中国电子商务行业协会推出了《网络交易平台服务规范》；2005 年中华人民共和国公安部发布《互联网安全保护技术措施规定》，于 2006 年 3 月 1 日实施；2005 年 6 月，中国人民银行发布《支付清算组织管理办法》（征求意见稿）；2005 年 10 月 26 日，中国人民银行发布《电子支付指引（第 1 号）》（中国人民银行公告 [2005] 第 23 号），该指引开启了我国电子支付法制化建设的大门，提出银行从事电子支付业务的指导性要求，规范和引导电子支付的发展；2005 年 11 月 10 日，中国银行业监督管理委员会发布《电子银行业务管理办法》和《电子银行安全评估指引》，两部行政法规于 2006 年 3 月 1 日施行，用以规范电子支付行业，防范金融风险，维护银行和客户在电子支付中的合法权益；2006 年 11 月 6 日，中国人民银行制定《金融机构反洗钱规定》，2007 年 1 月 1 日施行；2007 年 5 月 20 日，中国人民银行以提高个人支付结算效率、提升个人支付结算服务水平为目的，发布了《关于改进个人支付结算服务的通知》；2015 年 4 月 29 日中华人民共和国工业和信息化部修订了《电子认证服务管理办法》，自公布之日起施行。

四、电子支付法律关系

电子支付法律关系，是指在电子商务活动中，因采用网络支付工具而产生的各方当事人之间的法律关系。

(一) 电子支付法律关系的性质

从法律性质上来看，虽然电子支付法律关系中当事人关系极为复杂，但其之间的基础法律关系仍是合同法律关系，应受《民法典》的调整。

第一，从电子支付的过程看，银行接受客户支付指令进行资金电子支付，其依据或前提条件是银行与客户之间先行存在着有关电子支付的合同关系，通常表现为客户在银行开

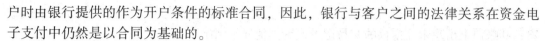

户时由银行提供的作为开户条件的标准合同,因此,银行与客户之间的法律关系在资金电子支付中仍然是以合同为基础的。

第二,电子支付中银行与银行、客户与客户,以及其他当事人之间的法律关系,也表现为相互间存在着与资金电子支付相关的协议,各国法律实践和立法也都按《民法典》中的规定调整。

第三,电子支付中的发卡人与持卡人之间是金融产品提供者与消费者的合同法律关系。

(二)电子支付法律关系的构成

1. 电子支付法律关系的主体

电子支付法律关系的主体主要由三方组成,即网络银行、认证机构和客户。

网络银行具体又可分为网上银行(Internet Banking)和虚拟银行(Internet Bank);按银行所承担角色的不同又可划分为付款人银行(Transferor Bank)、收款人银行(Transferee Bank)、中介银行(Intermediary Bank)、始发银行(Originating Bank)、终点银行(Destination Bank)。付款人银行是指直接接受付款人支付指令的银行;收款人银行是指直接向收款人支付资金的银行;中介银行也称中国银行或代收行,它可以从其他银行接收票据并托收,然后将其托给第三方银行进行托收,这种银行不仅包括付款人银行和收款人银行,还包括在托收过程中取得票据转让的任何银行;始发银行是指在一系列支付指令中第一个向其他银行发出指令的银行;终点银行是指在一系列付款指令中最后收到其他银行指令的银行。

认证机构是指任何人或实体在其营业中从事以数字签名为目的,而颁发与加密密钥相关的身份证书。其本身不从事商业业务,不进行网上采购和销售活动,它接受国家政府部门的监督和管理。它以独立于认证用户(商家和消费者)和参与者(检查和适用证书的相关方)的第三方的地位证明网上活动的合法有效性。

客户通常包括消费者、生产企业和商家,在电子支付中,客户可以划分为付款人和收款人两类,这是电子支付指令的第一个出发点和最后一个传到点。

2. 电子支付法律关系的客体

电子支付法律关系的客体是电子支付行为。

3. 电子支付法律关系的内容

电子支付法律关系的内容,是指电子商务法律关系各方当事人依法享有的权利和承担的义务。

(1)消费者(指令人)的基本权利和义务。

消费者的基本权利有:有权要求接受指令的网上银行按照指令的时间及时将指定的金额支付给指定的收款人,如果接受指令的网上银行没有按指令完成义务,消费者有权要求其承担违约责任,赔偿因此造成的损失。

消费者的基本义务有:① 签发正确的支付指令,按照接受金融机构的程序,检查指令有无错误和歧义,并有义务发出修正指令,修改错误或有歧义的指令;② 支付的义务,即一旦向接受银行发出的指令后,自身也受其指令的约束,承担从其指定账户付款的义务;③ 在符合商业惯例的情况下接受认证机构的认证义务;④不得设置容易被其他人识别的个人识别码或其他密码的义务;⑤ 挂失和通知的义务。消费者在知晓下列情况时应当立即通知发行者或发行者授权的人：电子支付工具或电子支付工具使用方式丢失或被窃；其账户上出现未经授权的交易记录或者其他异常情况。

（2）接受银行的基本权利和义务。

接受银行的基本权利有：① 要求付款人或指令人支付所指令的资金并承担因支付而发生的费用。银行本身并无支付的义务，对于指令人要求支付的资金只能由指令人承担；② 拒绝或要求指令人修正其发出的无法执行的或不符合规定程序和要求的指令；③ 只要能证明由于指令人的过错而导致他人假冒之令人通过了安全程序和认证程序，就有权要求指令人承担指令引起的后果。

接受银行的基本义务有：① 严格审查客户的指示是否为一项合法、有效的指令；② 按照指令人的指令及时完成资金的划拨；③ 信息公开和详尽告知的义务；④ 交易数据安全保障义务；⑤ 行使支付额度的限制义务。

（3）销售者（收款人）的权利和义务。

在电子支付法律关系中，收款人的权利义务较为单一。收款人除了有权要求付款人在约定的时间支付款项外，也有权要求它的代理银行妥善地接收付款人划拨过来的款项。当然，收款人同时要积极配合其代理银行做好收款的工作。

（4）电子认证服务机构的基本权利和义务。

电子认证服务机构的基本权利有：①审查申请者资料的权利；②发放与撤销电子证书的权利；③收取费用的权利。

电子认证服务机构的基本义务有：①信息披露义务；②保密义务；③使用可信赖系统的义务；④担保的义务。

（三）电子支付各方承担民事责任的具体方式

在电子支付法律关系中，可以根据参与主体的不同，区分承担民事法律责任的不同方式。

1. 电子银行承担责任的方式

（1）返回资金，支付利息。如果资金划拨未能及时完成，或者到位资金未能及时通知网络交易客户，银行有义务返还客户资金，并支付从原定支付日到返还当日的利息。

（2）补足差额，偿还余额。如果接收银行到位的资金金额小于支付指示所载数量，则接收银行有义务补足差额；如果接收银行到位的资金金额大于支付指示所载数量，则接收银行有权依照法律提供的其他方式从收益人处得到偿还。

（3）偿还汇率波动导致的损失。在国际贸易中，由于银行失误造成的汇率损失，网络交易客户有权就此向银行提出索赔，而且可以在本应进行汇兑之日和实际汇兑之日之间选择对自己有利的汇率。

（4）赔偿其他损失。由于银行的过错而造成客户的其他损失，在应当预见的范围内予以赔偿。

2. 认证机构承担责任的方式

（1）采取补救措施。如果认证机构出现管理漏洞、CA认证方密钥泄漏、用户注册信息泄漏等问题，应立即采取有效措施，及时更正、修补出现问题的环节，避免引起进一步的用户损失。

（2）继续履行。如果认证机构出现 CA 系统和设备问题（停机、终止、信息丢失等），而导致认证操作出现问题、发布失效信息或证书发布不完善的，认证机构在修复 CA 系统和设备后，应立即发布正确、有效、完整的认证证书，以正确履行其与用户之间的合同。

（3）赔偿损失。由于认证机构的过错而导致用户蒙受损失的，应当在可预见的范围内，由认证机构予以赔偿。

3. 客户承担责任的方式

（1）终止不当行为，采取挽救措施。当用户密钥丢失或泄漏，或发现所发出的指令或提供的信息错误时，应及时通知接收银行或认证机构，以使接收银行或认证机构采取相应的防范措施，防治网络入侵、冒领等事件，或者避免其他参与主体因使用错误证书而蒙受损失。

（2）及时通知，防止损失扩大。当用户发现银行执行指令出现错误，或发现认证机构发布的用户信息错误，或证书不完善时，应立即中止交易，并通知银行或认证机构修改错误。

（3）赔偿损失。电子支付活动的客户主体，如果因其过错而造成其他当事人损失的，诸如密钥或个人信息泄漏、非法使用证书、超限制额度交易而产生的损失，应当在可预见的范围内予以赔偿。

📖 案 例

利用网络支付平台盗划银行卡资金案。2018 年 3 月 9 日，中国人民银行四川省射洪县支行相继接到商业银行金融重大事项报告，称其客户赵某个人银行结算账户大额资金被盗划。2018 年 3 月 11 日，赵某分别向银行反映其 5 个银行卡存款账户资金在 2018 年 3 月 7—9 日被连续盗划 20 余次，盗划资金累计 21.9 万元，期间手机短信提示被屏蔽了。

通过查询赵某 5 个银行卡个人银行结算账户的交易流水，发现其资金通过上海某网络支付机构划至北京某一家公司账户。该盗划事件的特点在于屏蔽了银行客户的手机短信提示功能，并关联客户所有银行卡个人结算账户。

问：该案应如何处理？

解析：责任应由银行承担。依据安全程序规则，客户与银行约定使用有效身份认证，仍出现电子错误或假冒指令产生的损失，由银行还是由客户承担的规则。《电子商务法》第 55 条规定："支付指令发生错误的，电子支付服务提供者应当及时查找原因，并采取相关措施予以纠正。造成用户损失的，电子支付服务提供者应当承担赔偿责任，但能证明支付错误非自身原因造成的除外。"银行应当就电子错误发生的原因承担举证责任。未经授权的支付造成的损失，由电子支付服务提供者承担；电子支付服务提供者能够证明未经授权的支付是因用户的过错造成的，不承担责任。本案系客户个人身份信息被不法分子盗取而导致。不法分子冒用客户在网上注册第三方理财公司所致。银行据此完成付款。银行的操作虽符合约定，不存在过错，但银行不能举证用户存在过错，所以表任由银行承担。

案例来源：央行报告：第三方支付八类风险案件 http://www.360doc.com/content/15/0809/22/6686887_490609585.shtml（案例经编者整理、改编）

📖 **案 例**

李某在工商银行开具尾号为 2661 的借记卡账户，2014 年 3 月 24 日，李某开通电子支付业务。2017 年 2 月 3 日 22 时 32 分 26 秒至 2017 年 2 月 4 日 00 时 35 分 4 秒，李某在银行预留的手机号收到 95588 发送的短信若干，李某账户发生 6 笔消费，共计 9 994 元。

李某报案称有人利用短信验证码转走了 9 994 元。交易记录显示，李某手机收到银行发送的载有短信验证码的短信若干。李某以工商银行存在过错为由诉至法院，要求银行返还自己银行卡上的 9 994 元，并承担诉讼费用。

问：是否支持李某的诉讼？

解析：应支持。依据安全程序规则，李某与银行签订协议的约定，电子支付中，银行首先要向预留手机号发送验证码，待反馈的验证码正确后，银行完成付款。本案查明事实，银行支付中，向涉案银行卡的预留手机号发送验证码，且收到正确的验证码，据此完成付款，银行虽符合约定，不存在过错，但银行不能举证用户存在过错。

案例来源：短信验证码被窃后遭盗刷银行是否担责？https://www.sohu.com/a/232340117_118776(案例经编者整理、改编)

第四节 第三方电子支付法律规范

第三方转账支付是目前主流的第三方电子支付方式，相对于传统的资金划拨交易方式，第三方支付可以比较有效地保障货物质量、交易诚信、退换要求等环节，在整个交易过程中，对交易双方进行约束和监督。在不需要面对面进行交易的电子商务形式中，第三方支付为保证交易成功提供了必要的支持，因此随着电子商务在中国国内的快速发展，第三方支付行业也发展得比较快。

一直以来，突出的法律问题是第三方支付平台的合法性问题，究竟是按照金融机构的要求来规范，还是按照第三方中介服务的模式对其进行管理，立法规范直接关系着第三方支付行业的生存和发展。

一、第三方电子支付概述

(一)第三方电子支付的内涵

"第三方电子支付"是具备一定实力和信誉保障的独立机构，采用与各大银行签约的方式，提供与银行支付结算系统接口的交易支持平台的网络支付模式。在第三方支付模式中，买方选购商品后，使用第三方平台提供的账户进行货款支付，并由第三方通知卖家货款到账、要求发货；买方收到货物，并检验商品进行确认后，就可以通知第三方付款给卖家，第三方再将款项转至卖家账户上。作为网络交易的监督人和主要支付渠道，第三方支付平台给我们提供了更丰富的支付手段和可靠的服务保证。

截至 2021 年 5 月 27 日，我国已获得支付牌照的机构有 228 家，包括支付宝、网银、智付支付、快钱、银联、财付通、百度钱包等。央行对第三方支付机构持续严格监管，注销牌照增多。据统计，从第一批申请续展决定至 2021 年 5 月 27 日，央行已注销牌照 39 家。2019 年，支付宝和腾讯金融市场占有率分别为 53.76% 和 38.95%；2020 年分别为 48.44% 和 33.59%；第三方移动支付 CR2 高达 92.71%。

2018 年 3 月，央行明确外商投资支付机构的准入规则和监管要求，接受外资机构参与中国支付服务市场的发展与竞争。同年 5 月，World First 向央行递交第三方支付牌照申请；6 月，越蕃商务推出专为中国跨境 B2B 企业设计的金融创新产品。

(二)第三方支付平台的特点

(1)第三方支付平台提供一系列的应用接口程序，将多种银行卡支付方式整合到一个界面上，负责交易结算中与银行的对接，使网上购物更加快捷、便利。消费者和商家不需要在不同的银行开设不同的账户，可以帮助消费者降低网上购物的成本，帮助商家降低运营成本；同时，还可以帮助银行节省网关开发费用，并为银行带来一定的潜在利润。

(2)较之 SSL、SET 等支付协议，利用第三方支付平台进行支付操作更加简单而易于被接受。SSL 是现在应用比较广泛的安全协议，在 SSL 中只需要验证商家的身份。SET 协议是目前发展的基于信用卡支付系统的比较成熟的技术。但在 SET 中，各方的身份都需要通过 CA 进行认证，程序复杂，手续繁多，速度慢且实现成本高。有了第三方支付平台后，商家和客户之间的交涉由第三方来完成，使网上交易变得更加简单。

(3)第三方支付平台本身依附于大型的门户网站，且以与其合作的银行的信用作为信用依托。因此第三方支付平台能够较好地突破网上交易中的信用问题，有利于推动电子商务的快速发展。

(三)第三方支付平台的运作机制

第三方支付平台使商家看不到客户的信用卡信息，又避免了信用卡信息在网络多次公开传输而导致的信用卡被窃事件。第三方支付平台一般的运行模式如下。

(1)消费者在电子商务网站选购商品，最后决定购买，买卖双方在网上达成交易意向。

(2)消费者选择利用第三方支付平台作为交易中介，用借记卡或信用卡将货款划到第三方账户，并设定发货期限。

(3)第三方支付平台通知商家，消费者的货款已到账，要求商家在规定时间内发货。

(4)商家收到消费者已付款的通知后按订单发货，并在网站上做相应记录，消费者可在网站上查看自己所购买商品的状态；如果商家没有发货，则第三方支付平台会通知消费者交易失败，并询问是将货款划回其账户还是暂存在支付平台。

(5)消费者收到货物并确认满意后通知第三方支付平台。如果消费者对商品不满意，或认为与商家承诺有出入，可通知第三方支付平台拒付货款并将货物退回商家。

(6)消费者对货物满意，第三方支付平台将货款划入商家账户，交易完成；消费者对货物不满，第三方支付平台确认商家收到退货后，将该商品货款划回消费者账户或暂存在第三方账户中等待消费者下一次交易的支付。

(四)第三方支付模式的优缺点

1. 第三方支付模式的优点

(1)比较安全。信用卡信息或账户信息只需告知支付中介，而不用告诉每个收款人，大大减少了信用卡信息和账户信息失密的风险。

（2）支付成本较低。第三方支付的支付中介集中了大量的电子小额交易，形成规模效应，因而支付成本较低。

（3）使用方便。对支付者而言，他所面对的是友好的界面，不必考虑背后复杂的技术操作过程。

（4）支付担保业务可以在很大程度上保障付款人的利益。

2. 第三方支付模式的缺点

（1）这是一种虚拟支付层的支付模式，需要其他的"实际支付方式"完成实际支付层的操作。

（2）付款人的银行卡信息将暴露给第三方支付平台，如果这个第三方支付平台的信用度或者保密手段欠佳，将带给付款人相关风险。

（3）第三方结算支付中介的法律地位缺乏规定，一旦其终结破产，消费者所购买的"电子货币"可能就成了破产债权，无法得到保障。

（4）由于大量资金寄存在支付平台账户内，而第三方支付平台非金融机构，所以有资金寄存的风险。

二、第三方电子支付相关法律规范

中国人民银行 2010 年 6 月 21 日发布央行令，制定并出台《非金融机构支付服务管理办法》，于 2010 年 9 月 1 日起施行。该办法对非金融机构支付业务的申请与许可、监督与管理以及支付机构支付业务的总体经营原则等进行了规范。

（一）第三方支付的申请与许可规范

1. 第三方支付的申请资质

《非金融机构支付服务管理办法》中规定，非金融机构提供支付服务应具备相应的资质条件，以此建立统一规范的非金融机构支付服务市场准入秩序，强化非金融机构支付服务的持续发展能力。非金融机构提供支付服务应具备的条件主要包括以下内容。

（1）商业存在。申请人必须是在我国依法设立的有限责任公司或股份有限公司，且为非金融机构法人。

（2）资本实力。申请人申请在全国范围内从事支付业务的，其注册资本至少为 1 亿元；申请在同一省（自治区、直辖市）范围内从事支付业务的，其注册资本至少为 3 000 万元，且均需为实缴货币资本。

（3）主要出资人。申请人的主要出资人（包括拥有其实际控制权和 10% 以上股权的出资人）均应符合关于公司制企业法人性质、相关领域从业经验、一定盈利能力等相关资质的要求。

（4）反洗钱措施。申请人应具备国家反洗钱法律、法规规定的反洗钱措施，并于申请时提交相应的验收材料。

（5）支付业务设施。申请人应在申请时提交必要支付业务设施的技术安全检测认证证明。

（6）资信要求。申请人及其高管人员和主要出资人应具备良好的资信状况，并出具相应的无犯罪证明材料。

考虑支付服务的专业性和安全性要求等，申请人还应符合组织机构、内控制度、风控措施、营业场所等方面的规定。

2. 第三方支付的许可牌照

《非金融机构支付服务管理办法》中明确规定，非金融机构提供支付服务，应当依据本办法规定取得《支付业务许可证》，成为支付机构。支付机构依法接受中国人民银行的监督管理。未经中国人民银行批准，任何非金融机构和个人不得从事或变相从事支付业务。

《支付业务许可证》实施两级审批程序。申请《支付业务许可证》的，需经所在地中国人民银行副省级城市中心支行以上的分支机构审查后，报中国人民银行批准。

自颁发之日起，《支付业务许可证》有效期为5年。支付机构拟于《支付业务许可证》期满后继续从事支付业务的，应当在期满前6个月内向所在地中国人民银行分支机构提出续展申请。中国人民银行准予续展的，每次续展的有效期为5年。

根据《中华人民共和国行政许可法》及其实施办法和《中国人民银行行政许可实施办法》的规定等，《非金融机构支付服务管理办法》规定《支付业务许可证》的审批流程主要包括以下内容。

(1)申请人向所在地中国人民银行分支机构提交申请资料。《非金融机构支付服务管理办法》所称中国人民银行分支机构包括中国人民银行上海总部，各分行、营业管理部，省会(首府)城市中心支行及副省级城市中心支行。

(2)申请符合要求的，中国人民银行分支机构依法予以受理，并将初审意见和申请资料报送中国人民银行总行。

(3)中国人民银行总行根据各分支机构的审查意见及社会监督反馈信息等，对申请资料进行审核。准予成为支付机构的，中国人民银行总行依法颁发《支付业务许可证》，并予以公告。

(二)第三方支付业务的监督与管理

1. 经营范围管理

根据《非金融机构支付服务管理办法》的规定，非金融机构支付服务主要包括网络支付、预付卡的发行与受理、银行卡收单以及央行确定的其他支付服务。网络支付是指非金融机构依托公共网络或专用网络在收付款人之间转移货币资金的行为，包括货币汇兑、互联网支付、移动电话支付、固定电话支付、数字电视支付等；预付卡是指以营利为目的发行的、在发行机构之外购买商品或服务的预付价值，包括采取磁条、芯片等技术并以卡片、密码等形式发行的预付卡；银行卡收单是指通过销售点(POS)终端等为银行卡特约商户代收货币资金的行为。

任何非金融机构和个人未经中国人民银行批准擅自从事或变相从事支付业务的，或者支付机构超出《支付业务许可证》有效期限继续从事支付业务的，均由中国人民银行及其分支机构责令其终止支付业务；涉嫌犯罪的，依法移送公安机关立案侦查；构成犯罪的，依法追究刑事责任。

2. 资金安全管理

《非金融机构支付服务管理办法》规定，支付机构接受的客户备付金不属于支付机构的自有财产，支付机构应在同一商业银行专户存放接受的客户备付金，且只能按照客户的要求使用，禁止支付机构以任何形式挪用客户备付金。

《非金融机构支付服务管理办法》还规定，支付机构之间的货币资金转移应当委托银行业金融机构办理，不得通过支付机构相互存放货币资金或委托其他支付机构等形式办理。支付机构不得办理银行业金融机构之间的货币资金转移。

商业银行履行协作监督责任。商业银行作为备付金存管银行，应当对存放在本机构的客户备付金的使用情况进行监督，并有权对支付机构违反规定使用客户备付金的申请或指令予以拒绝。支付机构拟调整不同备付金专用存款账户的头寸时，必须经其备付金存管银行的法人机构进行复核。

人民银行履行法定监管职责。支付机构和备付金存管银行应分别按规定向中国人民银行报送备付金存管协议、备付金专用存款账户及客户备付金的存管或使用情况等信息资料。中国人民银行将依法对支付机构的客户备付金专用存款账户及相关账户等进行现场检查。

（三）第三方与相关各方的法律关系

第三方在业务过程中作为用户的代理人和用户资金的管理者，涉及的法律关系和问题集中体现在与用户之间的关系以及银行（信用卡）之间的关系。

1. 与用户之间的关系

作为用户的代理人来处理网络支付相关事宜时，第三方的责任在于其在用户协议中的陈述和允诺，以邮件形式履行经用户合法授权的付款通知和收款通知义务。当然作为代理人和资金的管理人（保管人）对用户的个人信息、账户的信息都应有一定保密义务，并保证网络支付资金的安全和顺畅。

第三方一般都在用户协议中特别提出，不得将资金用于公司的其他目的，并在公司破产的情形下，不得将用户的资金自主地归于债权人名下。

这里还需要考虑未经授权的支付指令的发出，如果发生未经授权的支付，根据《电子支付指引》（第一号）第 42 条的规定："因银行自身系统、内控制度或为其提供服务的第三方服务机构的原因，造成电子支付指令无法按约定时间传递、传递不完整或被篡改，并造成客户损失的，银行应按约定予以赔偿。因第三方服务机构的原因造成客户损失的，银行应予赔偿，再根据与第三方服务机构的协议进行追偿。"

2. 与银行（信用卡）之间的关系

可以这样考虑，第三方一方面为接受其用户协议的客户提供网络支付和资金保管的服务；另一方面由于其自身不是银行，必须依靠信用卡组织和银行体系来构建自己的服务框架。第三方对于银行和信用卡组织来说是收单人，即用户通过信用卡或者银行账号将资金置入了第三方支付机构的账号中。第三方需要和银行（信用卡）之间有个服务协议明确双方的权利和义务，主要有以下几方面的考虑。

（1）对消费者信用卡或者银行账号的认证。

（2）银行按照第三方的（用户的指令）要求做出的资金划拨。

（3）对可能出现的欺诈和退款要求的确认。

（四）第三方支付系统的运行安全保障

《非金融机构支付服务管理办法》规定，支付机构应当具备必要的技术手段，确保支付指令的完整性、一致性和不可抵赖性，支付业务处理的及时性、准确性和支付业务的安全性；具备灾难恢复处理能力和应急处理能力，确保支付业务的连续性。支付机构应当按规定妥善保管客户身份基本信息、支付业务信息、会计档案等资料，依法保守客户的商业秘密，不得对外泄露。

支付机构未按规定建立有关制度办法或风险管理措施的；未按规定保守客户商业秘密的；无正当理由中断或终止支付业务的；其他危及支付机构稳健运行、损害客户合法权益或危害支付服务市场的违法违规行为，中国人民银行分支机构将责令其限期改正，并给予警告或处1万元以上3万元以下罚款；情节严重的，中国人民银行注销其《支付业务许可证》；涉嫌犯罪的，依法移送公安机关立案侦查；构成犯罪的，依法追究刑事责任。

本章小结

本章以电子支付为核心，电子支付是指单位、个人直接或授权他人通过电子终端发出支付指令，实现货币支付与资金转移的行为。电子支付作为电子商务的重要部分，不是孤立存在的，而是包含多方面内容的完整系统，包括支付工具、安全技术、认证体系、信用体系，以及现有电子支付法律规范体系。本章主要内容如下。

(1)电子支付及其立法，内容涉及电子支付的概念与种类、电子支付体系的构成、电子支付法的概念与特征、国内外电子支付立法概况、电子支付法律关系。

(2)电子银行及其法律规范，内容涉及电子银行的概念、电子银行的市场准入、电子银行的业务管理、电子银行的法律风险控制。

(3)电子货币的法律规范，内容涉及电子货币的基本含义、电子货币的法律监管。

(4)第三方电子支付的法律规范，内容涉及第三方电子支付概述、第三方电子支付相关法律问题、第三方支付的安全保障。

思考题

1. 我国涉及电子支付方面的法律规范主要有哪些？简述目前我国电子支付立法现状。
2. 电子银行法律风险控制包括哪些内容？
3. 简述电子支付系统的构成要素。
4. 电子货币的法律监管涉及的主要内容有哪些？
5. 试述第三方电子支付的内涵。
6. 试述第三方电子支付方的法律地位。
7. 简述网上银行的种类。
8. 网上银行有哪些模式？

第七章 电子商务消费者权益与隐私权保护法律制度

教学目标

知识目标：系统地学习电子商务消费者权益、网络隐私权、个人信息的法律保护、网络名誉权保护制度的完善。

能力目标：培养综合应用能力，能较好地分析电子商务消费者权益与隐私权保护案例。

素养目标：电子商务经营者不得对消费者进行欺骗和误导，要有诚信的品德。

引 例

引例一：广州美明宇月子家政服务有限公司（以下简称"美明宇公司"）与李某、张某、上海汉涛信息咨询有限公司（以下简称"汉涛公司"）名誉权纠纷案。李某、张某（双方系夫妻）之子入住由美明宇公司经营的美媛一生月子会所，被诊断为支气管肺炎。夫妻二人因此在大众点评网发布差评，汉涛公司拒删评论，被美明宇公司起诉至法院，认为侵害到美明宇公司名誉权。

解析：法院经审理认为，二人发布评论未构成名誉侵权，汉涛公司拒删评论亦不构成侵权。法院经审理肯定了网络空间领域内的消费者评价权应受法律保护，消费者评价权为消费者的法定权利，并且对评价权的行使和侵害名誉权之间如何界分进行了清晰的说理论证，为今后的相关裁判提供了判决思路，具有典型性和借鉴意义。

案例来源：年终盘点：2019 十大网络消费维权事件评选 https：//baijiahao.baidu.com/s？id=1655696940056077997（案例经编者整理、改编）

引例二：大数据时代的"信息裸奔"堪忧

阿里巴巴、腾讯、美团，以及滴滴等互联网巨头，存在严重违规收集用户个人信息的行为，无一幸免。其中，滴滴事件引起数亿国人的关注，也暴露出互联网行业所存在的问题。

赴美上市成导火索。滴滴只用了 20 天时间成功在美国上市，打破了我国企业在美上市最短记录，这一举动直接把滴滴推到风口浪尖。（滴滴背后的股东除柳传志家族之外，最大的股东是日本软银、美国 Uber。）滴滴出行软件掌握着数亿用户的地址信息和个人隐私信息，还拥有国内详细的地图信息，这些数据一旦被美国掌握，后果将不堪设想。

大部分互联网公司或多或少存在违规收集用户个人信息、无法保护用户信息安全等行为，滴滴首当其冲成"炮灰"。

人们的生活离不开网络，但这并不能成为互联网企业的筹码。微信支付、支付宝支付给人们生活带来极大便利，但也意味着，所有使用移动支付的用户，其财产信息、消费信息以及个人信息等，都掌握在互联网公司的手里，消费者的生活轨迹能够全部被人掌控，一旦泄露，后果不堪设想。

2017 年 5 月，有人通过 QQ 来兜售 1 号店的数据，而 90 万名用户的资料只卖 500 元。已查获 1 号店网上商城员工与离职、外部人员勾结，造成部分客户信息泄露，已有 11 人被公安部门控制。此举激怒了隐私权人和数千名消费者。

互联网行业要长远且健康发展，必须要对用户信息安全提供保障。一系列法律自 2021 年 9 月 1 日起施行。国家在这个时候站出来，意味着互联网行业秩序将迎来新一轮的洗牌。

案例来源：滴滴事件还没结束，国家新规 9 月 1 日实行，互联网行业迎来新风貌 https://view.inews.qq.com/k/20210824A06CAF00? web_channel = wap&openApp = false（案例经编者整理、改编）

第一节　电子商务与消费者权益保护

一、电子商务消费者权益保护概述

（一）消费者和电子商务消费者

电子商务消费者权益保护法律制度是以电子商务消费者为中心制定的，要想对电子商务消费者的权益进行有效的法律保护，必须先界定消费者和电子商务消费者的概念。

电子商务中的消费者并非一个特别的概念，它实际上是消费者的下位概念，只是这样的消费者与电子商务有紧密联系，其购买、使用商品或者接受服务的交易行为是在互联网这一平台上进行的。因此，电子商务消费者是指通过网络购买、使用商品或者接受服务的个体社会成员。电子商务消费者亦应当被限定为个人，而不包括单位。

《中华人民共和国消费者权益保护法》（以下简称《消费者权益保护法》），于 1993 年 10 月 31 日通过，自 1994 年 1 月 1 日起施行。新修改的《消费者权益保护法》在第十二届全国人大常委会第五次会议上表决通过，2014 年 3 月 15 日起施行。其第 2 条规定："消费者为生活消费需要购买、使用商品或者接受服务，其权益受本法保护；本法未作规定的，受其他有关法律法规保护。"这是我国法律对消费者概念的基本定义。此外，从目前法学理论界的观点和世界各国消费者权益保护法的立法惯例方面看，消费者的主体资格只限于个人。

例如，根据《牛津法律大辞典》的解释，消费者是指那些从经营者处购买、获得、使用各种商品和服务的人；国际标准化组织(ISO)消费者政策委员会认为消费者是为个人目的购买或使用商品和服务的个体社会成员；《欧盟消费者远程合同指令》中将消费者定义为非出于商业、买卖、职业目的而缔结合同的任何自然人。综合以上的各种规定和观点，所谓消费者，是指为满足生活需要而购买、使用商品或者接受服务的个体社会成员。

(二)经营者和电子商务经营者

作为与消费者相对的概念，经营者是指为消费者提供商品或者服务的公民、法人或其他社会组织。《消费者权益保护法》第3条规定："经营者为消费者提供其生产、销售的商品或者提供服务，应当遵守本法；本法未做出规定的，应当遵守其他有关法律、法规。"由此可知，经营者包含生产者、销售者和服务者。制造生活消费品的人为生产者，销售生活消费品的人为销售者，为生活消费提供服务的人为服务者。

作为经营者的下位概念，电子商务经营者是指通过网络为消费者提供商品或者服务的公民、法人或其他社会组织。一般来说，电子商务经营者包括以下几种类型：①在线提供商品或服务的传统经营者。他们把电子商务作为销售商品和提供服务的重要途径，通过建立自己的网站或依靠第三方电子交易平台，发布企业和商品信息，并通过自动化程序与消费者互动，完成订货、付款、发货等环节；②网络服务提供商。网络服务提供商是互联网民事行为最重要的主体之一，当其通过互联网为消费者提供有偿或无偿的网络消费品，如搜索引擎服务、交流工具服务、电子邮件服务等，就成为电子商务消费者权益保护法上的经营者；③电子商务交易第三方。在电子商务的变迁过程中，因为电子商务在安全、物流、支付等方面的特殊性，逐渐产生了特殊的电子商务第三方，如电子商务交易平台。它们为卖方和买方之间的商务活动提供平台或技术支持，其自己不直接销售商品，而是扮演交易中介的角色。电子商务第三方的法律地位，在学界仍存在争议，但其对于电子商务中消费者权益保护的实现具有重要影响。

(三)电子商务消费者权益保护立法概况

消费者权益保护法有狭义与广义之分。狭义的消费者权益保护法，即实质意义上的消费者权益保护法，如《消费者权益保护法》。广义的消费者权益保护法除包含狭义的消费者权益保护法外，还包括散见于各个法律法规中专门保护消费者权益的条款，以及保护消费者权益的地方性法规、规章等。

自人类进入工业化社会以后，随着科学技术的发展，生产过程和生产技术高度复杂化，消费者很难判断商品的品质，不得不依赖于生产者；再加上各种推销、宣传、广告手段的采用，使消费者实际上处于较为盲目的状态。因此，现代民法在维持传统民法关于抽象人格的规定同时，又从抽象的法律人格中，分化出若干具体的法律人格。消费者正是在这一变动过程中成为具体的法律人格类型，出现在《消费者权益保护法》这一特别法上，并得到其特别保护。在网络交易环境下，由于网络的虚拟化、技术化、无纸化，信息不对称等问题更加严重，消费者更处于不利或弱势地位，因此，需要对电子商务消费者实行倾斜性保护。

欧美作为电子商务发达且领先的国家，相继在其国内及联盟内出台了一系列法令以弥补电子商务带来的法律空白。例如，欧盟在1997年5月20日颁布的《关于远程合同中消费者权益保护的指令》(以下简称《远程销售指令》)和2000年6月8日通过的《电子商务指令》等；美国 1997 年 7 月 1 日颁布的《全球电子商务纲要》、1999 年 7 月颁布的《统一电子交易法案》及 2000 年 6 月 30 日颁布的《全球及国内贸易中的电子签名法》等。电子商务中消费者保护主要涉及三方面问题：一是缔约前要求经营者尽到提示义务，防止欺诈消费者；二是给予消费者退货的权利，以减少消费者因未真实地看货、验货产生的风险；三是履行合同过程中的其他保护。这三方面的问题，目前大体上有两类解决方案：一类如欧盟将之视为远距离销售，制定特殊规则加以保护；另一类如美国将之视为邮购买卖的特殊形式，适用邮购买卖中的特殊消费者保护法。欧盟、美国的法律规定，为我国电子商务消费者权益保护立法提供了重要借鉴。

我国关于电子商务消费者权益保护，目前除了部分集中于《消费者权益保护法》外，其余散见于《民法典》(2020 年 5 月 28 日第十三届全国人民代表大会第三次会议通过)、《产品质量法》(1993 年 2 月 22 日颁布，2000 年 7 月 8 日、2009 年 8 月 27 日、2018 年 12 月 29 日三次修正)、《电子签名法》(2004 年 8 月 28 日颁布)、《计算机信息系统安全保护条例》(1994 年 2 月 18 日颁布)、《计算机信息网络国际联网管理暂行规定》(1996 年 2 月 1 日颁布，1997 年 5 月 20 日修正)、《中国公用计算机互联网国际联网管理办法》(1996 年 4 月 3 日颁布)、《计算机信息网络国际联网出入口信息管理办法》(1996 年 4 月 9 日颁布)、《互联网域名管理办法》(2017 年 8 月 16 日通过并公布)、《中国公众多媒体通信管理办法》(1997 年 9 月 10 日颁布)、《计算机信息网络国际联网管理暂行规定实施办法》(1997 年 12 月 7 日颁布)、《计算机信息网络国际联网安全保护管理办法》(1997 年 12 月 30 日颁布)等法律法规和规章中。而这些法律法规和规章对于我国正在飞速发展但尚未成熟的电子商务而言是远远不够的，电子商务消费者相对传统消费者有何不同，如何保护电子商务中的消费者，都急需相应的法律予以确认和保护。《消费者权益保护法》虽然为电子商务领域的消费者权益保护提供了基本的法律框架，但尚有不足之处，不能完全适应电子商务迅速发展的现实。电子商务消费者权益保护已经成为立法热点，必须尽快建立和完善电子商务消费者权益保护的具体法律规则，以更好地保护电子商务消费者的权益。

二、电子商务消费者的权利

消费者权益，是指消费者依法享有的权利及该权利受到保护而给消费者带来的应得利益。为了保护消费者权益，《消费者权益保护法》第 2 章规定消费者享有九项权利，其中前五项权利是基础权利，与消费者的关系最为密切，后四项权利则是由前五项权利派生出来的权利。电子商务消费者属于消费者的一种类型，因此在电子商务交易中与经营者发生消费纠纷、合法权益受到侵害时，可以援用《消费者权益保护法》主张权利。同时，电子交易的特殊性又决定了必须存在一些特殊规则来保护电子商务消费者的合法权益。

(一)安全保障权

《消费者权益保护法》第 7 条规定："消费者在购买、使用商品和接受服务时享有人身、财产安全不受损害的权利。消费者有权要求经营者提供的商品和服务，符合保障人身、财产安全的要求。"这一权利包括两方面的内容：一是人身安全权，主要指生命健康权，是消费者在购买、使用商品和接受服务时，享有保持身体各器官及其机能的完整以及生命不受危害的权利；二是财产安全权，其不仅指消费者购买、使用的商品或接受的服务本身的安全，还指除购买、使用的商品或接受的服务之外的其他财产的安全。

在传统交易环境下，消费者安全保障权的客体是消费者人身安全和财产安全。而在电子商务领域，消费者安全保障权不仅包括传统消费者安全保障权的内容，而且还应该将交易安全、隐私安全等也纳入消费者安全保障权的内容中。电子商务消费者的安全保障权包括以下几方面内容。

1. 人身安全权

电子商务消费者的人身安全权，就是指消费者在网上所购买的商品和获得的服务不会对自己的生命和健康造成威胁。现在网络商店所提供的商品种类越来越多样化，消费者所选购的范围也越来越广，这就要求网络商品的提供者对商品的安全性有足够的质量及安全性保障。与传统的消费者一样，从网上购买商品的消费者也有获得优质商品的权利。缺乏质量的商品也许会给消费者的人身带来伤害，如从网上购来的食品过期或变质，就会伤害消费者的身体健康；网上买来的家用电器如有质量问题，一旦出事，也会给消费者带来人身伤害。给消费者的生命和健康带来损害，就是侵犯了消费者的人身安全权，应当依照《消费者权利保护法》等相关法律的规定，由经营者承担相应的法律责任。

2. 财产安全权

电子商务消费者的财产安全权，是指电子商务消费者的财产不受侵害的权利。由于国际互联网本身是个开放的系统，而网络银行的经营实际上是变资金流动为网上信息的传递，这些在开放系统上传递的信息很容易成为众多网络"黑客"攻击的目标。因此通过网络银行支付货款对消费者的财产安全权有一定的威胁。目前，很多消费者不敢通过网络上传自己的银行卡账号、密码等关键信息也是基于这个原因，他们担心自己的财产权受到侵害。这同时也严重制约了网络银行业务的发展。以法律来保障消费者在电子支付过程中的财产权，目前还比较困难，只有从技术上来保证消费者银行卡的账号、密码不被泄露。如果网络银行达不到规定的要求，就应当承担相应的赔偿责任。

(二) 知悉真情权

知悉真情权即知情权，是消费者在购买、使用商品或者接受服务时，有对商品和服务的有关情况进行了解的权利。为了保证知情权的实现，消费者根据商品或者服务的不同情况，有权要求经营者提供相应信息。《消费者权益保护法》第8条对消费者的知情权做出了规定："消费者享有知悉其购买、使用的商品或者接受服务的真实情况的权利。消费者有权根据商品或服务的不同情况，要求经营者提供商品的价格、产地、生产者、用途、性能、规格等级、主要成分、生产日期、有效期限、检验合格证明、使用方法说明书、售后服务，或者服务的内容、规格、费用等有关情况。"

在电子商务领域，由于消费者通过数据电文与经营者进行远程通信，完全依据经营者提供的信息进行选择和判断，知情权便显得尤为重要，知情权的内容应在原有基础上有所扩展和延伸。根据电子商务的特点，电子商务消费者的知情权主要包括以下几方面的内容。

1) 了解电子商务经营者的真实情况

电子商务经营者的真实情况包括经营者经工商行政管理机关登记的名称、营业场所、主要负责人、联系电话、电子邮箱等内容。对经营者真实情况的了解不仅是消费者对是否购买商品做出正确选择判断的前提，更能在产品或服务出现质量问题时使消费者与经营者尽快取得联系。

2）了解关于商品或者服务的基本情况

商品或者服务的基本情况包括商品或服务的名称、商标、产地、生产者名称、生产日期等。例如，对于某些商品来说，其生产地是很重要的，如果购买中药材，当然希望获得地道的商品，这就不能不注意产地，其他商品也是如此。

3）了解有关技术状况的表示

技术状况的表示包括商品用途、性能、规格、等级、所含成分、有效期限、使用说明书、检验合格证书等。购买商品是为了使用，了解商品的用途和性能是非常重要的，特别是有些商品如果使用不当可能会给消费者的人身健康和安全带来危害，如某些电器产品、煤气燃烧器等。了解该商品的用途、性能可以通过多种途径，如该销售者当面演示，索取说明书、线路图，甚至有些商品可以自己操作试用。对于某些特殊商品（如药品），仅从说明书上不能完全了解用途、性能，还要遵照医生的嘱咐或者根据医生的指示来了解该商品。

4）了解有关销售的状况

销售的状况包括售后服务、价格等。商品或服务的价格是商品或服务交易的关键之所在，直接关系到生产经营者与消费者的切身利益，消费者应当对价格有确切的了解。目前，我国服务行业的管理尚不严格，价格收费也比较混乱，损害消费者的情况十分严重。

这就要求消费者在接受服务前就价格问题与经营者协商确定，以避免遭受损失。商品的售后服务也与消费者的利益紧密相关，了解售后服务主要是看生产厂家与经营者有无质量担保期、提供维修服务的方式以及是否收费、收费多少等。

《电子商务法》第17条规定："电子商务经营者应当全面、真实、准确、及时地披露商品或者服务信息，保障消费者的知情权和选择权。电子商务经营者不得以虚构交易、编造用户评价等方式进行虚假或引人误解的商业宣传，欺骗、误导消费者。"

《电子商务法》第40条规定："竞价排名的商品或者服务，应当显著标明'广告'。"

（三）自主选择权

自主选择权是消费者根据自己的消费要求、意向和兴趣，自主选择自己满意的商品或服务，决定是否购买或接受的权利。《消费者权益保护法》第9条规定："消费者享有自主选择商品或者服务的权利。消费者有权自主选择提供商品或者服务的经营者，自主选择商品品种或者服务方式，自主决定购买或者不购买任何一种商品、接受或者不接受任何一项服务。消费者在自主选择商品或者服务时，有权进行比较、鉴别和挑选。"自主选择权具有以下特征：消费者选择商品和服务的行为是自愿的；消费者自主选择商品和服务的行为必须是合法行为；自主选择权只能限定在购买商品或者接受服务的范围内，不能扩大到使用商品上。

对电子商务消费而言，消费者的自主选择权除了包括对商品或服务，以及对经营者的选择外，也包括以下两方面的权利。

（1）消费者有权选择是否接收电子邮件广告。

（2）消费者有权选择是否安装软件。

《电子商务法》第18条规定："电子商务经营者根据消费者的兴趣爱好、消费习惯等特征向其提供商品或者服务的搜索结果的，应当同时向该消费者提供不针对其个人特征的选项，尊重和平等保护消费者的合法权益。"

（四）公平交易权

公平交易权是消费者在购买商品或者接受服务时，以一定数量的货币换回品质合格、等量价值的商品或服务的权利。这是衡量消费者经济利益是否得到维护的重要标志。我国《消费者权益保护法》第 10 条对消费者的公平交易权做出了规定："消费者享有公平交易的权利。消费者在购买商品或者接受服务时，有权获得质量保障、价格合理、计量正确等公平交易条件，有权拒绝经营者的强制交易行为。"一方面，在电子商务消费中，经营者不能因购物空间的改变和特殊而随意采用欺诈性价格或隐瞒商品及服务的真实品质；另一方面，由于电子商务消费者仅能根据网上的商品信息自行判断性价比是否适当，这种看似主动的购物方式其实容易导致消费者受虚假信息蒙蔽而发生不公平交易。因此在电子商务中应对公平交易权作扩张性解释，赋予消费者有获得公平交易的机会和约定交易条件的权利。

（五）依法求偿权

依法求偿权是由于消费者因购买、使用的商品或者接受的服务本身的原因致使其受到人身、财产损害，而要求经营者承担责任，依法赔偿损失的权利。我国《消费者权益保护法》第 11 条规定："消费者因购买、使用商品或接受服务受到人身、财产损害的，享有依法获得赔偿的权利。"消费者受到的损害包括两方面：①人身权的损害。人身权既指消费者的生命健康权，又指消费者其他人格方面的权利，如姓名权、名誉权、荣誉权等；②财产权的损害。指财产上的损失，包括直接损失和间接损失，即现有财产的减少和可以得到的利益未能得到。

《消费者权益保护法》第 55 条规定："经营者提供商品或者服务有欺诈行为的，应当按照消费者的要求增加赔偿其受到的损失，增加赔偿的金额为消费者购买商品的价款或者接受服务的费用的 3 倍；增加赔偿的金额不足 500 元的，赔偿额为 500 元。"

经营者明知商品或者服务存在缺陷，仍然向消费者提供，造成消费者或者其他受害人死亡或者健康严重损害的，受害人有权要求经营者依照《消费者权益保护法》第 49 条和第 51 条等法律规定赔偿损失，并有权要求所受损失两倍以下的惩罚性赔偿。

📖 案 例

　　大学女生杨某在某网站下的平台内经营者——美美化妆品专卖店处购买了一瓶价值 88 元的 KOSE 特效减肥水，用后认为是假货，于是到公证处申请对证据保全。在公证员在场的情况下，杨某操作了整个购物过程，并在购物单上确认了送货时间和地点。接下来，请公证人员在场的情况下收货，杨某在送货单上签名，取得送货单一张。

　　经证实，该产品非日本 KOSE 公司产品。为此，杨某诉至法院，要求网站承担退一赔三的责任，并支付公证费 400 元。

　　问： (1) 诉讼对象是否正确 (由谁担责)？

　　(2) 要求是否合法？

　　解析： (1) 正确。平台与平台内经营者出现消费者权益问题，承担连带责任，消费者可以平台为被告。

　　(2) 合法。平台出现经营欺诈行为，赔偿标准是退一赔三。

案例来源：原创自编

（六）依法结社权

依法结社权是消费者为维护自身的合法权益而依法成立消费者组织的权利。我国消费者组织包括中国消费者协会和地方各级消费者协会及各种类型的群众性基层组织。

消费者协会和其他消费者组织是依法成立的对商品和服务进行社会监督的保护消费者合法权益的社会团体。消费者协会应履行下列职能：①向消费者提供消费信息和咨询服务；②参与有关行政部门对商品和服务的监督、检查；③就有关消费者合法权益的问题，向有关行政部门反映、查询，提出建议；④受理消费者的投诉，并对投诉事项进行调查、调解；⑤投诉事项涉及商品和服务质量问题的，可以提请鉴定部门鉴定，鉴定部门应当告知鉴定结论；⑥就损害消费者合法权益的行为，支持受损害的消费者提起诉讼；⑦对损害消费者合法权益的行为，通过大众传播媒介予以揭露、批评。根据《消费者权益保护法》的规定，消费者组织不得从事商品经营和营利性服务，不得以牟利为目的向社会推荐商品和服务。

（七）获取知识权

获取知识权是消费者有获得与商品或服务密切相关的知识的权利。《消费者权益保护法》第13条明确规定了消费者的获取知识权。这一权利包括两方面的内容：①获得有关消费方面的知识。主要有消费观念的知识，商品和服务的基本知识，市场的基本知识；②获得有关消费者权益保护方面的知识。主要是指有关消费者权益保护的法律、法规和政策，以及保护机构和争议解决途径等方面的知识。

在电子商务环境下，消费者除了要掌握越来越复杂的有关商品和服务的消费知识外，还需要掌握相关的计算机操作知识、网络基本知识等。作为经营者，也需要向消费者提供与商品或服务相关的知识信息。只有这样，才能在消费者与经营者之间建立起有效的沟通协调机制，从而增强双方的相互信任，促进电子商务的发展。

（八）获得尊重权

《消费者权益保护法》第14条规定："消费者在购买、使用商品和接受服务时，享有其人格尊严、民族风俗习惯得到尊重的权利。"电子商务消费者的受尊重权包括两方面内容：①人格尊严受尊重权。包括姓名权、名誉权、荣誉权、肖像权等。在电子商务环境下，对消费者人格尊严的侵犯通常表现为在网络上发表对消费者有侮辱性的言论、公开消费者的隐私、以营利为目的使用消费者的信息等行为；②民族风俗习惯受到尊重的权利。民族风俗习惯大量表现在饮食、服饰、居住、婚葬、节庆、娱乐、礼节、禁忌等方面，与消费密切相关。就电子商务经营者而言，主要是不得在发布商品信息的网页中含有有损少数民族形象的文字、图片，不得使用涉及少数民族禁忌的广告用语等。

（九）监督批评权

《消费者权益保护法》第15条对消费者的监督批评权做出了规定："消费者享有对商品和服务以及保护消费者权益工作进行监督的权利。消费者有权检举、控告侵害消费者权益的行为和国家机关及其工作人员在保护消费者权益工作中的违法失职行为，有权对保护消费者权益工作提出批评、建议。"这一权利的内容包括两方面：①商品和服务的监督权。主要指对商品或服务的质量、价格、计量、品种、供应、服务态度、售后服务、侵权行为等进行的监督；②保护消费者权益工作的监督权。主要是指对国家机关及其工作人员在保护消费者权益工作中的违法失职行为进行监督。具体表现为对国家有关部门及其工作人员在执行法律法规过程中或者在日常工作中忽视消费者权益的行为提出批评；对国家有关部门及其工作人员在处理损害消费者权益的事件时查处不力、敷衍塞责的行为提出批评或质询。

电子商务消费者监督批评权的内容与传统消费者监督批评权相比，应当有所扩展，除了上述两个方面外，还应当包括对网络服务提供商和电子商务交易第三方的监督。以电子商务交易第三方为例，消费者有权对电子商务交易第三方不履行其相关审查、监管义务或侵害消费者权益的行为提出批评和建议，将情况向相关部门反映并要求对其不法行为进行处理。

📖 案 例

2022年3月，冯某通过网购平台"××商城"累计购买53盒"猴菇酥性饼干"，共花费5 360元，该饼干外包装上标明每100克能量为540千焦。但冯某按照《食品安全国家标准预包装食品营养标签通则》中所列公式，将包装上所写的蛋白质、脂肪、碳水化合物等按成分含量计算得出，该饼干每100克能量应为1 713千焦，与饼干外包装上标明的每100克能量为540千焦不相符。

"食品安全无小事"，冯某起诉饼干的销售平台——××商城。"××商城"辩称，其曾审查过供应商资质，确认饼干来源合法、质量合格，虽然涉案商品能量标识有误，但饼干并未对冯某造成损害，拒绝承担赔偿责任。

问：本案应如何处理？

解析：萝岗区法院审理认为，被告销售能量标识不符合规定的商品，可以认定为销售不符合食品安全标准的食品。按照食品安全法，生产不符合食品安全标准的食品或者销售明知是不符合食品安全标准的食品，消费者除要求赔偿损失外，还可以要求十倍赔偿金。萝岗区法院判决"××商城"设立主体广州某贸易有限公司退还冯某货款5 360元，并赔偿冯某5.36万元。

案例来源：网购5 360元"假"饼干 索赔10倍赔偿获支持 http://finance.jrj.com.cn/consumer/2014/07/29075817694928.shtm(案例经编者整理、改编)

三、电子商务经营者的义务

在消费法律关系中，经营者是消费者相对的主体。虽然消费者与经营者的法律地位平等，但二者存在事实上的不平等。消费者通常是单个的、分散的、财力单薄的，而经营者多数情况下属于团体，财力雄厚、实力强大。因此，法律需要向处于弱者地位的消费者倾斜，才能使二者趋于平衡。消费者权益保护法在让消费者享有权利的同时，也规定了经营者应承担相应的义务。《消费者权益保护法》借鉴国外立法经验，以消费者的权利为主线，以其他法律法规为基础，并根据消费领域中的特殊需要规定了经营者的义务。电子商务经营者在经营活动中，不仅应当遵守上述传统法律的规定，还应结合互联网法律法规的规定

和电子商务的特点，遵守特殊的要求，履行特殊的义务。

(一)依法定或约定履行义务

《消费者权益保护法》第 16 条规定："经营者向消费者提供商品或者服务，应当依照《产品质量法》和其他有关法律、法规的规定履行义务。经营者和消费者有约定的，应当按照约定履行义务，但双方的约定不得违背法律、法规的规定。"这一法律规定明确了经营者两项重要义务：①经营者必须履行法律法规规定的义务，包括产品质量法、食品卫生法、药品管理法、计量法、价格法、广告法等法律、法规中有关经营者义务的规定。②经营者必须履行与消费者约定的义务。现实生活中消费者和经营者之间根据具体交易，就商品和服务会依法达成有关协议，其形式包括口头、书面以及电子数据交换和电子邮件等形式，对此，双方都有忠实履行自己承诺的义务。在达成协议过程中，经营者不得以任何借口减轻或免除自己应承担的责任；在履行协议过程中，经营者必须恪守信用，适当履行既定义务。

经营者依法定或约定履行义务，存在一个履行时间的问题。由于电子商务多是互不见面的远程交易，电子商务消费者普遍关心的是，在支付货款或服务费后，经营者能不能及时提供商品或服务。《消费者权益保护法》对此问题没有直接做出规定，只有在第 46 条对同样是远程购物的邮购中对消费者权益保护做出了规定："经营者以邮购方式提供商品而未按照约定提供的，应当按照消费者的要求履行约定或者退回货款；并应当承担消费者必须支付的合理费用。"

对于该问题，欧盟和美国的做法值得我们借鉴。欧盟在《远程销售指令》中规定："①经营者必须在至多 30 天内履行合同；没在规定日期履行的，必须尽快通知和返还所涉款项。②经营者在法定期限内不履行，则视为合同自始即不成立，消费者可以以未成立合同而要求恢复原状救济。③只有在合同中有明确条款，且经营者尽到了提示义务，才能替代履行。④未经请求货物发至消费者时，消费者可视该货物为赠品，发货供应商对货物丧失任何权利。"美国联邦贸易委员会 1975 年制定了"邮购规则"，该规则不仅适用于传统的邮购，而且适用于使用计算机、传真机或者其他类似方式获得消费者订单的经营者。根据该规则，不能按期履行的经营者必须及时通知消费者；消费者有权取消合同，但是如果消费者未置可否，经营者可以推定消费者愿意继续履行合同；如果经营者仍然无法按照推迟的日期履行义务，必须再次通知消费者，除非消费者明示同意经营者进一步迟延履行，否则合同必须被取消。

(二)听取意见和接受监督的义务

为了保护消费者的监督权，法律还专门规定了经营者接受监督的义务。《消费者权益保护法》第 17 条规定："经营者应当听取消费者对其提供的商品或服务的意见，接受消费者的监督。"经营者听取消费者意见、接受消费者监督的义务，是与消费者的监督批评权相对应的。经营者听取消费者的意见，主要通过与消费者进行面对面的交流，书面征询消费者的意见，从新闻媒介了解消费者对商品和服务的看法与反映等方式来进行。经营者接受消费者监督，主要是通过设立意见箱、意见簿、投诉电话，及时处理消费者的投诉，自觉接受消费者的批评等方式进行。必须指出的是，听取消费意见、接受消费者监督是经营者的法定义务，经营者必须履行。法律规定经营者的此项义务，有利于提高和改善消费者的地位。

在电子商务消费中，为了实现消费者的监督权，电子商务经营者应当为消费者提供监督的途径和方法，如经营者在网站上设立消费者反馈板块，设立投诉邮箱、投诉中心等，积极主动地处理消费者的投诉。

（三）保障人身和财产安全的义务

经营者有保证商品和服务的安全，从而保障消费者人身、财产安全的义务。《消费者权益保护法》第18条规定："经营者应当保证其提供的商品或者服务符合保障人身、财产安全的要求。对可能危及人身、财产安全的商品和服务，应当向消费者做出真实的说明和明确的警示，并说明和标明正确使用商品或者接受服务的方法以及防止危害发生的方法。经营者发现其提供的商品或者服务存在严重缺陷，即使正确使用商品或者接受服务仍然可能对人身、财产安全造成危害的，应当立即向有关行政部门报告和告知消费者，并采取防止危害发生的措施。"在电子商务环境中，经营者同样应当履行上述法律规定的义务。

（四）披露真实信息的义务

消费者了解商品和服务的权利，也就是经营者向消费者提供有关商品和服务信息的义务。《消费者权益保护法》第19条规定了经营者信息披露的义务。这一义务包括三方面内容：①向消费者提供有关商品或服务的真实情况，不得利用广告或其他方法作引人误解的虚假宣传；②对消费者的询问如实答复；③应当明码标价。

在电子商务环境中，消费者只能通过广告获取有关商品的信息，而不能实际地观察、挑选和检验商品，在经营者没有进行充分公开或公开虚假信息时往往使消费者的利益受到损失。因此，经营者的信息披露义务对消费者而言具有十分重要的意义。《电子商务法》第17条规定："全面、真实、准确、及时地披露商品或者服务信息；不得以虚构交易、编造用户评价等方式欺骗、误导消费者。"

（五）出具相应凭证和单据的义务

商品的销售者或服务的提供者在合同履行后，有向商品购买者或服务接受者出具证明合同履行的书面凭据的义务。所谓书面凭据，是指消费者向经营者购买商品或接受服务后从经营者那里所获得的发票或其他购货单据、书面凭证等。《消费者权益保护法》第21条规定："经营者提供商品或者服务，应当按照国家有关规定或者商业惯例向消费者出具购货凭证或者服务单据；消费者索要购货凭证或者服务单据的，经营者必须出具。"这一义务包含两层意思：①经营者提供的商品或服务，应当按照国家有关规定或商业惯例向消费者出具购货凭证或服务单据。购货凭证或服务单据的形式多种多样，如发票、购货证、信誉卡、服务卡、保修单等，其意义在于它记载了买卖合同的基本内容，并能证明合同的履行情况，特别是在发生了消费争议后可提供一个基本的依据，具有重要的证据学意义。②消费者索要购货凭证或服务单据的，经营者必须出具，因为这是经营者的法定义务。

传统的商业交易，经营者一般能够比较主动地出具收据、保修单等，而对于出具发票则没有积极性。在电子商务中，由于有些经营者设计的自动交易程序未向消费者提供索要发票的机会，经营者不出具发票的情况极为普遍。因此，法律应当明确规定电子商务经营者必须在交易达成时向消费者出具发票。电子商务经营者向消费者提供实物商品的，应当将发票随同实物商品邮寄或配送；电子商务经营向消费者提供非实物商品或服务的，应当在完成交易后主动将发票邮寄给消费者。

(六) 提供符合要求商品和服务的义务

质量是一切商品和服务的灵魂，也是决定消费者是否与经营者进行交易的关键。所以，保证商品或服务的质量，是经营者的应尽之责。经营者有保证商品或服务应当具有的质量、性能、用途和有效期限的义务，即应当保证消费者所期待的商品或服务的使用价值。《消费者权益保护法》第22条规定："经营者应当保证在正常使用商品或者接受服务的情况下其提供的商品或者服务应当具有的质量、性能、用途和有效期限；但消费者在购买该商品或者接受该服务前已经知道其存在瑕疵的除外。经营者以广告、产品说明、实物样品或者其他方式表明商品或者服务的质量状况的，应当保证其提供的商品或者服务的实际质量与表明的质量状况相符。"

(七) 法定退货义务

1. 七日法定退货

《消费者权益保护法》第25条规定："经营者采用网络、电视、电话、邮购等方式销售商品，消费者有权自收到商品之日起七日内退货，且无需说明理由。但下列商品除外：①消费者定作的；②鲜活易腐的；③在线下载或者消费者拆封的音像制品、计算机软件等数字化商品；④交付的报纸、期刊。"

2. 三包

三包是零售商业企业对所售商品实行"包修、包换、包退"的简称，指商品进入消费领域后，卖方对买方所购商品负责而采取的在一定限期内的一种信用保证办法。对不是因用户使用、保管不当，而属于商品质量问题而发生的故障提供该项服务。

3. 欺诈三倍赔偿

欺诈三倍赔偿不仅包括商品，而且包括服务，《消费者权益保护法》第55条规定："经营者提供商品或者服务有欺诈行为的，应当按照消费者的要求增加赔偿其受到的损失，增加赔偿的金额为消费者购买商品的价款或者接受服务的费用的三倍；增加赔偿的金额不足五百元的，为五百元。法律另有规定的，依照其规定。"

(八) 不得进行不公平、不合理交易的义务

《消费者权益保护法》第24条规定："经营者不得以格式合同、通知、声明、店堂告示等方式做出对消费者不公平、不合理的规定，或者减轻、免除其损害消费者合法权益应当承担的民事责任。格式合同、通知、声明、店堂告示等含有前款所列内容的，其内容无效。"

《电子商务法》第19条规定："经营者不得以格式合同、通知、声明、店堂告示等方式做出对消费者不公平、不合理的规定；搭售商品或者服务，应当以显著方式提请消费者注意，不得将搭售商品或者服务作为默认同意的选项。"

(九) 信用评价义务

《电子商务法》第39条规定："电子商务平台经营者应当建立健全信用评价制度，公示信用评价规则，为消费者提供对平台内销售的商品或者提供的服务进行评价的途径。"

消费者有评价权，电子商务平台经营者不得删除消费者对其平台内销售的商品或者提

供的服务的评价。

(十)定位网购平台义务(涉及消费者权益侵害的责任)

1. 未采取必要措施，平台承担连带责任

《电子商务法》中规定："电子商务平台经营者知道或者应当知道平台内经营者销售的商品或者提供的服务不符合保障人身、财产安全的要求，或者有其他侵害消费者合法权益行为，未采取必要措施的，依法与该平台内经营者承担连带责任。"

2. 未尽审核和安全保障义务，平台承担相应的责任

《电子商务法》中规定："对关系消费者生命健康的商品或者服务，电子商务平台经营者对平台内经营者的资质资格未尽到审核义务，或者对消费者未尽到安全保障义务，造成消费者损害的，依法承担相应的责任。"

📖 **案 例**

2014年10月20日，原告赵某在被告某电商公司站上购买了2台内存为16G的iPhone 6手机，灰色款，价格为每台5 188元，订单号：1249126686953。在购买页面上，"5188"以较大字号标注，右侧上方以较小字号标注"6000"，右侧下方以较小字号标注"8.7折"。涉案手机的功能、型号，原告确认与被告所宣传一致，且涉案手机无质量问题。原告购买时在其他网站比较过同款折后价格。

原告赵某诉称，被告所谓6 000元的"原价"不是该款手机真实原价。被告利用使消费者误导的价格手段，诱骗原告交易，属于欺诈行为。故原告起诉要求：①判令被告返还原告货款10 376元；②判令被告赔偿原告货款10 376元的3倍，即31 128元。

被告辩称，销售涉案手机的划线价是以电子商务平台同款产品的历史销售价格为依据，并不存在虚构价格的客观行为，以及欺骗消费者的主观故意。原告的举证不能证明在涉案手机销售过程中存在欺诈行为，故其诉讼请求缺乏事实和法律依据。

问：本案应如何解决？

解析：上海市浦东新区人民法院判决驳回原告赵某的全部诉讼请求。审理认为，本案的争议焦点在于被告在网络销售涉案产品中是否存在价格欺诈的行为。

本案中，原告提供购物网页截屏显示，被告以较大字号标注实际销售价格"5188"，并以较小字号标注"6000"和"8.7折"。另外，原告在购买时清楚其购买涉案产品的实际价格为5 188元，而且在比较了其他网站的同款手机的市场销售价格的情况下，做出以5 188元的价格购买涉案手机2台的意思表示。价格欺诈属于不正当扰乱市场的行为，侵害的是其他正当竞争者的权益，要构成民法意义的欺诈行为必须使消费者做出错误的意思表示，侵害的是消费者的权益，而原告的权益并未受损害。根据上述理由，法院认为被告的销售行为不构成欺诈，原告的诉讼请求难予支持。

本案侵犯了消费者选择权、公平交易权、知情权，应承担侵权责任。法院判决，被告公司停止侵权行为，对原告赔礼道歉，赔偿经济损失1 000元，被告承担全部诉讼费用。

案例来源：网购合同纠纷典型案例（四）https://www.sohu.com/a/217023259_807818（案例经编者整理、改编）

四、消费争议的解决和法律责任

(一)消费争议的解决

1. 解决消费纠纷的途径

《消费者权益保护法》第 34 条规定："消费者和经营者发生消费者权益争议的，可以通过下列途径解决：①与经营者协商和解；②请求消费者协会调解；③向有关行政部门申诉；④根据与经营者达成的仲裁协议提请仲裁机构仲裁；⑤向人民法院提起诉讼。以上五种途径可供消费者选择，或和解、或调解、或申诉、或仲裁、或诉讼。"

2. 消费者的求偿对象

消费者权益受到损害后，消费者向谁求偿，是日常生活中亟待解决的问题。《消费者权益保护法》对此做出了专门规定。

(1)消费者或者其他受害人因商品缺陷造成人身、财产损害的，既可以向销售者请求赔偿，也可以向生产请求赔偿。因商品缺陷造成损害，消费者或者其他受害人向销售者索赔的，销售者应当赔偿，属于生产者责任的，销售者赔偿后，有权向生产者追偿；消费者或者其他受害人向生产者索赔的，生产者应当赔偿，属于销售者责任的，生产者赔偿后，有权向销售者追偿。

(2)除商品缺陷侵权责任外，消费者购买、使用商品其权益受到损害的，应当向销售者请求赔偿。销售者赔偿后，属于生产者责任的，销售者有权向生产者追偿；属于其他销售者责任的，销售者有权向其他销售者追偿。

(3)消费者因接受服务其权益受到损害的，应当向服务者请求赔偿。

(4)消费者购买、使用商品或者接受服务其权益受到损害，原企业分立、合并的，应当向变更后承受其权利义务的企业请求赔偿。

(5)使用他人营业执照提供商品或者服务是违法行为，损害消费者权益的，消费者可以向其请求赔偿，营业执照的持有人承担连带责任。消费者也可以直接向营业执照的持有人请求赔偿。

(6)消费者因经营者利用虚假广告提供商品或者服务，其权益受到损害的，应当向经营者请求赔偿。广告的经营者发布虚假广告的，消费者可以请求行政主管部门予以惩处。广告的经营者不能提供经营者的真实名称、地址的，应当承担赔偿责任。

(二)法律责任

电子商务经营者的法律责任包括民事责任、行政责任和刑事责任。

1. 民事责任

民事责任是指由于违反民事义务所承担的责任，包括违约责任和侵权责任。电子商务经营者提供商品和服务损害了消费者的权益，应当承担民事责任。《消费者权益保护法》第40 条规定："经营者提供商品或者服务有下列情形之一的，除另有规定外，应当依照《产品质量法》和其他有关法律法规的规定，承担民事责任：①商品存在缺陷的；②不具备商品应当具备的使用性能而出售时未作说明的；③不符合在商品或者其包装上注明采用的商品标准的；④不符合商品说明、实物样品等方式表明的质量状况的；⑤生产国家明令淘汰的商品或者销售失效、变质的商品的；⑥销售的商品数量不足的；⑦服务的内容和费用违反约定的；⑧对消费者提出的修理、重作、更换、退货、补足商品数量、退还货款和服务费用或者赔偿损失的要求，故意拖延或者无理拒绝的；⑨法律法规规定的其他损害消费者权益的情形。"

2. 行政责任

电子商务经营者有下列情形之一，《产品质量法》和其他有关法律法规对处罚机关和处罚方式有规定的，依照法律法规的规定执行。法律法规未作规定的，由工商行政管理部门责令改正，并可以根据不同情况单处或者并处警告、没收违法所得、处以违法所得一倍以上五倍以下的罚款，没有违法所得的，处以一万元以下的罚款；情节严重的，责令停业整顿、吊销营业执照：①生产、销售的商品不符合保障人身、财产安全要求的；②在商品中掺杂、掺假，以假充真，以次充好的；③生产国家明令淘汰的商品的；④销售失效、变质商品的；⑤伪造或者冒用商品的产地，伪造或者冒用他人的厂名、厂址，伪造或者冒用认证标志、名优标志等质量标志的；⑥销售的商品应当检验、检疫而未检验、检疫，或者伪造检验、检疫结果的；⑦对商品或者服务做虚假宣传的；⑧对消费者提出的修理、重作、更换、退货、补足商品数量、退还货款或者服务费用、赔偿损失，故意拖延或者无理拒绝的；⑨侵犯消费者人格尊严、人身自由的；⑩法律法规规定对损害消费者权益应当予以行政处罚的其他情形。

国家工作人员如果有玩忽职守或者包庇经营者侵害消费者权益行为的，由其所在单位或者上级机关给予行政处分。

3. 刑事责任

电子商务经营者提供商品或者服务造成消费者或者其他人人身伤害、死亡，构成犯罪的，应当承担刑事责任。国家机关工作人员若出现玩忽职守或者包庇经营者侵害消费者权益行为，情节严重构成犯罪的，依法追究刑事责任。

📖 案 例

平台商家(上海寻梦信息技术有限公司)在平台协议中约定"假一罚十"的交易规则，李某购买商家商品后，鉴定该商品为假冒商品，要求商家假一罚十。

问：平台"假一罚十"交易规则是否有效？

解析：法院经审理认为，该交易规则有效。法院认定"假一罚十"交易规则有效，这有利于引导各地法院改善对于平台协议与交易规则的态度，鼓励平台进行自我规制和自我管理。

案例来源：《电子商务法》十大典型案例发布 https://www.fx361.com/page/2020/1118/7239305.shtm(案例经编者整理、改编)

第二节　网络隐私权保护

1890年，美国学者布兰戴斯和沃伦在《哈佛法学评论》上发表《论隐私权》一文，首次提出隐私权的概念。在此后100多年的时间里，隐私权作为公民人格权利的重要内容逐渐得到法律上的确认和保护，并呈现出国际统一化的趋势。然而，近几年随着计算机信息网络技术的迅猛发展，使得网络空间的个人隐私权受到前所未有的严峻挑战，强化对网络隐私权的法律保护，已成为国际社会立法的当务之急。

一、网络隐私权概述

（一）隐私权的概念和特征

隐私一词源于英文 Privacy，又被称为私生活秘密，是指私人生活安宁不受他人非法干扰，私人信息秘密不受他人非法搜集和公开等。

《牛津法律大词典》将隐私权解释为"不受他人干扰的权利，关于人的私生活不受侵犯或不得将他人的私生活非法公开的权利要求"。

《韦氏大辞典》中隐私主要有三层含义：一是指独立于其他人的性质或状态；二是指不受未经批准的监视或观察；三是隐居、私宅、私人事务、私密环境等。

一般认为，隐私权是指自然人享有的对其个人的与公众利益无关的个人信息、私人活动和私有领域进行支配的一种人格权，主要包括以下内容：①个人生活安宁权。即权利主体能够按照自己的意愿从事或不从事某种与社会公共利益无关或无害的活动，不受他人干涉、破坏和支配；②个人信息保密权。包括所有的个人信息即资料，诸如身高、体重、疾病、健康状况、生活经历、财产状况、婚恋、社会关系、爱好、信仰、心理特征等，权利主体有不被知悉、禁止他人非法利用的权利；③个人通信秘密权。权利主体有权对个人信件、电报、电话、传真及谈话的内容加以保密。禁止他人非法窃听或窃取的权利；④个人隐私支配权。在不违反法律的强制性规定，不违反社会公共利益的前提下，权利主体有权按照自己的意志利用隐私，以从事各种满足自身需要的活动，而不受他人干涉和控制的权利。隐私权具有以下几个特征。

1. 隐私权的主体只能是自然人

隐私权是基于个人与社会相互关系的处理而产生的，能使个人在纷繁复杂的社会中摆脱他人的干扰，从而拥有一块属于自己的心灵净地。它产生及存在的依据，均是基于个人的精神活动而发生的各种利益需求，而法人无精神活动可言，无法成为隐私权的主体。

2. 隐私权的内容具有真实性、隐蔽性

隐私权是指个人生活中不愿为别人所知之事项。其内容具有客观真实性，是客观存在的事实。所以侵犯隐私权与侵犯名誉权具有不同的构成要件要求，在侵害隐私权的案件中，侵权人不能以其所公开的事情是真实的而主张免责。

3. 隐私权是一种支配、利用权

隐私权作为一种民事权利，隐私权人在不违反法律和社会公序良俗的前提下，可以自由支配和使用自己的隐私。如公开自己的隐私、准许他人利用自己的隐私进行艺术创作，以谋取精神上的愉悦和经济上的利益。

4. 隐私权的保护要受公共利益原则的限制

隐私权本质上是保护纯属个人的与公共利益无关的事实。作为一种隐私权利，隐私权的行使需要受有必要的限制。和任何民事权利一样，隐私权人必须遵守权利不得滥用规则，任何人对自己的隐私权的利用和支配，不得违反法律的强制性规定，不得违背社会的善良风俗，不得损害第三人的利益。

(二)网络隐私权的概念和特征

随着经济与社会的发展，隐私权的客体内容不断扩展，在现代信息社会中，传统隐私权不断向网络领域延伸，并增加了新的实体内容。网络隐私权是指公民在网上享有的对其个人的与社会公众利益无关的个人信息、私人活动和私有领域进行支配的一种人格权。从他人的角度，禁止在网上泄露某些与个人有关的敏感信息，包括事实、图像以及毁损的意见等。个人数据信息、私人生活安宁、私人活动与私人领域是网络隐私权包含的重要内容，其中尤以个人数据信息最为重要。

网络隐私权不同于一般的个人隐私权，具有以下几方面特征。

1. 网络隐私权产生的环境为网络

电子商务突出的特征在于它是通过互联网使主要的活动通过计算机及信道构成的网络世界来完成的，这种网络构成了一个区别于传统商业环境的新环境，被称为虚拟世界。在电子商务中，消费者和商家就是在这个虚拟的世界中进行交易的，消费者的个人数据也是在这个虚拟的世界中流动。

2. 网络隐私权的内容不断扩充

随着互联网的盛行和电子商务的发展，许多新兴的个人数据成为隐私权的主要内容，如电子邮件、个人账户、个人主页、网域名称、使用者名称及通行证、IP 地址等。它们与传统的隐私权一起构成了网络环境下的隐私权。

3. 网络隐私权的内容具有经济价值性

在电子商务中，个人数据不仅是电子商务网站赖以维系的根基，而且对各种从事电子商务活动的商家和组织而言，掌握大量的个人数据无疑使它们从事生产经营活动以获取利润或在商业竞争中取胜更具有了有利的条件。

二、网络隐私权侵权行为的种类和特点

(一)网络隐私权侵权行为的种类

1. 个人的侵权行为

(1)个人在网络上擅自公布、传播他人隐私。隐私权人对自己的隐私享有隐瞒权，同时也享有维护权。换个角度，在网络上擅自公布、传播他人隐私即是侵犯了他人的网络隐私权。通过网络公布、传播他人隐私比起传统的电视、广播、报纸、杂志等大众媒体不但成本低廉，而且传播面更广，传播速度更快，造成的后果也更为严重。

(2)个人未经授权进入他人系统收集他人的个人信息。这类侵权者大多是黑客，他们利用各种技术手段窃取和篡改网络用户的私人信息，被侵权者几乎无法发现或知道黑客的身份。目前黑客侵入他人计算机，攻击他人网站，窃取、传播和篡改个人信息数据的事例屡见不鲜，对公民个人的网络隐私权构成极大的威胁。其侵权行为具体表现在破坏他人通信内容的安全(如偷偷打开用户发送的邮件，浏览个人信息)、个人数据资料的安全(侵入系统进行破坏，致使系统瘫痪、数据丢失)。黑客行为不但是对网络用户个人信息数据的侵犯，也是对存储在政府或私人机构数据库中的个人数据构成威胁。

2. 网络经营者的侵权行为

(1)滥用 Cookie 非法获取、利用他人的隐私。几乎所有的大型网站为协助网络用户能更方便地浏览网站内容，并了解网络用户利用该网站的基本资讯，都会利用一种称为 Cookie 的技术，以便准确而及时地收集网络用户的信息。Cookie 为互联网带来极大便利的同时，也严重威胁着网络用户的隐私权。网络用户在浏览网页时可能并不希望他人知晓自己的兴趣、爱好等，但是网络用户却很少有选择的权利。如果在计算机中设置禁止使用 Cookie，就无法享有网站的个性化服务，有些网站甚至无法登录。大多数网站在收集个人信息时并不履行告知义务，网络用户无法得知个人信息数据正在被收集。个人信息数据经整理分析后，具有巨大的商业价值，网站可以用于推销自己的产品，或与其他商家进行数据交换，但是如果是未经用户同意的，这些做法就侵犯了用户的网络隐私权。

(2)利用搜索引擎侵犯网络隐私权。对于大多数用户来说，搜索引擎已成为网上冲浪不可或缺的工具，它使用户与任何问题的答案之间的距离变得只有单击一下鼠标那么近。但是，搜索引擎同样存在侵害用户网络隐私权的问题。以 Google 为例，除了向所有登录其网页的用户发送 Cookie 文件外，还记录每一个网民搜索时提交的"关键词"。除此之外，Google 还利用工具条对网民浏览过的每一个页面进行监视，而且当 Google 发布工具条的新版本时，它会悄悄地进入用户的计算机，直接对 Google 工具条进行升级。这些行为有可能是对公民网络隐私权的侵害。

(3)网络监视及窃听行为。某些网络的经营者通过网络中心监视或窃听网内其他计算机等手段，监控网内人员的电子邮件或其他信息，一定程度上也对网络用户的个人隐私造成了侵害。

3. 软硬件设备供应商的侵权行为

有些软件和硬件厂商在自己销售的产品中埋下了伏笔，对消费者的个人信息数据进行收集。例如，英特尔公司 1999 年就曾经在其 PⅢ 处理器中植入"安全序号"，让使用该处理器的每台计算机在网络中的身份变得极易识别，从而实现监视用户接、发的信息的目的。对于这种侵权行为的识别需要极高的技术要求，用户个人是无法得知的。

4. 其他商业组织的侵权行为

某些专门从事网上调查业务的商业公司使用具有跟踪功能的 Cookie 工具，浏览、定时跟踪、记录用户访问的站点，下载、复制用户网上活动的内容，收集用户个人信息资料，建立用户信息资料库，并将用户的个人信息资料转让、出卖给其他公司以谋取利益，或是用于其他商业目的。

(二)网络隐私权侵权行为的特点

与一般侵权行为相比，网络隐私权侵权行为具有以下特点。

1. 技术性

侵害网络隐私权的行为是以互联网这一现代化高科技信息传输工具为手段实施的违法行为，它在实施方式上带有鲜明的数字技术的烙印，其损害表现为对消费者个人数据的毁坏和非法使用。

2. 隐蔽性

在网络中非常容易隐藏身份，同时网络侵权行为发生迅速，有时产生的后果都不易被发现，再加上侵权手段高明，这使得对网络隐私权侵权行为的确认非常困难。

3. 无形性

与传统隐私权的侵权行为的相比，由于网络的虚拟性，网络隐私权侵权行为的实施地与结果发生地常常难以确定，对侵权行为的取证尤其困难，行为与结果之间的因果关系也难以证明。

4. 便捷性

在电子商务环境中，一方面，由于计算机强大的信息记录、处理及存储功能，以及网络这一传输媒介的兴起，侵权主体对消费者个人数据的搜集与利用较之以往更为容易与快捷；另一方面，由于电子商务本身的开放性和互联网的开放性，使得网络隐私权被侵害的可能性也随之大增。

5. 严重的破坏性

在网络与电子商务环境中，隐私权侵权行为产生的后果一般都是消费者个人数据发生的变化，而这种变化对消费者造成的损失常常难以估计。同时，在网络中，由于网络的虚拟性，数据传输速度快，侵权的涉及面非常广，这也使其产生的损害后果较一般隐私权侵权行为更为严重。

6. 国际性

电子商务是全球性的商务活动，而不仅仅是某个国家的国内业务，由于它的运作环境的全球性，使电子商务中隐私权的侵权也具有了全球性的特征。也就是说，参与电子商务活动的任何一个消费者的隐私权，都有可能受到全球参与电子商务的任何商家、网络服务提供商和黑客的侵害。

三、国外对网络隐私权的法律保护

在国际上，隐私权作为一项基本人权，被《世界人权宣言》《公民权利和政治权利国际公约》确认和保护。国际社会对网络隐私权应当加强保护已经达成共识。其中，美国和欧盟的网络隐私权保护最具有代表性，均强调采取措施保护个人隐私和个人数据，但对采取何种方式却存在很大分歧，突出表现在以美国为代表的行业自律模式和以欧盟代表的立法规制模式。

(一)美国：行业自律模式

美国在网络隐私权保护方面主要是采取政策性引导下的行业自律模式，国会立法只起到补充与辅助的作用。该模式又被称为指导性立法主义，其最具特色的形式是建议性的行业指引(Suggestive Industry Guidelines)和网络隐私认证计划(Online Privacy Seal Program)。

1. 建议性的行业指引

建议性的行业指引是由网络隐私权保护的自律组织制定的，参加该组织的成员都承诺将遵守保护网络隐私权的行为指导原则，最典型的代表是美国隐私在线联盟(Online Privacy Alliances，OPA)的隐私指引。

1998年春，隐私在线联盟的成员单位和组织开始正式集会协商。1998年6月22日，由46家企业和团体组成的隐私在线联盟公布了其在线隐私指引。目前隐私在线联盟的成员和支持者包括美国广告联盟（American Advertising Federation）、美国工商协会（The United States Chamber of Commerce）等团体，以及美国在线（America Online）、雅虎和迪士尼等著名企业共 100 多家成员单位。该隐私指引适用于对从网络上收集的个人可识别信息的保护，具体内容包括同意采取并执行隐私政策；应全面公布和告知其隐私政策；选择与同意；信息数据的安全；信息数据的质量和接近等。

2. 网络隐私认证计划

这是一种私人行业实体致力于实现网络隐私保护的自律形式。该计划要求那些被许可在其网站上张贴其隐私认证标志的网站必须遵守在线资料收集的行为规则，并且服从多种形式的监督管理。网络隐私认证计划为类似于商标注册的网上隐私标志张贴许可，它使得消费者便于识别那些遵守了特定的信息收集行为规则的网站，也便于网络服务商显示自身的遵守规则的情况。这意味着，网络隐私认证计划的认证标志具有商业信誉的意义，是一种特殊的认证标志。目前，美国国内存在多种形式的网络认证组织，最为有名的是电子信任组织（TRUSTe）和商业促进局在线组织（Better Business Bureau Online，BBBOnline）。

电子信任组织成立于 1997 年，由美国电子前线基金会（Electronic Frontier Foundation，EFF）和商务网络财团（Commerce. Net）共同发起。TRUSTe 是一家独立的非营利组织，为互联网上的个人信息提供保密，以此建立信任。该组织认证并监督网站的隐私和电子邮件政策、监督施行惯例并每年解决上万个客户隐私问题。TRUSTe 的认证项目由两大部分组成：一般网络隐私项目要求和特殊认证项目要求。一般网络隐私项目要求所有经过认证许可的成员网站提供消费者控制权；安全措施；不满和投诉解决程序；隐私声明。特殊认证项目要求包括儿童隐私认证项目要求、欧盟安全港隐私认证项目要求和电子邮件隐私认证项目要求三项。

商业促进局在线组织是商业促进局委员会（The Council of Better Business Bureaus，CBBB）的附属机构，于 1999 年 3 月 17 日宣布建立新的在线隐私认证计划。该计划建立时，得到了 20 多家在电子商务方面领先的跨国公司的支持。其筹划指导委员会成员包括美国在线、美国国际商用机器公司（IBM）、英特尔（Intel）等知名企业。对于那些符合 BBBOnline 在线隐私认证计划要求的企业，将被授予隐私认证标志。这些要求包括张贴一份严格符合隐私标准的在线隐私政策告示；完成全面的隐私评估；由一个可信赖的组织监督和检查，以及参与解决消费者争端的制度。BBBOnline 隐私认证计划所指的个人信息，不仅包括个人可识别信息，还包括潜在的个人信息，即网站从第三方在线获得的可识别信息。目前，有包括英特尔等在内的 691 家知名企业的网站，获得了该隐私认证计划的认证。BBBOnline 隐私认证计划将对其成员执行隐私指导原则的情况进行监督检查，违规者将或被取消成员资格，或被公开点名，或被移送政府有关部门。

大体上讲，BBBOnline 隐私认证计划与 TRUSTe 的隐私认证项目并没有太大的差别，只不过前者的要求更为严格，对消费者的保护也更为周全。需要指出的是，美国隐私在线联盟等的隐私指引与 TRUSTe、BBBOnline 等隐私认证主要的不同之处在于：隐私指引组织只是一个制定隐私政策建议的联盟，它仅是为其他单位的网站提供了一个广为接受的隐私政策的范文，它本身并不监督其成员是否遵守隐私政策规定的内容，也不制裁违反隐私指引的行为。

（二）欧盟：立法规制模式

欧盟采用以法律规制为主导的网络隐私权保护模式，其基本做法是通过制定法律的方式，从法律上确立网络隐私权保护的各项基本原则与各项具体的法律制度，并以此为基础，采取相应的司法或者行政救济措施。欧盟关于网络隐私权保护的法律主要包括：①1981年1月28日，欧洲理事会的各成员国签署《欧洲系列条约第108号条约：有关个人数据自动化处理之个人保护公约》。该公约明确规定对于个人数据进行自动化处理时，应当遵循下列原则：a. 公正、合法地获取和处理；b. 以明确、合法的目的进行存储，并不得以不符合这些目的的方法使用；c. 依据存储数据的目的，处理方式必须适当，并且不超越此目的范围；d. 数据必须准确，必要时随时更新；e. 数据以特定形式存储，可允许对数据主体进行与数据保存目的相应的必要的识别。对于特殊类别数据（敏感数据），公约也做了规定：泄露种族血缘、政治见解、宗教或者其他信仰的个人数据，关于健康或者性生活的个人数据，原则上不得进行自动化处理，除非国内规定了适当的保护措施。另外，该公约还对数据安全、数据的跨国传输等内容进行了规定。②1995年10月24日，欧洲议会和欧盟制定通过《关于涉及个人数据处理的个人保护以及此类数据自由流动的指令》。该指令是欧盟数据保护规章的核心，制定了一系列需要所有成员国实施的原则和规则。它确保欧盟内数据的自由流动并为个人数据保护设定了共同的标准。其所建立的原则适用于私人或商业生活的一切领域。③1997年9月15日，欧盟委员会通过了《电信部门个人数据处理和隐私保护指令》。该指令除了对1995年的个人数据保护指令进行了补充之外，还特别强调了电子通信部门的有关安全、保密等相关原则。2002年7月12日，欧洲议会和理事会又通过《关于电子通信领域个人数据处理和隐私保护的指令》，用以取代1997年的《电信部门个人数据处理和隐私保护指令》。④1999年，欧盟通过了《关于在信息高速公路上收集和传递个人数据的保护指令》，其宗旨在于寻求个人权利的保护、网上信息交换的保密性和资料自由流动之间的平衡，其中尤其强调了网络服务商的责任和对用户个人自我保护意识的培养。⑤2000年12月18日，欧洲议会和欧盟理事会通过《关于与欧共体和组织的个人数据处理相关的个人保护以及关于此种数据自由流动的规章》，明确了关于保护隐私权和个人数据的规则和程序。欧盟通过上述一系列法规和指令，建构起了一套完备的网络隐私权保护的法律框架，为用户、网络服务商、政府等方方面面提供了清晰可循的原则。在所有的法律中，1995年指令和2002年指令两个文件被证明对建立欧洲信息社会的制度具有至关重要的作用。

需要指出的是，欧盟的指令是采用综合立法的模式，将网络隐私的内容包含在个人信息里面，因此在一些指令中甚至没有出现网络隐私的字样，而在网络保护中的网络服务提供商，实际上就是指令中所称的数据或资料的控制者。

除了上述两种保护模式之外，还有一种"技术及消费者自我主导模式"，强调通过加强消费者的权利保护意识和结合使用相关软件如"个人隐私选择平台"（P3P）等方式达到保护网络隐私权的目的。但由于这类系统或程序本身的安全性和可信度仍值得怀疑，因此这些工具性的技术软件并不能完全取代网络隐私保护的法律框架，仅具有辅助保护的作用。

四、我国对网络隐私权的法律保护

（一）《宪法》的保护

《宪法》第36条、第37条、第38条、第39条和第40条分别规定了公民的宗教信仰自由、公民的人身自由、公民的人格尊严、公民的住宅、公民的通信自由和通信秘密不受侵犯等与公民的隐私权有关的权利。这些条文虽然没有出现"隐私权"字样，但隐含着对隐

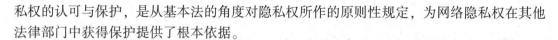

私权的认可与保护，是从基本法的角度对隐私权所作的原则性规定，为网络隐私权在其他法律部门中获得保护提供了根本依据。

（二）《民法典》的保护

1.《民法典》对网络隐私权的保护方式

《民法典》对于隐私权的保护，历来有两种方式：一种是直接保护方式，对侵害隐私权的行为直接确认为侵害隐私权；另一种是间接保护方式，即不认为侵害隐私权是一种独立的侵权行为，而是依侵害名誉权或者侵害自由权，追究加害人的民事责任。

长期以来，我国立法中并未承认隐私权，对公民的隐私利益的保护一般采用间接保护的方法。《民法典》规定："以书面、口头等形式宣扬他人的隐私，或者捏造事实公然丑化他人人格，以及用侮辱、诽谤等方式损害他人名誉，造成一定影响的，应当认定为侵害公民名誉权的行为。"最高人民法院颁布的《精神损害赔偿司法解释》第1条第2款规定："隐私利益被侵害的，受害人也可以起诉请求精神损害赔偿。"

《民法典》规定："侵害民事权益，应当依照本法承担侵权责任。本法所称民事权益，包括生命权、健康权、姓名权、名誉权、荣誉权、肖像权、隐私权、婚姻自主权、监护权、所有权、用益物权、担保物权、著作权、专利权、商标专用权、发现权、股权、继承权等人身、财产权益。"这标志着我国从法律上正式确立了隐私权概念，与此同时，《民法典》关于"侵害公民隐私的，按照侵犯公民名誉权认定"的规定正式被废止。

《民法典》还进一步规定："网络用户、网络服务提供者利用网络侵害他人民事权益的，应当承担侵权责任。网络用户利用网络服务实施侵权行为的，被侵权人有权通知网络服务提供者采取删除、屏蔽、断开链接等必要措施。网络服务提供者接到通知后未及时采取必要措施的，对损害的扩大部分与该网络用户承担连带责任。网络服务提供者知道网络用户利用其网络服务侵害他人民事权益，未采取必要措施的，与该网络用户承担连带责任。"该规定为我国网络隐私权的保护提供了明确的法律依据。

2. 网络隐私权侵权行为的认定

网络隐私权侵权行为，一般应具备以下条件：①须具有违法行为。网络隐私权是绝对权，侵害网络隐私权的行为通常为作为的方式，包括非法收集、加工、利用个人数据及其他侵犯网络隐私权的行为。这些侵害网络隐私权的行为还须具备违法性，即违反隐私权保护法律或网络法的相关规定，侵害了权利人对个人数据及网络私密空间的支配权利；②须具有损害事实。损害事实是一种事实状态，不需要表现为实在的损害结果，只要隐私受到侵害，侵害隐私权的损害事实即成立。这主要表现为权利人的个人数据被非法收集、加工、利用及传播；私人计算机被非法侵入、存储内容被篡改，电子邮件的内容被拦截、修改或盗用等；③违法行为与损害事实之间具有因果关系。侵害网络隐私权的违法行为与网络隐私权的损害事实之间必须存在因果关系，行为人才会对具体的行为承担民事责任。行为人在网络空间利用各种手段非法刺探、收集、散播他人的个人数据，则行为人的行为与权利人受到的损害结果之间就存在直接的因果关系；④行为人主观上具有过错。侵害隐私权的行为人在主观上必须有过错才承担侵权责任。在判断行为人过错程度时，对于他人的权利和利益负有一般义务的人，应当尽到善良管理人的注意义务；对于他人的权益负有特别义务之人，应当尽到法律法规、相关规章制度所规定的特别注意义务。

（三）刑法的保护

《刑法》第 245 条规定："非法搜查他人身体、住宅，非法侵入他人住宅的，处三年以下有期徒刑或拘役。司法工作人员滥用职权，犯前款罪的，从重处罚。"第 252 条规定："隐匿、毁弃或者非法开拆他人信件，侵犯公民通信自由权利，情节严重的，处一年以下有期徒刑或拘役。"第 283 条规定："非法生产、销售窃听、窃照等专用间谍器材的，处三年以下有期徒刑、拘役或管制。"根据上述刑法的规定，刑法对隐私权的保护主要是通过追究侵犯隐私行为的刑事责任得以实现的，也是宪法保护公民隐私权的精神在刑事领域的具体延伸。

（四）行政法规和部门规章的保护

我国关于新闻、出版、广告、宣传、广播、电视、电影、医疗卫生、档案管理、邮电、社会治安等许多方面的行政法规和部门规章中都有隐私权保护的规定。例如，《计算机信息网络国际联网管理暂行规定实施办法》第 18 条规定："不得擅自进入未经许可的计算机系统，篡改他人信息；不得在网络上散发恶意信息，冒用他人名义发出信息，侵犯他人隐私。"《计算机信息网络国际联网安全保护管理办法》第 7 条规定："用户的通信自由和通信秘密受法律保护。任何单位和个人不得违反法律规定，利用国际联网侵犯用户的通信自由和通信秘密。"

（五）程序法的保护

《民事诉讼法》《刑事诉讼法》《行政诉讼法》都规定人民法院公开审理案件的一般原则，但对于有些涉及当事人个人隐私的案件，上述程序法又规定了不适用公开审理的情况。《民事诉讼法》第 120 条规定："人民法院审理民事案件，除涉及国家秘密、个人隐私或者法律另有规定的外，应当公开进行。离婚案件，涉及商业秘密的案件，当事人申请不公开审理的，可以不公开审理。"《刑事诉讼法》第 152 条规定："人民法院审理第一审案件应当公开进行。但是有关国家秘密或者个人隐私的案件，不公开审理。"《行政诉讼法》第 45 条规定："人民法院公开审理行政案件，但涉及国家秘密、个人隐私和法律另有规定的除外。"这些规定都是对公民隐私权的司法保护原则。

第三节　个人资料保护

一、个人资料概述

（一）个人资料的概念和特征

在国际上，关于个人资料的定义方式有两种。根据《德国联邦个人资料保护法》第 2 条的规定，个人资料是指"凡涉及特定或可得特定的自然人的所有属人或属事的个人资料。"有人称之为概括型。这种定义方式是从资料与资料本人的关系出发，明确界定法律应保护的个人资料的范围。

借鉴上述规定，个人资料是指一切可以识别本人的资料的总和。一般包括个人的姓名、性别、年龄、生日、血型、身高、职业、履历、病历、婚姻、健康状况、住址、电话号码、电子邮箱、银行账号、保险情况、特殊爱好、宗教信仰等。

个人资料具有如下特征：①个人资料的主体是个人。个人指基于出生的法律事实而取得民事主体资格的自然人。②个人资料可以直接或间接识别本人。所谓识别，是指资料与资料本人存在某一客观确定的联系，简单说就是通过这些资料能够把某人直接或间接"认出来"。识别包括直接识别和间接识别。直接识别就是通过直接确认本人身份的个人资料来识别，比如身份证号码、基因等；间接识别是指现有资料虽然不能直接确认当事人的身份，但借助其他资料或者对资料进行综合分析，仍可以确定当事人的身份。一般而言，姓名可以构成"直接识别"，但在有几个相同姓名的人的情况下，还要依靠生日、地址、职业、身高等资料才能识别。③个人资料并不必然为个人资料本人所知。个人资料保护法保护的不仅是本人知道的个人资料，而且也保护本人不知道的个人资料，如被网络服务提供商非法收集的个人资料、医生掌握的绝症患者未知的医疗资料等。④个人资料既有人格属性，也具有财产属性。作为属人或属事的个人资料，可以全面反映个人资料本人的个人属性，所以是本人的人格体现。同时，个人资料是一种社会资源，可以产生财富并用以交换，个人资料数据库一旦被利用，将会给利用者带来丰厚的收益。

个人资料和隐私是既相互联系又相互区别的两个概念。一方面，在电子商务环境中，隐私权主要涉及的是个人资料的利用和保护问题，个人资料是网络环境下隐私权保护的重点和核心。另一方面，隐私强调的是个人私生活或没有公开或不宜公开的信息，个人资料强调的是个人信息的私人性质，因而不得随意公开，而不一定是一个人不愿公开的私生活信息或生活秘密。

（二）个人资料的分类

根据不同的标准，个人资料可以划分为不同的类别。

1. 直接个人资料和间接个人资料

根据能否直接识别自然人为标准，个人资料可以分为直接个人资料和间接个人资料。直接个人资料是指可以单独识别本人的个人资料。间接个人资料是指不能单独识别本人但和其他资料结合可以识别本人的个人资料。《个人资料保护法》明确地将间接个人资料纳入法律保护的范围，其第1条规定："能间接地确认本人的资料构成个人资料。"德国和丹麦等国家立法也将间接个人资料视为个人资料。一般而言，对直接个人资料的侵害比对间接个人资料的侵害，后果更为严重。

2. 敏感个人资料和琐细个人资料

根据个人资料是否涉及个人隐私为标准，个人资料可以分为敏感个人资料和琐细个人资料。敏感个人资料，是指涉及个人隐私的资料。英国1998年《资料保护条例》规定，敏感个人资料是"由资料客体的种族或道德起源，政治观点，宗教信仰或与此类似的其他信仰，工会所属关系，生理或心理状况，性生活，代理或宣称的代理关系，或与此有关的诉讼等诸如此类的信息组成的个人资料"。琐细个人资料是指不涉及个人隐私的资料。瑞典《资料法》规定"很明显的没有导致被记录者的隐私权受到不当侵害的资料"为琐细个人资料。琐细个人资料同样应该受到法律的保护。德国联邦法院在1983年的《人口普查法》判决中宣称："在自动化资料处理的条件下，不再有所谓不重要的资料。"

3. 计算机处理个人资料和非计算机处理个人资料

根据个人资料的处理技术为标准将个人资料划分为计算机处理个人资料和非计算机处

理个人资料。计算机处理，是指使用计算机或自动化机器进行资料输入、存储、编辑、更正、检索、删除、输出、传输或其他处理。一般而言，计算机处理的个人资料更容易受到侵害，因此，有些国际组织和国家的个人资料保护法仅保护计算机处理的个人资料，而将非计算机处理的个人资料排除在法律保护的范围之外。欧盟 1981 年《自动化处理中个人资料保护公约》规定："资料保护是指对于个人在面临关于其个人资料之自动化处理时，所给予之法律上保护。"

4. 公开个人资料和隐秘个人资料

根据个人资料是否公开为标准，可以分为公开个人资料和隐秘个人资料。公开个人资料，是指通过特定、合法的途径可以了解和掌握的个人资料。我国台湾地区"计算机处理个人资料保护法"施行细则第 32 条第 3 项规定："计算机处理个人资料保护法第 18 条第 3款所称已公开之资料，指不特定之第三人的合法取得或知悉之个人资料。"公开个人资料和隐秘个人资料对应，是指不为社会公开的个人资料。将个人资料划分为公开个人资料和隐秘个人资料的法律意义在于，公开个人资料无论是否属于敏感个人资料，都已经丧失了隐私利益，不能通过隐私权来加以保护。

5. 属人的个人资料和属事的个人资料

根据个人资料的内容为标准，个人资料可以分为属人的个人资料和属事的个人资料。属人的个人资料反映的是个人资料本人的自然属性和自然关系，它主要包括本人的生物信息。属事的个人资料反映的是本人的社会属性和社会关系和资料本人在社会中所处的地位和扮演的角色。

二、侵犯个人资料的主要形式

随着市场经济的发展和信息技术的提高，消费者的个人信息资料显示出其潜在的商业价值，逐渐成为商业竞争的重要资源，一些利益追逐者便将消费者的个人信息资料作为买卖的标的。因此，消费者的个人资料遭到经营者不当收集、非法交易和篡改，进而侵扰消费者私人生活、侵犯消费者私人事务的现象也随之出现。侵犯个人资料主要有以下表现形式。

(一)对个人资料的非法收集

目前，大多数网上经营者都要求消费者在交易前登记自己的个人资料，又很少说明收集这些资料的理由、使用目的，以及处置方式，也不对消费者提供信息之后应享受的权利进行说明。也就是说，当经营者要求消费者提供信息时，双方处于信息不对等的状况，经营者完全有可能利用这种不公平的地位，收集到多于实际所需的资料，或者将收集到的资料用于消费者未曾预料的用途。而且，随着现代科技的发展，消费者受到的侵害不仅仅限于其在网站上登记的个人资料。在未要求消费者提供个人资料的场合，经营者也可能通过一些技术手段来获得消费者的个人信息。而且这些资料的收集，往往是在消费者一无所知的情况下进行的，这就构成了对消费者的侵害。网上信息收集问题致使许多消费者感到不安，他们日益担心本人的隐私被泄露，因而产生了对网上消费的抵触情绪，这也是当前电子商务交易中急需解决的一个重要问题。

(二)对个人资料的不合理开发利用

在电子商务中，对个人资料的不合理开发利用，是指经营者把网上收集到的个人资料，存放在专门的数据库中，然后通过数据加工、数据挖掘等方法，得到有商业价值的信息，用于生产经营之中的过程。当然，经营者有可能将其所收集到的资料用于合理的用途，但也有可能用于合理用途之外的目的，其中包括将资料用于所声明目的之外的用途、不当泄露资料，甚至出售资料给第三方，从而侵犯消费者隐私。电子商务中个人资料的开发利用，是一个相当复杂的工作。从商家的角度来看，一般是通过自己的分析得知用户的情况的，目的是向顾客提供更多的、持续的服务，其出发点是好的，所用的方法也是科学的。从消费者的角度来看，有的人欢迎商家的这种举措，认为它能给自己带来方便，有的人则感到自己的隐私权无从保障，认为这是对自己正常生活的一种干涉。同时，当经营者将客户的资料不当泄露出去之后，就有可能造成对个人权利的侵害。在网络环境下，经营者发送广告的方式发生了很大的变化，由传统的推广方式向推、拉结合方式转变。目标化的广告，通常是以获得消费者的档案为基础而发送的，这就促使其对消费者个人资料的大量使用，以至于有关消费者的个人信息已经成为网络中最有价值的资料，个人资料也日益成为商品。在这种情况下，消费者对自身个人资料的控制权受到极大的威胁。

(三) 对个人资料的侵害

由于消费者的个人资料是变化的，许多信息会随着时间的推移而改变的。但消费者在提供了自己的个人资料后，某些经营者的政策使得消费者无法再接触到自己的资料，也就没有机会对已有的资料进行更改。这样，经营者所掌握的个人资料中，有一部分可能是不符合实际的。在此状态下，资料的使用、传输等都可能对资料提供者带来伤害。个人资料品质不能更正，可能带来一些消费者所不愿见到的后果。网络给各种资料的使用带来了方便，也对个人资料的安全带来了破坏，或被非法浏览。

三、个人资料的法律保护

(一) 个人资料保护的立法原则

在信息时代，保护个人资料，尤其是保护公民在互联网上的个人资料的原则是要力求平衡，既要保证用户的基本权利不受侵犯，又不能使保护个人信息成为信息自由流通，阻碍社会经济、技术发展，从而发挥其经济价值的障碍。所以，就此问题立法时，既要考虑权利人的利益，又要考虑技术发展、产业发展、社会发展的需要。由于出发点不同，各种法律对个人资料的保护方式也不同。出于对个人隐私权的保护，欧盟倾向用立法方式来保护个人资料。而出于保护互联网上信息的自由流通，美国则倾向行业自律的方式来保护个人资料。这两种方式均值得我们思考。

在立法时，要在个人隐私权和信息自由之间形成平衡，以免过于倾向保护其中一个方面。首先，对个人资料的保护应当在合理利用和隐私权保护之间寻求适当的平衡。其次，制定我国的个人资料保护法，应当注重与国际准则接轨。

(二) 个人资料的收集和利用规则

在电子商务中，消费者个人资料的所有权虽然归消费者所有，但实际控制权却已分转到了经营者的手里，因此，对经营者收集和利用个人资料的行为进行规制无疑是最有效的手段。经营者收集和利用个人资料应当遵循下列规则。

1. 目的特定化

经营者采集个人信息或资料时必须明确并限定其用途和目的，一般只能用于消费者填写时表明的目的。当然也可有一些例外，如为增进公共利益的；为免除当事人生命、身体、自由或财产上的急迫危险的；为防止他人权益的重大危害且必要的；当事人书面同意的。除此之外，任意将客户资料泄露或出售则构成违法行为。

2. 公告或告知

在互联网领域，有一些技术会对消费者的个人资料构成威胁，这些技术有的是被网站本身所利用，有的则被黑客所利用。目前受到普遍关注的技术有两种：一种是 Cookie；另一种是木马软件。对于 Cookie，设定 Cookie 的网站应当承担告知义务，在自己的隐私政策里面明确地告诉网民，他们使用了 Cookie，而通过 Cookie 收集到的个人资料，也不得作为其他用途。对于木马软件，由于它是一种纯粹的黑客软件，应当禁止使用，以维护消费者对个人资料的权利。

3. 当事人事先同意

一般来说，只要在线企业在客户所填写的个人资料表设置选项，询问当事人是否同意特定目的的使用，而不必单独签订协议。但是也不是所有的个人资料收集都要经当事人同意，因为设置同意条件主要是为了防止个人信息用于营利目的，而对于公益性或无损于个人人格的个人资料收集则无须征得个人同意。

4. 合理、合法使用个人资料

收集者应当根据事先明确的个人资料的收集范围、收集目的、保密声明、用户权利和免责事由收集和使用个人资料，并履行法律规定的义务。非经授权不得转让他人为商业利用。

📖 案 例

2017 年 5 月，有人通过 QQ 来售卖 1 号店的数据，90 万用户的资料只卖 500 元。有媒体对数据的真伪作了验证，结果表明大部分用户数据属真实信息。2017 年 11 月 1 日，警方根据前期摸排调查，现已查获 1 号店网上商城员工与离职、外部人员内外勾结，造成 90 万名用户的资料泄露，已有 11 人被公安部门控制。

问：本案属于什么性质？

解析：本案构成个人信息滥用。个人信息处理者对个人信息有管理的义务。经营者及其工作人员对收集的消费者个人信息必须严格保密，不得泄露、出售或者非法向他人提供。个人信息超目的使用，即非法转让个人数据。1 号店商城员工泄露用户信息，那么，1 号店有义务举证证明自己没有过错，应提供的证据包括对用户信息做加密处理、防护墙设置、安全等级符合法律规定等；若公安机关调查，则判定网站的信息安全等级是否达到要求。

案例来源：原创自编

 **案　例**

2021 年 9 月 22 日，莆田的两位医疗业相关工作人员，私自将初筛阳性人员和密接者个人信息转发至个人家族群，导致姓名、身份证号、联系电话、家庭地址及近期行程等信息在网上大量传播，受害者收到莫名其妙的骚扰电话。

问：本案属于什么性质？

解析：本案构成个人信息滥用，属于超目的使用个人信息。2020 年 2 月，中央网络安全和信息化委员会办公室发布通知，为疫情防控、疾病防治收集的个人信息，不得用于其他用途。任何单位和个人未经被收集者同意，不得公开姓名、年龄、身份证号码、电话号码、家庭住址等个人信息，因联防联控工作需要，且经过脱敏处理的除外。莆田市两名泄露初筛阳性人员和密接者个人信息的工作人员，被处以 500 元罚款。

案例来源：泄露、转发初筛阳性人员信息，莆田两名医疗业相关工作人员被罚款 | 莆田市新浪网 https://finance.sina.com.cn/jjxw/2021-09-22/doc-iktzqtyt7410096.shtm（案例经编者整理、改编）

（三）资料提供者和资料收集者的权利义务关系

伴随着电子商务活动，消费者的个人资料会在消费者和经营者之间发生流转，从而产生一种新的即资料提供者和收集者之间的法律关系。资料提供者和收集者之间不完全是一种合同或契约关系，而存在一些法定的权利和义务关系。借鉴各发达国家保护个人资料的立法经验，应当为资料提供者和资料收集者设定以下权利或义务。

1. 资料提供者的权利

（1）个人资料收集的知情权。在电子商务中，资料提供者不仅有权知道是谁在搜集自己的个人资料，搜集了哪些个人资料，而且还有权知道被搜集的个人资料将用于什么目的，以及该个人资料将会与何人分享。

（2）个人资料收集的选择权。主要是指资料提供者有权许可或禁止他人以任何方式搜集和使用自己个人资料的权利。这种许可或禁止的内容既可以是全部的，也可以是局部的。

（3）个人资料的控制权。资料提供者可以通过合理的途径访问、查阅被搜集和整理的与自己有关的个人资料，并且有权针对错误的内容进行修改，对所缺少的必要的资料加以补充，对不需要的个人资料内容进行删除，以保证其个人资料的准确和完整。

（4）个人资料的安全请求权。在电子商务中，资料提供者的个人资料可能被故意披露、篡改、删除或窃取，也可能由于技术上的缺陷、操作的失误导致丢失，这都会影响资料提供者的正常使用，从而对个人资料的安全构成威胁。因此，有必要赋予资料提供者安全请求权。一方面，资料提供者有权要求其个人资料的收集者采取必要的、合理的措施，保护其个人资料的安全；另一方面，当个人资料的收集者拒绝采取必要措施或技术手段以保证个人资料的安全时，资料提供者有权向国家机关提出请求，以获得救济和保护。

（5）个人资料使用的限制权。对个人资料的使用，一般以资料提供者同意为前提，即资料提供者拥有个人资料使用的限制权。无论是经营性行为，还是为了维护网络秩序，又或是为了公共利益而使用资料提供者的个人资料，都要限定在合理的范围内。

2. 资料收集者的义务

(1)资料合法处理和保管义务。这要求资料收集者确保在公平合法的情况下处理个人资料，对于关系个人隐私、政治倾向等敏感资料时一般不得处理；健全个人资料安全计划，防止资料被他人盗取、删改、销毁。

(2)在资料利用期间对资料提供者的告知义务。资料收集者在使用个人资料期间应告知资料提供者以下事项：资料管理人；资料处理目的；资料传递的接收者或接收者的类别；当事人有义务提供资料的，不提供的后果；当事人查询及更正资料的权利。

本章小结

电子商务作为一种新型的交易方式，在带给人们便捷、丰富的消费商品和服务信息的同时，也增加了消费者遭受损害的机会，冲击了传统消费者权益保护法律制度。为了适应电子商务迅猛发展的形势，立足于现有法律框架，对消费者权益与隐私权保护法律制度进行梳理和完善，有助于加强对电子商务消费者权益的保护，确保消费者对电子商务的信心。本章主要内容如下。

(1)电子商务与消费者权益保护。其内容涉及电子商务消费者的概念、电子商务经营者的概念和种类、电子商务消费者权益保护立法概况、电子商务消费者的权利、电子商务经营者的义务、消费争议的解决和法律责任。

(2)网络隐私权保护。其内容涉及隐私的概念和特征、网络隐私权的概念和特征、网络隐私权侵权行为的种类和特点、网络隐私权的法律保护。

(3)个人资料保护。其内容涉及个人资料的概念和分类、侵犯个人资料的主要形式、对个人资料的法律保护。

思考题

1. 电子商务消费者的权利有哪些？
2. 电子商务经营者的义务有哪些？
3. 简述网络隐私权的概念和特征。
4. 评析我国对隐私权的法律保护。
5. 简述个人资料的概念和特征。

第八章　电子商务税收法律制度

教学目标

知识目标：系统地学习电子商务税收原则、电子商务税收规则。

能力目标：培养综合应用能力，能较好地分析电子商务税收案例。

素养目标：培养学生具有诚实守信的职业道德和敬业精神，树立法律意识，提升职业素养。

引　例

引例一：中国某经营化妆品店铺的知情人透露，在网上销售化妆品的顾客只关心产品质量，只要承诺退换，基本没人索要发票，化妆品的利润空间大，加上"不纳税"，她每个月的收入至少4万元以上。仅西祠胡同开设店铺就有3 000家，加上淘宝网、易趣网、新浪等网店老板，税收流失何止百万。

案例来源：原创自编

引例二：2020年7月，济南犯罪团伙通过大量注册空壳公司，向8 000余户企业或个人虚开增值税发票3万多份，涉案金额30亿元，其中虚开电子普票2 836份，虚开金额1.72亿元。

2020年11月，广东打掉一个电子普票虚开犯罪团伙，查获"假企业"64户。不法分子以办理网贷名义，诱导急需贷款人员挂名注册成立空壳公司，向643户企业虚开电子普票1 482份，虚开金额达1亿元。

2020年12月，运用技术手段开展大数据分析，重庆警税联手破获"11.18"电子普票虚开案，成功打掉盘踞在重庆、西安的电子普票虚开犯罪团伙4个，抓获犯罪嫌疑人5名，查获大量作案工具。经查，该虚开团伙控制空壳企业188户，向5 173户企业或个人虚开增值税发票21 338份，涉案金额3.68亿元，其中虚开电子普票7 769份，虚开金额达4 209万元。

不法分子利用电子发票开具方便等特点，虚开发票，损害国家利益，坚持用零容忍的态度"对这些行为露头就打"。

案例来源：税务总局曝光三起电子普通发票虚开违法典型案例 中国政府网 http：// www. gov. cn/xinwen/2021-04/05/content_5597871. htm(案例经编者整理、改编)

第一节 电子商务税收概述

税收是国家重要的财政来源，电子商务的特殊性决定了政府应该对其给予特殊重视。在制度层面上，由于种种原因，国际社会电子商务税收处于探索阶段，我国立法机构和税收征管部门提出加强电子商务税费管理的要求。电子商务交易在没有固定场所的国际信息网络环境下进行，具有高度流动性和隐匿性的特点，它的涉税事项及管理与传统商务有很大区别，需要重新审视现行税收立法、政策和相应征管制度。

一、电子商务税收的概念和特征

(一)电子商务税收的概念

税收，是指国家为实现其职能，凭借政治权利，按照预先规定的标准，强制地、无偿地参与社会产品或国民收入分配的一种方式。组织国家财政收入是税收原生的最基本职能，马克思指出："赋税是政府机器的经济基础，而不是其他任何东西。"恩格斯在《家庭、私有制和国家起源》中指出："为了维持这种公共权力，就需要公民缴纳费用——捐税。"古典经济学家亚当·斯密认为："税收是人民须拿出自己一部分私收入，给君主或国家，作为一笔公共收入。"在经济合作和发展组织(OECD)的分类中，税收被定义为"对政府的强制性的、无偿的支付"。世界银行则将税收定义为"为公共目的而收取的强制性的、无偿的、不可返还的收入"。税收体现的是作为主体的国家与社会集团、社会成员之间的特定的收入分配关系，它是国家财政收入的主要形式和调节经济的重要杠杆。

电子商务税收，是指电子商务经营环境下，国家依据现行税收法律、法规和政策，无偿征收电子商务经营主体应纳税款以取得财政收入。电子商务税收法律涉及电子商务前沿涉税问题，关系一国税收经济利益。

(二)电子商务税收的特征

税收与国家的其他财政收入形式(上缴利润、国债收入、规费收入、罚没收入等)相比，具有强制性、无偿性和固定性的特性。其中，强制性是指税收是国家以社会管理者的身份，凭借政权力量，依据政治权利，通过颁布法律或政令来进行强制征收；无偿性是指通过征税，社会集团和社会成员的一部分收入转归国家所有，国家不向纳税人支付任何报酬或代价；固定性是指税收按照国家法律规定的标准征收，即纳税人、课税对象、税目、税率、计价办法和期限等，是预先设定的，有稳定的使用期限，税收是固定的连续收入。

电子商务税收不但具有税收的三个共性特征，还具有以下主要特征。

1. 纳税主体特殊

电子商务没有传统概念中的商场、店面、销售人员，人员、机构、场所都虚拟化，商

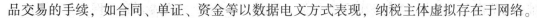

品交易的手续，如合同、单证、资金等以数据电文方式表现，纳税主体虚拟存在于网络。

2. 税收管辖权特殊

互联网的使用者具有较强的隐匿性、流动性，电子商务经营者可以隐匿姓名、居住地，并可随意改变经营地点，以经营住所地或居住地为税收管辖地的制度面临动摇。尤其涉及税收，由于电子商务突破了地域限制，无形财产的交易不受海关检查就可以自由进行，没有出、入境限制，使原有的税收征管方法和税收监控手段失去作用。

3. 税务监管特殊

电子商务环境下，税务监管在内容、支付和跨境监管上都有别于传统交易。首先，电子商务交易数据不直观，且容易被删除、修改、迁移、隐匿，这给税务监督、管理、跟踪、审计电子数据带来了很大困难。加密技术的广泛应用，也给税务监管造成技术上的难题；其次，在支付环节上，传统现金交易逃税是有限的，电子商务中电子货币、账簿无形化，加大了税务机关对交易内容和性质的辨别难度。

二、电子商务对现行税制的影响

电子商务具有虚拟化和无纸化的特点，对现有税制要素产生影响，也使税收原则、税收要素和税收征管面临新的挑战。

（一）电子商务对税收原则的影响

1. 税收法定原则

税收法定原则，又称税收合法性原则，是指一切税收的课征都必须有法律依据，没有法律依据纳税人有权拒绝。税收法定是税法至为重要的基本原则。《税收征收管理法》第3条规定："税收的开征、停征以及减税、免税、退税、补税，依照法律的规定执行；法律授权国务院规定的，依照国务院制定的行政法规的规定执行。"任何机关、单位和个人不得违反法律、行政法规的规定，擅自做出税收开征、停征、减税、免税、退税、补税，以及做出其他与税收法律、行政法规相抵触的决定。

建立在互联网基础上的电子商务，不能被现行税制所涵盖，由于税法没有将电子商务纳入征税的范围，对税收法定原则相悖。缺失税收法定，电子商务税收处于不确定状态，电子商务的投资者、经营者和参与交易者难以判断税收负担，难以预测其交易活动的税收风险，担心政府会对电子商务交易行为课以重税，政府担心电子商务经营者借此逃税。

2. 税收公平原则

税收公平原则，又称公平税负原则，是指税赋使各个纳税人承受的负担与其经济状况相适应，并使各个纳税人之间的负担水平保持均衡。税收法律关系要求纳税人地位平等，税收负担在国民之间的分配也必须公平合理。税收公平体现在横向公平和纵向公平两方面，横向公平是指经济条件或纳税能力相同的纳税人应负担相同数额的税收，强调的是情况相同，则税收相同；纵向公平是指经济条件或纳税能力不同的人，应当缴纳不同的税。例如，高收入者应当比低收入者多纳税，采用累进税率以满足这种要求，高收入者按较高税率征税。

电子商务环境下，数字化信息易于传输和复制的特点使网上交易性质的划分越来越难，有形商品、劳务、特许权的区别模糊，典型的是书籍、音像制品通过网上交易完成下载，名曰数字产品，判断其属于销售征收增值税，还是视其为无形产品、著作权转让征收营业税，不易确定。判定依不同税种缴纳，税赋会不同，有悖于税收公平原则。

3. 税收效率原则

税收效率原则，是指以最小的费用获取最大的税收收入，并利用税收的经济调控作用最大限度地促进经济的发展，或者最大限度地减轻税收对经济发展的妨碍。税收效率一般包括经济效率和行政效率两个方面。经济效率是指资源的有效利用，是使税收保持中立性，让市场经济机制发挥有效配置资源的调节作用，使纳税人因纳税而损失或牺牲这笔资金外，最好不要再导致其他经济损失或额外负担；税收行政效率是指政府设计的税制能在筹集充分的财政收入基础上使税务费用最小化，从征税费用和纳税费用方面来考察，征税费用是指税务部门在征税过程中所发生的各种费用，纳税费用是纳税人依法办理纳税事务所发生并由纳税人自己承担的费用。

在电子商务交易中，生产者直接将商品提供给消费者，中间商消失，电子商务与传统贸易在成本上产生很大的差异，一些低成本的纳税人加入，造成税务机关工作量增大，网络运营高科技成本投入增加。

(二) 电子商务对传统税收要素的影响

税收要素，又称税法要素，是指各种单行税种法具有的共同的基本构成要素的总称，包括纳税义务人、征税对象、税目、税率、纳税环节、纳税期限、纳税地点、减税免税、罚则、附则等。

1. 对纳税义务人的影响

纳税义务人又称纳税人，是指依照税收法律、法规的规定，直接负担纳税义务的自然人、法人和非法人组织。电子商务主体隐匿其名称、住所地或居住地，不经过认证程序，很难与现实生活中的地址发生对应关系，如何确认电子商务中从事经营活动的企业和个人居民身份成了新难题。同时，电子商务产销直接交易，使依赖中介代扣代缴的作用也随之削弱和取消。

2. 对征税对象的影响

征税对象又称征税客体，是指特定税种所指向的对象。我国现行税制建立在有形贸易基础上，依据提供劳务、提供特许权使用和商品买卖等销售形式的不同，分别征收营业税和增值税，并对提供劳务、特许权使用和商品买卖等销售形式有明确的界定，比较容易确定相应的税种、税目、税率及计税依据。电子商务环境下，大量商品和劳务通过网络传输，表现为无形的数字化产品，这些数字化产品改变了产品的性质，在一定程度上模糊了原为人们普遍接受的产品概念，使有形商品、劳务和特许权难以区分。

3. 对纳税环节、期限和地点的影响

纳税环节，是指税收法律、行政法规规定商品从生产到消费的过程中应当缴纳税款的环节。如流转税在生产和流通环节纳税，所得税在分配环节纳税等。纳税期限，是指税法规定的纳税主体向税务机关缴纳税款的具体时间。纳税期限一般分为按次征收和按期征收两种，如企业所得税在月份或者季度终了后15日内预缴，年度终了后4个月内汇算清缴，多退少补；纳税地点，是指根据各个税种纳税对象的纳税环节和有利于对税款的源泉控制而规定的纳税人(包括代征、代扣、代缴义务人)的具体纳税地点。一般实行属地管辖，纳税地点为纳税人的所在地，但有些情况下，纳税地点为口岸地、营业行为地、财产所在地。

现行税法纳税环节、期限和地点的确定以有形商品交易过程为基础，电子商务商品和货款都是无形的，销售、流通等环节无法明确区分，税务机关难以确定纳税义务的发生时间、地点，征税环节、期限和地点的确定产生困难。

(三)电子商务对税收征管的影响

税收征管，是指国家税务征收机关依据税法、税收征管法的规定，对税款征收过程进行组织、管理、检查等一系列工作的总称，包括计算税基、征收税款、稽查逃税、管理税款流转等与税收管理有关的行政行为。

1. 对征税主体的影响

征税主体是国家或代表国家征收税务的政府机关，我国征税主体是税务机关和海关。税务机关是最重要的、专门的征税主体，在国家税务总局的领导下，地方各级分别有国家税务局和地方税务局两套系统，征税权限划分上，国家税务局系统负责征收和管理增值税、消费税、车辆购置税、铁道部门、银行总行和各保险公司总公司、中央企业集中缴纳的营业税、所得税、城市维护建设税等税收；地方税务局系统则负责征收营业税、地方国有企业、集体企业、私营企业缴纳的所得税、个人所得税、资源税、城镇土地使用税、耕地占用税、土地增值税、房产税、城市房地产税、车船使用税、车船使用牌照税、印花税、契税、屠宰税、宴席税等税收；海关实行中央垂直管理体制，负责征收关税、行李和邮递物品进口税，代征进出口环节的增值税等。

国税局、地税局按地域设置，并按地域征收关税，电子商务大量归于"商业服务"，服务发生地如果不经专门法律解释，很难判定其发生地域，难以确定征税主体的管辖权。

2. 对征税依据的影响

现行税务登记依据的基础是工商登记，银行开户、工商登记、税务登记等手续在企业设立初期同步完成。各国税法普遍规定纳税人必须如实记账并保存账簿、记账凭证以及其他与纳税有关的资料，以便税务机关检查，从法律上奠定了以账证追踪审计作为税收征管的基础。

在电子商务环境中，不再采用传统账册，取而代之的是存储于计算机中的数字信息，以电子数据信息资料的形式出现并传递，电子数据信息资料具有随时被修改或删除的危险。无纸化程度越高，税收征管稽查越没有直接的依据，这对税务部门全面掌握企业应纳税信息造成难度，计算机加密技术更是增加了税务机关搜集资料的难度。

(四)电子商务对国际税收的影响

国际税收以属地原则为基础，通过居住地、常设机构等概念把纳税义务人与纳税人的活动联系起来，实施税收管辖。在电子商务环境下，企业无须在固定地点办理设立登记，只要有通用网址，便可以开展商务活动，从而易产生国际税收管辖权争议和严重避税问题。

1. 重复征税

世界各国实行的税收管辖权，有来源管辖权和居民(公民)管辖权，或者二者兼而有之，引起税收管辖权行使交叉重叠。电子商务使跨国纳税人可以更加自由地超越国境，产生更多的跨国所得，电子商务加剧了重复征税，导致国际税收协调困难。此外，通常判定法人居民身份以管理中心或者控制中心为准，召开董事会或者股东大会的场所是判定法人实际管理中心的重要标志，电子商务企业往往选择直接通过网络召开大会，会议发生地判定企业实际管理控制中心变得不可行。

2. 常设机构的含义和范围的界定

常设机构，是指企业在某国开展全部或部分经营活动所依赖的固定经营场所或代理机构。常设机构是对收入来源国征税的依据，税收征管部门通过常设机构来确定企业经营来源地。电子商务的出现使得非居民可以通过用服务器上的网址来进行商品销售和提供服务。一国消费者或厂商通过网络直接购买外国商品和劳务，外国销售商并没有在本国出现，没有常设机构，就不能对外国销售商在本国的销售和经营征税，如何判断常设机构，并据以征收税款，是电子商务国际税收常常面临的难题。

3. 国际避税

避税，是指以合法手段减轻税收负担。电子商务高流动性、隐匿性的特点，使企业在互联网上轻易变换其站点，选择在低税率或免税国设立站点，就可以达到避税的目的，使一国税务部门难以取得税收征收的依据。

第二节　电子商务税收立法与政策

电子商务虽然与传统的交易方式有很大的不同，但是，它没有改变商品交易的本质，其承载的交易内容仍然是现实社会中的商品或劳务。电子商务应该适用与传统交易相同的税法原则和规则，针对不能够完全或部分解决的电子商务税收问题，对现行税法进行适当的修改、补充、重新界定和解释。

一、税法的概念与作用

（一）概念

税法，是指有权的国家机关制定的调整税收分配过程中形成的权利和义务关系的法律规范总和。广义的税法包括税收实体法、税收程序法和税收争诉法，在税法立法层次上，现行税法由税收法律、税收法规和税收规章组成。

1. 税收法律

税收法律，是指全国人民代表大会及其常务委员会，依照法律程序制定的规范性税收文件，其法律地位和法律效力仅次于宪法，高于税收法规、税收规章。

我国现行税收法律主要有《中华人民共和国个人所得税法》（1980 年 9 月 10 日第五届全国人民代表大会第三次会议通过，2018 年 8 月 31 日第十三届全国人民代表大会常务委员会第五次会议第七次修正）；《中华人民共和国税收征收管理法》（1992 年 9 月 4 日第七届全国人民代表大会常务委员会第二十七次会议通过，2015 年 4 月 24 日第十二届全国人民代表大会常务委员会第十四次会议第三次修正）；《中华人民共和国企业所得税法》

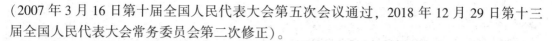

（2007 年 3 月 16 日第十届全国人民代表大会第五次会议通过，2018 年 12 月 29 日第十三届全国人民代表大会常务委员会第二次修正）。

2. 税收法规

税收法规，是指国家最高行政机关、地方立法机关根据其职权或根据最高权力机关的授权，依照宪法和税收法律，通过一定法律程序制定的规范性文件。目前，税收法规是我国税法体系的主要组成部分，由国务院制定的税收法规和地方立法机关制定的地方性税收法规两部分构成。税收法规的效力低于宪法、税收法律，高于税收规章。

我国现行税收法规主要有《中华人民共和国增值税暂行条例》（1993 年 12 月 13 日中华人民共和国国务院令第 134 号发布，2017 年 11 月 19 日国务院第二次修订）；《中华人民共和国消费税暂行条例》（1993 年 12 月 13 日中华人民共和国国务院令第 135 号发布，2008 年 11 月 5 日国务院第 34 次常务会议修订通过）；《中华人民共和国企业所得税法实施条例》（2007 年 11 月 28 日国务院第 197 次常务会议通过，2008 年 1 月 1 日起施行）；《中华人民共和国个人所得税法实施条例》（由国务院于 2018 年 12 月 18 日发布，自 2019 年 1 月 1 日起施行）。

3. 税收规章

税收规章，是指国家税收管理职能部门、地方政府根据其职权和根据最高行政机关的授权，依照有关法律、法规制定的规范性税收文件。在我国具体指财政部、国家税务总局、海关总署以及地方政府在其权限内制定的有关税收办法、规则、规定和实施细则，它也是税法体系的必要组成部分，但其法律效力低于法律、法规。

我国现行税收规章包括海关总署《关于调整音像制品和电子出版物进口环节增值税税率有关问题的公告》（2007 年）；国家税务总局《关于个人通过网络买卖虚拟货币取得收入征收个人所得税问题的批复》（2008 年）；《关于嵌入式软件增值税政策的通知》（2008 年）；海关总署公告第 43 号文《关于调整进出境个人邮递物品管理措施有关事宜》（2010 年）、第 54 号文《关于进境旅客携带个人自用进境物品征税的规定》（2022 年）。此外，还有一些地方性规章。

（二）税法的作用

税法的作用，是指税法实施所产生的社会影响，体现在税法的规范作用和经济作用两个方面。

1. 税法的规范作用

税法的规范作用，是指税法调整、规范人们行为的作用，其实质是法律的基本作用在税法中的体现与引申，税法的规范作用有指引、评价、预测、强制、教育等。

2. 税法的经济作用

税法的经济作用，是指税法对社会经济的影响。税法是调整经济分配关系的法律，因此必然会产生种种经济职能，从而使税法的经济功能在法律形式的保障下充分发挥作用。税法的经济作用是国家取得财政收入的重要保证，是正确处理税收分配关系的法律依据，是国家调控宏观经济的重要手段，是监督管理的有力武器，是维护国家权益的重要手段。

📖 **案　例**

被告人张某是上海 LY 市场策划有限责任公司(以下简称"LY 公司")公司法人代表、总经理,半年间,LY 公司通过网络渠道销售婴儿用品,均没有开具发票,没有记账,也没有向税务机关申报纳税,经上海普陀区国税局税务核定,LY 公司少缴纳增值税为 11.1 万元,少缴纳比例为 100%。2007 年 7 月,被诉至法院。

问:本案应如何处理?

解析:本案构成偷税罪。这是我国首例网上经营偷税案,普陀区法院依据《刑法》,以偷税罪对张某及其公司做出判决,处张某有期徒刑 2 年,缓刑 2 年,罚金 6 万元,对其开设的上海 LY 市场策划有限责任公司处以 10 万元罚金。

案例来源:透析全国首例网络交易偷税案_税屋——第一时间传递财税政策法规
https://www.shui5.cn/article/6a/76907.html(案例经编者整理、改编)

二、电子商务税收立法概况

(一)国外电子商务税收立法概况

电子商务的广泛性决定了各国政府必须广泛协作,与国际接轨,将电子商务纳入全球税收管理之下是一种趋势,我国税收立法必要参考和借鉴国际社会通行的税收规则和电子商务税收前沿理论。目前,电子商务各发达国家和地区税收理论和观点,主要有以下这些内容。

1. 美国

美国财政部于 1996 年下半年颁布了"全球电子商务选择税收政策"白皮书,它支持电子和非电子交易间的"税收中性"原则。美国财政部认为,没有必要对国际税收原则做根本性的修改,但是要形成国际共识,以确保建立对电子商务发展至关重要的统一性。在提出非歧视性中立税收原则基础上,明确对电子商务征税的管辖权,以避免双重税赋。1997 年 7 月 1 日,美国总统克林顿发布《全球电子商务纲要》,号召各国政府尽可能地鼓励和帮助企业发展互联网商业应用,建议将国际互联网宣布为免税区,凡无形商品(如电子出版物、软件、网上服务等)经由网络进行交易的,无论是跨国交易或是在美国内部的跨州交易,均应一律免税,对有形商品的网上空易,其赋税应按照现行规定办理。

1998 年 5 月 14 日,几经修改的互联网免税法案在美国参议院商业委员会以 41 票对 0 票的优势通过,为美国本土企业铺平自由化的发展道路。同年 5 月 20 日,美国又促使 132 个世界贸易组织成员方的部长们达成一致,通过了互联网零关税状态至少一年的协议。

美国电子商务税收立法主要有五方面的内容:①税收首先要做到中性,既不扭曲也不阻碍电子商务的发展,税收政策要避免对商务形式的选择发生影响;②保持税收政策的透明度;③对电子商务的税收政策应与美国现行税制相协调,并与国际税收基本原则保持一致;④不开征新税或附加税,应该通过对某些概念、范畴重新加以界定和对现有税制的修补来处理电子商务引发的税收问题;⑤以居民管辖权取代收入来源管辖权。

2. 欧盟

欧洲国家大多采用间接税制,尤其是增值税,电子商务的发展,特别是数字化产品和服务的网上交易使得增值税难以征收。

1997 年 7 月，由 29 个国家参加的题为"全球信息网络"的欧洲电信部长级会议通过了支持电子商务发展的"波恩部长级会议宣言"。该宣言中涉及税收的内容有政府在税收的可确定性制定方面具有重要意义，它能使纳税义务明确、透明、具有可预见性；确保税收的中性，从而使新的商业行为相对于传统商业行为而言，没有增加额外的税收负担；目前的间接税(如增值税)同样适用于产品和服务的电子交易，就如同它可适用于多种形式的传统交易一样。目前没有必要引入新的税种，对电子商务对立法方面的冲击进行全面的分析，从而对现有立法需要何种程度的修改、完善做出评估。1998 年，欧盟委员会确立了对电子商务征收间接税的原则：除了致力于推行现行的增值税外，不开征新税；从增值税意义上讲，电子传输被认为是提供服务；现行增值税的立法必须遵循和确保税收中性原则；互联网税收法规必须易于遵从并与商业经营相适应；应确保互联网税收的征收效率，以及将可能使用无纸化的电子发票。欧盟最高执行官明确表示，欧盟不准备针对网络上的电子商务活动增加新的税种，但也不希望为电子商务免除现有的税赋，因为现行增值税完全可以适用于包括互联网交易在内的所有商品和劳务。

3. 经济合作与发展组织

经济合作与发展组织(以下简称"经合组织")自 1960 年成立后，就通过世界经济合作的方式服务于它的 29 个成员方，旨在稳定其财政金融，促进经济增长和扩大贸易等。目前，经合组织已成为讨论和解决电子商务问题的重要组织，在其召开的三次电子商务会议中，有两个涉及税收问题。

1997 年 11 月，经济合作与发展组织在芬兰特尔库召开了题为"解除全球电子商务的障碍"(Dismantling the Barriers to Global Electronic Commerce)的会议，提出了关于"电子商务：对税务当局和纳税人的挑战"(Electronic Commerce：The Challenges to Tax Authorities and Taxpayers)的报告，对电子商务税收问题达成如下共识：任何有关税收的提议和决定都应确保税收的中性和公平，避免造成双重征税和过多的纳税成本；首选的方案是将现有的税收制度应用于电子商务环境；税收执行问题要比税收政策本身更为紧迫；政府与企业应密切合作寻找税收问题的解决方案；国家间应共同合作解决电子商务税收问题；政府的税务管理制度必须在为纳税人的服务进行改进方面寻找新途径；税收问题不应成为阻碍电子商务发展的障碍，也不允许电子商务破坏税收制度；不需要开征"比特税"。

1998 年 10 月，经济合作与发展组织在加拿大渥太华召开了题为"无边界的世界：了解全球电子商务的潜在性"(A Borderless World ：Realising the Potential of Global Electronic Commerce)的部长级会议。会议上，各成员方决定共同合作研究电子商务征税办法，以避免对互联网上交易的财政歧视。会议得出以下结论，这些结论与经合组织成员方在此之前做出的政策声明是一致的：税收原则应建立在中性、有效、确实、简明、公平、有弹性的基础上，传统的税收原则应适用于电子商务环境；避免对电子交易实行"比特税"；避免在不同国家对同一交易双重征税；确保对间接税实行在消费地征税的原则，而不是在生产地。会议还就电子商务税收政策的研究工作在相关国际组织间的分工达成一致意见：关税由世界贸易组织负责；关税执行程序由世界关税组织负责；增值税由欧盟负责；国际税收及直接税问题由经合组织负责。

4. 世界贸易组织

在 1998 年 5 月召开的互联网商务会议上，世界贸易组织成员方的部长们一致同意按现行办法在一年内对互联网交易免征关税。但是，此规定不包括通过互联网订购，而采用物理实体交付的方式。针对目前对跨国的电话、传真信息、电子邮件等行为均不征收关税的情况，世界贸易组织决定对互联网上的电子信息传输也免征关税，只是将这种行为作为上述类似行为的一种扩充。另外，WTO 在电子商务税收政策方面还提出三项指导意见，以供各成员国参考：第一，必须在不影响电子商务发展的前提下研究电子商务税收政策，对电子商务交易与传统交易不应差别对待；第二，对电子商务的征稽系统应该简单透明，程序容易执行，不增加纳税人的负担；第三，电子商务税收政策应与现有规则相容，充分利用电子商务付费系统，合作制定新标准。

5. 其他国家的电子商务税收政策

其他国家也纷纷制定了自己的电子商务税收政策，具有代表性的是德国和日本。

德国财政部的富兰克、帝特马等人在《如何控制互联网上交易——来自德国税务稽查员的观点》一文中，对现行税制下如何加强流转税的征管，提出了独到的见解。他们认为，对于提供应税流转税的劳务，如软件的在线销售，可视为企业在德国设有常设机构。在他们看来，电子商务涉及可能成为纳税人或纳税环节的有以下三方面：①销售商和国际互联网的使用者；②国际互联网入口提供者（提供商）；③支付系统。由于技术原因，以销售商或互联网使用者（顾客）和提供商为起点的解决方案是不可行的，因此只有求助于第三个方面，即支付系统。更为重要的是由于销售商和顾客越来越关心商业欺诈，因此银行等金融机构必然要参与到交易中来，而且支付系统能够提供流转额的线索。所以他们认为，从税收角度看，电子商务所使用的支付系统可作为核查、跟踪交易的一种依据。

1997 年 5 月，日本发布了题为"面向数字经济时代：为使 21 世纪的世界经济及日本经济快速增长"的电子商务战略。在涉及电子商务的税收问题上，报告指出，由于消费地在电子商务环境中难以确定，因此，在确定征税管辖权时将会出现问题。1997 年 7 月，日本国际贸易及工业部副部长建议对电子商务免征关税及避免对网上贸易增加新的税赋。目前，日本对国外互联网服务提供者是否构成常设机构的判定，主要依据互联网服务提供者在日本所从事的经营活动来确定。例如，如果互联网服务提供者仅是通过当地电话公司来提供连接服务的，则不被认定为常设机构；如果互联网服务提供者作为国内服务的服务者，则有可能被认定为常设机构；如果互联网服务提供者在日本建立实际性的销售办公室，来侵略性地扩张他的服务市场，这就可能被认为是常设机构。另外，日本规定，本国公司从国外软件公司购进存储在介质中的软件，对此支付酬金的，被认定为进口贸易的，依照现行税法规定不应征收预提税；而通过互联网购进软件，从某一服务器下载到买方计算机中，一般被认定为版权购进，支付的酬金将视为特许权使用费，依法应代扣代缴预提税。

（二）我国现行税法体系

电子商务以现行税法来控制和征收，这是国际通行的做法。我国基本以现行的规范有形商事交易的税法体系作为电子商务征税基础。

税法体系是指一个国家不同的税收法律规范有机联系而构成的统一整体。按照对税收法律规范标准不同，一个国家税法体系可以有多种分类方式，但是组成税法体系的全部税收法律规范基本不变。按照税收立法权限或者法律效力的不同，划分为有关税收的宪法性规范、税收法律、税收行政法规、地方性税收法规和国际税收协定；按照税收管辖权的不同，划分为国内税法和国际税法；按照税法的调整对象的不同，划分为税收实体法、税收程序法和税收争诉法，其中，税收实体法是规定税收法律关系主体的实体权利、义务的法律规范的总称，它直接影响到国家与纳税人之间权利义务的分配，是税法的核心部分，没有税收实体法，税法体系就不能成立。税收程序法是规定国家征税权行使程序和纳税人纳税义务履行程序的法律规范的总称，如《中华人民共和国税收征收管理法》即属于税收程序法。税收争讼法，是调整争议当事人在解决税务行政争议活动中的权利与义务关系的法律规范，如《中华人民共和国行政诉讼法》和《中华人民共和国行政复议法》以及国家税务总局制定的《税务行政复议规则》等都属于税收争诉法。

我国的税收法制以宪法为核心，以各项税收法律法规为组成部分，是一个多层次的税法体系。经过 1994 年税制改革，建立起以流转税、所得税为主体，财产税、行为税、资源税为补充的复合税制体系，我国的现行税种由改革前的 37 个缩减为 18 个，包括增值税、消费税、企业所得税、个人所得税、资源税、城镇土地使用税、房产税、城市房地产税、城市维护建设税、耕地占用税、土地增值税、车辆购置税、车船税、印花税、契税、烟叶税、关税、船舶吨税。其中，关税和船舶吨税由海关征收。因此，目前税务部门征收的税种只有 16 个。近年来，我国开征对环境税、物业税、遗产税进行了调研和准备，物业税在部分地方已经开始实践，未来我国税种将会出现较大的变化。

三、电子商务税收立法基本原则

借鉴欧盟、经济合作和发展组织的做法，为了营造公平、效率、简化、适用、中性的电子商务税收环境，确立我国电子商务税收立法基本原则如下。

（一）电子商务税收中性原则

电子商务税收中性原则要求在有形交易和电子交易间平等对待，不影响企业对市场行为和贸易方式的选择，以免阻碍电子商务在我国的发展。与发达国家相比，我国电子商务发展速度和规模有待于进一步提高，保护和鼓励电子商务发展成为我国的一项重要工作。对电子商务税收立法坚持税法中性原则，在制定电子商务税收法律时，应当以交易的本质内容为基础而不考虑交易的具体形式或媒介，税法的制定或实施不应对电子商务的发展起到延缓或阻碍作用，避免税收对经济的扭曲，使纳税人的经营决策取决于市场而不是取决于对税收因素的考虑；按照这一原则的要求，电子商务税收立法应简洁、明确、可预见性、易于操作的原则，降低税收管理机关的征税成本和电子商务纳税人的纳税成本。

（二）电子商务税负公平原则

电子商务电子商务税负公平原则包括税收本身的公平即经济意义上的公平，还包括社会意义上的公平，如普遍征税、平等征税等。作为一种新兴的贸易方式，电子商务虽然是数字化的商品或服务的贸易，但并没有改变商品交易的本质，仍然具有商品交易的基本特征。按照税法公平原则的要求，它和传统贸易适用相同的税法，担负相同的税收负担。确立税法公平原则意味着没有必要对电子商务立法开征新的税种，也意味着只是要求对现行的税法进行修改，扩大税法的适用范围和解释，将以数字交易的电子商务纳入现行税法的内容中去，使之包括对数字交易的征税。确立电子商务税法公平原则的目的在于支持和鼓励商品经营者采取电子商务的方式开展贸易，并不强制推行交易的媒介。《电子商务法》第11条第1款规定："电子商务经营者应当依法履行纳税义务，并依法享受税收优惠。"

(三)维护国家税收主权原则

征税权是国家主权的重要组成部分，包括国家税收立法权、执法权、司法权，以及由此权力确定及行使所带来的税收利益和税收收入的分配权与使用权，是通过国家对税收管辖权的确定来确认和体现的。目前，全球范围内电子商务发达国家多为强势国，发达国家强调税法的"属人原则"而弱化税法的"属地原则"，意在侵蚀和剥夺发展中国家的税收权力和税收利益。为此，电子商务税法要从维护我国税收主权和税收利益的立场出发，确立对电子商务征税属地原则与属人原则并重的做法，明确认定和规范服务器的身份及其作用，修订无形资产的范围，明确对无形资产使用权转让的税收制度，维护我国在电子商务交易中的税收主权。

四、电子商务税收立法思路

1. 思路一：以现行税收制度为基础

电子商务虽然与传统的交易方式有很大的不同，但是它并没有改变商品交易的本质，其承载的内容仍然是现实社会中的商品、劳务，它与传统贸易应该适用相同的税法。现行税法是建立在有形交易基础之上的，它不能够完全或部分解决电子商务的税收问题。我国目前电子商务税收立法的主要任务和工作重点应当集中于对现行税收法律法规的修订上，在不立法开征新税或附加税的前提下，对现行税法的一些概念、范畴、基本原则和条款进行修改、删除、重新界定和解释，增加有关对电子商务适用的条款，并保证不对现行税制造成太大的影响，也不产生财政风险。

2. 思路二：增加电子商务税收法律的确定性和适用性

消除税法适用上的不确定性，推动电子商务在我国的发展。现行税法是建立在有形交易基础之上的，它不够完全或部分解决电子商务的税收问题，通过电子商务税收立法确立税法对电子商务活动的确定性和适用性，明确对电子商务税收问题的基本态度、基本原则和基本方案，使电子商务的税收管辖权问题具有确定性和明确性，也使电子商务投资者、经营者和参与者的税收负担具有确定性、公平性和合理性，从而使其从事电子商务的交易具有安全性，保护合理的商业预期，保障交易安全，鼓励和推动我国电子商务的发展。

3. 思路三：保证电子商务经营主体税赋公平

现行税制实现了对电子商务 B2B 模式、B2C 模式征税，而对 C2C 模式电子商务不征税成为公认的潜规则。目前，电子商务 B2B 和 B2C 模式按照我国现行流转税的规定计提缴纳税款，实行过程中遇到课税要素的确定、税收征管、税务稽查、税收管辖权范围等问题，需要实践中完善税收立法，实现可行的税收征收。目前，更重要的是监管 B2C 模式网上商店混入 C2C 模式逃避纳税。确保税赋公平，凡具有应税收入者，都应该成为纳税人，税法面前一律平等。

第三节　我国电子商务相关立法规定

1. 与电子商务有关的主要税收规则

1）与电子商务有关的流转税规则

流转税，是指以商品流转或提供劳务过程中发生的全部或部分货币流转额为计税依据的税种的总称，包括增值税、营业税、关税和消费税。涉及电子商务的流转税规则主要有以下几种税。

（1）增值税。

增值税是以商品生产、流通和劳务服务过程中的增值额为课税对象而征收的一种流转税，电子商务的增值税是针对软件和电子出版物的征税。

①基本税额计算。

a. 一般纳税人销售货物或提供应税劳务应纳税额的计算。

纳税人销售货物或者提供应税劳务，应纳税额为当期销项税额抵扣当期进项税额后的余额。应纳税额计算公式：应纳税额−当期销项税额−当期进项税额。

销项税额计算公式：销项税额＝销售额×税率。销售额为纳税人销售货物或者应税劳务向购买方收取的全部价款和价外费用，但是不包括收取的销项税额。

纳税人购进货物或者接受应税劳务支付或者负担的增值税额，为进项税额。下列进项税额准予从销项税额中抵扣：从销售方取得的增值税专用发票上注明的增值税额；从海关取得的海关进口增值税专用缴款书上注明的增值税额；购进农产品，除取得增值税专用发票或者海关进口增值税专用缴款书外，按照农产品收购发票或者销售发票上注明的农产品买价和 13% 的扣除率计算的进项税额。进项税额计算公式：进项税额＝买价×扣除率。购进或者销售货物以及在生产经营过程中支付运输费用的，按照运输费用结算单据上注明的运输费用金额和 7% 的扣除率计算的进项税额。进项税额计算公式：进项税额−运输费用金额×扣除率。准予抵扣的项目和扣除率的调整，由国务院决定。

b. 小规模纳税人销售货物或提供应税劳务应纳税额的计算。

小规模纳税人销售货物或者应税劳务，实行按照销售额和征收率计算应纳税额的简易办法，并不得抵扣进项税额。应纳税额计算公式：应纳税额＝销售额×征收率。小规模纳税人的销售额不包括其应纳税额。小规模纳税人销售货物或者应税劳务采用销售额和应纳税额合并定价方法的，按下列公式计算销售额，销售额—含税销售额−（1+征收率）。小规模纳税人会计核算健全，能够提供准确税务资料的，可以向主管税务机关申请资格认定，不作为小规模纳税人，依照有关规定计算应纳税额。

c. 进口货物应纳税额的计算。

纳税人进口货物，按照组成计税价格和 17% 的税率计算应纳税额，组成计税价格和应纳税额计算公式：组成计税价格=关税完税价+关税+消费税。应纳税额=组成计税价格×税率。

②《关于调整音像制品和电子出版物进口环节增值税税率有关问题的公告》。

2007年9月14日，中华人民共和国海关总署发布《关于调整音像制品和电子出版物进口环节增值税税率有关问题的公告》，自2007年9月15日起，音像制品和电子出版物的进口环节增值税税率由17%下调至13%。公告内容如下。

a. 自2007年9月15日起海关将按照13%的税率对进口音像制品和电子出版物征收进口环节增值税。

b. 公告所称"音像制品"，是指录有内容的录音带、录像带、唱片、激光唱盘和激光视盘。

c. 公告所称"电子出版物"，是指以数字代码方式将图、文、声，像等内容信息编辑加工后存储在具有确定的物理形态的磁、光、电等介质上，通过计算机或者具有类似功能的设备读取使用，用以表达思想、普及知识和积累文化的大众传播媒体。

③《关于嵌入式软件增值税政策问题的通知》。

2008年7月18日财政部国家税务总局发布《关于嵌入式软件增值税政策的通知》，据该通知规定，通过下载方式提供软件或音像、文字、图像的行为，由于没有商品的货物流转，应征收的是营业税而非增值税。主要内容。

a. 增值税一般纳税人随同计算机网络、计算机硬件和机器设备等一并销售其自行开发生产的嵌入式软件，如果能够按照《财政部 国家税务总局关于贯彻落实〈中共中央、国务院关于加强技术创新，发展高科技，实现产业化的决定〉有关税收问题的通知》第1条第3款的规定，分别核算嵌入式软件与计算机硬件机器设备等的销售额，可以享受软件产品增值税优惠政策。凡不能分别核算销售额的，不予退税。

b. 纳税人按照下列公式核算嵌入式软件的销售额。嵌入式软件销售额=嵌入式软件与计算机硬件机器设备销售额合计-[计算机硬件、机器设备成本×(1+成本利润率)]。

上述公式中的成本是指，销售自产(或外购)的计算机硬件与机器设备的实际生产(或采购)成本。成本利润率，是指纳税人一并销售的计算机硬件与机器设备的成本利润率实际成本利润率高于10%的，按实际成本利润率确定，低于10%的，按10%确定。

c. 税务机关应按下列公式计算嵌入式软件的即征即退税额，并办理退税。即征即退税额=嵌入式软件销售额×17%-嵌入式软件销售额×3%。

d. 税务机关应定期对纳税人的生产(或采购)成本等进行重点检查，审核纳税人是否如实核算成本及利润。对于软件销售额偏高、成本或利润计算明显不合理的，应及时纠正，涉嫌偷骗税的，应移交税务稽查部门处理。

(2)营业税。

营业税是在我国境内从事应税劳务、转让无形资产和销售不动产的单位和个人就其营业额征收的一种流转税。电子商务营业税主要针对网络游戏业务、电信及网络广告。

①税目和税率。

营业税的税目和税率，依照《营业税暂行条例》所附的《营业税税目税率表》执行。税目、税率的调整，由国务院决定。纳税人经营娱乐业具体适用的税率，由省、自治区、直辖市人民政府在本条例规定的幅度内决定。纳税人兼有不同税目的应当缴纳营业税的劳务（应税劳务）、转让无形资产或者销售不动产，应当分别核算不同税目的营业额、转让额、销售额；未分别核算营业额的，从高适用税率，营业税的税目和税率如表 8-1 所示。

表8-1 营业税的税目和税率

税　目	税　率
一、交通运输业	3%
二、建筑业	3%
三、金融保险业	5%
四、邮电通信业	3%
五、文化体育业	3%
六、娱乐业	5%~20%
七、服务业	5%
八、转让无形资产	5%
九、销售不动产	5%

②《关于网络游戏业务有关营业税问题的通知》。

2008 年 1 月 28 日，北京市地税局下发《关于网络游戏业务有关营业税问题的通知》，针对网络游戏的营业税做出规定。

a. 单位和个人将网络游戏软件著作权转让他人的，无论与对方如何结算，均按《北京市地方税务局关于计算机软件转让收入认定为技术转让收入暂免征收营业税问题的通知》免征营业税。

b. 对通过搭建支持网络游戏运行的服务器，完成游戏运行的单位和个人取得的游戏消费卡销售收入，按"娱乐业—其他游艺"税目征收营业税。

c. 对单位和个人代售游戏消费卡取得的代售卡收入，依照《北京市地方税务局关于对代理业征收营业税问题的补充通知》，"营业税征税范围内各类消费卡销售单位，凡不直接从事消费卡标的业务者，可就其全部收入额减除实际支付给消费卡标的经营业户的消费标的对应结算金额仅就其余额部分照章征收营业税……同类销售单位，凡在消费卡销售收入之外向相关业务合作方另行收取手续费的，对其手续费收入应照章征收营业税"。

③《关于营业税若干政策问题的通知》。

2003 年 1 月 15 日，财政部国家税务总局发布的《关于营业税若干政策问题的通知》，涉及互联网广告代理业务的营业税。

a. 关于营业额。

《关于营业税若干政策问题的通知》第 4 条规定："单位和个人开办'网吧'取得的收入，按'娱乐业'税目征收营业税。"

《关于营业税若干政策问题的通知》第 5 条规定："电信单位（指电信企业和经电信行政管理部门批准从事电信业务的单位，下同）提供的电信业务（包括基础电信业务和增值电信业务，下同）按'邮电通信业'税目征收营业税。以上所称基础电信业务是指提供公共网络基础设施、公共数据传送和基本语音通信服务的业务，具体包括固定网国内长途及本地电话业务、移动通信业务、卫星通信业务、互联网及其他数据传送业务、网络元素出租出售业务、电信设备及电路的出租业务、网络接入及网络托管业务，国际通信基础设施国际电信业务、无线寻呼业务和转售的基础电信业务。以上所称增值电信业务是指利用公共网络基础设施提供的电信与信息服务的业务，具体包括固定电话网增值电信业务、移动电话网增值电信业务、卫星网增值电信业务、互联网增值电信业务、其他数据传送网络增值电信业务等服务。"

《关于营业税若干政策问题的通知》第18条规定："从事广告代理业务的，以其全部收入减去支付给其他广告公司或广告发布者(包括媒体、载体)的广告发布费后的余额为营业额。"

b. 关于纳税地点。

《关于营业税若干政策问题的通知》第2条规定："在中华人民共和国境内的电信单位提供电信业务的营业税纳税地点为电信单位机构所在地。"

《关于营业税若干政策问题的通知》第4条规定："在中华人民共和国境内的单位通过网络为其他单位和个人提供培训、信息和远程调试、检测等服务的，其营业税纳税地点为单位机构所在地。"

(3)关税。

关税是指商品经过一国边境时征收的税收，包括进口关税、出口关税和国境关税。在电子商务环境下，无形财产许可协议交易形式有一些特殊规则。

2)与电子商务有关的所得税规则

所得税，是指以所得为征税对象，并由获取所得的主体直接缴纳的一类税的总称。包括经营所得、劳务所得、投资所得、资本利得。我国所得税有两类，即企业所得税和个人所得税，企业所得税，是指对中华人民共和国境内的一切企业，就其来源于中国境内外的生产经营所得和其他所得而征收的一种税；个人所得税，是指对个人的工资、薪金所得和其他所得所征收的一种税。

(1)所得税的一般规定。

①企业所得税的税率和计算。

企业所得税的税率为25%。非居民企业取得法律规定的所得，适用税率为20%。符合条件的小型微利企业，减按20%的税率征收企业所得税。国家需要重点扶持的高新技术企业，减按15%的税率征收企业所得税。

企业的应纳税所得额乘以适用税率，减除依照本法关于税收优惠的规定减免和抵免的税额后的余额，为应纳税额。计算公式：企业所得税额=企业所得额×适用税率-减免和抵免的税额。企业应纳税所得额的计算，以权责发生制为原则，属于当期的收入和费用，不论款项是否收付，均作为当期的收入和费用；不属于当期的收入和费用，即使款项已经在当期收付，均不作为当期的收入和费用。条例和国务院财政、税务主管部门另有规定的除外。

②个人所得税的税率和计算。

a. 工资、薪金所得，适用超额累进税率，税率为3%~45%，具体见表8-2。

b. 个体工商户的生产、经营所得和对企事业单位的承包经营、承租经营所得，适用5%~35%的超额累进税率，具体见表8-3。

c. 稿酬所得，适用比例税率，税率为20%，并按应纳税额减征30%。

d. 劳务报酬所得，适用比例税率，税率为20%。对劳务报酬所得一次收入奇高的，可以实行加成征收。

e. 特许权使用费所得，利息、股息、红利所得，财产租赁所得，财产转让所得，偶然所得和其他所得，适用比例税率，税率为 20%。

表 8-2 个人所得税税率表（一）（工资、薪金所得适用）

级数	全年应纳税所得额	税率/%
1	不超过 36 000 元的	3
2	超过 36 000 至 14 400 元的部分	10
3	超过 14 400 元至 300 000 元的部分	20
4	超过 300 000 元至 420 000 元的部分	25
5	超过 420 000 元至 660 000 元的部分	30
6	超过 660 000 元至 960 000 元的部分	35
7	超过 960 000 元的部分	40

（注：本表所称全月应纳税所得额是指依照本法第 6 条的规定，以每收入额减除费用 2 000 元后的余额或者减除附加减除费用后的余额。）

表 8-3 个人所得税税率表（二）

（个体工商户的生产、经营所得和对企事业单位的承包经营、承租经营所得适用）

级数	全年应纳税所得额	税率/%
1	不超过 30 000 元的	5
2	超过 30 000 元至 90 000 元的部分	10
3	超过 90 000 元至 300 000 元的部分	20
4	超过 300 000 元至 500 000 元的部分	30
5	超过 500 000 元的部分	35

（注：本表所称全年应纳税所得额是指依照本法第 6 条的规定，以每一纳税年度的收入总额，减除成本、费用以及损失后的余额。）

计算公式：个人所得税额＝应纳税所得额×税率。

(2)《关于个人通过网络买卖虚拟货币取得收入征收个人所得税问题的批复》。

2008 年 9 月 28 日，国家税务总局发出《关于个人通过网络买卖虚拟货币取得收入征收个人所得税问题的批复》，做出如下规定。

a. 个人通过网络收购玩家的虚拟货币，加价后向他人出售取得的收入，属于个人所得税应税所得，应按照"财产转让所得"项目计算缴纳个人所得税。

b. 个人销售虚拟货币的财产原值为其收购网络虚拟货币所支付的价款和相关税费。

c. 对于个人不能提供有关财产原值凭证的，由主管税务机关核定其财产原值。

3) 与电子商务有关的印花税规则

印花税是对经济获得和经济交往中书立、使用、领受具有法律效力的凭证的单位和个人征收的一种税。

据财政部、国家税务总局 2006 年 11 月 27 日发布的《关于印花税若干政策的通知》的

第1条规定："对纳税人以电子形式签订的各类应税凭证按规定征收印花税。"

案例

公安机关查明，2015年7月至2016年8月，离职空姐李某伙同他人多次在韩国免税店购买化妆品等货物后，以客带货方式从无申报通道携带进境，并在自己开设的网店销售牟利，偷逃海关进口环节税113万余元，2017年9月3日，北京市二中院一审受理了此案。

问：本案应如何处理？

解析：本案构成走私普通货物罪。判李某有期徒刑11年，处罚金50万元。本案发生在2017年，境外网络代购产业规模上百亿，海关开始监管。海关总署相继颁布《关于调整进出境个人邮递物品管理措施有关事宜》《关于进境旅客携带个人自用进境物品征税的规定》，规定境外物品邮寄或携带进境内的征税。

案例来源：离职空姐代购逃税获刑 海外代购面临洗牌—中新网 https://www.chinanews.com.cn/fz/2012/09-12/4178438.shtml（案例经编者整理、改编）

2. 电子商务税收征管相关规定

税收征管是整个税收管理活动的中心环节，是实现税收管理目标，将潜在的税源变为现实的税收收入的实现手段，也是贯彻国家产业政策，指导、监督纳税人正确履行纳税义务，发挥税收作用的重要措施的基础性工作。1992年9月4日，第七届全国人大常委会通过了《中华人民共和国税收征收管理法》；2001年4月28日，第九届全国人大常委会第二十一次会议第二次修订，是我国现行税收征收管理的基本法。

1）税收征管的一般规定

（1）税务管理。

税务管理是税收征纳的基础和前提。国务院税务主管部门主管全国税收征收管理工作，各地国家税务局和地方税务局应当按照国务院规定的税收征收管理范围分别进行征收管理。

①税务登记。

企业、企业在外地设立的分支机构和从事生产、经营的场所，个体工商户和从事生产经营的事业单位（以下统称"从事生产、经营的纳税人"）自领取营业执照之日起30日内，持有关证件，向税务机关申报办理税务登记。税务机关应当自收到申报之日起30日内审核并发给税务登记证件。其他纳税人办理税务登记和扣缴义务人办理扣缴税款登记的范围和办法，由国务院规定。纳税人税务登记内容发生变化的，应当自工商行政管理机关或者其他机关办理变更登记之日起30日内，持有关证件向原税务登记机关申报办理变更税务登记。

②账簿、凭证管理。

纳税人、扣缴义务人按照有关法律，行政法规和国务院财政、税务主管部门的规定设置账簿，根据合法、有效凭证记账进行核算。从事生产、经营的纳税人的财务、会计制度或者财务、会计处理办法和会计核算软件，应当报送税务机关备案。账簿、记账凭证、报表、完税凭证、发票、出口凭证以及其他有关涉税资料应当保存10年。单位、个人在购

销商品、提供或者接受经营服务以及从事其他经营活动中，应当按照规定开具、使用、取得发票。

③纳税申报。

纳税人必须依照法律、行政法规规定或者税务机关依照法律、行政法规的规定确定的申报期限、申报内容如实办理纳税申报，报送纳税申报表、财务会计报表以及税务机关根据实际需要要求纳税人报送的其他纳税资料。扣缴义务人必须依照法律、行政法规规定或者税务机关依照法律、行政法规的规定确定的申报期限、申报内容如实报送代扣代缴代收代缴税款报告表以及税务机关根据实际需要要求扣缴义务人报送的其他有关资料。年所得 12 万元以上的纳税义务人，应在年度终了后 3 个月内到主管税务机关办理纳税申报手续。

（2）税款征收。

税务机关依照法律、行政法规的规定征收税款，不得违反法律、行政法规的规定开征停征、多征、少征、提前征收、延缓征收或者摊派税款。除税务机关、税务人员以及经税务机关依照法律、行政法规委托的单位和人员外，任何单位和个人不得进行税款征收活动。税务机关征收税款时，必须给纳税人开具完税凭证。扣缴义务人代扣、代收税款时，纳税人要求扣缴义务人开具代扣、代收税款凭证的，扣缴义务人应当开具。

税务机关有根据认为从事生产、经营的纳税人有逃避纳税义务行为的，可以在规定的纳税期之前，责令限期缴纳应纳税款；在限期内发现纳税人有明显的转移、隐匿其应纳税的商品、货物以及其他财产或者应纳税的收入的迹象的，税务机关可以责成纳税人提供纳税担保。如果纳税人不能提供纳税担保，经县以上税务局（分局）局长批准，税务机关可以采取税收保全措施或者强制执行措施。

（3）税务检查。

税务机关有权进行下列税务检查：检查纳税人的账簿、记账凭证、报表和有关资料，检查扣缴义务人代扣代缴、代收代缴税款账簿、记账凭证和有关资料；到纳税人的生产、经营场所和货物存放地检查纳税人应纳税的商品、货物或者其他财产，检查扣缴义务人与代扣代缴、代收代缴税款有关的经营情况；责成纳税人、扣缴义务人提供与纳税或者代扣代缴、代收代缴税款有关的文件、证明材料和有关资料；询问纳税人、扣缴义务人与纳税或者代扣代缴、代收代缴税款有关的问题和情况；到车站码头、机场、邮政企业及其分支机构检查纳税人托运、邮寄应纳税商品、货物或者其他财产的有关单据、凭证和有关资料；经县以上税务局（分局）局长批准，凭全国统一格式的检查存款账户许可证明，查询从事生产、经营的纳税人、扣缴义务人在银行或者其他金融机构的存款账户。税务机关在调查税收违法案件时，经设区的市、自治州以上税务局（分局）局长批准，可以查询案件涉嫌人员的储蓄存款。

（4）争议的处理。

纳税人、扣缴义务人、纳税担保人同税务机关在纳税上发生争议时，必须先依照税务机关的纳税决定缴纳或者解缴税款及滞纳金或者提供相应的担保，然后可以在收到税务机关填发的缴款凭证之日起 60 日内申请行政复议。复议机关应在收到复议申请之日起 60 日内做出复议决定，情况复杂的，可以适当延长。对行政复议决定不服的，可以自收到复议决定之日起 15 日内向人民法院起诉。

2)电子商务税收征管

电子商务税收征管的内容如传统税收，没有发生改变。由于电子商务网络交易，相应地，税收征管也应推行电子化手段，开发自动统计交易类别和应纳税额的征税软件，采用专门的电子商务登记系统，实现网上监控与稽查。主要措施有以下几点。

（1）税务机关信息化。

《税收征管法》第6条规定："国家有计划地用现代化信息技术装备各级税务机关，加强税收征收管理信息系统的现代化建设，建立健全税务机关与政府其他管理机关的信息共享制度。纳税人，扣缴义务人和其他有关单位应当按照国家有关规定如实向税务机关提供与纳税和代扣代缴有关的信息。"立法规定了税务机关推进信息化建设的方向建立统一规范、统一标准，利于税务资源整合的技术平台，增强基础数据的利用率，实现税源监控。

（2）备案制度。

企业开展电子商务必要及时完善税务登记，使每位进入网上税务管理系统的电子商务纳税人经过认证，注明经营范围，责令上网单位将与电子商务有关的材料报送当地税务机关，便于税务机关控制。同时，建立电子货币发送者数字身份证的登记制度，避免欺诈和否认，形成一个安全、诚信的征纳环境。

（3）电子申报和纳税制度。

电子商务提出了税务电子申报和电子缴税的要求，电子申报指纳税人利用报税工具，如电话机、计算机等，通过电话网、分组交换网、DDN网等通信网络系统，填报涉税电子申报表格，把纳税申报数据发送到纳税申报受理服务器，完成纳税人与税务部门间的电子信息交换；电子缴税是指纳税人在规定的纳税期限内，利用计算机登录互联网，到开户银行缴纳税款，或通过税务机关与银行部门的联网网络，将纳税人通过网络填报的纳税申报信息传递至纳税人的开户银行，由银行直接从纳税人的签约账户上将税款划缴的纳税方式。

（4）反瘫痪预警制度。

防止黑客袭击和意外事件导致网络数据受损，数据流失，建立最低警戒线，当网络出现危机时，提前报警。

3. 电子商务税收管辖权和常设机构的适用性规则

电子商务对国际税收利益的分配形成了巨大的冲击，国际税收管辖权的冲突加剧产生国际税收管辖权冲突的主要原因是"常设机构"概念受到挑战，要解决电子商务发展给税收征管带来的问题，必须确立国际税收管辖权和常设机构的适用性规则。

1)电子商务税收管辖权

税收管辖权，是主权国家根据其法律所拥有和行使的征税权力。

（1）税收管辖权的原则。

目前通行的税收管辖权原则主要有三种：一是属人原则；二是属地原则；三是混合原则。税收管辖权的确立在国际上并没有一致的规定，各国都有权根据本国的政治、经济和财政政策，自行选择属地原则或属人原则来确立该国的税收管辖权。

①属人原则，也称属人主义，即按纳税人（包括自然人和法人）的国籍、登记注册所在地或者住所、居所和管理机构所在地为标准，确定其税收管辖权，凡属该国的公民和居民

（包括自然人和法人），都受该国税收管辖权管辖，对该国负有纳税义务。反之，对非居民或非公民则不征税。

②属地原则，亦称属地主义。即按照一国的领土疆域范围为标准，确定其税收管辖权。该国领土疆域内的一切人（包括自然人和法人），无论是本国人还是外国人，都受该国税收管辖权管辖，对该国负有有限纳税义务。反之，对来源于国外的收入则不征税。

③混合原则即属人原则与属地原则同时使用，包括我国在内的大多数国家采用的是混合原则。但是，世界各国在采用两种税收管辖权原则时，侧重点有所不同。通常，发展中国家强调属地原则，发展中国家到国外投资的少，而国外到本国投资的多，强调地域管辖，维护国家的经济利益和主权。发达国家强调属人原则，它们资本输出多，资本来自国外的所得的多，因此，强调居民（公民）管辖。出于国际对等原则，发展中国家在强调属地原则的同时还采用属人原则，发达国家在强调属人原则的同时也采用属地原则。

（2）税收管辖权的分类。

世界各国行使的税收管辖权，大体分为居民（公民）管辖权和地域（来源地）管辖权两种。居民（公民）管辖权是基于属人原则所确立的税收管辖权，地域（来源地）管辖权是基于属地原则所确立的税收管辖权。

在电子商务环境中，美国等主要贸易输出国主张废弃地域（来源地）税收管辖权，它们从贸易输出经济利益考虑，认为新技术和网络贸易的发展促使居民税收管辖权发挥更大的作用，来源地管辖难以适用，这一主张不利于广大发展中国家的利益。客观上，电子商务弱化地域税收管辖权，使居民（公民）的管辖权受到严重冲击。互联网使无形商品交易和服务突破了地域的限制，国外企业只需要安装有事先核准软件的服务器便可以开展电子商务，营业行为难以被分类和统计，商品被谁买卖也不好认定，使所得来源地的判断产生困难。另外，各国判断法人居民身份一般以管理中心或控制中心为准，电子商务企业的管理控制中心可能存在于任何国家，企业甚至根据需要选择交易的发生地，将交易转移到税收管辖权较弱的地区，令居民管辖权形同虚设。解决这些问题的关键和核心是认定常设机构。

2）电子商务下的常设机构

（1）对常设机构含义的界定。

联合国的税收范本对常设机构做了较权威的界定，常设机构是指一个企业进行全部或部分经营活动的固定经营场所，包括管理场所，作业场所如工厂、店铺、建筑工地等。这一概念的意义在于非本国居民企业在收入来源国通过常设机构取得的经营所得，收入来源国可以征税；如果不是通过设在本国的常设机构取得的收入，收入来源国则不能征税。

常设机构是企业进行经营活动的场所，是国家税务机关据以对企业经营活动征税的依据。但是，这种定义用于电子商务领域将面临无法解决的实际问题。按现行税法，在某国构成常设机构，对其征税的前提是归属于该常设机构的利润，在电子商务环境下，常设机构可能有多个国家的来源收入，由于产品被谁下载难以确认，导致利润难以统计划分，导致如何对其征税的难题产生。电子商务不需要从事经济活动的当事人必须出现在交易地点，而位于一国境内的代理软件或服务器，由于没有任何人员到场，是否构成固定经营地或常设机构便成为疑问。

（2）网址服务器网络服务提供商能否构成常设机构的界定。

构成"常设机构"需要具备如下特征：一是要有一个受企业支配的营业场所或设施存

在，这种场所或设施应该具有固定性；二是企业通过这种固定场所从事营业性质的活动且这种活动是准备性或辅助性活动以外的活动。鉴于电子商务环境的改变，2000 年 12 月 22 日，经合组织的财政事务委员会发布了对网址、服务器网络服务提供商能否构成常设机构的注释修订。

①对于网址能否构成常设机构这个问题，经合组织认为，网址仅仅是计算机软件和电子数据的结合，其本身并不构成一项有形资产，也不存在诸如场地、机器或设备等设施，因此网址不是一个可以构成营业场所的地点。换言之，网址本身不能构成一个营业场所，更谈不上网址可以构成常设机构。经合组织财政事务委员会认为，网址本身不能构成常设机构的结论，可以避免从事电子商务的纳税人处于被认定在某个国家存在常设机构但自己还不知道在该国具备营业存在。

尽管网址本身不能构成常设机构的观点，在经合组织成员国中得到较为广泛的支持，经合组织坚持以缔约国一方企业在缔约国另一方的有形存在作为缔约国另一方具备营业存在的唯一形式，这一观点没有考虑到技术进步使电子商务活动形式与传统的经济活动方式的根本性差异在于电子商务活动所赖以存在的网络空间的虚拟性，也没有考虑到确定某个企业在他国营业存在时可根据不同的情形从多个方面加以判断。

也有一些国家认为，有形存在并非是认定常设机构存在的必备条件。在电子商务活动中，某个企业通过网址在他国从事营业可以认为在该国存在常设机构。

②服务器能否构成常设机构。

经合组织认为，服务器属于计算机设备，它总是建立在某个地点，对于操作该服务器的企业，该有形地点可以构成企业的固定营业场所。因此，维持网址的服务器可以认定为通过该网址从事营业活动的企业所设立的常设机构。虽然服务器可以构成常设机构，但这并不意味着服务器本身将直接构成常设机构。服务器要构成常设机构，还必须满足如下条件。

a. 服务器必须是处于企业的支配之下。如果某个通过网址从事营业活动的企业自己拥有维持网址的服务器或者租赁他人的服务器以维特其网址，那么可以认为该企业拥有或者租用的服务器是处于该企业的支配之下；反过来，如果通过网址从事营业活动的企业只是根据其与网络服务提供商达成网址维持协议，将其网址维持在该网络服务提供商的服务器上，那么即使该企业向该网络服务提供商支付的网址维持费用是根据维持其网址所需的基础盘空间大小来决定的，并且该企业也可以决定在处于某个特定地点的特定服务器上维持其网址，也不能认为处于该特定地点的特定服务器处于该企业的支配之下显然，经合组织将可以认为服务器是处于企业支配之下的情形限制在极小的范围内。对此，它提出三点意见，即只提供广告的服务器不构成常设机构；既提供信息，又接受订货的服务器视为营业性常设机构；设在本国独立的服务器视为所在国常设机构。

b. 服务器必须是固定的，判断处于特定地点的服务器是否周定，有两种观点：第一，关键看服务器实际是否被移动过，这一观点表明，在判断某个处于特定地点的服务器是否固定时，建立于某个特定她点的服务器是否以长久存在为目的并不是问题的关键，关键是该服务器客观上在该特定地点存在多长的时间；第二，处于某一特定地点的服务器如果在某一确定的地点存在足够长的一段时间，就可以被认为是固定的。

c. 企业的营业活动必须全部或部分通过服务器进行。判断一个企业的营业活动是否全部或者部分地通过其有权支配的服务器进行，需要根据每笔业务的具体情况进行个案审查。

d. 服务器上的活动不展开准备性或辅助性的活动。

③网络服务提供商能否构成常设机构。

经合组织认为，在通常情况下，网络服务提供商不构成其他企业的常设机构。注释指出，网络服务提供商在其拥有的服务器上向其他企业广泛提供维持网址服务，是其营业常规活动，这一事实本身可以说明网络服务提供商是一个独立地位代理人。此外，它们向其他企业提供此项网络服务时，无权以这些企业的名义与他人签订合同，也不经常签订这样的合同。然而，经合组织没有完全排除网络服务提供商成为其他企业常设机构的可能如果在某个网络服务提供商向企业提供维持网址服务过程中，超出其营业常规，那么该网络服务提供商就构成该企业的常设机构。

经合组织对常设机构条款的修订集中地反映了经合组织及其绝大部分成员国关于跨国电子商务中常设机构认定的立场和观点。对于经合组织成员国以及那些参考经合组织税收协定范本与他国缔结税收协定的国家而言此次修订内容对今后实施税收协定的实践，尤其是跨国电子商务中常设机构的认定，产生了重要的影响。

案　例

我国消费者在位于美国的服务器网站上支付费用，购买了网络游戏软件，没有其他的有形实体，通过下载存放在自己的计算机硬盘中。

问： 根据我国现行税法，哪国享有增值税管辖权？

解析： 中国享有增值税管辖权。中国是收入来源国，目前的观点是借鉴经合组织规定，对于可以下单订货的平台，视为有常设机构，而既然有常设机构，收入来源国便有征税权利。

案例来源：原创自编

本章小结

电子商务税收，是指在电子商务经营环境下，国家依据现行税收法律法规和政策无偿征收电子商务经营主体应纳税款以取得财政收入。税法是税收的法律依据和法律保障，任何税收都是以一定的法律形式表现并借助法律的约束力来保证实现的。电子商务虽然与传统的交易方式有很大的不同，但是，它并没有改变商品交易的本质，应该与传统交易适用相同的税法原则和规则。同时，电子商务税收法律涉及前沿涉税问题，关系一国税收经济利益，针对不能够完全或部分适用的问题，需要立法修改、补充。本章的主要内容如下。

(1)电子商务税收概述。其内容涉及电子商务税收的概念和特征、电子商务对现行税制的影响。

(2)电子商务税收立法与政策。其内容涉及税法的概念与作用、电子商务税收立法概况、电子商务税收法律的基本原则、电子商务税收立法思路。

(3)我国电子商务相关立法规定。其内容涉及与电子商务有关的主要税收规则、电子商务税收征管相关规定、电子商务国际税收管辖权和常设机构的适应性规则。

思考题

1. 简述电子商务对税收原则的影响。
2. 简述我国电子商务税收立法概况。
3. 简述我国电子商务税收立法思路。
4. 简述个人通过网络买卖虚拟货币取得收入的征税规定。
5. 简述电子商务中常设机构的确定方法。

第九章 电子商务知识产权法律制度

引 例

引例一：2021 年 2 月 1 日，《求是》杂志发表习近平总书记的重要文章《全面加强知识产权保护工作、激发创新活力推动构建新发展格局》。"知识产权保护工作关系国家治理体系和治理能力现代化，关系高质量发展，关系人民生活幸福，关系国家对外开放大局，关系国家安全。"在文章中，习近平总书记将知识产权保护的重要意义上升到前所未有的高度。

保护知识产权为何如此重要？

创新是引领发展的第一动力，保护知识产权就是保护创新。

在第二届"一带一路"国际合作高峰论坛开幕式上，习近平总书记在演讲中指出："加强知识产权保护，不仅是维护内外资企业合法权益的需要，更是推进创新型国家建设、推动高质量发展的内在要求。"

创新成果的转化运用、良好营商环境的营造、国际交往的顺利开展、消费者合法权益的保护，无不需要知识产权制度保驾护航。

知识产权保护已成为创新驱动发展的"刚需"，国际贸易的"标配"。

知识产权工作有何"更高要求"？

"当前，我国正在从知识产权引进大国向知识产权创造大国转变，知识产权工作正在从追求数量向提高质量转变"。"习近平总书记精准标注了当前我国知识产权保护工作的历史坐标。

案例来源:《求是》杂志发表习近平总书记重要文章《全面加强知识产权保护工作、激发创新活力推动构建新发展格局》——新华网 http://www.xinhuanet.com/politics/leaders/2021-01/31/c_1127046877.htm(案例经编者整理、改编)

引例二:2021 年 9 月 22 日,中共中央、国务院印发了《知识产权强国建设纲要(2021—2035 年)》。

目标为:到 2025 年,品牌竞争力大幅提升,专利密集型产业增加值占 GDP 比例达到 13%,版权产业增加值占 GDP 比例达到 7.5%,知识产权使用费年进出口总额达到 3 500 亿元,每万人口高价值发明专利拥有量达到 12 件。

建设面向社会主义现代化的知识产权制度:根据实际及时修改专利法、商标法、著作权法、植物新品种保护条例,探索制定地理标志、外观设计等专门法律法规,健全专门保护与商标保护相互协调的统一地理标志保护制度,完善集成电路布图设计法规。制定修改强化商业秘密保护方面的法律法规。加快大数据、人工智能、基因技术等新领域新业态知识产权立法。加大损害赔偿力度。

案例来源:《求是》杂志发表习近平总书记重要文章《全面加强知识产权保护工作 激发创新活力推动构建新发展格局》——新华网 http://www.xinhuanet.com/politics/leaders/2021-01/31/c_1127046877.htm(案例经编者整理、改编)

第一节　网络著作权保护

著作权也称版权,是指作者或其他著作权人依法对文学、艺术和科学作品所享有的各项专有权利的总称。著作权法中所称的作品,是指文学、艺术和科学领域内,具有独创性并能以某种有形的形式复制的智力创作成果。受我国著作权法保护的作品包括文字作品;口述作品;音乐、戏剧、曲艺、舞蹈、杂技艺术作品;美术、建筑作品;摄影作品;电影作品和以类似摄制电影的方法创作的作品;工程设计图、产品设计图、地图、示意图等图形作品和模型作品;计算机软件;法律、行政法规规定的其他作品。

一、网络著作权概述

(一)网络著作权的概念

随着信息技术的发展,网络成为继出版、印刷等传统手段之后的一种新型的信息传播方式。网络信息传播的新特点对作品著作权的保护带来了巨大的冲击,网络技术带来了著作权主体和内容的新变化。

网络著作权,是指著作权人对受著作权法保护的作品在网络环境下所享有的著作权权利,包括著作人身权和著作财产权。著作人身权也称精神权利,是作者享有的与其人身不可分割的、没有直接经济利益体现的权利,包括发表权、署名权、修改权和保护作品完整权。著作财产权又称经济权利,是指著作权人自己使用或者授权他人以一定方式使用作品而获取物质利益的权利。著作财产权主要包括复制权、发行权、出租权、展览权、表演权、放映权、广播权等权利。网络著作权保护的主体是作者和网络管理者,客体是在互联网络上传播、流通的，在文学、艺术和科学领域内具有独创性并能以某种有形形式复制的数字化形式的智力创作成果。在实践中，各国一般将数字化作品、数据库、计算机软件、多媒体作品等纳入网络著作权保护的范围。

《著作权法》（2012年3月第三次修正）不仅保护著作权，而且保护邻接权。邻接权也称作品传播者权或与著作权有关的权益，是指作品传播者对在传播过程中产生的成果依法享有的专有权利，包括出版者权、表演者权、录音录像制作者权、广播组织权。邻接权是以他人的创作为基础衍生出来的一种传播权，没有作品就谈不上作品的传播，因此邻接权是以著作权为基础的一种权利。

（二）网络著作权的特点

基于互联网传播的及时性、全球性、互动性和多媒体性等特征，传统著作权的专有性、地域性等特征在网络环境中遇到了前所未有的挑战，网络著作权体现出了与传统著作权相差较大的特性。

1. 表现形式的复杂性

传统的作品都有自己的表现形式，如文字作品，音乐作品，美术作品，影视作品等。但是随着"网络超文本结构"的出现，很多网络作品集合了不同类型的作品，如MTV、Flash作品等，实践中很难将这些网络作品进行归类，网络作品表现形式的复杂性颠覆了传统的区分著作权类型的意义。

2. 开放性

传统著作权具有专有性。专有性是指他人未经权利人同意或者法律许可，不得使用和享有该项著作权。而网络对任何人都是无限制的，网络作品只要公开发布在网络上即可，如果不采取加密措施，任何用户都可以不经著作权人许可，随时随地对网络作品进行访问、复制、下载或转载操作，著作权人却难以了解自己作品的使用情况，更不用说控制作品的不合理使用了，网络作品的开放性使得传统著作权的专有性被削弱了。

3. 无界性

传统著作权的另一个特点是具有地域性。地域性是指知识产权是依据某一个国家或地区的法律而产生的，一旦超出这个国家或地区的范围，有关的权利就不能再受到法律的保护。传统的著作权有一定的地域性，在不同的地域使用作品要分别获得许可，传统的著作权法也没有域外效力。而互联网具有无界性，人们可以轻而易举地将作品发布到任意一个国家或其他多个国家的网站上。因此发表在互联网上的网络作品，有时很难确定其发表国到底是哪个国家，更难以确定发生纠纷后的法律适用和司法管辖问题，实际上使传统著作权的地域性已不复存在。网络作品著作权地域性的消失是"计算机网络的全球性与传统知识产权的地域性之间的总冲突"。

（三）网络环境下的著作权新权利

传统著作权的权利内容仍然适用于网络环境下的作品，然而作品的数字化和网络传播的特殊性有对作品的保护提出了新的要求，为了平衡作者、网络传播者和公众的利益，各国著作权法和国际条约赋予了网络环境下著作权人一些新权利。这些新权利主要包括信息网络传播权、技术措施权、权利管理信息权、扩张的复制权等。

1. 信息网络传播权

信息网络传播权，也称向公众传播权、网络传输权，即以有线或者无线的方式向公众提供作品，使公众可以在其个人选定的时间和地点获得作品的权利。《世界知识产权组织版权条约》（我国于 2006 年 12 月 29 日第十届全国人民代表大会常务委员会第二十五次会议通过加入该条约）第 8 条规定："文学和艺术作品的作者应享有专有权，以授权将其作品以有线或无线的方式向公众传播，包括将其作品向公众提供，使公众中的成员在其个人选定的地点和时间可获得这些作品。"我国在 2001 年修改著作权法时增加了著作权人享有信息网络传播权的规定，明确了网络信息传播权是与复制权、发行权、广播权等不同的一种新型权利。于 2006 年 7 月 1 日起施行的《信息网络传播权保护条例》第 2 条进一步规定："权利人享有的信息网络传播权受著作权法和本条例保护。除法律、行政法规另有规定的外，任何组织或者个人将他人的作品、表演、录音录像制品通过信息网络向公众提供，应当取得权利人许可，并支付报酬。"

信息网络传播行为是指将作品、表演、录音录像制品上传或以其他方式将其置于向公众开放的网络服务器中，使公众可以在选定的时间和地点获得作品、表演、录音录像制品的行为。将作品、表演、录音录像制品上传或以其他方式置于向公众开放的网络服务器中，使作品、表演、录音录像制品处于公众可以在选定的时间和地点下载、浏览或以其他方式在线获得，即构成信息网络传播行为，无须当事人举证证明实际进行过下载、浏览或以其他方式在线获得的事实。根据《著作权法》第 48 条的规定："侵犯他人网络信息传播权的，侵权人应当根据情况，承担停止侵害、消除影响、赔礼道歉、赔偿损失等民事责任；同时损害公共利益的，可以由著作权行政管理部门责令其停止侵权行为，没收违法所得，没收、销毁侵权复制品，并可处以罚款；情节严重的，著作权行政管理部门还可以没收主要用于制作侵权复制品的材料、工具、设备等；构成犯罪的，依法追究刑事责任。"

2. 技术措施权

技术措施，是指用于防止、限制未经权利人许可浏览、欣赏作品、表演、录音录像制品的或者通过信息网络向公众提供作品、表演、录音录像制品的有效技术、装置或者部件。在网络时代，仅依靠法律本身已经很难充分保护著作权人的利益，技术措施权是权利人为了保护自己的著作权或与著作权有关的权利而采取的一种私力救济方法，这种救济方法得到了法律的普遍认可和保护。

《世界知识产权组织版权条约》第 11 条规定："缔约各方应规定适当的法律保护和有效的法律补救办法，制止、规避由作者为行使本条约或《伯尔尼公约》所规定的权利而使用的、对就其作品进行未经该有关作者许可或未由法律准许的行为加以约束的有效技术措施。"《著作权法》第 48 条明确将未经著作权人或者与著作权有关的权利人许可，故意避开或者破坏权利人为其作品、录音录像制品等采取的保护著作权或者与著作权有关的权利的技术措施的行为视为侵权行为。《信息网络传播权保护条例》第 4 条规定："为了保护信息网络传播权，权利人可以采取技术措施。任何组织或者个人不得故意避开或者破坏技术措施，不得故意制造、进口或者向公众提供主要用于避开或者破坏技术措施的装置或者部件，不得故意为他人避开或者破坏技术措施提供技术服务。但是，法律、行政法规规定可以避开的除外。"

法律保护的技术措施权是指为保护权利人在著作权法上的正当利益而采取的控制浏

览、欣赏或者控制使用作品、表演、录音录像制品的技术措施。受著作权法保护的技术措施应为有效的技术措施。技术措施是否有效，应以一般用户掌握的通常方法是否能够避开或者破解为标准。技术专家能够通过某种方式避开或者破解技术措施的，不影响技术措施的有效性。根据北京市高级人民法院审判委员会2010年5月17日第七次会议讨论通过的《关于审理涉及网络环境下著作权纠纷案件若干问题的指导意见》，下列情形中的技术措施不应认定为应受著作权法保护的技术措施：① 用于实现作品、表演、录音录像制品与产品或者服务的捆绑销售的；② 用于实现作品、表演、录音录像制品价格区域划分的；③ 用于破坏未经许可使用作品、表演、录音录像制品的用户的计算机系统的；④ 其他妨害公共利益保护、与权利人在著作权法上的正当利益无关的技术措施。

《信息网络传播权保护条例》对权利人的技术措施权做出了适当限制，其中第12条规定："属于下列情形的，可以避开技术措施，但不得向他人提供避开技术措施的技术、装置或者部件，不得侵犯权利人依法享有的其他权利：①为学校课堂教学或者科学研究，通过信息网络向少数教学、科研人员提供已经发表的作品、表演、录音录像制品，而该作品、表演、录音录像制品只能通过信息网络获取；②不以营利为目的，通过信息网络以盲人能够感知的独特方式向盲人提供已经发表的文字作品，而该作品只能通过信息网络获取；③国家机关依照行政、司法程序执行公务；④在信息网络上对计算机及其系统或者网络的安全性能进行测试。"

3. 权利管理信息权

权利管理电子信息，是指说明作品及其作者、表演及其表演者、录音录像制品及其制作者的信息，作品、表演、录音录像制品权利人的信息和使用条件的信息，以及表示上述信息的数字或者代码。权利管理电子信息主要包括关于作品本身的信息、关于作品著作权人的信息、关于使用作品的条件和期限的信息，以及识别或链接上述信息的数字或标记。权利管理电子信息对于权利人经济利益的实现非常重要，它不仅能够标示权利人，而且能够按预定条件许可用户使用，查找侵权行为，以及监控用户的作品使用行为。但权利管理电子信息在网络环境下很容易被他人伪造、篡改和消除，从而给权利人造成巨大损失，因此需要通过法律对权利人的权利管理信息进行保护。

《世界知识产权组织版权条约》第12条第1款规定："缔约各方应规定适当和有效的法律补救办法，制止任何人明知、或就民事补救而言有合理根据知道其行为会诱使、促成、便利或包庇对本条约或《伯尔尼公约》所涵盖的任何权利的侵犯而故意从事以下行为：①未经许可去除或改变任何权利管理的电子信息；②未经许可发行、为发行目的进口、广播或向公众传播明知已被未经许可去除或改变权利管理电子信息的作品或作品的复制品。"我国《著作权法》第48条明确将未经著作权人或者与著作权有关的权利人许可，故意删除或者改变作品、录音录像制品等的权利管理电子信息的行为视为侵权行为。《信息网络传播权保护条例》第5条规定："未经权利人许可，任何组织或者个人不得进行下列行为：①故意删除或者改变通过信息网络向公众提供的作品、表演、录音录像制品的权利管理电子信息，但由于技术上的原因无法避免删除或者改变的除外；②通过信息网络向公众提供明知或者应知未经权利人许可被删除或者改变权利管理电子信息的作品、表演、录音录像制品。"此外，《最高人民法院关于审理涉及计算机网络著作权纠纷案件适用法律若干问题的解释》（2000年11月22日最高人民法院审判委员会第1144次会议通过）；根据2003年12

月 23 日最高人民法院审判委员会第 1302 次会议《关于修改〈最高人民法院关于审理涉及计算机网络著作权纠纷案件适用法律若干问题的解释〉的决定》(第一次修正);根据 2006 年 11 月 20 日最高人民法院审判委员会第 1406 次会议《关于修改〈最高人民法院关于审理涉及计算机网络著作权纠纷案件适用法律若干问题的解释〉的决定(二)》(第二次修正)第 6 条还规定:"网络服务提供者明知专门用于故意避开或者破坏他人著作权技术保护措施的方法、设备或者材料,而上载、传播、提供的,人民法院应当根据当事人的诉讼请求和具体案情,依照《著作权法》第 47 条第(六)项的规定,追究网络服务提供者的民事侵权责任。"

4. 扩张的复制权

复制是指作品被固定下来,保持足够的稳定性,使之能直接或借助机器和装置被公众所观看、复制或向公众传播的行为。复制权,就是指著作权人享有的复制或许可他人复制其作品的权利。1971 年修改后的《保护文学艺术作品伯尔尼公约》(以下简称《伯尔尼公约》)(1992 年中国加入)对复制权作了最宽泛的界定,该公约第 9 条第 1 款规定:"受本公约保护的文学艺术作品的作者,享有批准以任何方式和采取任何形式复制这些作品的专有权。"可见,不管复制是整体的还是部分的,直接的还是间接的,暂时的还是永久的,都应该在著作权人的控制之下。

传统的复制需要使用特定的设备,复制过程由专业人员操作,权利人对复制的控制相对比较容易。然而在网络环境下,作品能被简便、快速、高质量和低成本的进行复制,权利人的复制权很难得到保障。网络环境下的复制行为也变得更为复杂,如计算机内存的自动暂时复制、信息传输中复制主体的不确定性等问题都需要法律适时规范。关于网络环境下的复制权的界定问题,在《世界知识产权组织版权条约》中已有涉及。该条约第 1 条第 4 款的议定声明规定:"《伯尔尼公约》第 9 条所规定的复制权及其所允许的例外,完全适用于数字环境,尤其是以数字形式使用作品的情况。不言而喻,在电子媒体中以数字形式存储受保护的作品,构成《伯尔尼公约》第 9 条意义下的复制。"上述版权条约对复制权仍作最宽泛的解释,包括互联网上的复制在内的一切复制行为都应在权利人的控制之下。但公约同时允许缔约国在某些特殊情况下对复制权进行必要的限制,正如《伯尔尼公约》第 9 条第 2 款的规定:"本联盟成员国法律有权允许在某些特殊情况下复制上述作品,只要这种复制不致损害作品的正常使用也不致无故危害作者的合作利益。"例如,美国在 1998 年 10 月通过的《千年数字化版权法》,明确将计算机内存中形成的暂时复制件也纳入了复制权的范围之内,但同时根据网络传输的特点对复制权规定了多方面的限制,包括合理使用制度,以及对网络服务提供者的责任做出了特别规定。

在我国,著作权法和著作权法实施细则将复制权定义为:以印刷、复印、拓印、录音、录像、翻录、翻拍等方式将作品制作一份或者多份的权利。该定义尽管没有明确将互联网上的复制行为纳入权利人的控制之下,但该定义对复制行为的认定采取的是具体列举和概括规定相结合的方式,除了上述列举的方式属于侵犯复制权的行为外,互联网上的复制也属于侵犯复制权的其他方式。

二、数字化作品的保护

(一)数字化作品的定义

数字化作品是指借助数字化技术产生并在网络上运行,拥有二进制数字编码形式的,具有原创性并能以某种形式复制的文学、艺术和科学智力创作成果。所谓数字化技术，是指依靠计算机技术把一定形式(如文字、数值、图形、图像、声音等)的信息输入计算机系统并转换成二进制数字编码，以对它们进行编辑、合成、存储、采用数字通信技术加以传送，并在需要时把这些数字化了的信息再还原成文字、数值、图形、图像、声音的技术。

数字化作品包括作品的数字化和网上作品两类。作品的数字化实际上是将已有作品以数字代码形式固定在磁盘或光盘等有形载体上，改变的只是作品的表现和固定形式，对作品的"独创性"和"可复制性"不产生任何影响。因此，作品的表现形式应当理解为是包括数字代码形式在内的。随着数字技术的出现，文字、美术、摄影、音响、动画、电影电视等作品都可以依靠计算机技术进行存储，依靠数字传输技术进行传输，都可以具有二进制数字编码表达形式，并且都可以依靠数字技术实现原有形式与数字形式的相互转换。网上作品特指直接以数字形式在网上发行的作品。网上作品显然具有"独创性"，单一的网上作品按其所具有的文字、音乐或美术等属性分别归属于原作者。网上作品在网络上不停地流动，可被不断地阅读、下载或打印等，使作品的复制变得异常容易，法律通过创设信息网络传播权控制网上作品的任意复制与传播。

(二)我国数字化作品著作权保护的法律依据

《著作权法》对数字化作品的保护尚无明文规定，其第3条中列举的8类受保护作品中也未包括数字化作品。但《著作权法实施细则》第2条对受保护作品的含义进行了解释，该条款规定："著作权法所称作品，指文学、艺术和科学领域内具有独创性并能以某种有形形式复制的智力创作成果。"因此，数字化作品能否受中国著作权法保护的关键在于其是否符合《著作权法实施细则》对"作品"所下的定义。数字化作品尽管脱离了有形载体，但并不影响其独创性，并且任何上载到互联网的文件必须输入WWW服务器的硬盘驱动器内，即以数字化形式固定在计算机的硬盘上，这种固定的结果，是能够被他人使用联网主机所阅读、下载，或用软盘复制或直接打印到纸张的，因此其符合"能以某种有形形式复制"的要求，数字化作品是我国著作权法保护的对象。

为了适应网络环境下对数字化作品保护的需要，最高人民法院通过司法解释的形式明确了数字化作品适用著作权保护。《最高人民法院关于审理涉及计算机网络著作权纠纷案件适用法律若干问题的解释》第2条规定："受著作权法保护的作品，包括《著作权法》第3条规定的各类作品的数字化形式。在网络环境下无法归于《著作权法》第3条列举的作品范围，但在文学、艺术和科学领域内具有独创性并能以某种有形形式复制的其他智力创作成果，人民法院应当予以保护。"根据这一司法解释，作品的数字化形式和新的数字化作品均受著作权法保护。任何媒体，不论是传统媒体，还是网络媒体，未经著作权人许可，在不符合法定许可的情况下，擅自复制、转载、传播他人作品的，均构成侵犯著作权，应依法承担法律责任。

(三)数字化作品的著作权主体

著作权的主体又称著作权人，是指依法就作品享有著作权的个人或法人。著作权的主体，既包括原始的著作权人，也包括继受的著作权人。《著作权法》第9条规定："著作权人包括：①作者；②其他依照本法享有著作权的公民、法人或者其他组织。"

1. 作者

创作作品的公民为作品的作者。创作，指直接产生文学、艺术和科学作品的智力活动。为他人创作进行组织工作，提供咨询意见、物质条件或者进行其他辅助活动，均不视为创作。严格来讲，能够进行创造性思维、创作作品的只能是自然人，但为了平衡创作作品的自然人和其所属组织的利益关系，在一定的条件下，依照法律的规定，法人或其他组织也可被视为作者。

作品数字化的过程并不产生新作品，数字化作品的著作权仍归作品的作者享有；数字化作品与传统作品作为著作权法保护的客体也并无区别，因此，《著作权法》第 10 条规定的著作权的各项权利内容，同样适用于数字化作品的著作权。

2. 网站管理者

网站是指在互联网上，根据一定的规则，使用 HTML 等工具制作的用于展示特定内容的相关网页的集合。网站管理者一般是在某个网站负责撰写、编辑和发布信息，并对网站的内容、秩序进行管理的人。

网站管理者享有的著作权包括两个方面。一方面，网站管理者对其网页的整体享有著作权。网页从文字、颜色到图形，都是以数字化形式加以特定的排列组合，而且网页也可以有形形式复制，如存储在计算机硬盘上或打印在纸张上，具有可传播性，是一种"具有独创性并能以某种有形形式复制的智力创作成果"，属于《著作权法》所保护的"作品"，而网站管理者则应视为作者；另一方面，网站管理者对其网站内容的整体享有著作权。对于大量来自传统媒体和网络上的信息，网站管理者必须根据需要对其进行分门别类，加以编辑，特别是对于传统媒体上的信息，还有个"数字化"的过程。根据《著作权法》第 14 条和《著作权法实施条例》第 12 条的规定，作为网站内容的编辑者，网站管理者对其网站的内容整体享有著作权，同时也必须承担相应的责任。

（四）数字化作品的合理使用

合理使用，也称权利限制，是指在法律规定或作者无保留相关权利的条件下，直接无偿使用已发表的享有著作权的作品，而不用经著作权人许可的著作财产权限制制度。著作权的合理使用制度是以法律手段对著作权人施以一定的限制，达到使公众接触、使用作品的目的，从而平衡创作者、传播者和使用者三者之间的利益关系，最终促进整个社会文化不断进步。

《著作权法》对合理使用做出了诸多规定，但并不是主要针对网络环境下的合理使用，而《信息网络传播权保护条例》则对网络环境下的合理使用做出了具体规定。根据该条例第 6 条的规定，通过信息网络提供他人作品，属于下列情形的，可以不经著作权人许可，也可以不向其支付报酬。

（1）为介绍、评论某一作品或者说明某一问题，在向公众提供的作品中适当引用已经发表的作品。

（2）为报道时事新闻，在向公众提供的作品中不可避免地再现或者引用已经发表的作品。

（3）为学校课堂教学或者科学研究，向少数教学、科研人员提供少量已经发表的作品。

（4）国家机关为执行公务，在合理范围内向公众提供已经发表的作品。

（5）将中国公民、法人或者其他组织已经发表的、以汉语言文字创作的作品翻译成的少数民族语言文字作品，向中国境内少数民族提供。

（6）不以营利为目的，以盲人能够感知的独特方式向盲人提供已经发表的文字作品。

（7）向公众提供在信息网络上已经发表的关于政治、经济问题的时事性文章。

（8）向公众提供在公众集会上发表的讲话。

《信息网络传播权保护条例》第7条规定："图书馆、档案馆、纪念馆、博物馆、美术馆等可以不经著作权人许可，通过信息网络向本馆馆舍内服务对象提供本馆收藏的合法出版的数字作品和依法为陈列或者保存版本的需要以数字化形式复制的作品，不向其支付报酬，但不得直接或者间接获得经济利益。当事人另有约定的除外。前款规定的为陈列或者保存版本需要以数字化形式复制的作品，应当是已经损毁或者濒临损毁、丢失或者失窃，或者其存储格式已经过时，并且在市场上无法购买或者只能以明显高于标定的价格购买的作品。"

《信息网络传播权保护条例》第8条规定："为通过信息网络实施九年制义务教育或者国家教育规划，可以不经著作权人许可，使用其已经发表作品的片断或者短小的文字作品、音乐作品或者单幅的美术作品、摄影作品制作课件，由制作课件或者依法取得课件的远程教育机构通过信息网络向注册学生提供，但应当向著作权人支付报酬。"

（五）网络服务商的责任

1. 网络服务商的概念和种类

网络服务商泛指网络上的一切信息提供者和中介服务者。根据其提供服务内容的不同，可以将网络服务商分为网络内容服务商和网络服务提供商。

网络内容服务商，是指自己组织信息并通过网络向公众进行传播的服务主体。其通常将自己或他人创作的作品通过选择和编辑加工，登载在互联网上或者通过互联网发送到用户端，供公众浏览、阅读、使用或者下载。在互联网上任何人都能够成为网络内容服务商，只要其通过注册的网络空间在域名范围内向网络发布信息就属于内容提供者，不论其是个人、企业抑或政府机关。

网络服务提供商即向广大用户综合提供互联网接入业务、信息业务和增值业务的电信运营商，包括接入服务提供商和主机服务提供商。网络服务提供商的主要作用是为信息交流提供技术支撑，为信息提供者与接收者提供中介服务。网络服务提供商一般对信息的传送、信息的内容以及信息的接收者不做有效的组织，也不负责进行筛选和审查，而只是提供一个信息传输的通道，或者是提供一个信息储存的空间，或者仅仅是技术支持。同时，在信息传递的整个过程中，网络服务提供商的服务往往都是通过计算机技术或其他技术自动完成的。

2. 网络内容服务商的责任问题

《最高人民法院关于审理涉及计算机网络著作权纠纷案件适用法律若干问题的解释》第4条规定："提供内容服务的网络服务提供者，明知网络用户通过网络实施侵犯他人著作权的行为，或者经著作权人提出确有证据的警告，但仍不采取移除侵权内容等措施以消除侵权后果的，人民法院应当根据《民法典》第一百三十条的规定追究其与该网络用户的共同侵权责任。"

《最高人民法院关于审理涉及计算机网络著作权纠纷案件适用法律若干问题的解释》第5条规定："提供内容服务的网络服务提供者，对著作权人要求其提供侵权行为人在其网络的注册资料以追究行为人的侵权责任，无正当理由拒绝提供的，人民法院应当根据民法通则第一百零六条的规定，追究其相应的侵权责任。"

3. 网络服务提供商的责任问题

对于网络服务提供商著作权侵权的认定大多数国家采用过错原则和过错推定原则相结合的做法，并通过"避风港原则"和"红旗标准"加以规范。"避风港原则"是指在发生著作权侵权案件时，当网络服务提供商只提供空间服务，并不制作网页内容，如果网络服务提供商被告知侵权，则有删除的义务，否则就被视为侵权。如果侵权内容既不在网络服务提供商的服务器上存储，又没有被告知哪些内容应该删除，则网络服务提供商不承担侵权责任。"红旗标准"是指假如涉嫌侵权的材料、事实、情况像一面鲜亮的红旗在网络服务提供商面前公然飘扬（同样情境下的"理性人"亦能够发现），网络服务提供商仍未采取有效措施予以处置，则可认定其间接（帮助）侵权成立。

（1）"避风港原则"的适用。

《信息网络传播权保护条例》第 20 条、第 21 条和第 22 条具体规定了网络服务提供商适用"避风港原则"的情形。

《信息网络传播权保护条例》第 20 条规定："网络服务提供者根据服务对象的指令提供网络自动接入服务，或者对服务对象提供的作品、表演、录音录像制品提供自动传输服务，并具备下列条件的，不承担赔偿责任：未选择并且未改变所传输的作品、表演、录音录像制品；向指定的服务对象提供该作品、表演、录音录像制品，并防止指定的服务对象以外的其他人获得。"

《信息网络传播权保护条例》第 21 条规定："网络服务提供者为提高网络传输效率，自动存储从其他网络服务提供者获得的作品、表演、录音录像制品，根据技术安排自动向服务对象提供，并具备下列条件的，不承担赔偿责任：未改变自动存储的作品、表演、录音录像制品；不影响提供作品、表演、录音录像制品的原网络服务提供者掌握服务对象获取该作品、表演、录音录像制品的情况；在原网络服务提供者修改、删除或者屏蔽该作品、表演、录音录像制品时，根据技术安排自动予以修改、删除或者屏蔽。"

《信息网络传播权保护条例》第 22 条规定："网络服务提供者为服务对象提供信息存储空间，供服务对象通过信息网络向公众提供作品、表演、录音录像制品，并具备下列条件的，不承担赔偿责任：明确标示该信息存储空间是为服务对象所提供，并公开网络服务提供者的名称、联系人、网络地址；未改变服务对象所提供的作品、表演、录音录像制品；不知道也没有合理的理由应当知道服务对象所提供的作品、表演、录音录像制品侵权；未从服务对象提供作品、表演、录音录像制品中直接获得经济利益；在接到权利人的通知书后，根据本条例规定删除权利人认为侵权的作品、表演、录音录像制品。"

（2）"红旗标准"的适用。

《关于审理涉及网络环境下著作权纠纷案件若干问题的指导意见》第 18 条和第 19 条中有对适用"红旗标准"的具体规定。

《关于审理涉及网络环境下著作权纠纷案件若干问题的指导意见》第 18 条规定："根据服务对象的指令，通过信息网络自动为被诉侵权作品、表演、录音录像制品提供信息存储空间、搜索、链接、P2P（点对点）等服务，且对被诉侵权的作品、表演、录音录像制品不进行编辑、修改或选择的，除非有网络服务提供者知道或者有合理理由知道存在侵权行为的其他情形，否则不应认定网络服务提供者有过错。"

《关于审理涉及网络环境下著作权纠纷案件若干问题的指导意见》第 19 条规定："在下列情况下，提供信息存储空间服务的网络服务提供者应当知道也能够知道被诉作品、表演、录音录像制品侵权的，可以认定其有过错：①存储的被诉侵权的内容为处于档期或者热播、热映期间的视听作品、流行的音乐作品或知名度较高的其他作品及与之相关的表演、录音录像制品，且上述作品、表演、录音录像制品位于首页、其他主要页面或者其他可为服务提供者明显所见的位置的；②被诉侵权的作品、表演、录音录像制品位于 BBS 首页或其他主要页面，在合理期间内网络服务提供者未采取移除措施的；③将被诉侵权的专业制作且内容完整的视听作品，或者处于档期或者热播、热映期间的视听作品置于显要位置，或者对其进行推荐，或者为其设立专门的排行榜或者影视频道等影视作品分类目录的；④对服务对象上传的被诉侵权作品、表演、录音录像制品进行选择、整理、分类的；⑤其他。"

（六）网上搜索与链接的责任

搜索引擎是指自动从互联网搜集信息，经过一定整理以后，提供给用户进行查询的系统。链接是指使用超文本标志语言的标记指令，通过 URL（资源统一定位符）指向其他内容。网上搜索与链接都会涉及对他人作品的利用问题。网上搜索与链接的著作权侵权往往也适用过错责任原则，"避风港原则"及其例外的规定同样适用于对网上搜索与链接责任的认定，我国相关法规及司法解释对此已有规定。

《信息网络传播权保护条例》第 23 条规定："网络服务提供者为服务对象提供搜索或者链接服务，在接到权利人的通知书后，根据本条例规定断开与侵权的作品、表演、录音录像制品的链接的，不承担赔偿责任；但是，明知或者应知所链接的作品、表演、录音录像制品侵权的，应当承担共同侵权责任。"

《关于审理涉及网络环境下著作权纠纷案件若干问题的指导意见》第 26 条进一步规定了："根据《信息网络传播权保护条例》第 23 条的规定免除提供搜索、链接服务的网络服务提供者的损害赔偿责任的，应同时具备以下两个条件：一是提供搜索、链接服务的网络服务提供者对所链接的作品、表演、录音录像制品是否侵权不明知并且不应知；二是提供搜索、链接服务的网络服务提供者接到权利人的通知书后，根据本条例规定断开与侵权的作品、表演、录音录像制品的链接。"

《关于审理涉及网络环境下著作权纠纷案件若干问题的指导意见》第 20 条规定："提供搜索、链接、P2P（点对点）等服务的网络服务提供者按照自己的意志，在搜集、整理、分类的基础上，对被诉侵权的作品、表演、录音录像制品制作相应的分类、列表，网络服务提供者知道或者有理由知道被诉侵权作品、表演、录音录像制品构成侵权的，可以认定其有过错。"

📖● **案　例**

原告刘某是中国国际广播电台西班牙语翻译，被告是 S 网站。刘某曾翻译塞万提斯名著《堂吉诃德》，通过 S 网站的搜索引擎发现，有 3 个网站与其链接，可全文浏览《堂吉诃德》，刘某认为 S 网站侵权，向北京第二中级人民法院起诉，明确要求被告断开与上载其翻译作品的网站的链接，赔偿侵权损失 10 万元。

被告 S 网站辩称，S 网站只是与相关网站有链接关系，并未上载原告翻译作品，自己没有侵权，原告在搜索时，实际上已经离开 S 网站，"链接"和"登录"是不同的概念，法律未规定链接是侵权为由拒绝原告请求。庭审后，原告刘某表示愿意与被告和解，仅向被告提出象征性赔偿 1 元来表示诚意，被告没有做出积极回应。事后被告在一周后断开链接。

问：本案是否应支持原告诉讼？

解析：本案支持原告诉讼。对于知识产权侵权适用"红旗原则"和"避风港原则"，本案出现链接侵权，被告应及时断开链接，庭审后，被告在一周后断开链接，这应视为收到权利人的通知后没有及时断开链接，要承担侵权赔偿责任。

案例来源：刘某诉搜狐侵犯著作权纠纷案 https://wenku.so.com/d/14793a4025fff3a8a75dc5ce0cd79c23（案例经编者整理、改编）

三、计算机软件的保护

（一）计算机软件的概念

计算机软件，是指计算机程序及其有关文档。计算机程序，是指为了得到某种结果而可以由计算机等具有信息处理能力的装置执行的代码化指令序列，或者可以被自动转换成代码化指令序列的符号化指令序列或者符号化语句序列。同一计算机程序的源程序和目标程序为同一作品。文档，是指用来描述程序的内容、组成、设计、功能规格、开发情况、测试结果及使用方法的文字资料和图表等，如程序设计说明书、流程图、用户手册等。

（二）我国对计算机软件的保护方法

我国在立法上主要选择通过著作权制度来保护计算机软件，在建立计算机软件著作权保护制度时，采取了比较特别的立法形式，即在著作权法中做出原则规定，将计算机软件作为一类作品纳入著作权保护体系；同时规定由国务院制定计算机软件保护办法，具体规定计算机软件著作权保护制度。从我国目前的著作权法规定来看，其中的文档实际上享有双重保护，一是与相应的程序一起构成计算机软件，受到《计算机软件保护条例》的保护；二是可以根据著作权法的规定，作为文字作品得到保护。当然，著作权保护是计算机软件保护的主要法律制度，但是著作权保护制度并不排斥其他法律保护，计算机软件在享有著作权保护的同时，还可以通过其他法律制度获得保护，包括专利保护、商业秘密保护、反不正当竞争保护，甚至商标保护等。

（三）计算机软件著作权的归属

计算机软件著作权的归属，是指谁有权获得计算机软件著作权，或者该软件著作权应当归谁所有。计算机软件著作权的归属分为原始归属和继受归属。所谓原始归属，是指一件软件作品刚刚开发完成，应当由谁来享有该软件的著作权。所谓继受归属，是指软件著作权人因各种原因，通过继承、转让、赠予等方式，使自己的软件著作权发生转移，由新的继受人享有该软件著作权。下面仅介绍计算机软件著作权的原始归属问题。

1. 独立完成的计算机软件著作权的一般归属

计算机软件著作权属于软件开发者，法律另有规定的除外。如无相反证明，在软件上署名的自然人、法人或者其他组织为开发者。软件开发者，是指实际组织开发、直接进行开发，并对开发完成的软件承担责任的法人或者其他组织；或者依靠自己具有的条件独立完成软件开发，并对软件承担责任的自然人。

2. 合作开发的计算机软件著作权的归属

所谓合作开发的计算机软件，是指两个或者两个以上的自然人、法人或者其他组织共同开发完成的软件。

《计算机软件保护条例》第10条规定："由两个以上的自然人、法人或者其他组织合作开发的软件，其著作权的归属由合作开发者签订书面合同约定。无书面合同或者合同未作明确约定，合作开发的软件可以分割使用的，开发者对各自开发的部分可以单独享有著作权；但是，行使著作权时，不得扩展到合作开发的软件整体的著作权。合作开发的软件不能分割使用的，其著作权由各合作开发者共同享有，通过协商一致行使；不能协商一致，又无正当理由的，任何一方不得阻止他方行使除转让权以外的其他权利，但是所得收益应当合理分配给所有合作开发者。"

3. 委托开发的计算机软件著作权的归属

接受他人委托开发的计算机软件，其著作权的归属由委托人与受托人签订书面合同约定；无书面合同或者合同未作明确约定的，其著作权由受托人享有。

4. 按照指令开发的计算机软件著作权的归属

所谓按照指令开发的计算机软件，是指根据国家机关下达的任务而开发的软件。

《计算机软件保护条例》第12条规定："由国家机关下达任务开发的软件，著作权的归属与行使由项目任务书或者合同规定；项目任务书或者合同中未做明确规定的，软件著作权由接受任务的法人或者其他组织享有。"

5. 为履行本职工作而开发的计算机软件著作权的归属

为履行本职工作而开发的计算机软件，也称为职务软件，是指自然人在法人或者其他组织中任职期间所开发的软件。

《计算机软件保护条例》第13条规定："自然人在法人或者其他组织中任职期间所开发的软件有下列情形之一的，该软件著作权由该法人或者其他组织享有，该法人或者其他组织可以对开发软件的自然人进行奖励：针对本职工作中明确指定的开发目标所开发的软件；开发的软件是从事本职工作活动所预见的结果或者自然的结果；主要使用了法人或者其他组织的资金、专用设备、未公开的专门信息等物质技术条件所开发并由法人或者其他组织承担责任的软件。"

(四)计算机软件著作权的权利内容

计算机软件著作权包括发表权、署名权、修改权、复制权、发行权、出租权、信息网络传播权、翻译权等。

(1)发表权，即决定软件是否公之于众的权利。

(2)署名权，即表明开发者身份，在软件上署名的权利。

(3)修改权，即对软件进行增补、删节，或者改变指令、语句顺序的权利。

(4)复制权，即将软件制作一份或者多份的权利。

(5)发行权，即以出售或者赠与方式向公众提供软件的原件或者复制件的权利。

（6）出租权，即有偿许可他人临时使用软件的权利，但是软件不是出租的主要标的的除外。

（7）信息网络传播权，即以有线或者无线方式向公众提供软件，使公众可以在其个人选定的时间和地点获得软件的权利。

（8）翻译权，即将原软件从一种自然语言文字转换成另一种自然语言文字的权利。

（9）应当由软件著作权人享有的其他权利。

此外，软件著作权人可以许可他人行使其软件著作权，并有权获得报酬；软件著作权人可以全部或者部分转让其软件著作权，并有权获得报酬。

（五）计算机软件著作权的保护期限

计算机软件著作权自软件开发完成之日起产生。自然人的软件著作权，保护期为自然人终生及其死亡后50年，截至自然人死亡后第50年的12月31日；软件是合作开发的，截至最后死亡的自然人死亡后第50年的12月31日；法人或者其他组织的软件著作权，保护期为50年，截至软件首次发表后第50年的12月31日，但软件自开发完成之日起50年内未发表的，本条例不再保护。

软件著作权人可以向国务院著作权行政管理部门认定的软件登记机构办理登记。软件登记机构发放的登记证明文件是登记事项的初步证明。

《计算机软件保护条例》第15条的规定："软件著作权属于自然人的，该自然人死亡后，在软件著作权的保护期内，软件著作权的继承人可以依照《民法典》中的有关规定继承本条例第8条规定的除署名权以外的其他权利。软件著作权属于法人或者其他组织的，法人或者其他组织变更、终止后，其著作权在本条例规定的保护期内由承受其权利义务的法人或者其他组织享有；没有承受其权利义务的法人或者其他组织的，由国家享有。"

（六）计算机软件著作权的限制

著作权法在保护著作权人的合法权益的同时，为了避免著作权变成传播人类优秀文学和科学作品的障碍，使公众能够及时获取新知识，促进人类科学文化不断进步和发展，对著作权人享有的各项权利都做出了一定的限制。这些限制主要包括对计算机软件保护范围的限制、合理使用的限制、善意使用的限制、修改权和复制权的限制和表达方式的限制。

1. 对计算机软件保护范围的限制

受法律保护的计算机软件必须由开发者独立开发，并已固定在某种有形物体上。对计算机软件著作权的保护不延及开发软件所用的思想、处理过程、操作方法或者数学概念等。

2. 合理使用的限制

为了学习和研究软件内含的设计思想和原理，通过安装、显示、传输或者存储软件等方式使用软件的，可以不经软件著作权人许可，不向其支付报酬。

3. 善意使用的限制

计算机软件的复制品持有人不知道也没有合理理由应当知道该软件是侵权复制品的，不承担赔偿责任，但是应当停止使用、销毁该侵权复制品。如果停止使用并销毁该侵权复制品将给复制品使用人造成重大损失的，复制品使用人可以在向软件著作权人支付合理费用后继续使用。

4. 对计算机软件著作权人修改权和复制权的限制

《计算机软件保护条例》第16条规定："软件的合法复制品所有人享有下列权利：①根据使用的需要把该软件装入计算机等具有信息处理能力的装置内；②为了防止复制品损坏而制作备份复制品。这些备份复制品不得通过任何方式提供给他人使用，并在所有人丧失该合法复制品的所有权时，负责将备份复制品销毁；③为了把该软件用于实际的计算机应用环境或者改进其功能、性能而进行必要的修改；但是，除合同另有约定外，未经该软件著作权人许可，不得向任何第三方提供修改后的软件。"

5. 对计算机软件表达方式的限制

软件开发者开发的软件，由于可供选用的表达方式有限而与已经存在的软件相似的，不构成对已经存在的软件的著作权的侵犯。但相似或相同的软件必须是各自独立创作产生的，不能是抄袭或者复制他人已有软件的结果。在软件著作权纠纷中，被诉方以"可供选用的表达方式有限"为由，为其软件与他人软件相同或者相似进行抗辩的，应当承担说明其表达方式有限的举证责任；对于不能举证的，应承担相应的侵权责任。

四、数据库的保护

（一）数据库的含义及特征

数据库本是计算机行业的一个专业术语，其基本含义是指为满足某一部门中多个用户多种应用的需要，按照一定的数据模型在计算机系统组织、存储和使用的互相联系的数据集合。数据库作为一个法律用语其基本含义没有实质改变，按照1996年3月欧洲议会与欧洲联盟理事会发布的《关于数据库法律保护指令(96/9/EC)》第1条第2款规定："数据库是指以系统或有序的方法编排的、并可通过电子或其他方式单独访问的独立作品、数据或其他材料的集合。"

在传统条件下，百科全书、电话号码簿、节目预告表、价目表、交通时刻表、统计数据汇总等都是数据库的表现形式。随着网络数字化技术的发展，传统的数据库已经进步为以数字化方式处理的电子数据库。现代数据库不仅增加了数据的存储量、数据收集速度更加快捷，而且可以借助网络数字化的传播在网上自由流通。法律所保护的数据库具有以下3个特点。

1. 集合性

数据库必须是由多个作品或其他信息材料构成的集合，可以集合文字作品、美术作品、音乐作品、视听作品等作品和文本、声音、图像、数字、数据等信息材料。数据库的构成要素不论其单独存在时是否具有价值，必须是独立的，数据库只是将这些独立的要素汇集在一起，并不改变这些要素本来的含义、存在形式及用途。

2. 有序性

数据库必须是一个有序的集合体。数据库是根据一定的目的和要求，按照一定的方式，经过系统的选择与编排形成的一个有机统一体。经过系统的编排，数据库的内容呈现出一定的顺序和结构，以便用户访问。

3. 可访问性

数据库中的每一个信息要素都可以通过电子手段或其他手段单独进行访问。数据库不仅是为了提供尽可能全的信息，更是为了使用户尽可能快捷地获取所需要的信息。大多数情况下，掌握数据库的所有信息是没有必要的，也是不可能的。

（二）数据库保护的必要性

信息已成为当今社会一种极其重要的无形财产，获取及时、准确、海量的信息是竞争获胜的关键。利用计算机和数字化压缩技术制作的数据库由于具备存储信息量大、检索快捷、使用方便、实用性强等特点，与传统的非电子数据库一起，成为当今信息社会中不可缺少的工具，包含巨大的社会经济价值。数据库的开发、制作和维护需要投入大量的人力、物力和财力，而数据库（特别是电子数据库）的复制却是极为容易的，而且成本低廉，因此数据库面临着被他人任意复制、传播的危险。数据库的法律保护问题成为法律界继计算机程序的法律保护问题之后面临的一个新课题。一方面，要充分保护数据库权利人的利益，防止非法的"模仿行为"和"搭便车现象"，鼓励权利人进行创作和投资的积极性，进而促进社会的进步；另一方面，又要维护社会公共利益，避免信息垄断，推动科学文化正常发展。

（三）数据库立法保护模式

对于数据库的法律保护问题，世界各国均以著作权法和反不正当竞争法保护为主流。根据著作权法的立法原则，凡符合著作权法独创性要求的数据库，可作为汇编作品得到著作权保护，不具有独创性的数据库一般可以通过反不正当竞争法得到保护。大多数国家的立法以及有关知识产权国际条约中对"汇编作品"的规定，是数据库版权保护的重要法律依据。

1. 数据库的著作权保护

关于数据库的著作权保护，世界贸易组织、世界知识产权组织和《伯尔尼公约》都把数据库作为汇编作品予以保护。世界贸易组织《与贸易有关的知识产权协议》（2001年12月10日，我国正式成为世界贸易组织的成员国，该协议对我国当然生效）第10条第2款规定："数据或者其他材料的汇编，无论采用机器可读形式还是其他形式，只要内容的选择或安排构成智力创作，即应予以保护。"《世界知识产权组织版权条约》第5条以"数据汇编（数据库）"为标题，规定："数据或其他资料的汇编，无论采用任何形式，只要由于其内容的选择或排列构成智力创作，其本身即受到保护。"《伯尔尼公约》第2条第5款规定："文学或艺术作品的汇编，诸如百科全书和选集，凡由于对材料的选择和编排而构成智力创作的，应得到相应的、但不损害汇编内每一作品的版权保护。"可见，上述规定都将数据库作为著作权法意义上的作品进行保护。

也有部分国家对数据库的著作权保护采取不同于上述公约或条约的做法。例如，英国的有关国内立法没有将数据库包括在汇编作品中，而是作为文字作品单独列出。日本将数据库规定为一种独立的与文字、音乐、计算机程序并列的作品。德国法律一方面肯定了数据库在符合一定要件下，可以享有著作权的保护，并加强其著作权保护的内容；另一方面以著作邻接权作为数据库的特殊保护，在其著作权法中的著作邻接权篇中增列对数据库的保护规范，对于经相当投资建立的数据库，赋予著作邻接权的保护。

依靠著作权法保护数据库存在两个比较大的缺陷。

（1）缺乏原创性的数据库不受著作权保护。

前述公约或条约都要求数据库必须在资料的选择或编排上表现出智力创作（原创性），

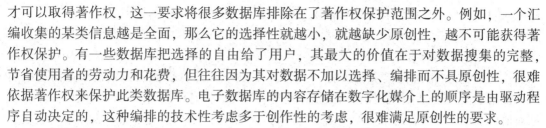

才可以取得著作权，这一要求将很多数据库排除在了著作权保护范围之外。例如，一个汇编收集的某类信息越是全面，那么它的选择性就越小，就越缺少原创性，越不可能获得著作权保护。有一些数据库把选择的自由给了用户，其最大的价值在于对数据搜集的完整，节省使用者的劳动力和花费，但往往因为其对数据不加以选择、编排而不具原创性，很难依据著作权来保护此类数据库。电子数据库的内容存储在数字化媒介上的顺序是由驱动程序自动决定的，这种编排的技术性考虑多于创作性的考虑，很难满足原创性的要求。

（2）数据库的内容不受著作权保护。

著作权制度只保护作品的表达而不保护思想本身的原则同样适用于数据库，著作权的保护只涉及数据库的编排和结构，而不延及数据库的内容。《与贸易有关的知识产权协议》第 10 条第 2 款规定："不论是机读的还是其他形式的数据或其他材料的汇编，其内容的选择和安排若构成了智力创造即应作为智力创造加以保护。这种不得延及数据或材料本身的保护不应妨碍任何存在于数据或材料本身的版权。"著作权法不保护数据库的内容，而数据库中最有价值、最重要的部分恰恰是内容，这样一来，如果其他人直接利用了数据库中的内容制作与其竞争的数据库，原数据库制作人将毫无办法，其对数据库制作的投资积极性将严重受挫。

2. 数据库的特殊权利保护

数据库的著作权保护具有明显的弱保护性，为了解决著作权法保护数据库的不足，欧盟在对数据库提供著作权保护的同时，还建立了"特殊权利保护措施"。著作权法只保护具有原创性的数据库的内容的选择与编排，而不保护数据库中的内容，数据库特殊权利保护正好相反，对数据库的选择与编排是否具有原创性在所不问，保护的恰恰是著作权法不提供保护的数据库的内容。根据该指令，只要是在内容的获得、检验、编排等方面进行了实质性投资的数据库都可以享有特殊权利保护。实质性投资包括在制作数据库的过程中付出的人力、技术、财力或其他资源的投资。

《关于数据库法律保护的指令（96/9/EC）》赋予数据库制作者的特殊权利，是制止对数据库内容的全部或实质部分的提取权和反复利用权，而不是该数据库是否享有版权。所谓提取是指采取任何方法或以任何形式将数据库内容的全部或实质部分永久性或暂时转载到别的载体上，即数据库制作者有权禁止他人未经其许可"复制"数据库的全部或实质部分的内容，即使这些内容并无版权。所谓反复利用，是指通过销售复制、出租、联网或其他传输方式将数据库的全部或实质内容以任何一种形式提供给公众，但公共图书馆租借图书除外。特殊权利的保护期限为 15 年，自数据库制作完成之日起计算。如果数据库在上述期限届满之前公之于众，又可从首次公之于众起保护 15 年。

通过特殊权利保护数据库的方法也存在不足，即"数据库特别权利意味着，一旦数据库制作者把某些处于公有领域的信息汇入数据库之后就对这些信息享有专有权利，这显然是不公正的"。

3. 数据库的反不正当竞争权保护

反不正当竞争法是知识产权法律保护体系的组成部分，其着眼于制止不同市场竞争主体之间的恶性竞争，保证各主体都以平等的法律条件参与市场竞争。由于各知识产权主体的法律权利最终往往以经济利益体现，而反正当竞争法可以弥补版权法的不足，保护数据库作者在对材料的收集、整理、编排等方面所做出的劳动和投资，所以反不正当竞争法往往成为知识产权主体的最现实选择，成为数据库法律保护的"终极武器"。

有时可以将数据库看作一种产品而不是作品，因此不管数据库的选择与编排是否具有原创性，数据库制作者都可以用反不正当竞争权来保护其产品。1997年10月9日，美国国会接受了题为"信息汇集反盗版法"的提案，该提案规定，任何人如果在商业活动中摘录、使用了他人通过实质性投资而收集、整理、维持的信息汇集的全部或实质性部分，以致对他人或他人的利益继承人的现实或潜在的与此信息汇集相关的产品和服务市场造成了危害，他必须对他人和他人的利益继承人承担补偿责任。该提案可以视为通过反不正当竞争权保护数据库的有益尝试。

（四）我国对数据库的保护

1. 著作权法对数据库的保护

我国和大多数国家一样，主要用著作权法来保护数据库。尽管我国著作权法没有明确规定数据库的保护问题，但是根据立法精神和我国参加的国际公约或条约来分析，我国是将数据库作为汇编作品来保护的。《著作权法》第14条规定："汇编若干作品、作品的片段或者不构成作品的数据或者其他材料，对其内容的选择或者编排体现独创性的作品，为汇编作品，其著作权由汇编人享有，但行使著作权时，不得侵犯原作品的著作权。"《实施国际著作权条约的规定》第8条规定："外国作品是由不受保护的材料编辑而成，但是在材料的选取或者编排上有独创性的，依照《著作权法》第14条的规定予以保护。此种保护不排斥他人利用同样的材料进行编辑。"

《著作权法》保护的数据库必须具备独创性的要求，这包含两层含义。第一，数据库系制作者独立创作完成，而非剽窃之作；第二，数据库必须体现制作者的个性特征，属于智力劳动创作结果，即具有创作性。根据我国参加的相关国际条约或公约，"版权保护延及表达，而不延及思想、过程、操作方法或数学概念本身"，《著作权法》不对数据库的内容提供保护，在不涉及其他著作权的情况下，其他人可以直接利用数据库中的内容。

2. 反不正当竞争法对数据库的保护

《著作权法》不保护没有独创性的数据库，但在实践中也出现了不受著作权法保护的数据库引起的纠纷，这时法院不得不通过包括反不正当竞争法在内的其他法律规范来解决纠纷。我国司法实践肯定了数据库开发者需进行体力及财力的投资，必须对数据库进行保护。在我国发生的北京阳光数据公司（以下简称"阳光公司"）诉上海霸才数据有限公司（以下简称"霸才公司"）一案中，法院依照《反不正当竞争法》给予阳光公司法律救济。

📖 **案　例**

> 阳光公司分别与国内10多家商品或证券交易所签定了交易行情的采集、转发、经营合同，阳光公司将交易所的行情信息整理汇编，以特定的数据格式形成综合行情信息数据库，通过网站发布。霸才公司与阳光公司签定使用阳光公司"SIG实时金融"数据分析资料。随后，霸才公司截取并转发阳光公司"SIG实时金融"信息，上载到自己的网站，供用户免费使用。阳光公司向法院起诉，一审判决被告侵犯原告商业秘密，被告不服提起上诉。

问：霸才公司的行为是否构成侵犯商业秘密？

解析：霸才公司的行为不构成侵犯商业秘密，但是，构成侵犯数据库的特殊财产权。数据库的特殊财产权包括禁止摘录权；禁止再利用权。限制是对于数据库非重要部分内容的摘录或再利用，只能在以下情况下进行利用：适当引用；非营利性利用；教学需要；保存版本需要；公共安全需要。本案中的霸才公司未经阳光公司许可，擅自截取并转发阳光公司"SIG 实时金融"信息并将其发布至自营网站，其行为属于将他人数据库信息摘录和再利用。

案例来源：北京阳光数据公司诉上海霸才数据有限公司侵犯商业秘密案 https://max.book118.com/html/2015/0710/20780923.shtm（案例经编者整理、改编）

五、多媒体作品的保护

多媒体是指使用数字技术，依靠对文字、声音、静止画面、活动画面等多样化的表现形态进行综合传播的媒体，以及媒体的使用手段所实现的，可以进行智能化（双向式或者对话式）操作的环境。所谓多媒体作品，是指运用多媒体技术，通过文本、图片、计算机图形、动画、声音、视频等任何几种单一媒介作品的组合而创造出的作品。多媒体网页、多媒体课件、多媒体游戏等都属于多媒体作品。

多媒体作品具有三方面的显著特征。第一是集成性，多媒体作品是多种单一媒介作品的组合；第二是交互性，用户在某种程度上可以参与到多媒体作品中；第三是同步性，多媒体终端上显示的图像、声音、文本、视频等以同步的方式展示在用户面前。

目前，各国还没有形成解决多媒体作品保护的有效办法，仍将多媒体作品视为一类作品，用著作权法保护，或者在特定情形下适用反不正当竞争法保护。关于多媒体作品的性质认定目前还很不统一，有人主张将多媒体作品作为一种独立类型的作品进行保护，有人主张维持现有关于作品的分类对多媒体作品进行保护。在多媒体作品归类的认识上也存在较大分歧，有人将多媒体作品视为汇编作品，有人将多媒体作品看作视听作品，也有将多媒体作品归于数据库的。就我国的实际情况而言，可以将多媒体作品整体作为汇编作品进行保护，当多媒体作品中各组成部分也构成著作权法保护的作品时，各组成部分可以单独适用著作权法的相关规定独立保护。

第二节　域名的法律保护

一、域名概述

(一)域名的含义及特点

域名，是由一串用点分隔的名字组成的互联网上某一台计算机或计算机组的名称，用于在数据传输时标识计算机的电子方位（有时也指地理位置）。

从总体上看域名也属于一种标识，与商标、商号等其他标识相比较，域名具有如下法律特征。

1. 标识性

域名的设计与使用是为了用识别性标记来区分网络上的计算机，以方便网络寻址和信息传输。域名的标识性是计算机识别，只需要存在细微差别即可，有较强的技术性特征。

2. 唯一性

域名的唯一性是绝对的、全球性的，这是由网络覆盖的全球性和网络 IP 地址分配的技术性特征所决定的。在网络上，出于技术的需要，每台接受访问的主机，IP 地址都必须是唯一的。与此类似，每个域名，不论在何时、何地注册，何种域名，都不可能与其他的域名完全相同。一个人可以同时拥有多个域名，但没有多个人同时共享同一域名的情况。

3. 排他性

在网络这个虚拟的世界里，域名天然地具有一种排他性。域名的排他性是由域名的唯一性决定的，任何人经过注册取得域名后，他人不可能再注册和取得相同的域名。没有法律规定或者注册人的许可，任何人不能使用他已经注册的域名，否则构成侵权。

4. 无限性

域名在时间和空间上都表现出无限性。域名注册后的使用时间没有任何限制，只要按期交费，一经注册便可无限拥有。域名存在于网络空间，互联网不受国（边）界、地域范围，以及商品和服务类别的限制，在使用空间上具有无限性。

（二）域名的功能

域名是互联网上用户在网络中的名称和地址，具有技术功能和标识功能。

1. 技术功能

技术功能指域名是注册人在网络上的地址，这是域名的原始功能。从技术角度来说，域名只是连接到网络上的计算机 IP 地址的外部代码，由它可以转换为主机在互联网中的物理位置。按照中国互联网络信息中心的解释，"域名只是互联网中用于解决地址对应问题的一种方法"而已。域名究其本质，不过是互联网联机通信中具有技术参数功能的标识符，是特定的组织或个人在互联网上的标志。当用户在网页的地址栏中输入某一域名时，计算机便与当地的域名服务器联系，通过域名系统将域名翻译成 IP 地址，进而找到其所标识的计算机。可见，在互联网上定位计算机时起主要作用的是 IP 地址，并不是域名，域名只不过是一个方便人们记忆的 IP 地址的外部代码，没有它，人们照样能通过其他方法找到所需要的计算机。

2. 标识功能

标识功能指域名是注册人在互联网上代表自己的标志。随着互联网中商业活动的急剧增加，域名的实际意义已经远远超出地址的作用。主机都是有所属单位的，所以域名也就是主机所属单位在网络空间中的永久地址和名称。对于企业来说，它就是企业通过互联网进行销售、宣传等活动的标识，与人们经常使用的企业名称和商标具有类似的作用。实际应用中，许多企业都是以其名称或主要产品的商标作为域名的。这样，人们在互联网中就很容易找到该企业的主页，查询到有关的商业信息，增强该企业的竞争力。因此，尽管域名尚未被明确赋予法律上的意义，但它实质上是类似企业名称和商标的一种工业产权，是

网络中重要的无形资产，蕴含着很高的商业价值。

二、域名的法律性质

全球范围内的电子商务迅猛发展，域名作为一种相对稀缺的资源，在电子商务中发挥着识别网站的重要作用。域名被誉为"企业的网上商标"，通过域名访问企业主页已经成为展示企业信息与进行电子商务的必要窗口。当前有关域名注册引发的矛盾日益激烈，乃至与此相关的诉讼此起彼伏，与日俱增。然而，还没有哪国法律对域名的保护进行单独详尽的立法，法律固有的滞后性使其出现了对域名的规范、调整和保护相对缺失的状态。对于域名的相关法律问题成了近年来世界各国相关理论界和实务界关注的热点话题，也成了整个国际社会共同面对的一项经济与法律的严峻课题。

若想保护域名，首先要对域名的法律性质进行科学界定。关于域名的法律性质即确定域名背后所享有的法律权利为何种权利的问题，理论界的分歧也较大，有学者认为"域名从本质上讲是一种商标，它不但具有商标的一般功能，还提供互联网上进行信息交换和交易的地址"，是"从以物质交换为基础的实体环境下的商标延伸到以信息交换为基础的虚拟环境下的一种商标"。有学者认为"域名可以成为知识产权的客体，处于一种受不正当竞争法控制的状态，应属于商誉的范围"。也有学者认为，"域名是一种应当受到特定法律保护的权利，但不能将域名和传统的知识产权保护的权利相等同"。还有学者认为，"域名是一种集商号、商标为一体的全新的知识产权客体，在法律性质上甚至可以称为'域名权'"。

尽管对域名的法律性质有不同的观点，但从总体上说，域名属于一种类似于知识产权的新型民事权益。域名在网络世界起着与传统的商标、商号或原产地名称等同样的区别功能，凡是通过合法途径获得的域名普遍受到各国法律的保护。世界知识产权组织（WIPO）在首次域名磋商程序中并未将域名纳入知识产权的范畴，但这并不影响域名这种新型的民事权益与知识产权的相似性。域名是经过人的构思、选择、创造性的劳动产生的，无论形式上有多么简单，域名都是一种智力劳动的成果。

三、域名相关机构

1. 域名主管机构

2017年8月16日工业和信息化部通过《互联网域名管理办法》，自2017年11月1日起施行。域名主管机构在国家层面上是工业和信息化部，其对全国的域名服务实施监督管理，主要职责有以下几方面内容。

（1）制定互联网域名管理规章及政策。

（2）制定中国互联网域名体系、域名资源发展规划。

（3）管理境内的域名根服务器运行机构和域名注册管理机构。

（4）负责域名体系的网络与信息安全管理。

（5）依法保护用户个人信息和合法权益。

（6）负责与域名有关的国际协调。

（7）管理境内的域名解析服务。

（8）管理其他与域名服务相关的活动。

此外，各省、自治区、直辖市通信管理局对本行政区域内的域名服务实施监督管理。

2. 域名业务运行机构

(1)域名根服务器及域名根服务器运行机构。

(2)域名注册管理机构。

(3)域名注册服务机构。

依据《互联网域名管理办法》取得工业和信息化部或者省、自治区、直辖市通信管理局(统称电信管理机构)的相应许可。

四、域名注册原则与规则

1. 注册原则

注册原则包括先申请原则、申请人选择原则和申请人负责原则。

2. 命名规则

(1)不要求具有显著性。

(2)不得使用禁用文字：反对宪法所确定的基本原则的；危害国家安全，泄露国家秘密，颠覆国家政权，破坏国家统一的；损害国家荣誉和利益的；煽动民族仇恨、民族歧视，破坏民族团结的；破坏国家宗教政策，宣扬邪教和封建迷信的；散布谣言，扰乱社会秩序，破坏社会稳定的；散布淫秽、色情、赌博、暴力、凶杀、恐怖或者教唆犯罪的；侮辱或者诽谤他人，侵害他人合法权益的；含有法律、行政法规禁止的其他内容的。

五、域名纠纷

域名纠纷是指所有与域名有关的纠纷，既包括因域名注册使用发生的域名注册人与域名管理机构的纠纷，也包括因域名使用发生的域名持有人与其他标识权利人就域名的标识性权利发生的纠纷。从目前实际发生的争议情况来看，数量最多、争议最大也最迫切需要解决的是因域名注册使用而与商标权发生的纠纷。

(一)域名纠纷产生的原因

域名在初期的设计目的和实践上不具有任何的商业目的和价值，当域名使用于商业目的并且具有了商业标识功能时，即产生了与相同或近似商业标志权利人之间发生利益冲突的现实可能性。从这个意义上说，域名的标识性是与商标、商号等商业标志产生冲突的属性基础。由于域名全球唯一的技术特点以及现行的域名注册制度不进行在先权利审查，加之相关制度之间缺乏有效整合等原因，域名权利人与其他商业标志权利人在利益上产生冲突也就在所难免。自从域名的商业价值被人们所重视以来，因域名注册和使用而引起的各类纠纷就层出不穷。概括而言，域名纠纷大部分是因为注册的域名与他人的商业标志如商标、商号等相同或相似，引起了商业标志权利人的不满而产生。

(二)域名纠纷的主要形式

1. 恶意抢注

恶意抢注一般也称为"抢注类"域名纠纷，是指明知或应知他人的商标、商号及名称具有较高的知名度和影响力，而将与他人的商标、商号、名称，或其翻译文字、汉语拼音等

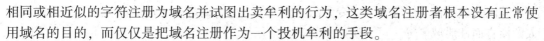

相同或相近似的字符注册为域名并试图出卖牟利的行为，这类域名注册者根本没有正常使用域名的目的，而仅仅是把域名注册作为一个投机牟利的手段。

根据北京市高级人民法院《关于审理因域名注册、使用而引起的知识产权民事纠纷案件的若干指导意见》的相关规定，认定域名注册行为是否构成恶意注册域名，应审查其行为是否同时符合以下必备条件：① 注册的域名与权利人享有的标识相同或足以导致误认地相似；② 域名持有人对该域名标记不享有任何其他在先的权利；③ 对该域名的注册和使用具有恶意。恶意具体是指：域名持有人提出向权利人出售、出租或以其他方式有偿转让域名；或者为营利目的，以故意混淆域名与权利人商标、商号的方式引诱网络用户进入其网页或其他在线服务；或者专为阻止他人将商标、商号用于域名而注册；或者为损害他人的商誉而注册域名等。

2. 不正当竞争

不正当竞争也称为"盗用类"域名纠纷，是指不仅将他人的商标、商号等商业标识抢先注册为域名，而且进行商业使用，造成公众的混淆。此种域名纠纷与域名抢注情形不同，域名注册人注册并使用的域名核心字符与他人在先的商标、商号等商业标志相同或相近，注册人自己对该域名核心字符并不享有任何传统的商业标志权利，但注册人并不以向在先权利人出卖牟利为目的，仅有搭乘他人商业标志良好商誉便车之意。

3. 权利冲突

权利冲突是指同一域名的标识部分有数个商标权人。域名以其标识部分作为标识的依据，并具有唯一性。在互联网上，技术上的要求排斥两个完全相同的域名存在。而商标则以所有人或者使用人向市场提供的商品和服务类别为基础，可以由不同的所有人在不同类别或不近似的商品或服务中分别拥有相同或相似的商标，但该商标仅能由其中一个商标所有人在互联网上注册为域名，而其他商标权人则只能以其他变通方式注册域名，这样不同商标权人将会对完全以商标名称为识别部分的二级或三级域名的享有发生争议。

4. 反向侵夺

反向侵夺一词来源于国际互联网名址分配公司（ICANN）从 1999 年 10 月 24 日实行的《统一域名争议解决政策之程序规则》，其代表"恶意地利用统一域名争议解决政策中的有关规定以企图剥夺注册域名持有人持有域名的行为"。反向侵夺是商标权人对他人域名的抢夺，这种现象虽然不如域名抢注频繁，但近年来有上升趋势，尤其是中文域名的推出，使反向抢注行为日趋增多。

（三）救济渠道

1. 将域名注册为商标

在原则上，只有核心域名才能被申请注册为商标；域名要起到标识经营者的作用；域名申请商标必须指定受保护的商品。

2. 因域名引起的不正当竞争

因域名引起的不正当竞争包括以下几种：①侵犯他人在先权利，是指出于从他人商标中牟利的恶意，注册并出卖域名的行为。域名持有人向权利人提出出售、出租或以其他方式有偿转让域名；②为营利目的，故意混淆域名与权利人的商标、商号的方式使网络用户接入其网页或其他在线服务；③专为阻止他人将商标、商号用于域名而注册；④为损害他人的商誉而注册域名等，可以申请不正当竞争保护。

第三节　电子商务专利的法律保护

一、电子商务专利的概念

电子商务专利，是指以利用计算机和网络技术实现电子商务交易活动为主题的发明专利。电子商务专利涉及以"互联网"为运行平台的商业交易活动，是由计算机及网络、特定的应用软件和商业方法组合而成的技术方案。电子商务专利是通过计算机系统和网络来实现，并最终以软件的形式表现出来的，因此本质上它属于计算机软件专利。同时，电子商务专利的根本目的是实现某种商业经营方法，因而它又是商业方法专利。电子商务专利由计算机软件和商业方法两部分组成，其实质是通过计算机软件来实现商业方法。

美国专利商标局在《美国专利分类码》第 705 号中对商业方法专利的定义是："装置和对应的方法，用于商业运作、政府管理、企业管理或财务资料报表的生成，它使资料在经过处理后，有显著的改变或者完成运算操作；装置及对应的方法，用于改变货物或服务提供时的资料处理或运算操作。"

二、电子商务的可专利性

《专利法》不保护自然法则、自然现象和抽象的思想，这在建立专利制度的国家已形成共识。传统的专利权客体，并不包括纯粹的商业方法或经营管理方法，因为它们并没有利用自然规律，而是属于专利法不予保护的智力活动的规则和方法范畴。一般认为，电子商务包括普通的商业方法和与计算机软件相关的商业方法。在专利制度建立之初，各个国家也几乎无一例外地排除了对商业方法和计算机软件的专利保护，认为这两个领域中的智力成果不属于专利法意义上的新发明或技术方案，如果需要寻求保护，可以通过其他法律实现，如版权法、反不正当竞争法或商业秘密法等。

互联网的发展带来了商业服务的互联互通，有关电子商务上使用的商业方法通常都以计算机软件的形式加以应用，这些软件化的商业方法不同于传统的商业方法，它们都是通过计算机运行给人类社会带来的新的经营模式。传统的对商业模式的保护方法难以保护软件产品最核心的技术构思与逻辑框图，因此，需要对电子商务的保护模式进行创新。随着商业方法的广泛利用，特别是计算机技术的出现使商业网络软件盛行并产生了巨大的经济效益，美国逐渐将商业方法纳入专利权领域。1998 年，美国联邦巡回上诉法院对"道富银行诉签记金融集团公司"（State Street Bank & Trust Co. v. Signature Financial Group Inc. ）一案的判决开创了电子商务商业方法专利的先河。随之，欧盟、日本也都陆续修改各自的专利法律制度，将长久以来一直被排除于可专利性主题范围之外的商业方法纳入专利制度保护的范畴。

在我国，计算机软件(实质上即人们所称的商业方法软件)是否能够获得专利授权，关键在于该软件必须"是为了解决技术问题，利用了技术手段和能够产生技术效果时，表明该专利申请属于可给予专利保护的客体"。因此，按照该规定，申请专利的计算机软件与

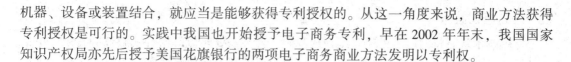

机器、设备或装置结合，就应当是能够获得专利授权的。从这一角度来说，商业方法获得专利授权是可行的。实践中我国也开始授予电子商务专利，早在 2002 年年末，我国国家知识产权局亦先后授予美国花旗银行的两项电子商务商业方法发明以专利权。

三、电子商务专利权的客体

从目前各国的发展现状来看，与电子商务有关的专利权的客体有以下几种。

（一）计算机软件

计算机软件最初是作为作品来保护的，因为当时计算机技术主要关注硬件的计算速度和准确度，计算机软件只是辅助硬件完成工作的附件，此时的软件是纯技术性的，实用价值不大，因此常常被归入纯粹的智力活动规则而被拒绝授予专利权。随着计算机技术的发展，计算机软件逐渐成为独立发展的高科技产业，硬件反而成为实现软件的辅助工具。由于软件的实用性大大提高，软件不再被视为纯粹的智力活动规则，而是可以产生"实用的、具体的和有形的结果"，因此，在世界各国的专利局中，计算机软件逐渐被纳入可专利主题的范畴。同时，各国与计算机软件有关的专利申请量和授权量不断增加，与软件相关的专利侵权也不断涌现。电子商务专利基于计算机网络，因而其技术方案本质上是通过计算机软件来实现的。

（二）电子商务商业方法

传统的商业方法由于缺少技术特征而被排除在专利保护的主题之外，但认为商业方法是电子商务专利的主题之一并不意味着专利法开始保护纯粹的商业方法和商业模式。随着信息技术的不断发展，专利权也会授予使用信息技术实现商业方法的那些发明，使用计算机和网络来完成整个商业活动的操作，如定货、销售、财务结算以及广告都成为可能，这使得"发明创意"可以通过计算机系统以一种有形的方式来解决，因而可以获得专利权。这些专利技术的最终目的是要实现某种商业经营的方法，因此称为商业方法专利。例如，1995 年花旗银行申请的电子货币系统专利，该系统发展自 1991 年，包含发单银行、收单银行、清算银行与商家及消费者及其间的运作，是电子商务的基础专利，已在包括中国在内的世界主要国家提出了专利申请。又如，亚马逊公司拥有的在线购物方法（One-click）的专利，让买家用鼠标单击一次就能重复购物。

（三）网络通信协定

网络通信协定是计算机之间交换资料的格式和程序。通常情况下，网络上两个节点之间的交流，必须通过一种标准的传输协定才可以进行。一台计算机只有在遵守网络协议的前提下，才能在网络上与其他计算机进行正常的通信。网络协议通常被分为几个层次，每层完成自己单独的功能，通信双方只有在共同的层次间才能相互联系。常见的协议有 TCP/IP 协议、IPX/SPX 协议、NetBEUI 协议等。在局域网中用得比较多的是 IPX/SPX 协议，用户如果访问互联网，则必须在网络协议中添加 TCP/IP 协议。虽然很多通信协议属于公共领域，但这种协议是可以申请专利的。例如，瑞典爱立信公司名为"软件容错管理系统"专利，该专利是利用"智能型管理的信息基础"的技术来解决电信通信系统中软件错误的监视、诊断、管理的方法，目的是以最快的速度和最低的成本发现软件错误。

(四)密码技术

密码技术就是将网络上的讯息编译成乱码，并在需要时以解密程式解读的技术。电子商务活动需要密码技术来提供安全保障，密码技术主要由密码系统和密码算法组成。密码系统是指称为加密和解密的数据传输对。密码算法包括加密算法和解密算法，加密算法是对明文进行加密所采用的一组规则，而解密算法是对密文进行解密的一组规则。加密算法和解密算法的操作，通常分别在加密密钥和解密密钥的控制下进行。私钥和公钥是常见的两种密码技术，其中 DES 是美国政府认可的主要私钥系统，RSA 则是主要的公钥系统。密码技术是可专利的。RSA 于 1983 年获得美国专利权，它不仅能够保障传输信息的安全，而且能够识别买卖双方的真伪以及传输信息的完整与否。

(五)信息压缩技术

信息压缩技术，是一种以去除重复资料，使资料量缩小为目的的技术。它可以在不损失信息完整性的情况下降低信息传输量，这样不仅可以节省磁盘空间，还可以加快音频、视频信号在网络上的传输，实现影音信号的即时传输，从而在线欣赏影音文件，如 GIF 和 TIFF 就是两种广为人知的压缩格式。信息压缩技术属于专利权保护的技术方案。

(六)信息处理及检索技术

信息处理技术是指人、组织为了实现辨识、评价和指令等功能所进行的信息传递、存储、变换等的过程。信息检索技术是指信息按一定的方式组织起来，并根据信息用户的需要找出有关的信息的过程和技术。网络世界中的各类活动都涉及信息的处理、存储和检索，信息存储和检索技术如果实现了特定的技术效果，构成技术方案，同样也是可专利的。

四、世界各国电子商务专利立法状况

(一)美国

美国法律最早承认商业方法专利，但是美国对商业方法经历了从拒绝专利保护到为其敞开专利大门这一历程。从 20 世纪 80 年代开始，世界范围内的新科技革命蓬勃兴起，生物技术、计算机软件与新兴商业方法快速成长，并成为知识经济的重要组成部分，而美国是这些领域中发展成果最丰硕、技术最为领先的国家。基于国家利益的考虑，1996 年，美国专利商标局修改了《计算机相关发明专利申请审查指南》，其明确了商业方法专利的审查标准。2000 年，美国又通过了《商业方法专利促进法议案》，其促进了商业方法专利的申请。互联网的发展带来了电子商务时代，网络经济的发展催生了商业方法专利。按照美国联邦巡回法院的观点，"一台一般用途的计算机一旦编程来执行特殊的功能并符合软件要求就变成一台特殊用途的计算机"，而在这台计算机上运行的商业方法软件也就具有了实用性。

(二)欧盟

在美国刚刚为商业方法提供专利保护的时候，欧洲国家反应非常强烈，其不同国家在计算机软件的专利保护问题方面存在相当程度的不同意见。1999 年，欧洲专利局态度开始向为商业方法提供专利保护方向倾斜。2001 年 11 月，欧洲专利局发布新的审查指南，这一审查指南将软件专利申请合法化，由于商业方法与执行商业方法的软件之间并无明显界

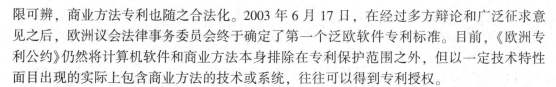

限可辨，商业方法专利也随之合法化。2003 年 6 月 17 日，在经过多方辩论和广泛征求意见之后，欧洲议会法律事务委员会终于确定了第一个泛欧软件专利标准。目前，《欧洲专利公约》仍然将计算机软件和商业方法本身排除在专利保护范围之外，但以一定技术特性面目出现的实际上包含商业方法的技术或系统，往往可以得到专利授权。

（三）日本

特许厅（日本的专利局）长久以来对于纯粹的商业方法专利申请案持否定的态度，但自著名的卡马卡案后，在商业方法专利的保护上，日本也是采取"实用主义"策略，实务上对于商业方法及计算机软件申请专利逐渐放宽。日本专利局在 2000 年 11 月公布了"商业方法专利政策"，该局于此政策中宣布将修改计算机软件相关发明审查标准，增列商业方法专利的审查标准，并持续扩张其关于计算机软件及商业方法之先前技术（先行技术）数据库，寻求企业界提供相关非专利之文献或资料，以协助未来审查此等发明关于新颖性及进步性之专利要件，且考虑与美国专利商标局与欧洲专利局建立三边合作机制，促进商业方法先前技术、立法与专利审查等相关信息的流通，同时加强对专利审查员的训练，并外聘具备技术及商业双重背景的专利人士，以协助对商业方法专利申请案的审查。在日本，取得商业方法专利的条件有 3 个，即商业方法属于发明的范围、具备新颖性、具备进步性。

（四）中国

我国的专利法没有对计算机软件能否获得专利权做出明确的规定，也没有如同一些国家的专利法那样明确规定计算机程序本身、商业经营方法不能授予专利权。我国专利法实施细则中规定授予专利权的发明必须是一种技术方案，这是我国在判断是否属于能够授予专利权的主题范围时必须坚持的原则。因此，无论是计算机程序，还是商业方法，只要能够构成专利法意义下技术方案，就具备授予专利权的可能性。

2004 年 10 月，国家知识产权局发布了《商业方法相关发明专利申请的审查规则（试行）》，该规则规定，商业方法相关发明专利申请是一种特殊性质的专利申请，既具有涉及计算机程序的共性，又具有计算机和网络技术与商业活动和事务结合所带来的特殊性。规则中规定了对这类特殊申请的一系列审查原则和范例。2010 年，国家知识产权局发布了《专利审查指南》，该指南对涉及计算机程序的发明专利申请审查作了若干规定，更是系统地规范了计算机程序发明专利的审查标准，反映出商业方法相关发明的专利申请在中国获得授权的条件还是比较严格的。

五、我国电子商务专利的审查

在科学技术和电子商务迅猛发展的今天，对于电子商务商业方法的可专利性问题，世界各主要国家已经达成一致意见。当前存在较大分歧之处在于，如何判断某项具体的电子商务商业方法是否符合专利申请条件。从审查实践方面来看，在各项专利条件中，审查的难点集中于创造性的判断标准上。我国目前对电子商务专利的审查已经积累了一定的经验，在新《专利审查指南》中给出了比较统一的规定。

（一）审查标准

从原则上说，商业方法相关发明专利申请属于涉及计算机程序发明中的一类特殊领域，完全可以适用于《专利审查指南》第二部分第九章中的相关规定。通常，符合下列条件之一的可以授予专利：执行计算机程序的目的是实现一种工业过程；执行计算机程序的目的是处理一种外部技术数据；执行计算机程序的目的是改善计算机系统内部性能。

根据该指南规定具体判断标准如下。

（1）如果一项权利要求仅仅涉及一种算法或数学计算规则，或者计算机程序本身或仅仅记录在载体（如磁带、磁盘、光盘、磁光盘、ROM、PROM、VCD、DVD或者其他的计算机可读介质）上的计算机程序，或者游戏的规则和方法等，则该权利要求属于智力活动的规则和方法，不属于专利保护的客体。

（2）如果一项权利要求除其主题名称之外，对其进行限定的全部内容仅涉及一种算法或者数学计算规则，或者程序本身，或者游戏的规则和方法等，则该权利要求实质上仅仅涉及智力活动的规则和方法，不属于专利保护的客体。

（3）如果一项权利要求在对其进行限定的全部内容中既包含智力活动的规则和方法的内容，又包含技术特征，则该权利要求就整体而言并不是一种智力活动的规则和方法，不应当依据《专利法》第25条排除其获得专利权的可能性。

（4）如果涉及计算机程序的发明专利申请的解决方案执行计算机程序的目的是解决技术问题，在计算机上运行计算机程序从而对外部或内部对象进行控制或处理所反映的是遵循自然规律的技术手段，并且由此获得符合自然规律的技术效果，则这种解决方案属于《专利法》第2条第2款中所指技术方案，属于专利保护的客体。

（5）如果涉及计算机程序的发明专利申请的解决方案执行计算机程序的目的不是解决技术问题，或者在计算机上运行计算机程序从而对外部或内部对象进行控制或处理所反映的不是利用自然规律的技术手段，或者获得的不是受自然规律约束的效果，则这种解决方案不属于《专利法》第2条第2款中所指技术方案，不属于专利保护的客体。

（6）如果涉及计算机程序的发明专利申请的解决方案执行计算机程序的目的是处理一种外部技术数据，通过计算机执行一种技术数据处理程序，按照自然规律完成对该技术数据实施的一系列技术处理，从而获得符合自然规律的技术数据处理效果，则这种解决方案属于《专利法》第2条第2款中所指的技术方案，属于专利保护的客体。

（7）如果涉及计算机程序的发明专利申请的解决方案执行计算机程序的目的是改善计算机系统内部性能，通过计算机执行一种系统内部性能改进程序，按照自然规律完成对该计算机系统各组成部分实施的一系列设置或调整，从而获得符合自然规律的计算机系统内部性能改进效果，则这种解决方案属于《专利法》第2条第2款中所指的技术方案，属于专利保护的客体。

（二）审查方式

对于商业方法相关发明专利申请，分为客体审查以及新颖性、创造性的审查，首先进行客体审查，只有符合可专利性要求时，再进行新颖性和创造性审查。

1. 关于不符合专利法规定的客体审查

如果根据说明书描述的背景技术和（或）公知常识，就足以确定要求保护的发明所要解决的问题不是技术问题时，则审查员可以直接依据《专利法实施细则》中的规定评述其不构成技术方案，不属于专利保护客体。

当说明书中针对所描述的背景技术说明了要求保护的发明所要解决的技术问题，但针对其声称要解决的技术问题进行检索后，发现该技术问题客观上已经解决，并且可以初步

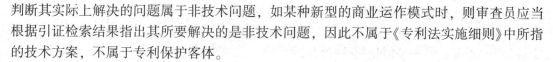

判断其实际上解决的问题属于非技术问题，如某种新型的商业运作模式时，则审查员应当根据引证检索结果指出其所要解决的是非技术问题，因此不属于《专利法实施细则》中所指的技术方案，不属于专利保护客体。

2. 不能排除要求保护的发明属于非专利保护客体时

在通过上述审查方式不能排除要求保护的发明属于非专利保护客体后，则应当进一步进行检索，判断其是否具备新颖性和创造性。新颖性，是指该发明不属于现有技术；也没有任何单位或者个人就同样的发明在申请日以前向国务院专利行政部门提出过申请，并记载在申请日以后公布的专利申请文件或者公告的专利文件中。创造性，是指与现有技术相比，该发明具有突出的实质性特点和显著的进步。

当审查员检索到影响该申请的新颖性和（或）创造性的现有技术时，则可以直接依据所检索到的现有技术评述新颖性和（或）创造性。此时相对于检索到的现有技术分以下两种情形进行判断：① 权利要求的方案被已有方案公开的，权利要求不具备新颖性；② 权利要求的方案未被已有方案公开的，确定最接近的现有技术并确定权利要求的方案与最接近的现有技术之间的区别特征后，对显而易见性及是否具有显著的进步进行判断而得出是否具备创造性的结论。应当注意，如果整体分析该区别特征未对现有技术做出技术贡献，则该权利要求不具备创造性。

第四节 网上商业秘密的法律保护

一、商业秘密的概念及特征

商业秘密，是指不为公众所知悉的、能为权利人带来经济利益的、具有实用性并经权利人采取保密措施的技术信息和经营信息。商业秘密主要包括两大类，即经营信息和技术信息，如企业战略规划、管理方法、商业模式、改制上市、并购重组、产权交易、财务信息、投融资决策、产购销策略、资源储备、客户信息、招投标事项等都属于经营信息；设计、程序、产品配方、制作工艺、制作方法、技术诀窍等就属于技术信息。

并不是所有的经营信息和技术信息都属于商业秘密而受法律保护，一般来说，只有同时具备以下几个特征的经营信息和技术信息才构成法律所保护的商业秘密。

(一) 秘密性

秘密性即该商业秘密处于秘密状态，没有被任何人向社会公开，不为公众所知悉，所谓向社会公开，是指向不特定的人员透露。单位职工因业务需要而掌握的秘密不能认为是向社会公开。其他单位因业务往来了解到经营者秘密的，如果有约定或者明知该项信息是他人的商业秘密，其他单位应当负有保密责任，该项信息不视为已对外公开的信息。他人窃取商业秘密但该秘密尚未扩散的，不视为已经丧失秘密性。权利人使用技术秘密制造的产品公开出售，也不破坏其秘密性。

(二) 商业价值性

商业价值性即能为权利人带来实际的或潜在的经济价值或竞争优势。没有价值的信息，既然不能为权利人带来经济利益，也就不具有保护价值。判断一项信息是否具有经济价值，应当确定该项信息与经营者经济利益的内在联系，判断其是否有利用价值，与其他信息有什么关系，丧失该信息的秘密性对经营者有没有影响等。

（三）实用性

实用性即该信息能够被权利人实际使用于生产或者经营，而不仅是一种纯理论方案。一项信息具有实用性，并不意味着必须能够直接用于生产经营，如果该项信息能够为权利人的生产经营活动提供间接的、有益的帮助，该项信息仍然应当认定为具有实用性。例如，阶段性的技术成果，往往不能直接用于生产经营，但是，它是权利人进一步开展研究工作的基础，对技术成果的最终完成具有重要作用，因此，它就应当被认定具有实用性。

（四）保密性

保密性即权利人对该信息采取了保密措施，将其作为秘密进行管理。如果权利人对一项信息没有采取保护措施，对该项信息采取放任其公开的态度，则说明他自己就不认为这是一项商业秘密，或者其并不要求保护，那么法律也就不会给予保护。合理的保护措施包括经营者建立了保密制度，将有关信息明确列为保密事项；经营者没有制定保密制度，但明确要求对某项信息予以保密的；经营者与他人合作开发或者委托开发一项新技术，在开发合同或者委托合同中，明确要求对待开发的技术进行保密；经营者在向他人披露，提供该项信息时，在相关合同或者其他文件中明确要求予以保密；在开发的软件上加密等。

二、侵犯商业秘密的行为

根据《反不正当竞争法》第10条的规定，侵犯商业秘密的行为主要有以下几种情形。

（一）以盗窃、利诱、胁迫或者其他不正当手段获取权利人的商业秘密

盗窃是以非法占有为目的的窃取他人财物的行为；利诱是以非法占有为目的，以给予利益或者许诺给予利益为手段，从有关人员手中得到商业秘密的行为；胁迫是指用威胁或要挟等方法逼迫有关人员透露其掌握的商业秘密；其他不正当手段是指欺诈或诱导他人泄密，或者用电子及其他方法进行侦查以获取他人商业秘密的行为。其行为主体可以是企业内部人员，也可以是外部人员。非法获取商业秘密的行为本身就构成侵权，而不论行为人获取他人的商业秘密后是否公开或者利用。

（二）披露、使用或者允许他人使用以前项手段获取的权利人的商业秘密

披露是指侵权人将权利人的商业秘密向他人公开。使用包括直接使用和间接使用，直接使用是指侵权人在生产经营中进行有形使用；间接使用是指侵权人将以不正当手段获取的商业秘密用于科研活动中。允许他人使用以不正当手段获取的商业秘密，是指侵权人将以不正当手段获取的权利人的商业秘密提供给他人使用，这种许可可以是有偿的，也可以是无偿的，但不管有偿还是无偿，只要是以不正当手段获取的商业秘密，再允许别人使用，就构成了侵权行为。

（三）违反约定或者违反权利人对其保守商业秘密的要求，披露、向社会公开、由自己使用或者允许他人使用其所掌握的商业秘密

此类行为的对象虽然也是商业秘密，但它却可能是行为人合法获取或者掌握的。不

过，由于行为人对权利人曾有明示或默示的义务，因而负有不得披露、向社会公开、使用或允许他人使用的职责。一些通过工作关系、业务关系或许可关系等合法途径掌握商业秘密的人，违反了与权利人的约定或违反了权利人对其保守商业秘密的要求（如内部保密制度），而向他人披露、向社会公开、由自己使用或允许他人使用权利人的商业秘密，均构成对商业秘密的侵害。

（四）第三人明知或者应知上述所列违法行为，获取、使用或者披露权利人的商业秘密

第三人构成侵权必须具备两个条件：一是第三人主观上对他人的违法行为明知或应知；二是第三人也实施了违法行为，即获取、使用、披露权利人的商业秘密。第三人在不知道或者不应知道他人行为违法而获取、使用或披露权利人的商业秘密的行为，属于善意的行为，不构成侵权。

三、网上商业秘密的表现形式

在网络环境下，商业秘密的内容同样为技术信息和经营信息两类，而且通过网络传输，商业秘密的性质也不会有任何改变。但是，在网络环境下，商业秘密的表现形式会有变化。网络环境下商业秘密主要表现形式有以下几种。

（1）以软盘、光盘、计算机软件等方式记载、存储的技术信息和经营信息。如企业的产品设计图纸、产品配方、工艺流程、制造过程、关键数据、发展战略、财务状况、招投标方案、客户名单等。

（2）以数据库形式体现的商业秘密。开展电子商务通常需要建立各类数据库，包括产品数据库、工艺数据库、客户数据库、支付数据库等。这些数据库包含了大量商业秘密，如产品的性能、规格、工艺流程、客户姓名与联系方式、消费者群体特点等。

（3）为保障网络交易安全而设置的用户口令、密码、密钥。这些口令、密码、密钥本身不是商业秘密，但它对商业秘密的保护具有关键性作用，因而仍需将其纳入网络环境下商业秘密的表现形式范畴。

（4）网上交易时涉及的一些重要信息，如客户通过电子邮件传送的有关姓名或名称、账户密码、信用卡号码、订单信息等。

在网络环境下的商业秘密还有其他一些表现形式。从原则上说，凡是通过网络信息传播或接受的、尚未公开的、具有商业秘密属性的技术信息和经营信息都属于网上商业秘密的表现形式。

四、网上商业秘密的主要侵权形式

网络环境下存在的商业秘密侵权行为主要表现为以下形式。

（1）利用管理网站的优势，随意窃取、泄露或者利用上网企业具有商业价值的保密性资料信息。

（2）采用黑客技术，通过互联网，破解企业内部的安全系统，非法侵入其计算机信息系统，窃取系统中的有关资料和数据；或者非法攻击企业网络，包括故意传播计算机病毒等破坏性程序，对信息数据进行删除、修改等，造成侵害商业秘密的行为。

（3）利用企业员工对电子邮件等方式缺乏必要的了解，企业尚未建立起相应的网络信息传播的制约制度，使用电子邮件窃取商业秘密。

（4）将商业秘密置于电子公告板、互联网网页、新闻组上，使多数人得以任意下载、转载、读取。

（5）如果企业没有采取加密措施或加密强度不够，攻击者可能通过互联网、公共电话网、搭线、在电磁波辐射范围内安装截收装置或在数据包通过的网关和路由器上截获数据等方式，获取传输的机密信号，或通过对信息流量、流向、通信频度和长度等参数的分析，推出有用信息，如消费者银行账号、密码等企业的商业秘密。并且，侵权者还可以利用各种技术手段以变更、修改、删除等形式篡改企业计算机网络中的商业秘密，形成危害更大的侵害。

（6）在互联网上采用欺骗、胁迫等手段获取他人的商业秘密。

（7）趁对手有关人员的疏忽，非法操作计算机系统，复制系统中的商业秘密。

五、我国对商业秘密保护的法律形式

我国目前并没有制定专门的商业秘密法，对商业秘密的保护主要通过民法典、劳动法、反不正当竞争法、刑法等法律中的相关规定及其他一些规范性文件加以保护。

1. 依《民法典》保护

《民法典》第118条规定："公民、法人的著作权（版权）、专利权、商标专用权、发现权、发明权和其他科技成果受到窃取、篡改、假冒等侵害时，有权要求停止侵害、消除影响、赔偿损失。"因此，商业秘密属于"其他科技成果"的范畴，应受到法律的保护。

2. 依《劳动法》保护

《劳动法》第22条规定："劳动合同当事人可以在劳动合同中约定保守用人单位商业秘密的有关事项。"第102条规定："劳动者违反劳动合同中的保密事项，对用人单位造成经济损失的，应当依法承担赔偿责任。"

3. 依《劳动合同法》保护

《劳动合同法》第23条规定："用人单位与劳动者可以在劳动合同中约定保守用人单位的商业秘密和与知识产权相关的保密事项。对负有保密义务的劳动者，用人单位可以在劳动合同或者保密协议中与劳动者约定竞业限制条款，并约定在解除或者终止劳动合同后，在竞业限制期限内按月给予劳动者经济补偿。劳动者违反竞业限制约定的，应当按照约定向用人单位支付违约金。"

4. 依《反不正当竞争法》保护

1993年9月2日，第八届全国人大常委会第三次会议通过《反不正当竞争法》，2019年4月23日第十三届全国人民代表大会常务委员会第十次会议第二次修正，其中将侵犯商业秘密的行为列为不正当竞争行为，对商业秘密的定义及侵犯商业秘密的行为手段进行了规定。《反不正当竞争法》的颁布实施，标志着我国商业秘密保护法律制度的确立。关于侵犯商业秘密的法律责任，《反不正当竞争法》规定了两种责任，一是刑事责任；二是民事责任。该法第20条规定："侵犯权利人商业秘密造成损害的，应当承担损害赔偿责任。"

5. 依《刑法》保护

《刑法》第 219 条规定："侵犯商业秘密罪有下列侵犯商业秘密行为之一，给商业秘密的权利人造成重大损失的，处三年以下有期徒刑或者拘役，并处或者单处罚金；造成特别严重后果的，处三年以上七年以下有期徒刑，并处罚金：以盗窃、利诱、胁迫或者其他不正当手段获取权利人的商业秘密的；披露、使用或者允许他人使用以前项手段获取的权利人的商业秘密的；违反约定或者违反权利人有关保守商业秘密的要求，披露、使用或者允许他人使用其所掌握的商业秘密的。明知或者应知前款所列行为，获取、使用或者披露他人的商业秘密的，以侵犯商业秘密论。"

此外，原国家工商行政管理局制定了《关于禁止侵犯商业秘密行为的若干规定》，国务院国有资产监督管理委员会出台了《中央企业商业秘密保护暂行规定》，这些规章对于加强商业秘密的保护也具有积极意义。

目前，对网上商业秘密的保护没有直接的规定，这不便于维护网络商业秘密权利人的合法权益。世界上已有部分国家制定了专门的保护商业秘密的法律，如美国早在 1979 年就制定了《统一商业秘密法》，瑞典颁布了《商业秘密保护法》，这些都可以为我国今后保护商业秘密提供立法借鉴。

本章小结

电子商务的发展给知识产权的保护带来了前所未有的挑战，传统知识产权保护制度在互联网环境下显得力不从心，电子商务中的知识产权特殊保护规则由此产生。结合我国现有知识产权法律制度，并借鉴国际社会网络知识产权保护的相关规则，对电子商务中的知识产权问题进行了全面、深入的阐述。本章的主要内容如下。

(1)网络著作权的保护。其内容涉及网络著作权概述、数字化作品的保护、计算机软件的保护、数据库的保护、多媒体作品的保护。

(2)域名的法律保护。其内容涉及域名概述、域名的法律性质、域名纠纷。

(3)电子商务专利的法律保护。其内容涉及电子商务专利的概念、电子商务的可专利性、电子商务专利的客体、各国电子商务专利立法状况、我国电子商务专利的审查。

(4)网上商业秘密的法律保护。其内容涉及商业秘密的概念及特征、侵犯商业秘密的行为、网上商业秘密的表现形式、网上商业秘密的主要侵权形式、我国对商业秘密保护的法律形式。

思考题

1. 网络环境下的著作权有什么变化？

2. 什么是"避风港原则"？网络服务商在什么情形下构成侵犯著作权？

3. 法律对于计算机软件著作权有哪些限制？

4. 域名纠纷的主要形式有哪些？

5. 谈谈域名的法律性质。

6. 商业方法在我国授予专利的条件是什么？

7. 哪些属于网上商业秘密？构成网上商业秘密需要具备什么条件？

第十章 电子商务网络安全规范

教学目标

> **知识目标：**系统地学习电子商务网络系统安全、电子商务信息安全、电子商务交易安全。
>
> **能力目标：**培养综合应用能力，能较好地分析电子商务网络安全规范案例。
>
> **素养目标：**掌握电子商务安全法律制度及个人信息及权益保护，培养学生的道德责任，提高道德阈值底线。

引 例

2020年6月初，因疫情滞留国外的17周岁小陈因买不到回国机票，冲动之下，他向南航发送一封威胁邮件，并在境外网站购买攻击套餐，利用黑客技术远程控制服务器或计算机等资源，对目标发起高频服务请求等攻击手段，持续攻击南航客票计算机系统。

此次黑客入侵，导致南航服务器因来不及处理海量请求而瘫痪，使为5 000余万用户提供服务的对外服务网络无法运作时间达4小时，包括客票业务、微信直播平台、机场旅客服务、飞行、运控等，给航空公司造成了巨额经济损失，也产生了很多负面影响。

2020年7月，归国的小陈在广州一家酒店办理解除隔离手续时，被公安机关抓获。归案后，小陈向广州市白云区人民法院供述罪行，对指控事实没有异议。

问：该案属于什么性质？

解析：广州市白云区人民法院及广州市中级人民法院一审、二审，以破坏计算机信息系统罪，判处小陈有期徒刑四年。白云区人民法院一审认为，小陈对计算机信息系统功能的干扰，造成计算机信息系统不能正常运行，后果特别严重，其行为构成破坏计算机信息系统罪。因小陈犯罪时已满十六周岁但不满十八周岁，依法应减轻或者从轻处罚。综合考虑小陈犯罪行为的性质、情节、危害后果及认罪态度，判决小陈犯破坏计算机信息系统罪，判处有期徒刑四年；缴获作案工具笔记本一台。一审宣判后，小陈不服，提起上诉。

广州市中级人民法院经审理后裁定驳回上诉，维持原判。

案例来源：17 岁少年攻击航司系统获刑 4 年 只因买不到回国机票发泄愤怒 http：//news. e23. cn/wanxiang/2021-08-17/2021081700061. html(案例经编者整理、改编)

第一节　电子商务网络安全概述

随着互联网技术的发展，网络安全成为新的安全研究热点。由于在互联网设计之初，更多考虑的是其方便性和开放性，使得互联网非常脆弱，极易受到黑客的攻击和有组织群体的入侵，加之系统内部人员的不规范使用和恶意破坏，使得网络信息系统易遭受信息篡改、增加、丢失、非法读取等攻击，所以迫切需要对网络信息安全技术进行提升，以及相关立法、管理的协调。

一、电子商务网络安全概念和内容

2023 年上半年，在国家互联网信息办公室、工业和信息化部等相关部门针对各类网络安全问题进行持续打击下，我国网络安全环境呈现出不断向好的发展态势。一是在政策制定层面，《民法典》《数据安全法(草案)》等相关法律法规的陆续出台，推动了我国网络安全法律体系持续完善；二是在基础设施方面，我国推进国家顶级域名解析节点部署，先后引入 F、I、L、J、K 根镜像服务器，推动网络基础设施安全保障更加完备；三是在用户安全方面，据有关数据显示，网民遭遇网络安全问题日趋改善，未遭遇任何网络安全问题的网民占比连续五年保持提升；四是在产业发展方面，我国网络安全产业发展进入"快车道"，现有网络安全产品和服务已经从基础网络安全领域延伸到云服务、大数据、物联网、工业控制、5G 等不同应用场景，实现了对基础设备、基础技术、安全系统、安全服务等多个维度的全面覆盖。

(一)网络安全的概念

网络安全，是指网络系统的硬件、软件及其系统中的数据受到保护，不因偶然的或者恶意的原因而遭受到破坏、更改、泄露，系统连续可靠正常地运行，网络服务不中断。广义上，凡是涉及网络上信息的保密性、完整性、可用性、真实性和可控性的相关技术和理论都是网络安全的研究问题。

我国开展电子商务，网络安全尤为重要。一方面，国内几乎所有的计算机主机、网络交换机、路由器和网络操作系统都来自国外；另一方面，美国等网络应用发达国家对计算机和网络安全技术的出口限制，使进入我国的电子商务和网络安全产品(包括 Web 浏览器、Web 服务器、防火墙和路由器等软硬件)均只能提供较短密钥长度的弱加密算法。电子商务网络安全通常包括以下内容。

1. 计算机及网络中的信息安全

计算机及网络中的信息安全，是指网络中存储及流通的数据安全。例如，保证数据库系统不被非法存取，保证其完整、一致等。网络安全从其本质上是网络上的信息安全，它是保证网络安全的最根本目的。

2. 计算机及网络中的实体安全

计算机及网络中的实体安全，是指网络设备、设施的安全。例如，计算机硬件、附属设备及网络传输设备不受地震、火灾等自然因素和被盗、被毁等人为因素的破坏，能够正常工作。网络实体安全的大部分内容依靠技术性法规或标准加以调整。但是，针对网络实体的盗窃、破坏等传统性犯罪活动，则根据相应的传统法律规范。

3. 计算机及网络中的软件安全

计算机及网络中的软件安全，是指网络软件以及各个主机、服务器、工作站等设备中运行的其他软件的安全。例如，防止网络系统被非法侵入，系统软件与应用软件不被非法复制，防止感染计算机病毒等破坏性程序或遭受其他非法攻击等，保证系统运行安全。

4. 计算机及网络中的运行安全

计算机及网络中的运行安全，是指网络中的各个信息系统能够正常运行并能正常地通过网络交流信息。例如，通过对网络设备运行状况的监测、及时报警、建立对突发事件的安全处理措施等，从技术和制度上保障网络系统正常运行。

(二) 电子商务面临的安全威胁

调查显示，目前电子商务安全主要存在两大类问题，即计算机商务交易安全和网络安全。其中，商务交易安全是指商品品质、商家诚信、货款支付、买卖纠纷处理和售后服务纠纷引发的安全问题，可依据商务交易规则处理；本章的网络安全仅是指针对计算机网络安全，它涉及计算机科学、网络技术、通信技术、密码技术、信息安全技术、应用数学、数论、信息论等多种学科知识。目前，电子商务面临的计算机网络安全威胁主要有以下几种。

1. 信息在网络的传输过程中被截获

通过互联网、公共电话网或在电磁波辐射范围内安装截收装置等方式，攻击者截获传输的机密信息，或者通过对通信频度和长度等参数的分析、信息流量和流向，推算出如消费者的银行账号、密码等有用信息。

2. 传输的信息被篡改

攻击者从篡改、插入、删除三方面破坏信息的完整性。其中，篡改是指通过改变信息流的次序，更改信息的内容，如购买商品的时间地点；插入是指在消息中新添一些信息，让接收方读不懂或接收错误的信息；删除即删除某个消息或消息的某些部分。

3. 假冒他人身份

假冒他人身份主要有三种情况：①冒充他人身份，如冒充管理员发布命令、调阅密件；②冒充他人消费、栽赃；③冒充网络控制程序，套取或修改使用权限、密钥等信息。

4. 伪造电子邮件

伪造电子邮件有以下三种情况：①伪造用户，发大量的电子邮件，窃取商家的商品信息和用户信用等；②虚开网站和商店，给用户发电子邮件，收定货单；③伪造大量用户，发电子邮件，耗尽商家资源，使合法用户不能正常访问网络资源，使有严格时间要求的服务不能及时得到响应。

5. 事后抵赖

事后抵赖包括发信者事后否认曾经发送过某条信息或内容，收信者事后否认曾经收到过某条消息或内容，购买者做了定货单不承认，商家卖出的商品因价格差而不承认原有的交易等。

二、电子商务网络安全需求

在网络应用日益普及的今天，网络信息流量迅猛增长。随着开放系统技术和基于网络的分布式信息技术带来更大的灵活性和可伸缩性，系统安全也越来越直接的涉及各经济领域，与经济效益和经济利益紧密地联系在一起，信息安全问题变得越来越重要。如何确保系统的稳定可靠、实现高效数据备份、维护网络安全，防止"黑客"的攻击和病毒入侵等，是系统安全不可忽视的组成部分。从电子商务的业务相关特性和安全的层次性来看，电子商务系统的安全需求有以下四点。

1. 信息机密性

信息机密性，是指电子商务作为一种贸易手段，其信息直接代表着个人、企业和国家的商业机密，而电子商务又是建立在一个开放的网络环境上的，因此，预防非法的信息存取和信息传输过程中不被非法窃取，是电子商务应用的重要保障。

2. 信息完整性

信息完整性，是指在信息存储时，防止其被非法篡改和破坏，传输过程中不被修改而使接收端收到的与发送的信息完全一样。贸易各方信息的完整性与否，将直接影响到交易过程和经营策略，保持贸易各方商业信息的完整是电子商务的应用基础。

3. 信息有效性

信息有效性，是指电子商务系统是计算机系统，要对网络故障、操作错误、应用程序错误、硬件故障、系统软件错误及计算机病毒、自然灾害等所产生的潜在威胁加以控制和预防，以保证贸易数据在确定的时间、地点是有效的。信息的有效性是开展电子商务的前提。

4. 信息的不可否认性

信息的不可否认性，是指信息的发送方不能否认已发送的信息，接收方不能否认已接收到的信息。由于商情的千变万化，交易达成后是不可抵赖的，否则必然会损害一方的利益。鉴别指确定交易确实是存在的，而不是假冒，为网络两端的使用者在进行沟通前相互确认彼此的身份。

第二节　电子商务网络安全法律规定

法律是电子商务网络安全的刚性制度保障，信息网络安全只有在法律的支撑下才能产生强制性约束力。法律对信息网络安全措施的规范主要体现在对各种计算机网络提出相应内安全要求，对安全技术标准、安全产品的生产和选择做出规定，赋予信息网络安全管理机构一定的权利和义务，规定违反义务的应当承担的责任，将行之有效的信息网络安全技术和安全管理的原则规范化等。

一、我国电子商务网络安全立法概况

（一）有关电子商务网络安全的主要法律法规

《网络安全法》是我国第一部全面规范网络空间安全管理的基础性法律。

（二）我国电子商务网络安全立法特点

我国电子商务网络安全立法吸收网络技术与应用先进国家有关法规的科学规定，设置包括网络服务商在内的网络主体义务机制，体现我国网络环境与计算机技术应用阶段的特点。其特点主要有以下两点。

1. 确立了信息网络安全管理的基本法律原则

行政法规与部门规章是我国网络安全法律体系中的主体，其中尤以部门规章居多。从现有的信息网络安全法律、法规中可以看出，我国大致上确立了多项信息网络安全管理的基本法律原则。主要包括重点保护原则；预防为主原则；责任明确原则；严格管理原则；促进社会发展的原则等。

2. 建立了多项关于信息网络安全的保障制度

我国对计算机及网络安全行政监管的法律制度侧重于维护广大上网用户的合法权益，维护国家利益和社会稳定，保障网络经营者的合法经营活动。到目前为止我国已经建立的信息网络安全保障制度主要有计算机信息系统安全等级保护制度，计算机信息系统国际联网备案制度，安全专用产品销售许可证制度，计算机案件强行报案制度，计算机信息系统使用单位安全负责制度，计算机病毒专营制度，商用密码管理制度，互联网信息服务安全管理制度，电信安全管理制度，信息安全检测，评估和认证安全监督管理制度，计算机信息媒体进出境申报制度等。

案　例

　　2018 年 8 月 9 日，申女士在携程网上帮同事购买机票，当天上午 10 时 15 分，她收到署名为"东方航空"发送的手机短信，被告知航班取消，让联系客服办理改签或退票手续。之后，在骗子的诱导下申女士开通支付宝亲密付功能和银行卡网银功能，先后被转走 12 万元。事后，申女士向朝阳法院诉携程网和支付宝，要求连带赔偿经济损失，赔礼道歉并赔偿精神损失费 1 万元。法院在审理过程中发现，携程网对授权访问涉案订单的人员范围、授权记录、监控、操作记录等均未提交证据举证。法院在审理过程中还发现，在大量机票退改签短信诈骗案被媒体报道后，携程网对订单信息保护反而从二级加密降为一级不加密传输，也未给用户发送信息提醒防止诈骗。

　　经审理，法院认为携程网在信息安全管理的落实上存在漏洞，未尽个人信息保管及防止泄露义务，有过错，应承担侵权责任，判决赔偿申女士经济损失 5 万元并向其赔礼道歉。法院认为，支付宝软件不存在漏洞，在亲密付开通中已经尽到充分的告知义务。因此，法院没有支持申女士关于支付宝的诉求。

问：本案对你有何启示？

解析：本案折射出广大用户的信息安全存在严重的安全隐患。泄露或出售用户信息的个人，还可能构成侵犯公民个人信息罪。现实中，信息有在其他环节泄露的可能，用户个人信息泄露维权困难重重。"申女士购机票遭诈骗"一案的判决对今后的个人信息泄露的裁判标准起到积极作用。

案例来源：携程买机票后遭诈骗损失 12 万 法院判赔 5 万元 https：//www.sohu.com/a/285981561_100023701（案例经编者整理、改编）

二、刑法中关于计算机及网络犯罪的规定

（一）概念

计算机及网络犯罪，是指行为人出于主观的目的、利用计算机及网络特性从事的严重危害个人、组织和国家利益的行为。计算机及网络犯罪产生的历史虽然短，但是对社会的危害却比其他传统的犯罪行为所造成的危害更为严重，已经引起世界各国司法及政府部门的密切关注。

1. 关于犯罪主体

犯罪主体，是指实施计算机及网络犯罪行为的责任人，包括自然人主体和法人主体（又称单位主体）。犯罪主体实施犯罪行为必须是出于主观目的，即出于故意。同时，犯罪主体所从事的犯罪活动是利用计算机特性进行的，如故意传播计算机病毒、非法侵入他人计算机系统等，而那些诸如盗窃计算机资产等在物理上以计算机为犯罪客体的犯罪，属于传统形态的盗窃罪，其犯罪主体不列入计算机犯罪的范畴。

2. 关于犯罪客体

犯罪客体，是指计算机及网络犯罪行为所侵犯的社会关系。计算机及网络犯罪往往是对另一计算机信息系统的攻击和破坏，造成其数据丢失、系统瘫痪等。因此，它是一种对多客体的侵犯行为，一方面，侵犯了计算机系统所有人的利益；另一方面造成了对国家的计算机安全管理秩序的破坏。同时，还有可能对受害的计算机系统中数据所涉及的第三方权益造成危害。

3. 关于犯罪工具

计算机及网络犯罪中，计算机信息系统既可能是被侵害的对象，也可能是犯罪的工具，有三种情况：一是直接把计算机信息系统作为侵害对象，如非法从系统中复制、篡改、删除保密的信息数据等；二是以己方的计算机信息系统为工具，以对方的计算机信息系统为侵害客体，如黑客利用互联网非法入侵他人的计算机系统进行窥视、更改、窃取其重要数据，拒绝合法用户的服务请求，甚至导致他人计算机系统瘫痪等；三是以计算机系统为工具，应用计算机技术直接进行触犯刑法的活动，如利用计算机发送电子邮件进行反动宣传，从事颠覆国家的活动等。

（二）我国计算机及网络犯罪的类型与刑法的调整

计算机及网络犯罪的类型多种多样，非常复杂，根据犯罪行为实施过程中计算机及网

络所起的作用或充当的主要角色的不同，可以将其划分为针对计算机及网络本身的纯粹犯罪、以计算机及网络为工具实施的普通犯罪两大类。本节内容主要涉及对计算机及网络本身的纯粹犯罪，这类犯罪的共同特征是以受害方的计算机信息系统为攻击目标。所谓计算机信息系统是指由计算机及其相关和配套的设备、设施(含网络)构成的，按照一定的应用目标和规则对信息进行采集、加工、存储、传输、检索等处理的人机系统。对计算机信息系统的犯罪主要有五种类型。

1. 非法侵入计算机信息系统罪

非法侵入计算机信息系统罪，是指违反国家规定，未经允许以非法解密等手段侵入国家事务、国防建设、尖端科学技术领域的计算机信息系统的行为。国际上将非法入侵计算机信息系统者称为"黑客"。犯罪主体采用各种手段获得进入计算机系统的口令，闯入系统，他们或者什么都不干就离开，或者会查阅感兴趣的资料，进而丰富自己的收藏，或者攻击系统，使系统部分或者全部瘫痪。

(1)犯罪主体。本罪的犯罪主体为一般主体，即年满16周岁具有刑事责任能力的自然人，通常是精通网络技术与计算机专业知识的人员。

(2)犯罪客体。本罪所侵犯的客体是国家重要领域的计算机信息系统的安全及网络管理秩序。

(3)犯罪主观方面。本罪在主观方面必须出于故意，即明知是国家事务、国防建设和尖端科学技术领域的计算机信息系统而仍故意侵入。其犯罪动机可能多种多样，如有的出于好奇、追求刺激、显示个人技能，有的则意在挑战和破坏，有的意在窃取机密等，动机如何不影响本罪成立。犯罪主观方面需要注意两个问题：一是犯罪目的；二是过失能否构成本罪。

(4)犯罪客观方面。本罪在客观方面表现为违反国家规定，侵入国家事务、国防建设和尖端科学技术领域的计算机信息系统的行为。其中"违反国家规定"，是指违反《计算机信息系统安全保护条例》第4条中关于把国家事务、经济建设、国防建设、尖端科学技术领域的计算机系统作为安全保护的重点的规定。非法侵入行为的非法性可以分为两类：非法用户侵入信息系统与合法用户的越权使用。

(5)刑罚适用。《刑法》第285条规定："违反国家规定，侵入国家事务、国防建设、尖端科学技术领域的计算机信息系统的，处3年以下有期徒刑或者拘役。"

2. 破坏计算机信息系统功能罪

破坏计算机信息系统功能罪，是指违反国家规定，对计算机信息系统功能进行删除、修改、增加、干扰，造成计算机信息系统不能正常运行，后果严重的行为。所谓计算机信息系统功能，是按照一定的应用目标和规则对信息进行采集、加工、存储、传输、检索的功用和能力。

(1)犯罪主体。本罪的犯罪主体为一般主体，即年满16周岁具有刑事责任能力的自然人，均可构成犯罪。

(2)犯罪客体。本罪所侵犯的犯罪客体是社会公共秩序，随着计算机技术及网络技术的普及和发展，危害计算机信息系统安全的犯罪行为将造成更为严重的社会危害。

(3)犯罪主观方面。行为人在主观方面可以是直接故意的，也可以是间接故意的。犯罪人的动机可以是多种多样的，但动机如何并不影响本罪的构成。

(4)犯罪客观方面。本罪客观方面表现为违反国家规定，对计算机信息系统功能进行删除、修改、增加、干扰，造成计算机信息系统不能正常运行，后果严重的行为。删除，是指将原有的计算机信息系统功能除去，使之不能正常运转。修改，是指将原有的计算机信息系统功能进行改动，使之不能正常运转。增加，是指在计算机系统里增加某种功能，致使原有的功能受到影响或者破坏，无法正常运转。干扰分为外部干扰和内部干扰，外部干扰是指人为地发射强大的扰动信号，用以干扰正常的动作状态或传输中的信号，使之不能正常工作或信号不能被正常输出或接收，如电磁干扰和射频干扰；内部干扰是指利用计算机操作来进行干扰，使其他用户不能正常工作。

(5)刑罚适用。《刑法》第286条第1款规定："违反国家规定，对计算机信息系统功能进行删除、修改、增加、干扰，造成计算机信息系统不能正常运行，后果严重的，处五年以下有期徒刑或者拘役；后果特别严重的，处五年以上有期徒刑。"

📖 案 例

20××年7月5日，许某给拱北路某网吧老板打电话，要求其汇入8 000元到指定账户，否则其网吧上网专线将会受到计算机病毒攻击。许某见该网吧老板没有动静，7月7日，其遂使用专用软件攻击网吧，致使该网吧300多台计算机无法上网，产生损失近万元。

问：许某的行为是否构成犯罪？属于什么罪？

解析：许某的行为构成犯罪，属于破坏计算机信息系统功能罪。破坏计算机信息系统功能罪，是指违反国家规定，对计算机信息系统相关功能进行删除、修改、增加、干扰操作，造成计算机信息系统不能正常运行，后果严重的行为。

案例来源：原创自编

3. 破坏计算机数据和应用程序罪

破坏计算机数据和应用程序罪，根据《刑法》第286条第2款中的规定，是指违反国家规定，对计算机信息系统中存储、处理或者传输的数据和应用程序进行删除、修改、增加的操作，后果严重的行为。计算机数据，是指计算机输入、输出和以某种方式处理的信息。应用程序，是指在计算机程序设计中，为某些目的编写的具有特定用途的程序。

(1)犯罪主体。本罪的犯罪主体为一般主体，即年满十六周岁具有刑事责任能力的自然人，均可构成犯罪。

(2)犯罪客体。本罪所侵犯的客体是社会公共秩序和社会管理秩序。对于此类犯罪行为的打击和惩治，有利于维护社会安定和保障经济良性、有序地发展。

(3)犯罪主观方面。本罪在主观方面必须出于故意，过失不能构成本罪。

(4)犯罪客观方面。本罪在客观方面违反国家规定，对计算机信息系统中存储、处理或者传输的数据和应用程序进行删除、修改、增加的操作，后果严重的行为。删除，是指将计算机信息系统所存储、处理或者传输的数据和应用程序的全部或者部分删去；修改，是指对数据和应用程序进行非法改动；增加，是指在计算机信息系统中增加新的数据和应用程序。

(5)刑罚适用。根据《刑法》第286条第1款和第2款的规定，犯破坏计算机信息系统中存储、处理或者传输的数据和应用程序罪的，处 5 年以下有期徒刑或者拘役；后果特别严重的，处 5 年以上有期徒刑。

📖 **案　例**

20××年 7 月 22—24 日，湖北大田股份有限公司网站管理员发现，公司网页连续 3 天都被人更改，管理员每天都将其恢复。7 月 25 日，网站"口令"被更改，管理员无法进入恢复页面信息。

公司遂向公安机关报案，荆州公安局网监科侦破发现，作案者不仅在网上留下自己姓名，还留下自己联系方式，经查，"黑客"是公司一车间员工李某，李某交代，为引起公司领导注意，耗费半个月时间破解公司密码。

问：李某的行为是否构成犯罪？请给出理由。

解析：李某的行为构成了破坏计算机数据和应用程序罪。破坏计算机数据和应用程序罪，是指违反国家规定，对计算机信息系统中存储、处理或者传输的数据和应用程序进行删除、修改、增加等操作，并造成严重后果的行为。

案例来源：原创自编

4. 故意制作、传播破坏性计算机程序罪

故意制作、传播破坏性计算机程序罪，是指故意制作、传播计算机病毒等破坏性程序，影响计算机系统正常运行，后果严重的行为。破坏性程序，是指危害计算机信息系统运行和功能发挥，危害应用软件、数据可靠性、完整性和保密性，用于违法活动的计算机程序，主要包括计算机病毒、逻辑炸弹等。

（1）犯罪主体。本罪的犯罪主体为一般主体，即年满十六周岁具有刑事责任能力的自然人，均可构成犯罪。

（2）犯罪客体。本罪所侵犯的客体是社会管理秩序。从破坏性程序所实际破坏的内容及性质上来分析，本罪的犯罪对象大致可以分为计算机系统所存储的数据信息，对这些数据信息的加工、处理、分析、比较的处理机制或者程序，计算机操作系统三类。由于计算机病毒等破坏性程序的强再生机制和传播的隐蔽性、无形性及其难以预防性，加之社会对计算机应用的广泛依赖性，这种故意制作、传播计算机病毒等破坏性程序的行为的社会危害程度是难以估量的。

（3）犯罪主观方面。本罪在主观方面必须出于故意，即明知是破坏性程序而仍故意进行制作或者传播。过失不能构成本罪。

（4）犯罪客观方面。本罪的客观方面表现为制作、传播计算机病毒等破坏性程序，影响计算机系统正常运行，后果严重的行为。制作行为，是指利用各种算法语言编写、设计、开发病毒程序。传播行为，是指针对特定对象或不特定对象的扩散。

（5）刑罚适用。根据《刑法》第 286 条第 3 款的规定，犯有制作、传播计算机病毒等破坏性程序罪的，处 5 年以下有期徒刑或者拘役；犯有本罪，且后果特别严重的，处 5 年以上有期徒刑。

5. 擅自中断计算机网络或者通信服务的行为

《关于维护互联网安全的决定》中规定："违反国家规定，擅自中断计算机网络或者通信服务，造成计算机网络或者通信系统不能正常运行，构成犯罪的，依照刑法有关规定追究刑事责任。"这一规定主要是针对互联网连线服务商和互联网内容提供服务商制定的，如果两者违反国家规定，对计算机信息系统功能进行删除、修改、增加、干扰操作，造成计算机信息系统不能按原设计的要求运行，并给国家重要计算机信息系统的功能造成破坏，给国家、集体组织或个人造成重大经济损失或造成恶劣社会影响等严重后果的，要依据刑法追究其刑事责任。

另外，以计算机及网络为工具实施的传统型犯罪类型主要有利用互联网危害国家安全和社会稳定的犯罪行为、利用互联网破坏社会主义市场经济秩序和社会管理秩序的行为、利用互联网危害个人、法人和其他组织的人身、财产等合法权利的犯罪行为。

第三节　电子商务网络安全技术与管理

一、电子商务网络安全技术

(一)国内外电子商务安全技术概况

电子商务安全问题涉及安全体系结构理论与技术、网络安全与安全产品、加密算法、认证技术、交易协议、支付安全等诸多方面。目前，国内外学者和各大IT厂商已构建了电子商务的交易协议并推出了比较完整的解决方案，提出了电子商务的安全技术框架体系，并且已经有了初步应用。

在安全体系结构理论与技术方面，由于电子商务是一项复杂的系统工程，客户端的安全、传输中的安全、服务器端的安全固然重要，但是，作为一个完整的安全的电子商务系统，还远远不够，如保密性、安全的认证、安全的交易协议以及支付的安全无一不制约着电子商务的安全发展，目前尚未有一套完整的安全体系。

在网络安全与安全产品方面，目前互联网上95%的数据流使用的是TCP/IP协议，而TCP/IP协议是完全开放的，其设计之初没有考虑安全问题。另外，在互联网上传送的数据的最小单位是IP数据包，不管是哪种形式的网络服务，其最终的实现机制都是通过IP数据包在互联网(被视为不可信任的网络)上的传输来实现的。

恶意攻击者可以很容易地窃取、更换、假冒数据包。此外，目前虽有许多安全协议可以为用户提供各种类型的安全服务，但都或多或少地存在安全漏洞，而且在这个不安全的互联网上，网络服务并不公平，这些都严重制约着电子商务的应用和发展。

在加密算法方面，安全认证技术能够较好地解决信息抵赖问题，在电子商务中，不管是消费者还是商家，都要求信息收取方对已收到的信息具有不可抵赖性。

在电子商务中，许多电子形式的文件需要被确认，通常采用的方法是数字签名技术。由于被加密的原件不具有可视性，一旦被破译，伪造者可重复使用数字签名多次，在原件作者修改其数字签名前，会造成相当大的损失。国内外学者提出了一种在不破坏原件可视性的基础上隐藏作者身份认证信息的水印技术。该技术表明电子文件是经作者认可的，有效的。但水印技术目前仅停留在形式化描述的基础上，还没有很好地实现该技术的算法和软件产品。国内外学者还利用形式化的方法进行了认证协议设计，提出了基于时间戳的认证协议，该协议在表达信息的新鲜性时较容易，且不易被攻击者重放，但使用时间戳要求系统时钟是同步且抗修改的，这在基于分布式大型网络环境的电子商务系统中实现有一定的困难。另外，电子商务是一种服务不对称结构，该结构对商家端的性能要求比用户端高得多。大多客户仍觉得网上交易不安全且安全系统太复杂，电子商务的安全问题并没有得到根本的解决，这样限制了用户群的扩大。因此，必要对电子商务的安全问题进行反思和研究，使电子商务模式得到更进一步的普及和应用。

（二）电子商务应用过程中的主要安全技术

1. 防火墙技术

防火墙是一种形象的说法，它是一种由计算机硬件和软件组合而成的，把内部网与外部网隔开的屏障，从而保护内部网免受非法用户的侵入。防火墙是在内部网与外部网之间实施安全防范的系统，可被认为是一种访问控制机制。防火墙在需要保护的网络同可能带来安全威胁的因特网或其他网络之间建立了一层保护，通常也是第一道保护。网络间的通信都要经过防火墙，要保护的网络和计算机放在防火墙内，防火墙内的网络也叫可信网络，其他网络则处在防火墙之外，防火墙外的网络叫不可信网络。

（1）防火墙的构成。

通常防火墙系统可以由一个或多个构件组成，如包过滤路由器、应用层网关（或代理服务器）、电路层网关等。

① 包过滤路由器允许或拒绝所接受的每个数据包。路由器审查每个数据包以便确定其是否与某一条包过滤规则匹配。过滤规则基于可以提供给 IP 转发过程的包头信息，包头信息中包括 IP 源地址、IP 目标端地址、内装协议（ICP、UDP、ICMP 或 IP Tunnel）、TCP/UDP 目标端口、ICMP 消息类型等。如果包的出入接口相匹配，并且规则允许该数据包，那么该数据包就会按照路由表中的信息被转发。但是，即使是包的出入接口相匹配，规则拒绝该数据包，那么该数据包就会被丢弃；如果出入接口不设有匹配规则，用户配置的缺省参数会决定是转发还是丢失数据包。包过滤路由器使得路由器能够根据特定的服务允许或拒绝流动的数据，因为多数的服务收听者都在已知的 TCP/UDP 端口号上。

② 应用层网关防火墙能够实现比包过滤路由器更严重的安全策略，它主要通过在应用层网关上安装代理软件（Proxy）来实现。每个代理模块分别针对不同的应用，如 Telnet Proxy 负责 Telnet 在防火墙上的转发，HTTP Proxy 负责 WWW，FTP Proxy 负责 FTP 等，管理员可以根据自己的需要安装相应的代理。每个代理相互无关，即使某个代理工作发生问题，只需要将它简单地卸出，不会影响其他的代理模块，同时也保证了防火墙的失效安全。

③ 电路层网关是一个特殊的构件，它可以由应用层网关来实现。电路层网关依赖 TCP 连接，并不进行附加的包处理和过滤，电路层网关只是进行了简单的中继，并不做任何审查、过滤或 Telnet 协议的管理。它就像电线一样，只是在内部连接和外部连接之间来回复制数据，但从外部看连接似乎源于防火墙，隐藏了受保护子网的信息，电路层网关常用于向外连接，这时网络管理员对其内部用户是信任的。它的优点是堡垒主机可以被设置成混合网关，对于进入的连接使用应用层网关或代理服务器，而对于出去的连接使用电路层网关。这样使防火墙既能方便内部用户，又能保证内部网络免于外部的攻击。

（2）防火墙的功能与技术实现。

防火墙的功能是提供网络层访问控制，其配置准确严密与否至关重要，只要配置正确，关闭不需要的服务端口，就可以基本实现网络层的安全。但是，防火墙不可能解决网络安全中的全部问题，因为防火墙用以识别和控制 IP 地址，不能识别用户的身份；它能保护网络的服务，但不能控制数据的存取；从防御的方向上，防火墙防外不防内；从安全控制的粒度来讲，防火墙是粗粒度、泛泛的，而不是细微、精确控制的。

防火墙主要具有以下功能：用 NAT（Networks Address Translation）把 DMZ 区的服务器和内部端口影射到防火墙的对外端口；允许互联网公网用户访问到 DMZ 区的应用服务；允许 DMZ 区内的工作站与应用服务器访问互联网公网；允许内部企业用户访问 DMZ 的应用服务：HTTP、FTP、SMTP、DNS、POP3；允许内部企业用户访问或通过代理访问互联网公网；禁止互联网公网非法用户入侵内部企业网络和 DMZ 区应用服务器；禁止互联网公网用户对内部网络 HTTP、FTP、TELNET、Traceroute、Rlogin 等端口的访问；禁止 DMZ 区的公开服务器访问内部网络；透明代理内含用户口令认证，并设置其访问权限；设置防黑客或入侵监测的范围，实行实时入侵监测。

防火墙的实现技术包括数据包过滤技术、代理网关技术和电路级网关技术。

数据包过滤技术，防火墙最常用的技术，通过检查 IP 数据包的源地址、目的地址、所用的端口号和封装协议来决定是否允许该数据包通过，缺点是无法防止外部主机 DNS 欺骗，维护比较困难，不支持用户认证。

代理网关技术，也称应用层网关技术，是建立在应用层上的协议过滤和转发控制，缺点是能提供的服务是有限的，在性能和透明度上比较差。

电路级网关技术，依赖 TCP 联接，只对数据包起转发作用，不进行任何附加的包处理和过滤，缺点是新的应用出现要求对网关的代码做相应的修改。

2. 网络入侵检测技术

防火墙只是被动的防止攻击，不能预警攻击，电子商务在网络层应有安全检测措施，用以预防黑客的攻击，这种预防需要是主动的，在网络运行之前和运行中通过不断的自测、自检来发现问题，然后及时采取补救措施，这就是安全检测。

（1）基于异常的入侵检测。

基于异常的入侵检测方法主要来源于任何人（或程序）的正常行为都有一定规律，并且可以通过分析这些行为产生的日志信息总结出规律，从而达到检测恶意攻击的目的。基于异常的入侵检测系统首先创建正常情况下的系统、网络或者程序的运作框架，这样一来，任何一个偏离系统原始运作模式的动作都将被认为可能是入侵行为。

基于异常的入侵检测系统有如下三个优点。第一，它们可以用来检测内部的攻击。例如，用户或者其他人使用了被盗用的账户执行越轨操作，基于异常的入侵检测系统就会报警。第二，由于系统基于的规则都是非常个性化的，攻击者很难确切地知道采取什么措施才能躲避报警。第三，异常入侵检测可以检测到未出现过的新的攻击类型，因为入侵规则不是根据现有入侵行为建立的，入侵行为之所以会触发报警是因为它偏离了正常的行为规则，而不是事先了解入侵特征。

基于异常的入侵检测系统也存在缺点：系统要先经过训练阶段才能使用，在训练阶段入侵检测系统建立起合法用户的行为特征，而这本身是非常有难度的，因为正常的行为特征如果建立得不够精确将会影响系统的性能。由于这种系统检测的是异常而不是确切的攻击，因此有时会产生错误报警。错误报警分为积极错误和消极错误，积极错误指系统将正

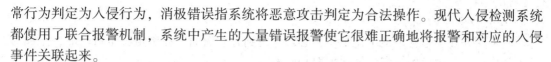

常行为判定为入侵行为，消极错误指系统将恶意攻击判定为合法操作。现代入侵检测系统都使用了联合报警机制，系统中产生的大量错误报警使它很难正确地将报警和对应的入侵事件关联起来。

（2）基于特征的入侵检测。

基于特征的入侵检测依赖预先定义的一组恶意攻击特征，通过查找特定的模式，入侵检测系统将进入目标区域的数据包，或者指令序列与已知的攻击特征进行比较。也就是说，通过比较入侵过程的模型与在系统中观察到的行为记录来判断是否发生了入侵，通过比对可以将观察得到的行为标记为合法或非法，这样的入侵检测系统旨在收集与系统正常操作不相符合的入侵行为的痕迹。

基于特征的入侵检测方式的一个明显的优点是误报率低。由于有了攻击的特征序列，它可以让系统管理员轻松地识别系统正处于哪一种恶意攻击之中，如果审计日志中没有包含攻击特征，就不会有报警；另一个比较明显的优点是，基于特征的入侵检测系统一经安装即刻就能使用，起到保护主机的作用。

基于特征的入侵检测方式存在的一个缺陷是它需要维护会话的状态信息，一个攻击可以由许多步骤组成，它必须保存攻击会话中所有步骤的信息；另一个缺陷是它必须为每一种攻击定义所有可能的入侵方式，因为同一种攻击在具体实施的时候，其特征可能会有一些小的变化，特征数据库就需要不断地更新来保持检测的高效率。

4. 加密技术和密钥管理技术

信息运用的最重要的特征之一是通信过程与加密过程结合完成，网络运行中，加密与通信过程分开，即在应用层中将文件先加密（脱线作业），再交下层协议处理，不受通信协议的制约。这样一来，可灵活地提供包括加密服务在内的多种服务。加密技术和密钥管理技术，详见第四章"电子签名与电子认证法律制度"。

二、电子商务网络安全策略

（一）网络安全策略的原则

网络安全策略的原则包括适应性原则、动态性原则、简单性原则和系统性原则。

1. 适应性原则

安全策略是在一定条件下采取的安全措施。制定出的安全策略必须与电子商务的实际应用环境相结合，这样才能使成本和效率达到平衡。

2. 动态性原则

安全策略是在一定时期采取的安全措施。由于用户在不断增加，网络规模在不断扩大，网络技术本身的发展变化很快，电子商务应用的广度和深度也在不断扩展，安全措施是防范性的、持续不断的，制定的安全措施必须不断适应电子商务的发展和环境的变化。

3. 简单性原则

用户越多，网络拓扑越复杂，采用网络设备和软件的种类也就越多。网络捆绑协议和电子商务提供的服务多，出现安全漏洞的可能性就越大，出现安全问题后找出问题的原因和责任者的难度就越大，安全的网络应是相对简单的网络。

4. 系统性原则

电子商务安全是一个系统化工作，必须考虑到方方面面，在制定安全策略时，全面考虑各类用户、各种设备，有计划地采取相应策略。

（二）网络层安全解决方案

网络层安全应主要解决企业网络互联时和在网络通信层安全问题，其中需要解决的问题有电子商务网络进出口控制（即 IP 过滤）；电子商务网络和链路层数据加密；安全检测和报警、防杀病毒。重点在于电子商务网络本身内部的安全，如果解决了电子商务内部网的安全，那么网络互联的安全只需解决链路层的通信加密。

1. 网络进出口控制

网络进出口控制需要对进入电子商务内部网的信息进行管理和控制，通过防火墙或虚拟网段进行网络分割和访问权限的控制，同样也需要对内网到公网进行管理和控制，要实现授权用户可以进出内部网络，防止非授权用户进出内部网络的目标。

2. 网络和链路层数据加密

对关键应用需要进行链路层数据加密，特别是最核心的应用服务系统，需要有高强度的数据加密措施。

3. 安全检测和报警、防杀病毒

安全检测是实时对公开网络和公开服务器进行安全扫描和检测，及时发现不安全因素。对网络攻击进行报警，这主要是提供一种监测手段，保证网络和服务的正常运行，目的是可以及时发现来自网络内外对网络的攻击行为，详实地记录攻击发生的情况。

（三）应用层安全解决方案

应用层的安全需求是客户应以自己的身份进行授权的操作，并保证自己的账户资源不被别人窃取，解决方案可具体描述为以下几点。

（1）客户和企业电子商务服务器的双向身份鉴别，防止双向欺骗和假冒。

（2）客户账户资源的授权访问控制，只能做授权范围内的操作。

（3）资源的保密性和完整性，防止客户的口令、账户信息被网上窃听。

（4）防止否认和抵赖，为业务仲裁提供法律依据、账户资源访问的监视和审计。

本章小结

网络安全，是指网络系统的硬件、软件及其系统中的数据受到保护，不因偶然的或者恶意的原因而遭受到破坏、更改或泄露，系统连续可靠正常地运行，网络服务不中断。随着电子商务这一新的商务模式逐渐为社会各界所接受并应用，电子商务系统安全日益成为电子商务发展过程中的一个"瓶颈"。如何从法制和技术、管理措施上建立一个安全、便捷的电子商务应用环境已成为人们热切关注的焦点。本章的主要内容如下。

（1）电子商务网络安全概述。其内容涉及电子商务网络安全概念和内容、电子商务网络安全需求。

（2）电子商务网络安全法律规定。其内容涉及我国电子商务网络安全立法概况、《刑法》中关于计算机及网络犯罪的规定。

（3）电子商务网络安全技术与管理。其内容涉及电子商务网络安全技术、电子商务网络安全策略。

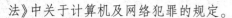

思考题

1. 简述电子商务面临的安全威胁的种类。

2. 从电子商务的业务相关特性和安全的层次性方面分析电子商务系统的安全需求。

3. 如何看待我国现行网络安全法律法规中存在的问题？

4. 应如何完善我国信息网络安全法律体系？

5. 谈一谈解决电子商务安全问题的对策。

第十一章 电子商务纠纷的法律解决

🎯 教学目标

知识目标：系统地学习解决电子商务犯罪、电子证据效力的认定、电子商务纠纷的方法。

能力目标：培养综合应用能力，能较好地分析电子商务纠纷案例。

素养目标：解决电子商务的争议及争端，树立法律意识，勇于承担社会责任，将来能为推动社会主义民主法治建设尽力。

⬡ 引 例

引例一：11 天出裁决书！网络仲裁让老赖无处遁形

借款人李某，出借人钱某，2017 年 8 月 20 日，双方通过浙江某家互联网金融平台由钱某出借 500 元给李某，以电子签名方式签署了借款协议，借款期限为 1 个月。

同年 9 月 20 日，李某未如约偿还借款，2017 年 10 月 16 日，钱某按照协议约定向广州仲裁委员会申请仲裁，要求李某偿还借款本金及利息。

广州仲裁委员会受理了钱某的仲裁申请，并通过网络仲裁方式，于 2017 年 10 月 27 日做出《裁决书》，裁决李某向钱某偿还借款本金 500 元及按年利率 24% 支付利息。

通过网络仲裁服务系统，钱某仅用 11 天便得到了以往可能要半年甚至更久才能获取的结果。

案例来源：汉银普惠接入互联网仲裁，让老赖"无处遁形"https：//www.sohu.com/a/341347816_100195696(案例经编者整理、改编)

引例二：北京互联网法院受理的第一起案件在线开庭

2018 年 10 月 30 日，北京互联网法院成立后受理了第一起案件——"抖音短视频"诉"伙拍小视频"著作权侵权纠纷案。原告北京微播视界科技有限公司诉称："抖音短视频"平台发布"5.12 我想对你说"短视频，由创作者"黑脸 V"完成，原告对该短视频享有独家

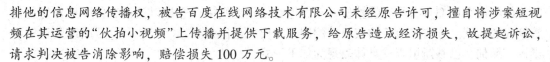

排他的信息网络传播权，被告百度在线网络技术有限公司未经原告许可，擅自将涉案短视频在其运营的"伙拍小视频"上传播并提供下载服务，给原告造成经济损失，故提起诉讼，请求判决被告消除影响，赔偿损失 100 万元。

本案在线开庭，案件审理在线视频播放、庭审笔录自动生成、远程庭审电子签名。

案例来源：北京互联网法院首案开庭 庭审在线进行 央视网（cctv.com）http：//news.cctv.com/2018/10/31/ARTIGVktPkJ0CPq15TgecQdO181031.shtml（案例经编者整理、改编）

第一节　网络环境下民事诉讼的管辖

一、传统的司法管辖权

（一）概述

从国际法的角度看，管辖权是国家的一项基本权利。管辖权一般包括三种含义，即立法管辖权、执行管辖权和司法管辖权。我们这里所讨论的仅是司法管辖权，它是指国家通过司法手段对特定的人、物、事进行管理和处置的权利，它是国家固有的、不可缺少的根本性权利之一，是国家主权的直接体现。同时，它也涉及一国法院可否对某一涉外民事案件行使审判权，以及做出的判决能否在国外获得承认并予以执行的问题。

从国内法的角度看，管辖权是指一国法院系统内部不同级别、不同地区的法院受理案件的权限，解决的是纠纷的当事人应该向哪个法院提起诉讼，寻求诉讼救济的程序问题，一般由国内法中的《诉讼法》加以具体规定。

（二）我国主要的司法管辖制度

根据民事案件不同类型，《中华人民共和国民事诉讼法》（以下简称《民事诉讼法》）对国内民事诉讼案件、民事非讼案件管辖、涉外民事诉讼案件管辖和民事强制执行案件管辖分别作了规定。其中，《民事诉讼法》第二章对国内民事诉讼第一审案件管辖作了规定。根据传统法律理论，法院对诉讼案件具有管辖权的基础大致可以分为以下三类。

1. 以地域为基础

以属地管辖权原则为核心，是指以当事人的住所地、居所地和事物的存在地（如合同履行地、侵权行为地、争议的标的物所在地）等作为行使管辖权的联系因素而形成的原则。这一原则主张以有关涉外民事诉讼中的案件事实和当事人双方与有关国家的地域联系作为确定法院涉外民事诉讼管辖权的标准，即在涉外民事诉讼中，如果当事人的住所、财产、诉讼标的物、产生争执的法律关系和法律事实，其中有一个因素存在于一国境内或发生于一国境内，该国就具有对该案的司法管辖权。这一原则最早确立于 1877 年的德国，在《民事诉讼法》中体现。

属地管辖权原则以国家主权原则为基础，特别强调在涉外民事案件管辖权问题上国家的领土主权，强调有关法律行为的地域性质或属地性质，侧重有关案件及其双方当事人与有关国家的地域联系，强调一国法院对于涉及其所属国境内的一切人和物以及法律事件和行为的诉讼案件都具有司法管辖权。在属地管辖权原则中，通常以被告的住所地作为行使管辖权的依据。采取属地管辖权原则的国家主要有德国、日本、奥地利、希腊以及亚洲的泰国、缅甸、巴基斯坦等。具体表现为如下形式。

(1) 被告住所地。被告住所地被多数国家确认为管辖基础。如德国、瑞士、荷兰、日本、中国等传统大陆法系国家均采用该原则。这一原则被欧盟在 1968 年的《布鲁塞尔公约》和 1988 年的《络迦诺公约》中分别加以确认，英美等普通法系国家也把被告住所地作为管辖权基础之一。《民事诉讼法》第 22 条中也规定了此原则。

(2) 原告住所地。原告住所地作为管辖权基础也被一些国家所采用。例如，我国《民事诉讼法》第 23 条第 1 款规定："对不在中华人民共和国领域居住的人提起的有关身份关系的诉讼，由原告住所地人民法院管辖。"

(3) 诉讼原因发生地。这包括侵权行为实施地、侵权结果发生地、合同签订地、合同履行地等。

(4) 诉讼标的物所在地。诉讼标的就是诉讼当事人诉争的财产。诉讼标的物处于一国领域内的事实是该国行使管辖权的重要基础。因不动产产生的纠纷由不动产所在地专属管辖是各国普遍承认的原则。

2. 以当事人国籍为基础

国籍使当事人具有一国国民的资格，从而使个人和国家具备了某种联系，它可以脱离二者空间关系存在，具有相对稳定的特点。这一管辖基础以属人管辖权原则为核心，是指以当事人的国籍作为连接因素而行使管辖权的原则。属人管辖权原则强调涉外民事案件中的双方当事人与有关国家的联系，侧重当事人的国籍，强调一国法院对于涉及本国国民的诉讼案件都具有受理、审判的权力。即在某一涉外民事案件中，只要当事人一方具有本国国籍，无论他是原告还是被告，也不论他现在居住在何处，该国法院对此都有管辖权。

属人管辖权原则同样是国家主权原则在涉外民事案件管辖权问题上的具体体现。这一原则有利于保护本国公民和法人的利益，但这种管辖权原则有时也会使外国人处于不利地位，有失公平。实行属人管辖权原则的国家主要有法国、意大利、比利时、西班牙、荷兰、埃及等。

3. 以当事人的协议为基础

双方当事人就诉讼管辖法院达成协议，把他们之间的争议提交给约定的某一国法院审理，该国法院便可行使管辖权。例如，《民事诉讼法》第 244 条规定："涉外合同或者涉外财产权益纠纷的当事人，可以用书面协议选择与争议有实际联系的地点的法院管辖。"

4. 以被告接受管辖为基础

一国法院对接受管辖的被告享有管辖权，这是国际上承认的原则。例如，《民事诉讼法》第 245 条规定："涉外民事诉讼的被告对人民法院管辖不提出异议，并应诉答辩的，视为承认该人民法院为有管辖权的法院。"

综上所述，传统法院管辖权的基础是当事人的住所、国籍、财产、行为、协议等，而当事人的住所又是这些管辖基础中的基础。在传统各国法律中，法院的管辖区域是确定的，有明确的地理边界，或称物理边界。

(三) 涉外民事诉讼管辖确定的原则

由于互联网的跨地域性和电子商务具有的全球性特点，纠纷中更容易出现涉外的性质。如果一项争议带有涉外性质，包括一方当事人是外国人、争议的标的物位于国外、发生争议的法律关系产生于国外等，则首先要确定哪个国家的法院有管辖权，然后按照这个国家的国内法律确定这个国家的哪个法院对案件有管辖权。如果在没有弄清楚管辖权问题之前就贸然到法院打官司，即使官司打赢了，最后也可能落得竹篮打水一场空。因为如果判决需要拿到另一个国家去执行，那么执行地法院很可能会以判决法院没有管辖权为理由拒绝执行判决。世界各国在涉外民事诉讼管辖的确定上，普遍实行国家主权原则，并一般都要求具体案件同本国必须具有某种联系因素或连接因素。但是，由于各国所强调的联系因素不同，因此形成了不同的涉外民事诉讼管辖权的确定原则。主要有属地管辖权原则、属人管辖权原则和实际控制管辖权原则。我国主要采用了前两种管辖权原则，这两种原则在前一部分中已有叙述，此处不再赘述。

此外，《民事诉讼法》确定涉外民事案件管辖权的原则是有以下几种。

1. 维护国家主权原则

维护国家主权原则，是我国涉外民事诉讼程序的重要原则。在管辖的规定中也对这一原则给予充分体现。维护国家主权原则，要求法律在确立涉外民事案件的管辖权时，应正确地确定我国民事司法审判权的范围。民事诉讼法对涉外民事诉讼案件行使专属管辖权的规定，就是维护国家主权原则在涉外管辖中的重要体现。

2. 诉讼与法院所在地实际联系原则

这一原则意味着只要诉讼与我国法院所在地存在一定的实际联系，我国人民法院都有管辖权。《民事诉讼法》第243条规定："我国在确定涉外案件的管辖时，主要考虑案件与我国法院所在地是否存在实际联系，包括属人因素和属地因素。如我国民事诉讼法以被告住所地为确定人民法院对涉外民事案件的管辖标准，即被告在我国领域内有住所，不论该被告是外国人、无国籍人，或者是外国企业、组织，我国人民法院均有管辖权。当事人在我国境内如果没有住所，但提起的是有关身份关系的诉讼，我国人民法院也享有管辖权。与此同时，我国民事诉讼法也考虑属地因素，如依合同签订地或者履行地、诉讼标的物所在地、可供扣押财产所在地、代表机构所在地为标准确定人民法院的管辖权，体现的就是属地因素。"

3. 尊重当事人选择权原则

根据《民事诉讼法》的规定，在涉外民事诉讼中，无论当事人一方是否为中国公民、法人和其他组织，在不违反级别管辖和专属管辖的前提下，可以选择与争议有实际联系的地点的法院管辖。

二、电子商务对传统管辖权确定基础的动摇

网络空间是互联网带来的为人们提供各种信息活动的场所，又是相对独立的非物力空间。网络空间具有客观性、全球性和管理的非中心化三大特点，在现实司法管辖领域中引发了大量的矛盾冲突。

无论网络商业行为或网络利用方式如何，其共同、突出的新情况是涉及法律的不同当事人可能相距遥远甚至在不同的国家或地区，接收或传送当事人间信息的计算机服务器、终端等，则可能又在另一个国家，甚至协助当事人完成一次沟通联系的还有处于其他国家的服务器等设备。正是网络空间的全球性和不确定性，使网络行为与传统管辖基础之间的关系变得不确定。网络空间作为一个全球化的整体，具有无形性的特点，不可能像物理空

间那样划分一个个管辖区域。同样，网络行为的不确定性使一个网络行为无法指向一个确定的管辖因素。当一个终端用户进行远程登录的时候，不要说待法院来查明这次登录行为涉及的对象、地点、是否侵犯他人的权利，有时就连网络用户本人也无法预见。

再有，被告人的出现（不论是长期的还是暂时的）是普通法系国家所采用的首要的管辖基础。那么，在网络环境下，用户仅仅通过访问单独网站遨游网上世界，这种访问能否构成一种管辖基础？用户访问该网站，是否表明他愿意把自己置身于该网站所在地法院的管辖之下？由于在网络空间并不存在可识别的国界、地缘标识，而网络空间的活动者根本无视网络外地理边界的存在，一旦上网，他对自己所"进入"和"访问"的网站是明确的，但对该网址和路径所对应的司法管辖区域则难以查明和预见。同时，不同于一个自然人在同一时刻只能出现在某一个特定地点，网上用户可以同时打开多个窗口，访问多个网址，从而"出现"在多个网站上。若说这些网站所在国都享有管辖权，无疑十分牵强。因此，由访问推断用户自愿受制于相关的司法管辖是武断的。

正是由于互联网环境具有的以上特性，才会随之产生大量跨空间、跨地域、跨国度虚拟法律矛盾和冲突：新技术产业的发展与传统社会秩序的维护需要平衡；行业利益、国家利益、社会利益和个人利益需要综合的考虑；各国的文化道德差异需要新的协调。司法的权威性与案件分布的区域性，必然要求在解决纠纷之前，先解决管辖问题。传统国内法与国际私法案件管辖权确定依据由民事实体法律或民事程序法律给予规定，但对于跨空间、跨地域、跨国度虚拟法律矛盾和冲突，传统法律应对需要回应网络环境对传统管辖权依据带来的冲击和挑战，这具体表现为司法管辖权区域界限模糊化、国家司法主权的弱化、传统管辖权依据的弱化与非确定性、管辖所涉及的当事人和其他诉讼参与人的身份和数量的难以确认以及"原告就被告"理论的困境。

（一）司法管辖权区域界限模糊化

虚拟空间与现实空间的最大区别就是地理界限的消失。判断网上活动发生的具体地点和确切范围是很难的。管辖是以某种相对稳定的联系作为基础的，一旦网络法律行为与这些传统的管辖基础失去了联系，如何将物理空间的管辖权规则适用于网络空间，将其对应到某一特定的司法管辖区域就成了一道难题。

传统法律当中对管辖权划分的基础在网络空间的诸多领域中受到了挑战。传统管辖权理论认为一个因素要想成为法院行使管辖权的依据，必须具有两个条件：①该因素自身有时间或空间上的相对稳定性，至少是可以确定的；②该因素与管辖区域之间存在一定的关联度。这种管辖权依据确定制度是建立在各个民族国家主权独立基础上的，而管辖权本质上是国家主权在司法领域的体现，正如 Holms 法官所指出的那样："管辖权的基础是物理空间的权力。"但网络环境是一个开放的全球系统，没有明确的国家界限划分，人们在网络空间中的交往往往借助数字 bit 传输，可以在瞬息间往返于千里之外和数国之间，而其本人却无须发生任何时间与空间上的位移变化。在这个虚拟的空间中，如何划分各国的相对管辖权以及某一特定法院对于数字传输管辖究竟是涉及其全过程，或者仅涉及其中一个或数个环节，也是划分管辖权区域需要考虑的问题。

（二）国家司法主权的弱化

由于互联网的国际性特点，对网络利用所发生的任何争议，都可能涉及不同国家的主权与居民，而争议的当事人甚至当事国家又往往对审判权与管辖问题争议不休。这些争论以及在虚拟空间中划分各种特定管辖权相应范围出现困难，使得互联网环境下的用户活动受到主权国家的管辖相对较弱，各个国家的司法管辖区域的划分逐渐模糊化，各国的司法主权也进一步弱化。

为了解决传统管辖权基础在网络环境下面临的窘境，各国都在探寻互联网环境下的新管辖模式，人们也提出了一些新的管辖理论。目前，关于电子商务案件的管辖的法律规制问题存在许多新理论，比如新主权理论、管辖权相对论、网址管辖依据论、特定存在论等。其中较有代表性的是新主权理论和管辖权相对论。

新主权理论认为，对于网络争议，应摆脱传统的地域管辖的观念，承认网络虚拟空间就是一个特殊地域，并承认在网络世界与现实世界中存在一个法律上十分重要的边界；若要进入网络的地域，必须要通过屏幕或密码，一旦进入网络的虚拟世界，则应适用网络世界的网络法，不再适用现实中各国的不同法律。网络成员间的纠纷由互联网服务提供商以仲裁者的身份来裁决，并由互联网服务提供商来执行，网络空间将成为一个全球的新的市民社会，它有自己的组织形式和价值标准，完全脱离政府而拥有自治的权利。

管辖权相对论，又称为"第四国际空间理论"。该观点认为网络类似于南极洲、太空和公海这三大国际空间之外的第四国际空间。因此应该在此领域内建立不同于传统规则的新管辖权确定原则，即任何国家都可以管辖并将其法律适用于网络空间的任何人和任何活动，其程度方式与该人或该活动进入主权国家可以控制的网络空间的程度和方式相适应。网络空间内争端的当事人可以通过网络的联系在相关的法院出庭，法院的判决也可以通过网络的手段加以执行。

这两个理论都强调网络空间的新颖性和独立性，对现实的国家权力持怀疑态度，并试图以网络的自律性管理来代替传统的法院管辖，以自我的判断和裁决代替国家的判断和救济。

（三）传统管辖权依据的弱化与非确定性

管辖总是以某种相对稳定的联系作为基础，如住所、居所、国籍、财产、行为、意志等，它们和某管辖区域存在物理空间上的关联。而在电子商务案件中，被告与法院地域联系可能降到最低，被告可能既不是法院地国（州）的国民或居民，也无财产可供扣押，甚至可能从未在法院地出现过，当然也很难同意接受法院地的司法管辖。

在网络中这些管辖连接点除了稳定性相对弱化，还具有了多样性、不易确定性，比如在网络中当事人可以在一个地点游历世界各个国家的网站，如何来确定其住所或者居所？如果用户适用的是便携式计算机，他就可以随时随地登录网站，可是又该如何来确定其住所呢？网民可以在虚拟游戏中从事包括虚拟诈骗、盗窃、强奸等行为，如何确定犯罪行为地？是虚拟世界还是玩家计算机终端所在地或是服务器所在地？国籍是一国的国民与其所属国之间的一种法律联系，网络环境中的当事人的身份往往是隐秘的，因此确定其国籍的概率相对较低。由于网络传输的阶段性和复杂性，使侵权行为地多样化，不易确定化。例如，跨国网络诽谤，全球各地的网民都可以登录、点击、浏览，因此，可能使诽谤侵权结果发生地点发生在全世界的任何国家的任何地点，而由于各个国家对于诽谤侵权的救济给予不同的制度设计，被侵权人往往选择进行"择地诉讼"，这就引发了滥诉和管辖权冲突。这些都表明在网络环境中，很难认定侵权行为地、合同签订地等地理因素，而仅仅通过网络的虚拟存在显然不构成法院行使管辖权的基础。传统上法院的管辖区域是确定的，而网络空间是无边界的，因此，某法院对哪部分网络空间享有管辖权，或者是否对全部网络空间享有管辖权，很难判断。

另外，由网络空间派生的新的连结因素，如 ISP、同址等，将是法院在确定网络案件管辖权时不得不考虑的重要因素。然而这些新的因素能否最终成为新的管辖基础在理论和实践上仍存在分歧。网络虚拟财产是否是受到法律的保护，现今立法还处于空白，学界正在讨论。

（四）管辖所涉及的当事人和其他诉讼参与人的身份和数量的难以确认

在传统法律冲突中，当事人之间往往具有某种现实的、物理的联系。但在网络空间中，当事人的接触是瞬间的、随机的，具有不确定性。传统的当事人关系则因身份的虚拟化、空间感的淡化而缺乏固定性。在传统法律关系中，当事人行为联系"必须现实联系"的局限性，使得当事人的数量除特殊情况下能达到三方甚至更多外，一般都是两方。但在互联网上，当事人的接触是多方的，访问网址的随意性，使得在网络上一个法律纠纷往往涉及众多的当事人，甚至可以达到成千上万。

（五）"原告就被告"理论的困境

在传统的诉讼中，由原告向被告住所地人民法院起诉被认为是理所当然而且应该予以优先考虑的原则。这是"正当程序"原则在诉讼法中的具体体现，也是从诉讼经济，取证便利，判决有利于执行等角度所作的制度设计。

但在网络环境下，被告的住所地确定本身就存在争议与问题，网络上活动者应该知晓他自己的行为结果会在世界范围内发生，但他往往不能准确地预见到其活动直接或者间接延伸到的具体区域。而且从网络侵权案件原被告往往相距甚远，因此如果继续适用"原告就被告"的管辖理论，则无论从经济学的角度来看，还是从是否有利于判决承认和执行的角度来看，往往会使原告获得司法救济的难度增大并且不利于纠纷解决。再加上各国对网络空间的管理的理解存在偏差，有的国家认为传统权力尤其是司法、行政权应积极介入，但有的国家认为网络空间是一个自给自足的独立体系，不需要传统的插足。这些都对网络案件管辖权确定，以及确定后的判决执行带来障碍。

三、中国网络纠纷管辖权的确定

虽然网络在中国的发展速度很快，但电子商务发展的程度还不是很高，模式主要集中在 B2B，而 B2C、C2C、P2C、O2O、C2M 等交易模式所产比例还较小，因此，对于网络电子商务纠纷的管辖权确定还是适用《民事诉讼法》的规定。现在出现的网络纠纷处理中积累了一定的司法实践经验，最高人民法院专门就两类侵权纠纷的审理做出了司法解释。

（一）网络侵权纠纷管辖权

尽管网络世界的虚拟性给传统的管辖连接点的确定提出了挑战，但是，我国民诉法及司法解释仍然能够解决网络侵权纠纷案件的法律管辖问题。《民事诉讼法》第 29 条规定："因侵权行为提起的诉讼，由侵权行为地或者被告所在地人民法院管辖。"

1. 侵权行为地

最高人民法院颁布《关于审理涉及计算机网络著作权纠纷案件若干问题的解释（法释 20041 号）》。该解释的第 1 条就规定了管辖权问题，即"网络著作权纠纷案件由侵权行为地或者被告住所地人民法院管辖。侵权行为地包括实体被诉侵权行为的网络服务器、计算机终端等设备所在地。对难以确定侵权行为地和被告住所地的，原告发现侵权内容的计算机终端等设备所在地可以视为侵权行为地"。

2001年7月17日，最高人民法院又发布了《关于审理涉及计算机域名民事案件适用法律若干问题的解释》（2001年7月24日起施行）。该解释的第2条规定了管辖权问题，"涉及域名的侵权纠纷案件，由侵权行为地或被告住所地的中级人民法院管辖，对难以确定侵权行为地和被告住所地的，原告发现该域名的计算机终端等设备所在地可以视为侵权行为地"。涉外域名纠纷案件包括当事人一方或者双方是外国人、无国籍人、外国企业或组织、国际组织，或者域名注册所在地在外国的域名纠纷案件。在中华人民共和国境内发生的涉外域名纠纷案件，依照民事诉讼法第四编的规定确定管辖。

2. 被告住所地

网络侵权行为人大致分为两大类：一类是网站经营者；另一类是登录网站的任何第三人。网站经营者是享有权利并承担相应义务的主体。该主体是具有民事主体资格的人（包括自然人和法人）和组织。那么其住所则是其注册地或主要办事机构所在地。至于第三人利用自己的终端设备，通过他人网站服务器实施的侵权行为，其侵权人住所地使用一般民诉法上的住所认定规责，即侵权人法定住所地或者经常居住地为被告所在地。

（二）电子合同纠纷的管辖

计算机网络纠纷出侵权纠纷外，主要是以合同以及其他财产范围内的民商事纠纷，其中主要为合同纠纷。因此，电子合同纠纷管辖问题的解决显得尤为重要。2021年1月1日生效的《民法典》第34条规定："承诺生效的地点为合同成立的地点。采用数据电文订立合同的，收件人的主营业地为合同成立地点；没有住营业地的，其经常居住地为合同成立的地点。当事人另有约定的，按照其约定。"《民事诉讼法》第24条和第25条规定："因合同纠纷引起的诉讼，由被告住所地或者合同履行地人民法院管辖。合同的双方当事人可以在书面合同中协议选择被告住所地、合同履行地、合同签订地、原告住所地、标的物所在地人民法院管辖，但不得违反该法对级别管辖与专属管辖的规定。"因此，我国关于合同等财产纠纷的诉讼管辖主要包括以下三种：一是被告所在地；二是合同履行地；三是当事人协议的与该合同相关的一定范围的地点。电子合同纠纷管辖的确定应该依据以下三个内容来解决。

1. 当事人约定所在地

对于合同纠纷而言，《民事诉讼法》承认协议管辖，即当事人可以在合同中实现选择管辖法院。这一原则不仅适用于一般的合同纠纷和涉外合同管辖中，也同样适用于电子合同。这不仅是私法领域当事人意思自治和契约自由原则的体现，同时也是目前当事人普遍采用的预防争议解决时管辖不确定风险的最好办法。当当事人没有约定管辖法院，或者当事人的约定因违反级别管辖与专属管辖的规定而无效时，再来由被告所在地和或者合同履行地的法院管辖。

2. 被告所在地

《关于适用〈中华人民共和国民事诉讼法〉若干问题的意见》第4条规定："公民的住所地是指公民的户籍所在地，法人的住所地是指法人的主要营业地或主要办事机构所在地。"因此网址能成为管辖权的基础。因为网址类似于地理空间中的居所，其在网络空间中的位置是可以确定的，它的变更要通过服务供应商进行，需要一定的程序，因此在特定的时间段内是可以确定的，网址基本上满足关于稳定性的要求。同时，由于网址是由 ISP 授予的，因此，其 ISP 所在的管辖区域的关联性是较明确的。

3. 合同履行地

目前，国际上倾向采用合同履行地法院管辖的原则，如《布鲁塞尔公约》和《络迦诺公约》就坚持这种管辖权。网络的不确定性和边界的模期性及其传递的多阶段性，都使合同的履行地变得模糊不定。电子合同的履行可分为不经由互联网的合同履行和经由互联网的合同履行两大类。不经由互联网的合同履行的情形中，由于合同履行不依靠或者不通过互联网，所以合同履行地的确定如同传统合同的履行，可按《民法典》等的规定来处理。在经由互联网的合同履行的情形中，可按下列规则来确定：如果合同事先约定了履行地的，则该约定的履行地应为合同履行地；如果合同没有约定，则合同履行方的主营业地应为合同履行地；如果没有主营业地的，则经常居住地应为合同履行地。但是不宜将信息系统所在地视为合同履行地。

案 例

2012 年 8 月，居住地为江苏省沭阳县的晏某在被告 A 电子商务(上海)有限公司(以下简称"A 公司")经营的网店购买一双运动鞋，收货地为宿迁市宿豫区。双方因故产生纠纷，2012 年 9 月 10 日，原告向宿迁市宿豫区法院提起诉讼。在答辩期限内，被告 A 公司提出管辖权异议称，因合同纠纷提起的诉讼，由被告所在地或者合同履行地法院管辖，本案被告的所在地在上海市虹口区；双方对合同履行地没有书面约定，但按照电子商务行业的惯例和实践，合同履行地为网店经营者的发货地即 A 公司所在地；《民法典》中规定："履行地点不明确的……其他标的，在履行义务一方所在地履行。"本案既非交付货币，又非交付不动产，涉案合同的履行义务一方应为被告，故合同履行地为被告所在地。故本案应由上海市虹口区人民法院管辖。

问：本案中的管辖权应属于谁？

解析：宿迁宿豫法院和上海虹口法院对本案均享有管辖权。江苏省宿迁市宿豫区人民法院经审查认为，因合同纠纷提起的诉讼应由被告住所地或者合同履行地人民法院管辖。买卖合同双方当事人在合同中对交货地点有约定的，以约定的交货地点为合同履行地。《支付宝争议处理规则》约定："交易双方可以自行约定货物的交付地点，没有约定或者约定不清的，以买家留下的收货地址作为货物交付地点。"因此，本案中的合同履行地为买家原告留下的收货地址，而该收货地址在宿迁市宿豫区，故宿迁宿豫法院和上海虹口法院对本案均享有管辖权。故法院裁定：驳回被告 A 公司对本案管辖权提出的异议。

案例来源：江苏宿迁中院裁定晏景中诉百丽公司买卖合同管辖权异议纠纷案，案例编写人：江苏省宿迁市宿豫区人民法院郭奎、胡纯(案例经编者整理、改编)

第二节　电子商务纠纷的法律适用

一、传统的国际民事法律冲突及解决

（一）法律适用的含义

尽管法律全球化一度成为继经济全球化之后的一大热门话题，但是，法律毕竟是由主权国家依其主权意志制定的。而各国情况的不完全相同也就产生了法律相互冲突的法律。国际私法上所讲的法律冲突，就是国际民事法律冲突，即对同一民事关系因所涉各国民事法律规定不同而发生的法律适用上的冲突。可见，国际私法中的法律冲突就是法律适用上的冲突。法律适用问题是指在国际民商事冲突解决过程中采用一定的方法确定适用哪一个国家的民商事法律作为该纠纷的裁判依据。

法律适用与管辖权是既有区别又有联系的两个概念。法律适用是指应该适用哪一国法律来审理涉外民事案件，管辖权则是指应该由哪一国法院审理涉外民事案件。取得管辖权的法院并不一定就适用本国的国内法来审理案件，而是根据本国的法律规定来确定应该适用的法律。

（二）法律适用的主要方法和规则

传统国际民事法律冲突的解决方法主要是冲突法解决方法。这种方法就是通过制定国内或国际的冲突规范来确定各种不同性质的涉外民事法律关系应适用何国法律，从而解决民事法律冲突。民事法律冲突实质上是民事法律适用上的冲突，而冲突规范恰恰是指定某种涉外民事法律关系应适用何种法律的规范。因此，它是解决民事法律冲突的有效方法。

1. 准据法与连接点

这种被选择适用于审理涉外民事案件的法律在国际私法上叫作准据法，而用以确定准据法的法律规定叫作冲突规范。例如，《民法典》第 144 条规定："不动产的所有权，适用不动产所在地法律。"这就是一条冲突规范，不动产所在地法就是该冲突规范所确定的准据法。各国冲突规范的规定并不完全一致，因此不同管辖法院对准据法可能会有不同的选择，尤其是当冲突规范指向"法院地法"时，管辖地法院的国内实体法就成为审理案件的准据法了。

按照冲突法的冲突规范去选择准据法，往往需要借助一个或多个连接点去固定这一特定的法律。所谓连接点或连接因素，也有人称为连接根据，就是指冲突规范就范围中所指法律关系或法律问题指定应适用何地法律所依据的一种事实因素。一般来说，由于客观情况复杂多变，任何一个博学多闻的立法者或法官，都不可能熟悉所有国家的民商法中的内容和具体的规定。因此，在一般场合下，他们在解决法律选择的问题时，只能首先从原则上规定用什么地方的法律来调整这一或那一法律关系最为合适的问题。因此，其必须从法律关系的构成要素中选择一个作为选择准据法的媒介。这些被指定为媒介的要素，就是连接点。在冲突规范中，连接点的意义表现在两个方面。

第一，从形式上看，连接点是一种把冲突规范中"范围"所指的法律关系与一定地域的法律联系起来的纽带或媒介。因此，每条冲突规范必须至少有一个连接点，没有这个连接点便不能把一定的法律关系和应适用的法律连接起来。

第二，从本质上看，这种纽带或媒介又反映了该法律关系与一定地域的法律之间存在内在的、本质的联系或隶属关系。它表明某种法律关系应受一定国家法律的约束，应受一定主权者的立法管辖，如果违反这种约束或管辖，该法律关系就不能成立。

若以连接点的状态来看，可以将之分为动态连接点和静态连接点。动态连接点是可变的，如国籍、住所、所在地、法人的管理中心地等。现在人员流动性不断增强，国籍、所在地都可能在变化中，这就加大了选择法律的难度，也为当事人规避法律提供了可能。而静态连接点是固定不变的，主要为不动产所在地以及涉及过去的行为或事件的连接点，如婚姻举行地、合同缔结地、法人登记地、侵权行为发生地等。相对而言，静态连接点是不变的，可以比较稳定地据此确定涉外民商事纠纷应适用的法律。

2. 传统法律适用的主要规则

准据法和连接点是解决法律适用问题的最主要工具，冲突规范中的本国（国籍）、物之所在地、法院地、住所、合同缔结地、债务履行地、侵权行为地、婚姻举行地、立遗嘱地等都属于连接点。在传统的国际私法中，连接点主要有以下三类。

(1) 属地性连结点。这类连接点与一定的地理位置有关，如居所、住所、物之所在地、法院地、行为地等。

(2) 属人性连接点。主要是指国籍。

(3) 主观性连接点。主要是指当事人的意思自治，即由当事人的合意决定。

一般的冲突规范中都有具体的连接点指向准据法，但是，也有一种特殊的法律选择方法并不规定具体的连接点，而是灵活地使用了"最密切联系原则"。例如，《民法典》第145条第2款规定："涉外合同当事人没有选择的，适用与合同有最密切联系的国家的法律。"此时，法官就需要根据具体案情，在众多连接点之间进行衡量，找出与合同有最密切联系的国家，这种法律选择方法赋予法官很大的自由裁量权。

二、现代电子商务给法律适用带来的挑战

在电子商务中，传统的地缘上或政治上的国界不复存在。只要用户将其计算机连接到一个 Web 站点，就表明已经与互联网连接，浏览可以非常轻松地跨越"国界"——只要在键盘上敲击几下就行了。发一份电子邮件给邻居与发一份电子邮件给在美国的友人并无两样，访问一个在美国的站点与访问一个在英国的站点一样容易。如果无意中点了连接到国外网站的工具栏，用户一不小心就"出国"了。人们只能从站点的最后两个英文缩写判断国别，如中国是 cn，法国是 fr，日本是 jp。但这种识别的意义并不大，因此，电子商务的基础是不以国界为界线的网络世界，"跨国"交易非常容易。从事网上交易的人、法律关系的主体处于不同国家的控制之下；许多网上活动的标的、法律关系的客体位于不同的国家；网上活动的日益频繁，极大地影响到各个国家的利益。美国等发达国家已经审理了一些互联网案件，也有报道表明我国法院也审理了一些涉及电子商务的案件。但由于各国的科技水平不同，对网络活动的态度不同，法律传统不同，频繁的跨国网上交易已经产生了大量的法律冲突，对传统冲突法提出了严重挑战，主要表现为以下几方面。

（一）对准据法的挑战

传统冲突法认为准据法是经冲突规范指引用来确定国际民事关系当事人的权利与义务的特定国家的法律。但在互联网中，准据法的内涵和外延都会产生相当大的变化。由于互联网是 20 世纪 80 年代后期才发展到应用阶段的，是最新的科技成果，许多国家尚未来得及对之加以法律调整，即使在像电子贸易这样急迫的领域也只有澳大利亚等少数国家通过了有关立法，而且这些立法往往仅就电子贸易的证据效力作了规定，未涉及其他方面。而许多国家出于保护科技发展的考虑，不愿过早下结论，因此有关互联网的立法许多国家都是空白。所以尽管我们适用了冲突规范，确定了应适用哪一国法作为准据法，最后却发现这一切都是徒劳的，因为该国根本就无相应的立法。在很多情况下，适用冲突规范甚至根本找不出准据法。由此看来，冲突法似乎很难完成其任务，最终解决当事人之间的法律纠纷。

但好在互联网是网络的，用户只有进入一个服务供应商的网络才能上网，而该服务供应商只有将其网络连接到局域网，由局域网再连接到全球网上，才能真正开展网上活动。这种连接网络的行为一般都伴有协议，该协议类似附和合同。服务供应商在屏幕上列出一些条件，在下方用滚动条写着如同意则单击"下一步"按钮，也就是用户在开始网上活动之前就已经存在某种约定。因此互联网是一个高度自主的以合意为基础的网络，它的使用者必须遵守一套共同的规则。这些规则成为处理当事人之间争议，确定当事人权利义务的准则。但它并非法律，其适用亦非依据冲突规范的指引，而且具有直接适用的性质。我们或许可以套用"现代商人法"称之为"现代互联网法"，两者确实有许多共同之处，如两者都是全球文明进步的需要；远比一般的法律冲突复杂，适用传统的冲突法将导致法律成本过高；具有很强的专业性，不能套用一般的法律概念等。所有这些都需要我们认真思考电子商务的共同规则的地位和作用，以及它和冲突法之间的关系。但无论如何，这都意味着传统冲突法的准据法的重大突破。

（二）对连接点的挑战

互联网是一个虚拟世界，地理因素在互联网中并无太大的意义，有时要在网上确定一个地点即使并非不可能，至少也是非常困难的。如在网上缔结合同就难以确定合同缔结地位于何方。如果网上交易不涉及现实的交付，如一方将另一方提供的图像、数据汇编成软件而共享权利的交易，其合同履行地亦很难确定。因此，基于地缘因素选择的连接点很难套用到互联网上。人们可能会转而借助国籍这种体现国家与当事人之间的法律关系的连接因素，但事实证明在互联网中这种关系是相当偶然的。由于互联网是一种面向任何国家任何人开放的一种独立的自主的网络，任何国家都难以有效地对网上活动进行监管。随便到任何一台联网的计算机上都能够从事所有的网上活动，因此国家与当事人之间的联系是相当弱的。正如随着人员跨国流动的日益频繁，国籍作为连接点的作用大不如前一样，互联网中以国籍为连接因素也逐渐意义不大。

同时，网络交易新方式的出现使一些传统的连接因素的意义发生了变化。传统的连接因素总是与一定的地域相联系，因而拍卖应适用拍卖地法。但在互联网中有一些自发的拍卖场所，它独立于任何国家和地区之外，只虚拟地存在于互联网中，如果适用拍卖地法实际上就等于无法可依。因此，就总体而言由于互联网是一个虚拟的世界，许多客观的连接因素难以有效地运用于互联网中，人们将不得不转而借助于主观的连接因素，让当事人的主观选择发挥更大的作用。而互联网本身的构造也为主观连接因素的运用埋下了伏笔。

互联网是由无数个局域网连接起来的"网络的网络"。较小的网络如果要加入较大的网络，就必须接受其预先设定的条件。同时，用户在网上随时都可以看到"如果你同意，请按这里"的提示栏，而点击提示栏的行为就构成一种合意，表明完全接受其要约。而在其要约中，可能就包含了法律选择条款。由于互联网是一个高度自治的网络空间，用户自主的选择是开展网上活动的前提，因此，主观连接因素，特别是当事人意思自治日益显出其重要性。

三、电子商务纠纷的法律适用

(一)网上民事侵权纠纷的法律适用

在含有涉外因素的侵权案件中，一个行为是否构成侵权，是否应负赔偿责任，在应负赔偿责任时其责任范围如何确定等问题，通常要由侵权行为准据法来确定。国际侵权行为准据法的确定，主要有以下几种结果：①适用侵权行为地法；②选择适用侵权行为地或当事人共同属人法；③适用法院地法；④重叠适用侵权行为地法与法院地法(或者行为人的属人法)；⑤重叠适用侵权行为地法、法院地法和当事人共同属人法；⑥侵权行为自体法，主张对于侵权行为准据法，不能机械地在侵权行为地法与法院地法之间进行选择，而应采用最密切联系原则这个灵活、开放的连接点来指引，即侵权行为应适用与案件或当事人有最密切联系的国家或地区的法律。其中，重叠适用侵权行为地法与法院地法(或者行为人的属人法)是目前国际上较为普遍采用的做法。

在传统的侵权行为的法律适用上，以侵权行为地法作为侵权案件的支配或参考法律会造成网上侵权案件适用的盲点，因为导致侵权责任的行为往往包含诸多要素，这些要素通常发生在不同的场所。在国际法律关系中，侵权行地的确定则显得更加困难，其原因在于不但行为(数据发送)和损害结果(数据错误所致)分处不同的国家，而且行为地和结果地在物理空间中没有固定的位置或场所。因此，对于网络侵权行为，如果按照传统的"侵权行为适用侵权行地法"的法律适用原则，那么就只能在行为地与损害地之间做出主观选择。而实际上在网络空间中，不但行为地与损害地很难确定，而且两者往往跟当事人或案件本身并无太大的联系。

侵权行为自体法理论的缺陷也是显而易见的，因为其最终适用的准据法很难为当事人所预见，缺乏必要的确定性。当事人在这种情况下几乎不可能对他们应享有的权利或承担的义务做出估计。

对侵权案件准据法的确定，也有采用重叠适用行为地法和法院地法的，由于该规则在很大程度上限制了受害人就其损害获得赔偿的可能性，如果应用于网络侵权行为，同样会导致不公平、不合理的结果，很少有人对其持赞成态度。

对于网络侵权行为的准据法，目前国际上没有通行做法。大部分学者认为，对于网上民事侵权行为的法律适用，可以考虑采用当事人意思自治原则，允许当事人在他们的交换协议中合意选择支配他们之间可能会产生的侵权责任的法律。此外，当事人如能在交换协议中通过排除条款或赔偿条款就侵权责任的构成、范围等做出具体规定，也不失为一种好的解决方法。不过，无论是合意选法条款，还是排除条款或赔偿条款，它们的法律效力取决于应予适用的准据法或法院地法的规定。例如，如果当事人在交换协议中规定欺诈行为可免责，那么此种协议在许多国家看来显然是违法的，法院所在国也会以违背公共秩序而拒绝承认

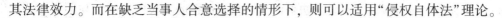

其法律效力。而在缺乏当事人合意选择的情形下，则可以适用"侵权自体法"理论。

（二）电子合同纠纷的法律适用

尽管网络技术对合同纠纷法律的选择带来了障碍，不过，这并不是一个不能解决的问题。尤其是合同本身所一贯坚持的"意思自治"原则，使电子合同产生纠纷所应选择的法律也有其可遵循的思路。也就是说，在电子环境下，应充分考虑虚拟空间对时空判定的困难，而对电子商务合同的法律适用强调依照"意思自治"原则来处理，尊重当事人对合同准据法的选择。实际上，意思自治原则与最密切联系原则也能适用于电子合同，只不过具体的适用过程中应有所差异，只能承认明示选择，若允许默示选择则难以认定默示选择的标准。

1. 当事人意思自治原则的运用

目前，有关当事人所签订的示范交换协议大都包含法律选择条款，这反映出各法律体系在这一领域均承认《民法典》适用中的当事人意思自治原则。几乎所有的交换协议——无论是各个国家拟定的交换协议，还是国际组织拟定的交换协议——都包含法律选择条款，规定当事人可以选择适用于交换协议的法律。而且，一般来讲，当事人可以选择任何法律制度作为其交换协议的准据法，即使被选择的法律与该交换协议完全没有联系。不过，当事人所做的选择并非毫无限制，有些交换协议就规定不得违背国内法中的一些强制性规则。

2. 最密切联系原则与特征性履行方法的运用

尽管当事人意思自治原则是《民法典》中普遍适用的原则，但在一些具体的合同中，贸易伙伴很可能根本没有想到选择法律或者考虑到了却未达成协议，而且贸易伙伴之间有时所做的法律选择可能被法院判定无效。在这些情况下，法律适用的解决方式不可能是笼统采用一个待认定的客观连接点，应采用最密切联系原则。在合同纠纷的法律适用方面，最密切联系原则是指，合同应适用的法律是合同在经济意义或其他社会意义上集中地定位于某一国家的法律。它仍然采用连接因素作为媒介来确定合同的准据法。不过，起决定作用的不再是固定的连接点，而是弹性的联系概念。一个合同之所以适用某国法不是因为该国是合同的缔结地或履行地，而是因为该法与合同存在联系。这样提高了法律适用的灵活性，因为许多传统的客观连接点难以有效地适用于电子合同。由于最密切联系原则是一项抽象原则，本身没有指明合同应适用的准据法，在具体运用过程中必然面临一个重要问题，即如何判定哪一个国家的法律与合同存在最密切的联系，为此，有学者提出了特征履行学说。特征履行学说又称特征债务说，要求法院根据何方的履行最能体现合同的特性而确定合同应适用的法律。

近年来，有关电子合同的法律适用问题已经开始引起人们的关注，个别学者还提出了一些新的解决办法，但这些都仍有待进一步论证。

第三节　电子商务诉讼中的证据问题

证据在司法证明中的作用是毋庸置疑的，它是法官准确认定事实、正确适用法律的标准。发生纠纷时，借以查明案件真情的手段有两种，即证据和推理。其中，证据是主要手段，证据可以说是争议解决机制的核心内容。假若证据缺乏或不完整，就无以厘清案件纠纷发生的因果关系，也就难以正确地解决纠纷。网络经济蓬勃发展的同时，与网络有关的纠纷也纷纷出现，给传统的证据制度带来了尖锐的挑战。

电子商务的最主要特点是无纸化、信息化、电子化，合同缔结和履行通过数据交易进行和并以数据的形式记载下来，传统的合同、提单、保险单、发票等书面文件被储存于计算机存储设备中的相应的电子文件所代替，这些数据电文或电子文件是否可以作为证据、作为什么类型的证据、其证据效力如何，就成为解决电子商务纠纷迫切需要解决的问题。

一、电子证据的概述

这里所说的电子证据是指计算机系统运行过程中产生的或存储的以其记录的内容证明案件事实的电、磁、光记录物，这些记录物具有多种输出表现形式。

电子证据是现代高科技发展的重要产物和先进成果，是现代科学技术在诉讼证据上的体现，它与其他证据相比主要有以下特点。

1. 高科技性

电子证据无论产生、存储、提取、传输、识别都必须依赖高科技设备。即电子证据的存在以计算机技术、存储技术、通信技术、网络技术等为基础，电子证据的生成、存储、传递、接受、重演等是通过各种电子介质来完成的。电子证据的收集、判断、保存需要专业的技术知识，电子证据处理中遇到的具体问题，如怎样确定访问路径、账号和密码，如何恢复被破坏的数据，如何破译加密的文件，如何反编辑设置有破坏性程序的执行指令等都有较强的高科技性。由于电子证据问题本身是由于技术发展引起的，随着计算机和通信技术的不断发展，其对科学技术的依赖也越来越强，并不断更新变化。

2. 复合性

数据信息通过磁性载体反映到数据显示设备上可呈现多种形式，也可输出到外部连接设备与传统的信息载体相结合形成有形的可视信息。随着网络技术尤其是多媒体技术的出现，电子证据不再限于单一的文字、图像或声音等方式，而是综合了文本、图形、图像、动画、音频、视频等各种多媒体信息，这种以多媒体形式存在的电子证据几乎涵盖了所有传统证据的类型。

3. 易损性

由于电子资料是以电磁或光信号等物理形式存在于各种存储介质上的，这一特点决定了电子证据可被轻易改变或删除的特性。电子证据的易损性主要表现在两个方面：一是因为数据本身有易受损性。操作人员的误操作或供电系统、通信网络故障等环境和技术方面的原因都会造成数据的不完整性，甚至搜集电子证据的过程中，也可能会对原始数据造成严重的修改和删除，并且难以恢复；二是因为电子数据存储在磁性介质上，而磁性介质上存储的数据内容易被删除、修改、复制，并且不易留下痕迹，更不易被人们发现。即使被人们发现，鉴定也较为困难。

4. 准确性

在没有外界蓄意修改或故障影响的情况下，电子证据能准确地存储并反映有关案件的情况，具有较强的证明力。如果不考虑外界因素，电子证据无疑是所有证据中最具有证明力的一种。首先，它存储方便，可长期无损保存及随时无损反复出现；其次，它不会因周

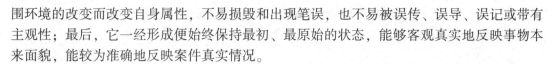

围环境的改变而改变自身属性，不易损毁和出现笔误，也不易被误传、误导、误记或带有主观性；最后，它一经形成便始终保持最初、最原始的状态，能够客观真实地反映事物本来面貌，能较为准确地反映案件真实情况。

5. 隐蔽性

电子证据的信息量大、内容丰富，且与传统的纸质信息相比，电子证据赖以存在的信息符号是不易被直接识别的。它以一系列电磁、光电信号形式存在于光盘、磁盘等介质上，如要阅读，必须借助于适当的工具。而且作为证据的电子数据往往与正常的电子数据混杂在一起，要从海量的电子数据中甄别出与案件有关联的、反映案件事实的电子证据并非易事。

6. 分散性与连续性

电子证据的分散性与连续性是指证明案件真实情况的电子证据可能分别存储于不同或相同地域的不同网站或相同网站上的一台或多台服务器上。同时，由于网络行为与网络数据传输的连续性，分散的电子证据往往具有时空上的连续性，并能相互印证，形成证明事实的直接证据。

二、电子证据的可采纳性和证明力

（一）电子证据的可采纳性

2016 年 9 月，最高人民法院、最高人民检察院、公安部联合印发《关于办理刑事案件收集提取和审查判断电子数据若干问题的规定》，确立了电子数据的形式：①平台信息：网页、博客、微博、朋友圈、贴吧、网盘等；②通信信息：手机短信、电子邮件、即时通信、通信群组等；③用户注册信息：身份认证信息、电子交易记录、登录日志等信息；④电子文件：文档、图片、音/视频、数字证书、计算机程序等。

《民法典》也承认了数据电文的可采纳性，解决了电子商务的首要问题，即数据电文的表现形式是通过调用存储在磁盘中的文件信包，利用计算机显示在屏幕上的文字来表现，电子文件的存储介质是计算机硬盘或软盘介质等。联合国贸易法委员会扩大了法律对"书面"一词所下的定义，使电子数据能纳入书面范畴。这一方法可称为功能等同法，即符合书面形式功能的东西便可视为书面形式，而不论它是"纸"还是"电子数据"。其作用等同于"扩大解释"，都是众所周知地将电子商务纳入现行法律的轨道，将数据电文准入书面合同。然而基于纸介质书面文件的民商事领域的其他若干法律对数据电文没有涉及，如保险法、票据法等法律制度下，数据电文的法定性仍然是不确定的。所以应该从立法上明确表示电子数据作为证据的法定性，使电子合同的生命力更强。《电子商务示范法》第 9 条规定了数据电文在法律诉讼中作为证据的可采纳性；同时，也确立了数据电文的证据价值。

（二）电子证据的证据力问题

数据电文作为证据来使用，必须能被法院认为具有证明案件事实的证据力。《电子签名法》第 7 条规定："数据电文不得仅因为其是以电子、光学、磁或者类似手段生成、发送、接收或者存储的而被拒绝作为证据使用。"自 2020 年 5 月 1 日起施行的《最高人民法院关于民事诉讼证据的若干规定》第 14 条对电子数据包含的信息、电子文件进行了规定，但并不是任何电子数据作为证据提交后都能被法院采信，法官还需要对电子数据的真实性、合法性、关联性进行综合审查。即一项数据电文要具有充分证据力，必须符合真实性、合法性、关联性。

1. 真实性

真实性即证据必须是客观存在的事实。数据电文的客观性在于其内容必须是可靠的，非法虚构、篡改的数据电文没有客观性，必须保证信息的来源和信息的完整性是可靠的。因此，必须证明计算机的操作有严格的规程，包括操作者处于严格控制之下，系统未被非法人员操作；操作者的操作是合法的，符合系统本身的设计；系统的维护和调试也处于严格控制之下，未被随意修改，以便于日后核查数据与原始资料是否一致。

数据电文内容的可靠性还涉及数据电文的存储问题。必须严格保证数据电文存储介质的安全，防止数据的遗失和未经授权的接触。为保证存储的公正性，可由具有较强公信力的第三方机构提供服务。

2. 合法性

合法性又称有效性或者法律性，即证据必须是依法收集和查证属实的事实。对数据的固定、收集、存储、转移、搜查等行为必须依法进行。违反法定程序收集的证据，其虚假的可能性比合法收集的证据要大得多。

3. 关联性

关联性即证据与其所涉及的事实具有一定的联系并且对证明事实有实际意义。这就必须对诉讼有关的诸多数据进行重组与取舍，而要保证重整后的数据与诉讼事实具有本质上联系，也必须保证重组方法和过程的客观科学性和合法性，只有紧密围绕事实，严格按照操作程序进行的重组才能符合这一要求。实践中，必须查明电子证据反映的事件和行为同案件事实有无关系，只有与案件相关的事实或逻辑上是相关的事实才能被认为是证据。

三、电子证据的定性

1. 视听资料说

视听资料是当前学术界的主流观点，认为电子证据应当划归视听资料。例如，有学者认为"视听资料是指以录音、录像、电子计算机以及其他高科技设备存储的信息证明案件真实情况的资料"。还有的学者认为"音像证据指通过录音、录像、电子计算机及其他电磁方式存储的信息来证明有关事宜的资料，也称视听资料或音像资料……近年来国外还提出关于电子证据的概念，其内容大多数属于音像证据的范畴"。主张视听资料说的理由主要是：两者以电磁或其他形式存储在非传统意义上的书面介质上，都必须通过一定的方法转化为人们能够感知的可读或可视的形式；同时，现在的许多视听资料就是用数字形式存储的，能够直接为计算机所处理。

2. 书证说

书证说在学术界也有重要影响，认为电子证据应该是一种特殊的书证。其理由主要有：① 从理论上看，书证是指以文字、符号、图形等所表达的思想或记载的内容而形成的起证明作用的文件或其他书面材料。电子证据也是以其所表达的思想或记载的内容来反映案件情况的，只要对"书面"做广义理解就可以使电子证据与书证的概念相一致，这也是国际上较为普遍的做法。② 从立法上看，《电子签名法》(2004 年 8 月 28 日第十届全国人民代表大会常务委员会第十一次会议通过，2004 年 8 月 28 日中华人民共和国主席令第 18 号公布，自 2005 年 4 月 1 日起施行，其中第 4 条规定："能够有形地表现所载内容，并可以随时调取查用的数据电文，视为符合法律、法规要求的书面形式。"《民法典》第 11 条明确规定："书面形式是指合同书、信件和数据电文(包括电报、电传、传真、电子数据交换和电子邮件)等可以有形地表现所载内容的形式。"因此，将电子证据视为书证是合理且合法的。

3. 区别说

区别说认为，电子证据不能简单地说是哪种证据，而应区别不同的情形来确定其证据类型。持该观点者认为，电子证据根据其产生及表现形式可以分为三种：① 计算机输入、存储、处理(包括统计、综合、分析)的数据；② 按照严格的法律及技术程序，利用计算机模拟得出的结果；③ 按照严格的法律及技术程序，对计算机及其系统进行测试而得出的结果。据此，可做不同的分析：首先，从承载介质来看，如果输入、存储的信息记录在诸如硬盘、磁盘、光盘等介质上，即为物证；计算机处理过的信息如果仍存储在上述介质上，也为物证；如果输出后打印到纸张上，即为书证；从输出方式看，如果以纸张形式表现，即为书证，如果以声音、图像形式表现，即为视听资料；其次，利用计算机进行模拟是根据已知条件和事实，依照法律程序和技术要求进行计算机演示，以确定犯罪的可能性概率。因此，模拟的结果可列为勘验、检查笔录；最后，对计算机及其系统进行测试，是运用软件按照法律程序对机器及系统的性能、受损情况等进行测量、测算、鉴定从而确定犯罪的危害程度，因此也可列为鉴定结论。

4. 独立证据说

近年来，赞同独立证据说的人越来越多，其主张是将电子证据作为一种新的证据类型。持该说的学者认为，电子证据具有两个主要特点：① 其是以所存储信息的内容来证明案件事实；② 其存在方式是以二进制代码的形式(即数字化形式)存储于介质中，前者使电子证据具有了书证、视听资料的某些特征，而后者则使它区别于其他的证据种类。数字化信息的突出特点是它以"0"和"1"两个数字的不同编码存储，信息一旦数字化就可以利用计算机随意加码、编辑，而不具有其他证据相对稳定可靠的特点。因此，为了避免对电子证据性质归属的无休止争论，为司法实践提供统一的依据，有必要将电子证据规定为一种新的证据种类。

5. 混合证据说

混合证据说是我国部分学者最近几年在综合评析了上述各观点之后发表的新观点，其认为："电子证据同传统证据相比，不同之处在于载体方式方面，而非证明机制方面。这就决定了电子证据绝非一种全新的证据，而是传统证据的演变形式，即我国所有传统证据均存在电子形式……电子证据基本也可以分为电子物证、电子书证、电子视听资料、电子证人证言、电子当事人陈述、关于电子证据的鉴定结论，以及电子勘验检查笔录 7 种；在我国一时还难以通过证据立法对证据的'七分法'进行修正的情况下，将其分别归为电子物证、电子书证、电子视听资料、电子证人证言、电子当事人陈述、关于电子证据的鉴定结论以及电子勘验检查笔录无疑是最合理的选择。"国内主流观点认为："混合证据说"中的电子证据是广义的，它不仅包括计算机手段生成的证据，还包括传统的电子通信(电话、电报、传真)、电子记录手段(录音、录像等)等证据。

四、网络诉讼的举证责任

所谓举证责任，就是当事人对自己提出的主张提供证据并加以证明的责任。根据我国《民事诉讼法》有关规定，举证责任一般来说是"谁主张谁举证"，即当事人对自己提出的主张有责任提供证据。所以，原告必须就其诉讼请求以及有关事实提供相关证据，被告反驳原告的诉讼请求、提出反诉也要举证加以说明，第三人对自己提出的主张或请求也应承担举证责任。但是有一个特别情况值得注意，那就是举证责任的倒置。《电子商务法》第 62 条规定："在电子商务争议处理中，电子商务经营者应当提供原始合同和交易记录。因电子商务经营者丢失、伪造、篡改、销毁、隐匿或者拒绝提供前述资料，致使人民法院、仲裁机构或者有关机关无法查明事实的，电子商务经营者应当承担相应的法律责任。"

📖 案 例

舒某与任某某是同事兼室友，2018 年 1 月至 2019 年 1 月，任某某多次向舒某借款。舒某通过支付宝"借呗"等软件贷款获得资金后，通过支付宝、微信转账等方式出借给任某某共计 105 100 元，之后任某某未还款。2019 年 4 月 11 日，舒某向任某某催收欠款无果，起诉至重庆市江北区人民法院，要求任某某归还借款本金 105 100 元，并支付逾期利息。

庭审中，舒某陈述任某某支付宝实名认证，当庭验证支付宝账户"138×"经实名认证的真实姓名为"任某某"；当庭演示通过微信搜索手机号"138×"，查询用户为舒某好友，备注名为"采购部任某某"；还当庭查询并展示微信和支付宝转账记录。

舒某称，因碍于人情，任某某多次频繁借款，但未有借条，只有微信聊天记录和支付宝转账记录。

问：应否支持舒某诉讼？时效为多久？

解析：应支持舒某诉讼，时效为三年。经庭审质证，法院予以认定，有支付宝好友信息截屏、支付宝账单截屏、光盘、微信账单截屏等书面证据、视听资料和当事人陈述等证据。法院判决如下：①被告任某某于本判决生效之日起十日内返还原告舒某借款本金 105 100 元；②被告任某某于本判决生效之日起十日内支付原告舒某逾期利息（以 105 100 元为基数，自 2019 年 11 月 2 日起至付清之日止，按年利率 6% 计算）；③驳回原告舒某其他诉讼请求。《最高人民法院关于民事诉讼证据的若干规定》第 14 条规定："电子数据包含的信息、电子文件，电子数据作为证据需要对电子数据的真实性、合法性、关联性进行综合审查。"本案微信记录、支付宝记录等作为庭审证据，需注意以下三点：一是能够证明所举证的微信记录、支付宝记录等使用人为案件当事人；二是微信记录、支付宝记录等作为电子证据时电子证据形式完整，且能够提交证据原件，具有真实性；三是电子证据辅助以对方未还款时及时催收、电话录音等其他证据，形成相互印证的证据链。

案例来源：没有借条只有微信转账记录可以起诉吗？https://www.sohu.com/a/428179820_120058781（案例经编者整理、改编）

五、电子证据的运用

(一)电子证据的收集和保全

1. 电子证据的收集

1)网络勘察

网络勘察指调查人员对由许多计算机构成的数字化网络进行勘验、检查，提取痕迹物证的专门方法。它不仅限于刑事案件中具有位在措施性质的现场期在，而且在民事案件中亦有广阔前景。

2)强制网络服务商提供电子证据

随着互联网的普及以及电子签名、电子认证事业的发展，网络报务提供商的地位和作用日益突出。在电子商务纠纷和网络犯罪中，有许多重要的数据信息由网络服务提供商所控制，而这些数据信息往往对纠纷的解决和案件的侦破起着关键作用。

3)电子证据的搜查和扣押

这是国家侦查机关拥有的专门刑事调查措施。在刑事案件中，公安机关、检察机关依服法律赋予的权力，深入案发现场，对涉及犯罪的计算机设备、外部存储设备及其中储存的电子数据进行搜查和扣押，以获取犯罪行为的电子证据。

4)电子证据的网络监控和截听

电子证据的网络监控和截听，主要是针对通过计算机网络实时传输的与犯罪有关的电子邮件、电子公告、电子聊天记录及处于交换过程中的数据电文进行监控和截获的一种方式。出于对人权和个人隐私的保护，一般由各国专门设置并赋予相应权限的网络警察实施。

2. 电子证据的保全

普通的计算机数据或电子文档难以作为直接证据，其主要原因是其易篡改性(非原始性)和信息与签发人之间关联性差。由于我国数据电文的加密、签名、认证体系还没有建立起来，而现实生活中已经在大量地运用数据电文进行交易或进行其他商务活动。为了解决数据电文直接作为证据问题，现实中采用一些程序上救济措施，以确保其证据效力。这是对网络(电子数据)公证和网络证据保全。

(二)网络公证

公证是法定公证机关对于某种法律行为的真实性和合法性的一种认定。这种认定一般需要求公证的当事人提供相关书面证据加以证明，当然公证机关也可以参与到法律行为完成过程中，对其真实性和合法性加以确认，即是通过现场见证或实地勘验的方法确保其真实和合法。而网络公证则是一种通过现场见证的方法对于某个法律行为真实性、合法性的鉴别和认定，它通过参与或见证电子数据的生成、传输和存储过程，达到两个目的：一是数据归属或生成主体的认证；二是对电子数据的真实性及合法性的认证，以使电子数据直接可以作为证据或增加其证据效力。网络公证机构本身的职能和在这里扮演的是一个真正与具体交易或商务活动无关的第三人角色，这个角色使它能够确保计算机存储数据作为诉讼证据真实性、确定性和可靠性。

经过公证的数据电文直接作为证据一般应当具备以下三个条件：第一，公证机构介入必须是数据电文生成之时，或者必须是进行网上交易或其他法律行为之时，公证机构参与或见证行为过程或者有相应的技术措施可以达到这样的效果；第二，保存和封存数据电文，其保存方法可以是磁盘或其他电子介质，也可以直接打印成书面文件；第三，对整个取证过程、当事人资格及其所生成数据电文出具公证书，证明其真实性和合法性。

但是，网络公证存在一个成本问题，同时要使每个人事前通知公证机构进行现场公证再进行在线交易，并不都是不可行的。因此，除非公证机构建立在公证网站，实现与交易同步，通过公证确保电子数据证据效力基本上是行不通的。

（三）保护电子数据的完整性的方法

根据《关于办理刑事案件收集提取和审查判断电子数据若干问题的规定》，保护电子数据的完整性的方法包括以下几种。

（1）扣押、封存电子数据原始存储介质。

（2）计算电子数据完整性校验值。

（3）制作、封存电子数据备份。

（4）冻结电子数据。

（5）对收集、提取电子数据过程录像。

（6）其他。

📖 案 例

某年，甲、乙两个公司签订电子商务服务合同约定：①乙公司为甲公司安装自主版权贸易电商软件1套，1年内至少为甲公司提供5个有效国际商务渠道；②乙公司对甲公司利用其软件与商情的成交业务，收取5%费用；③若1年内，不能提供有效国际商务渠道，乙公司则无条件退还甲公司首付款5万元并支付违约金。次年10月，甲公司认为乙公司未能提供有效国际商务渠道，诉至法院，要求返还已付款项并支付违约金。乙公司在举证期限内提供外商对甲公司产品询盘的10封电子邮件。

法院一审后认为，电子邮件，除网络服务提供商外，外人很难更改，遂认定了电子邮件证据效力。甲公司不服判决并上诉。

法院二审后认为，乙公司提供的电子邮件只是打印件，对乙公司将该电子邮件从计算机上提取的过程是否客观和真实无法确认，乙公司又拒绝联网显示，故否认10份电子邮件的证据效力。

问：对乙公司提供的10份电子邮件应如何认定？

解析：10份电子邮件不视为直接证据。《关于办理刑事案件收集提取和审查判断电子数据若干问题的规定》中明确规定：电子数据的形式包括：①平台信息：网页、博客、微博、朋友圈、贴吧、网盘等；②通信信息：手机短信、电子邮件、即时通信、通信群组等；③用户注册信息：身份认证信息、电子交易记录、登录日志等信息；④电子文件：文档、图片、音视频、数字证书、计算机程序等。

案例来源：电子邮件的证据属性及形式界定 http://www.doc88.com/p-183734248898.html（案例经编者整理、改编）

第四节　电子商务纠纷解决

一、替代性争议解决方式

(一)替代性争议解决方式的概念

替代性争议解决方式(Alternative Dispute Resolution，ADR)。它的中文名称并不统一，有的直译为"选择性争议解决方式"，也有的将其称作"替代诉讼的解决方式"。对于 ADR 所包括的内容，也有广义和狭义的理解。从广义上来说，ADR 是指诉讼外或非诉讼解决争议的各种方法的统称。ADR 最早被引起关注是在美国，而后在欧洲大陆各国、日本、韩国、澳大利亚等国亦广为盛行。ADR 作为替代诉讼解决国际民商事争议的方法，已成为现代法律发展中的一大趋势。进入 20 世纪 60 年代后，仲裁、调解等手段受到了普遍重视和广泛应用，其他诉讼之外解决纠纷的方法，如中立聆听者、事实发现、小型审理等，在实践中不断被创新和使用，这些方法不再具有诉讼的特征，统称为 ADR。而狭义的理解，认为 ADR 并不包括仲裁。虽然仲裁本身可以作为替代诉讼的一种方式，但是应当将仲裁和其他基于自愿的，有第三方协助而进行谈判的纠纷解决方式区分开来，后者才被叫作 ADR。英国有学者将 ADR 定义为，指可以被法律程序接受的，通过协议而非强制性的有约束力的裁定解决争议的任何方法。

本节认为，从产生来看，仲裁和其他的各种 ADR 一样，都是为了弥补诉讼的一些弊端，因此，将仲裁也理解为一种选择性的争议解决方式并不无可。不过，仲裁与其他非诉讼方法相比，又存在着显著的不同之处，即除了具有高度的灵活性和自主性之外，仲裁也具有一定的强制性。例如，仲裁裁决具有一定的法律强制性，如果一方当事人不愿履行裁决时，有关当事人可以向法院申请强制执行。而这在其他的非诉讼方法中是没有的。因此，将仲裁排除在 ADR 之外，有助于理解两者之间的区别。尽管如此，这种关于 ADR 的范围之争并没有实质的意义，而 ADR 的本质即强调一种灵活性，无论是 ADR 的内涵还是外延，都是随着实践不断发展的。因此可以说，ADR 这个术语涵盖解决纠纷过程中一个广阔的领域，在这个领域内除了每种方法都是相对于诉讼的另一种选择外许多方法之间几乎没有什么共同点。在我国，仲裁是除诉讼之外最常用的民商事争议解决方式，而本节主要讨论我国电子商务领域的替代性争议解决机制，本节采用的是广义的观点。

(二)替代性争议解决方的各种形式

如上文所述，ADR 涵盖的范围比较广泛，随着实践的发展也不断发生变化，此处先对在世界上常用的几种 ADR 形式予以简单介绍，在我国比较常用主要是调停(调解)和仲裁两种。

1. 调停(调解)

调停(调解)是发展最快的 ADR 方法，采用一位中立的第三人帮助争端双方通过谈判达到解决争端。调停人(调解人)可以鼓励、引导、促使、增进双方沟通，有时采用建议双方接近的手段，以探索达到解决争端的途径。

2. 仲裁

仲裁更接近传统意义上的诉讼，即一个中立第三方听取双方的辩论，然后做出一个最终的对双方均有约束力的裁决，并且此裁决可由法院予以强制执行。所不同的是，在仲裁中双方当事人通常在纠纷发生之前已同意采用这种程序，并确认了谁将听取他们的案子，在程序上要比法院审判随便。

(三) 替代性争议解决方式的优点

以替代性争议解决方式解决争议主要具有以下优点。

(1) 较诉讼程序而言，ADR 更加迅速、便宜。

(2) ADR 方式灵活多样，从在第三方协助下进行谈判到正式的仲裁，当事人可以根据争议的性质选择不同类型的 ADR，既体现了当事人的意思自治，又可以通过最适合的争议解决方式获得最佳结果。

(3) 在专家中立者的帮助下，当事人更容易获得"双赢的解决办法"。

(4) 维护个人或组织的声誉。特别是对有名誉、有地位的人或机构来说，与他人进行诉讼是有损形象的事情，因此当争议发生后，他们更愿意私下解决，而不是公布于大众的监督下。

案 例

2014 年 11 月 15 日，申请人甲将其与被申请人乙在易趣网购买电子产品纠纷，提交 China ODR。China ODR 在受理此案并向被申请人乙发出电子邮件，被申请人回复同意调解。申请人甲称其自乙处购买一台内存为 64G 的苹果手机，收货后发现内存仅有 32G。甲主张卖方是欺诈行为，要求更换产品，并赔偿 1 000 元精神损失费。调解过程中，China ODR 查明由于乙失误导致货物不符，居中做出调解。

问：调解依据是什么？China ODR 解决此类纠纷的可行性是什么？

解析：调解依据是现行法律，具有可行性。China ODR 涵盖所有网络上由非法庭但公正的第三人，解决企业和消费者间因电子商务契约所生争执的所有方式。整个程序包括：①在 China ODR 网站上单击"提交案件"链接，提交调解申请书；②China ODR 调解中心通过电子邮件或其他方式通知对方当事人；③约定调解员；④帮助当事人解决争议。

案例来源：找法网 https://www.findlaw.cn/wenda/q_9292183.html(案例经编者整理、改编)

二、在线诉讼

(一) 互联网法院

2017 年 5 月，浙江省高级人民法院回应社会司法需求，构建统一诉讼平台，推动网络空间治理法治化，将电子商务网上法庭典型的几类涉网案件转移给杭州铁路运输法院审理，尝试集中化、专业化的审理，为杭州互联网法院试点积累审判经验。

2017 年 6 月，中央全面深化改革领导小组第三十六次会议审议通过《关于设立杭州互

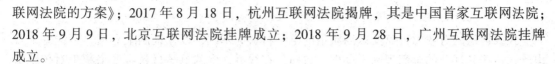

联网法院的方案》；2017 年 8 月 18 日，杭州互联网法院揭牌，其是中国首家互联网法院；2018 年 9 月 9 日，北京互联网法院挂牌成立；2018 年 9 月 28 日，广州互联网法院挂牌成立。

（二）在线诉讼程序

2021 年 6 月 16 日，最高人民法院发布法释[2021]12 号《人民法院在线诉讼规则》，自 2021 年 8 月 1 日起施行。其首次以司法解释的形式对在线诉讼的法律效力、适用条件及主要模式等内容进行了全面规范，推动了审判方式、诉讼制度与互联网技术的深度融合。之后修改的民事诉讼法在第 16 条从法律层面肯认了在线诉讼的法律效力，进一步为在线诉讼的发展拓宽了制度空间，实现起诉、立案、举证、开庭、送达、判决、执行、诉讼全程网络。

1. 程序启动：同意规则的制度修缮

《人民法院在线诉讼规则》第 2 条明确规定："在线诉讼的适用以合法自愿为基本原则，赋予了当事人程序选择权。同意规则的确立，体现出对当事人程序主体地位的保障，并以此来避免因网络技术适用及诉讼模式变化而可能导致的对当事人诉讼权利及实体公正的损害。"

（1）不同主体下的规则适用。当事人同意规则的构建，旨在缓和因网络技术的应用而可能带来的不当诉讼负担，针对部分主体以适用在线诉讼为原则，并赋予其程序异议权，同时做好对当事人的事前释明与技术指导等各项保障工作。

（2）同意规则的法律后果。《人民法院在线诉讼规则》第 6 条规定了当事人在同意线上诉讼后无正当理由未参加相应诉讼活动的法律后果，即参照线下诉讼的对应情形进行处理，以此规范在线诉讼秩序，防止当事人对在线诉权的滥用，需以当事人"未在合理期限内申请提出转为线下进行"作为前提条件。

2. 诉讼样态：异步审理的功能展开

《人民法院在线诉讼规则》第 20 条确认了在线诉讼中非同步审理的方式、效力与适用范围等内容。非同步审理在实践中也被称为异步审理，是在线诉讼模式的新样态，其核心特征在于非共时性，即各方诉讼主体无须同时上线，可在一定期限内自主选择合适时间完成相应诉讼事项，具有便利当事人参与庭审和方便法官同时期处理多起案件的优势。

（1）提升庭前会议效能。异步审理方式的诉讼样态及其所承载的诉讼平台工具，能够为提升庭前会议效能带来两方面便利。一是借助电子卷宗同步生成技术，将诉辩双方的电子材料通过在线诉讼平台进行即时推送，免去纸质材料往来的繁琐过程，帮助各方当事人充分了解案件材料，有效准备诉讼攻防。二是通过虚拟电话、多方视频等信息交互工具，由法官引导当事人在一定期限内充分发表诉辩称意见及完成举证活动，并由此提炼诉争案件的法律及事实争点。

（2）优化简易案件审理。异步庭审的适用范围限定于小额诉讼及简易程序案件，该类案件事实较为清楚，法律争议也较为清晰，因此，可以进一步融合要式审判模式，实现简案快审。

3. 运行基础：电子化材料的提交与审查

在线诉讼的有效运行需要以高质量的电子材料为基础，以保证网上立案、在线庭审及电子送达等各环节的全流程网上办理。目前，在线诉讼中的电子材料主要来源于对传统纸质材料经过数字技术处理后所形成的电子化材料，其后将通过录入诉讼平台形成电子卷宗，以作为在线诉讼运行的司法数据基础。从电子化材料的实际运作情况看，对于由当事人提供的电子化材料的格式与标准，以及作为证据使用的电子化材料的审核方式，仍需作进一步的规范性完善。

(1)规范电子化材料的提交标准。《人民法院在线诉讼规则》第 11 条规定："当事人可通过翻拍、扫描等方式对诉讼材料进行数字化处理，以此作为电子化材料提交在线诉讼平台。"

(2)明确电子化材料的审核方式。《人民法院在线诉讼规则》第 12 条规定："对方当事人认为电子化材料与原件、原物不一致，并提出合理理由和依据的，法院应当要求当事人提供原件、原物。"但该条并未明确对原件、原物的审核方式与人员。对此，可就该条款增补如下规定，即"合议庭应当在庭后进行核实，必要时另行组织质证"。明确合议庭在听取意见后承担庭后核实工作，一方面，可以使庭审继续进行，确保在线庭审效率；另一方面，合议庭在充分听取辩方意见后，可以再次审查核实证据，并根据审查情况决定是否需要另行组织质证，这可以确保案件质量。合议庭对于经过核实，确认相关证据材料具有真实性能够作为定案证据的，可以直接在裁判文书中回应异议意见。对于不具有真实性，不能作为定案根据的，也可以直接在裁判文书中写明不予采信的理由。

本章小结

电子商务纠纷解决程序法上的主要问题，包括诉讼管辖、法律适用、电子证据、在线争议解决方式等。互联网环境下发生的民事诉讼的管辖基本上适用民事诉讼法级别和地域管辖的基本原则，但是，互联网本身存在虚拟性、无地域性等特征给基于地域的管辖规则提出一些挑战。网络环境同时给法律适用连结点确定带来了一定困难，国际社会也正在探索新的规则，不过目前仍然适用传统的法律适用规则，只是在确定连结点时根据网络特性加以灵活诠释。数据电文具有高科技性、无形性、复合性、易破坏性等特点，数据电文只有满足一定的条件或采取一定的安全技术措施才具有直接的证据效力。电子商务纠纷除了可以在原有法律救济体制寻求解决外，业内人士还积极寻找适合电子商务或网络特点的新形式的纠纷解决方式——替代性争议解决方式。本章主要内容如下。

(1)网络环境下民事诉讼的管辖。其内容涉及传统的司法管辖权、电子商务对传统管辖权确定基础的动摇、中国网络纠纷管辖权的确定。

(2)电子商务纠纷的法律适用。其内容涉及传统的国际民事法律冲突及解决、现代电子商务给法律适用带来的挑战、电子商务纠纷的法律适用。

(3)电子商务诉讼中的证据问题。其内容涉及电子证据的概述、电子证据的可采纳性和证明力、电子证据的定性、网络诉讼的举证责任、电子证据的运用。

(4)电子商务争议替代性解决方式。其内容涉及概述、在线争议解决方式。

1. 简述互联网环境的特征和对传统管辖权理论的冲击。

2. 简述传统国际司法案件管辖权确定的依据或方法，并结合互联网环境阐述我国网络案件的立法、司法实践特征。

3. 国际电子商务纠纷案件如何适用冲突规范。

4. 简述我国学术界对电子证据的归类观点，给出你认为合适的归类并说明理由。

5. 简述电子证据的收集与审查。

6. 简述电子证据的证明力。

7. 简述解决国际电子商务纠纷的新规范。

8. 简述替代性争议解决机制的优势。

参考文献

[1]张楚. 电子商务法[M]. 4 版. 北京：中国人民大学出版社，2016.

[2]秦立崴，秦成德. 电子商务法[M]. 2 版. 重庆：重庆大学出版社，2020.

[3]赵旭东. 电子商务法学[M]. 北京：高等教育出版社，2019.

[4]杨立钒，赵延波. 经济法与电子商务法简明教程[M]. 2 版. 北京：中国人民大学出版社，2019.

[5]朱晓娟. 电子商务法[M]. 北京：中国人民大学出版社，2019.

[6]苏丽琴. 电子商务法[M]. 3 版北京：电子工业出版社，2018.

[7]张楚，李晓慧. 电子商务法教程[M]. 2 版. 北京：首都经济贸易大学出版社，2017.

[8]杨坚争，万以娴，杨立钒. 电子商务法教程[M]. 3 版. 北京：高等教育出版社，2016.